Menschen und Mächte
Geschichte im Blickpunkt
Herausgegeben von
Professor Dr. Hellmut Diwald

Einer der angesehensten Spezialisten für die
Geschichte des Nahen und Mittleren Ostens
gibt in diesem Buch eine neue Darstellung der
Kreuzzüge. Er sieht die von der westlichen
Christenheit vom Ende des 11. bis zum Ende des
13. Jahrhunderts geführten Kriege zur Eroberung
des Heiligen Landes als Teil einer noch
andauernden Auseinandersetzung zwischen dem
Morgen- und dem Abendland, die in das antike
Griechenland und das Römische Reich
zurückverfolgt werden kann und bis in die
Gegenwart reicht, und stellt fest, daß sowohl die
christlichen Kreuzzüge als auch die islamischen
Gegenkreuzzüge, ihre natürliche Reaktion,
weitgehende Folgen in West und Ost hatten: die
Wiedergeburt des islamischen Reiches, die
Errichtung des türkischen Sultanats, die
Schwächung der päpstlichen Autorität, den
Aufschwung des Nationalismus in Europa und
den Anbruch des Zeitalters der Entdeckungen.
Der Verfasser geht ferner ausführlich auf die
Handelsbeziehungen und den kulturellen
Austausch zwischen Europa und dem Nahen
bzw. Mittleren Osten in der Zeit der Kreuzzüge
ein und hebt schließlich die Bedeutung der
Erfahrungen des Mittelalters im Hinblick auf
die gegenwärtigen Spannungen zwischen West
und Ost hervor.

Aziz S. Atiya, 1898 in Ägypten geboren, hatte
1935–38 eine Gastprofessur in Bonn inne, lehrte
dann in Kairo, Alexandria, Zürich und Beirut und
wurde 1955 in die USA berufen; 1961–1967
leitete er das »Middle East Center« der
Universität Utah in Salt Lake City.

Dieses Buch gehört in den Themenkreis 11 der
Reihe »Mächte und Menschen – Geschichte im
Blickpunkt«.

Aziz S. Atiya

Kreuzfahrer und Kaufleute

Die Begegnung von Christentum und Islam
Mit einer Einführung
von Professor Dr. Hellmut Diwald

König Verlag
Buch und Taschenbuch GmbH
München

Redaktion: Martin Vosseler

Ungekürzte Ausgabe
Oktober 1973

Umschlagentwurf: Rudolf Huber-Wilkoff,
München
Umschlagfoto: Staatsbibliothek Berlin, Bildarchiv
Titel der amerikanischen Originalausgabe:
Crusade, Commerce and Culture
Deutsch von Rudolf Bockholdt
© 1962 der amerikanischen Originalausgabe bei
der Indiana University Press, Bloomington/USA
Alle Rechte an der deutschen Übersetzung
beim W. Kohlhammer Verlag, Stuttgart
König Verlag, Buch und Taschenbuch GmbH,
München
© 1973 der Einführung beim König Verlag, Buch
und Taschenbuch GmbH, München
Gesamtherstellung: Friedrich Pustet, Regensburg
ISBN 3-8082-0100-2

INHALT

Ende November 1095 hielt Papst Urban II. in Frankreich, auf dem Konzil von Clermont, eine leidenschaftliche Rede. Die Sitzung war öffentlich, Ankündigungen hatten jedermann eingeladen. Wegen des ungeheuren Andrangs konnte sie nicht in der Kathedrale abgehalten werden, man tagte auf freiem Feld vor den Toren der Stadt.

Urban, ein gewaltiger Redner vor dem Herrn und bei allen anderen Gelegenheiten, schilderte mit erregender Eindringlichkeit die wirklichen und imaginären Nöte der christlichen Brüder im Osten. Er beschwor die leidvollen Bedrängnisse der Gläubigen in den Ländern von Byzanz, er malte in düstersten Farben die Entbehrungen der Pilger aus, die sie bei ihren Wallfahrten nach Jerusalem durchzustehen hatten. An den Höhepunkt seines eigenen Enthusiasmus und der Erschütterung seiner Hörer plazierte er einen großartigen Aufruf: Alle Frommen Europas, reich und arm, sollten ihre Zwiste begraben und sich zu einem gerechten Krieg gegen die Ungläubigen vereinigen. Damit würden sie Gottes Werk und Wunsch erfüllen, und deshalb werde bei diesem Unternehmen auch Gott persönlich ihr Anführer sein. Wer diesem Appell folge, könne nicht nur mit dem Lohn des Himmels und des Papstes rechnen, sondern auch mit einem Leben in fetter Fülle, sei doch Palästina ein Land, in dem Milch und Honig aus nie versiegenden Quellen flössen. – Jeder verstand diese Anspielung, jeder litt unter der allgemeinen Verarmung der Zeit und dem Kampf ums tägliche Brot, der so bitter geworden war.

Die Rede des Papstes wurde bald und immer häufiger von ihrem zustimmenden Echo unterbrochen, in steigender Begeisterung: »Deus lo volt – Gott will es!« Dieser Ruf, der dem Papst in Wellen entgegenbrandete, erscholl wenig später im ganzen christlichen Europa.

Wie so viele spontane Aktionen in der Weltgeschichte war auch Urbans großartige Kreuzpredigt genauestens geplant, berechnet, vorbereitet worden. Sie löste eine Bewegung aus, deren Folgen sich auf die ganze Struktur der damaligen Welt auswirken sollten. Die Kreuzzüge sind seit dieser Zeit zu einem der großen Komplexe übergreifend europäischen Charakters geworden. Der Zug gegen Tunis im Jahre 1270, der siebente Kreuzzug, ist genaugenommen das letzte Unternehmen gewesen, das diesen Namen verdient hat; die Idee selbst aber und ihre Notwendigkeit, die nicht allein von der Kirche oder dem Papsttum als unausweichlich empfunden wurde, hat Jahrhunderte länger gelebt und zwar als ein eminent bewegender Faktor der europäischen Geschichte.

Schon die übernationale Zusammensetzung der militärischen Aufgebote, die Teilnahme der abendländischen Ritterschaft praktisch ohne Ausschluß eines Landes beweist den tatsächlich europäischen Charakter der Kreuzzüge. Als die ersten Kontingente sich auf den Weg machten, berichtete die Prinzessin Anna Komnene einigermaßen verstört dem kaiserlichen Hof in Konstantinopel, daß »das ganze Abendland und alle barbarischen Völker von jenseits der Adria bis hinaus zu den Säulen des Herkules sich samt und sonders in Bewegung gesetzt haben und ganze Familien mit sich führen«. Hier fanden sich die europäischen Völker zu ihrem ersten gemeinsamen Unternehmen zusammen, einem Unternehmen wohlgemerkt, das sie nicht bloß negativ einigte, wie die gewohnten Schlachten unter- und gegeneinander.

So sehr die einzelnen Elemente nach Schwergewicht, Einfluß und Wirkung deutlich voneinander zu sondern sind – das Papsttum, die Tradition des Heidenkrieges als Variante des christlichen Missionsgedankens, die Wallfahrt ins Heilige Land, die sozio-ökonomische Bedrängnis großer Teile der Bevölkerung aller Schichten und Stände –, so wenig läßt sich doch das ganze Phänomen mit den Kategorien einer überwiegend rationalen Vorstellungswelt erfassen. Nicht die Tatsache eines Krieges, der vor allem religiös motiviert war, steht dabei zur Debatte. Schwer zu begreifen sind die Energien, die in den Kreuzzügen freigesetzt wurden, unerhörte Kräfte im Dienst einer Sache, deren transzendent-religiöser Sinn in sich schlüssig sein mochte, bei der aber kaum die Perspektive verrückt werden mußte, damit sie durch ihren Aberwitz konsternierte.

Seinen Höhepunkt erreichte der eschatologische Enthusiasmus in den Kinderkreuzzügen des Jahres 1212. An keinem anderen Ereignis läßt sich die Stimmung besser studieren, in der sich das christliche Europa zu dieser Zeit befand. Die Motive für die Kinderkreuzzüge waren nicht ohne religiöse Logik. In diesen Jahren brachte es die christliche Armutsbewegung zu einer besonderen Resonanz, in diesen Jahren lehrte und predigte Franz von Assisi. Wenn nun, wie es hier so entschieden betont wurde, der Ärmste und Schwächste vor Gott auch der Reinste und Stärkste war, warum sollte dann nicht den Kräften der Kinder gelingen, worum sich die Ritter und Reichen dieser Welt bis jetzt vergeblich bemüht hatten? Warum sollten die Kinder nicht Jerusalem zurückerobern und das Heilige Grab dem Antichrist wieder entreißen können, ohne Waffen, allein mit der Macht ihrer Unschuld, wenn das, was auf dieser Erde seine Wirkungen hatte, nur ein Derivat von Gottes Willen war, dessen Herrschaft die Erde samt allen Menschen (inklusive die islamischen Heiden) genauso unterstand wie der Himmel und das Jenseits?

War es verwunderlich, daß die abertausend Kinder, die im Frühsommer 1212 in den Süden zogen – nach Marseille und Italien, um von dort nach Palästina zu kommen – die Frage nach ihrem Ziel mit einem ernsten: »Zu Gott!« beantworteten? Es war genauso wenig verwunderlich wie die Tatsache, daß sich das Mittelmeer vor den Füßen dieser Kinderscharen keineswegs so beflissen zerteilte wie seinerzeit das Rote Meer vor den Juden – obgleich sie es am Golfe du Lion, in Genua, in Ancona versuchten – und daß sie zu vielen Tausenden auf den Straßen Europas elend starben oder – wenn es ihnen gelang, zu Schiff den Weg ins Heilige Land anzutreten – von den Sarazenen aufgebracht und als Sklaven verkauft wurden.

Der religiöse Glaube, immer wieder gesteigert zu apokalyptischer Jenseitsbegier, war die unerschöpflich scheinende Antriebskraft. So phänomenal aber auch dieses Movens sich in der Kreuzzugsbewegung äußerte, so sehr gliederte sich die Bewegung selbst in die lange Tradition der West-Ost-Wechselseitigkeit ein, die erheblich älter war als das ganze Christentum. Schon der islamische Dschihad, der Heilige Krieg als Pflicht der ganzen muslimischen Gemeinde, den Islam mit Waffengewalt so lange zu verbreiten, bis die Welt dem wahren Glauben unterworfen ist, gehört zu den unmittelbaren Vorgängern.

Gerade zum Dschihad gibt es Parallelen, die bis ins Detail gehen und so den größeren Hintergrund zeigen. Den Teilnehmern der Kreuzzüge wurde ein Nachlaß der kanonischen Bußstrafen gewährt. In der Vorstellung aller, die das Kreuz nahmen, verwandelte sich das rasch zu der Überzeugung, durch die bewaffnete Wallfahrt völlige Sündenfreiheit zu erreichen; diejenigen gar, die dabei ihr Leben verloren, kamen wohl ohne Umschweife direkt in den Himmel. Solche Überlegungen sind später auch offiziell kräftig untermauert worden. Jeder, der sich einem Kreuzheer anschloß, wurde sofort von allen weltlichen Gerichtsverfahren freigestellt. Andererseits mußte aber auch jeder, der das Kreuz genommen hatte, beschwören, daß er wirklich ins Heilige Land ziehen werde. Wer den Eid nicht hielt oder während des Zuges aufgab und heimkehrte, wurde mit dem Kirchenbann belegt. So kam es, daß im 13. Jahrhundert viele Kreuzheere nicht viel mehr gewesen sind als eine klerikale Fremdenlegion.

Dazu gehört schließlich auch noch die Unfähigkeit des normal-analphabetischen Christen, zwischen dem konkreten Jerusalem auf der Erde und dem himmlischen Jerusalem zu unterscheiden, von dem im Alten Testament genauso die Rede war wie in der Offenbarung Johannis – der Sitz Gottes, der Ort der Gerechten, die Stadt des Paradieses. Ob die offiziell-kirchlichen

Stellen energisch genug solche Illusionen bekämpften oder ob sie, da solche Bemühungen in der damaligen Atmosphäre ohnedies aussichtslos waren, die frommen Mißverständnisse als glänzende Werbung zwar seufzend, doch lächelnd auf sich beruhen ließen, spielt letzten Endes keine Rolle. Unter dem Gesichtspunkt religiöser Gerechtigkeit und einem menschlich verständlichen, gleichgewichtigen Verhältnis zwischen Einsatz und Entgelt war gegen derartige Endzeiterwartungen nicht nur Negatives einzuwenden. Der Islam war in diesem Punkt allerdings weit aufrichtiger. Jeder Muslim, der im Heiligen Krieg »auf dem Wege Allahs« sein Leben läßt, kommt als Märtyrer nicht nur mit Sicherheit ins Paradies, sondern wird dort auch noch mit besonderen Vorrechten belohnt.

Der Charakter der Kreuzzüge erschöpft sich allerdings weder darin, daß sie sich aus der Wallfahrt entwickelt haben, also im Prinzip militärisch ausgerüstete Pilgerfahrten waren, noch daß es sich nur um einen religiösen Kampf um ein »heiliges Gebiet« oder gegen den Antichrist handelte. Aziz S. Atiya wertet die Kreuzzüge als eine Variante der vorchristlichen, griechisch-persischen Waffengänge und Auseinandersetzungen, allgemein als eine besondere Form der uralten orientalischen Frage. Dieser so wichtige Gesichtspunkt ist in der Erforschung und Darstellung der Kreuzzüge viel zu häufig ignoriert worden. Für das Verständnis und die Beurteilung der ganzen Bewegung ist er genauso wesentlich wie der Nachdruck, den Atiya auf die Reaktionen der islamischen Kontrahenten legt und die er als »Gegenkreuzzugsbewegung« zusammenfaßt. Hier liegt mit der entscheidende Akzent seines Werkes, denn tatsächlich »erweisen sich die Gegenkreuzzüge als eine Bewegung von ungeheuren Ausmaßen, deren Erforschung den Wissenschaftlern noch eine unbegrenzte Fülle von Möglichkeiten bietet«.

Die damalige Situation des Abendlandes gegenüber dem Islam, seiner Expansion und seiner fast ausschließlich religiös motivierten Stoßkraft war so, daß die christlichen Kreuzzüge sich zu einem Gutteil als Antwort auf die islamische Herausforderung interpretieren lassen könnten. Die Muslims hatten wie gesagt lange vor der entsprechenden christlichen Formulierung ihrerseits den Heiligen Krieg gegen die Ungläubigen, das heißt in diesem Fall gegen die Christen, verkündet. Es ist eine Streitfrage, die sich nicht ohne weiteres völlig eindeutig lösen läßt, ob nun wirklich eine solche Abhängigkeit des Kreuzzugsgedankens vom Heiligen Krieg der Muhammedaner besteht oder ob er ein Phänomen sui generis ist. Die Stellung zu diesem Problem hängt davon ab, ob man auch die islamischen Eroberungskriege grundsätzlich zuerst von der Religion bestimmt sein läßt und dann erst von staatlich-politischen Zielen oder nicht. Ohne Zweifel waren die ersten Züge auch der Araber vom Leitmotiv getragen, den Islam allen Völkern zu verkünden. Später haben sich handfeste wirtschaftliche und territoriale Interessen untergemischt oder in den Vordergrund geschoben. Allerdings muß man seine Optionen für das Christentum nicht so weit treiben, um zu ignorieren, daß vielen Päpsten, Königen, Fürsten und Rittern auch die Kreuzzüge nur zum Vorwand für alles mögliche andere gedient haben, das kaum noch etwas mit der christlichen Lehre zu tun hatte.

Viel zu kurz kommt normalerweise auch der klaffende Zivilisationsunterschied, der zwischen den Gegnern bestanden hat. Eine der frühesten Äußerungen von nichtchristlicher Seite war recht drastisch, und gerade das anekdotische Moment darin unterstreicht die unglaubliche Differenz der Ebenen: »Wenn der Islam nicht eine so tolerante Religion wäre und wir Muslims solche Fanatiker wie unsere Gegner, dann hätten es die Christen verdient, wegen rassischer Minderwertigkeit ausgerottet zu werden.« Nun, seit den Kreuzzügen rangiert der Islam in der abendländischen Vorstellungswelt als das Antichristliche in leibhaftiger Gestalt. Vom damaligen Kampf gegen die Muhammedaner sind noch heute viele Werturteile geprägt, die hinsichtlich Kultur, Wissenschaft, Literatur, Kunst des Islam unsere Überzeugungen bestimmen.

Der islamische Monotheismus hat lange als Musterfall einer rigorosen, intoleranten Religion gegolten. Aber wir wissen nicht erst seit heute, daß sich in der Härte der Forderung neben ihm nur das Christentum behauptet hat. Ein nüchternes Urteil über die praktizierte Toleranz, die in unserer Zeit ein Grundelement der ganzen menschlichen Existenz darstellt, fällt keineswegs immer zu Ungunsten der islamischen Völker aus. Dazu braucht nicht einmal an die christliche Inquisition und die Hexenprozesse erinnert zu werden; diesen Ereignissen der Kirchengeschichte können die Muhammedaner bei bestem Willen nichts Gleichwertiges gegenüberstellen. Und was die Zeit der Reformation betrifft, so war ein so selbständiger Theologe wie Sebastian Franck der tiefen Überzeugung, daß es bei den Türken größere Rede- und Glaubensfreiheit gebe als in den lutherischen Staaten.

Die Freiheitskonzeption war im Islam theoretisch nicht stärker oder schwächer ausgebildet als im christlichen Mittelalter. Die Entwicklung vom römischen Heidentum bis zum Sieg des Christentums hatte sich schlagwortgleich widergespiegelt in der Feststellung des heiligen Augustin: »Die Kirche verfolgt aus Liebe, die Gottlosen verfolgen aus Grausamkeit«, ein Unterschied, der von den Verfolgten nur in den seltensten Fällen als wesentlich und beachtenswert empfunden wurde. Was Freiheit, Rücksicht, Duldsamkeit jeweils in der sanktionierten Form war, das hing von den besonderen Kategorien ab, die vom Absolutheitscharakter der christlichen oder der islamischen Religion geprägt wurden. Beiden Glaubensweisen aber war das Freiheitsbewußtsein auch als positiver Wert durchaus vertraut, und der Islam überdies gegenüber den beiden anderen »Buchreligionen« – dem Judentum und dem Christentum – zeitweilig von einer so generösen Nachsicht, die fast schon an die Humanitätsbestrebungen der europäischen Aufklärungsepoche erinnert.

Um das sichtbar werden zu lassen, war keineswegs ein so großzügiger und außergewöhnlicher Herrscher nötig wie Sultan Saladin, der Eroberer Jerusalems, der mit gutem Grund später zu einer der beliebten romantischen Bilderbuchfiguren avancierte. Nicht etwa nur er, sondern die tatsächliche Praxis der Muslims, die so wenig zu der zeitweise sprichwörtlich gewordenen islamischen Härte paßt, hat vor allem im 18. Jahrhundert durch viele Reiseberichte in Europa Aufsehen erregt; am bekanntesten ist ihr Niederschlag in Lessings »Nathan dem Weisen« geworden.

Schon Muhammed selbst, der Prophet, war alles andere gewesen als der Fanatiker, wie er jahrhundertelang zu Nutz und Frommen christlichen Glaubenseifers stilisiert wurde. Die ersten Chalifen durften mit Recht davon überzeugt sein, ganz in seinem Sinn zu handeln, wenn sie die Unterwerfung der Andersgläubigen im Zuge der großen Eroberungen vom Geist religiöser Duldsamkeit bestimmt sein ließen. In der ersten Hälfte des 7. Jahrhunderts wurde von den Chalifen der Grundsatz der uneingeschränkten Religionsausübung andersgläubiger Monotheisten ausdrücklich festgelegt, entsprechend dem Koranwort: »Es gibt keine Nötigung im Glauben« (Sure 2,257). Vor allem wurde auf das ausdrückliche Bekenntnis zum Islam kein Wert gelegt, auch nicht dort, wo anfangs eine hohe Zahl von Neubekehrten aus politischen Gründen hätte wünschenswert erscheinen können. Wenn auch in einigen kriegerischen Perioden davon abgewichen wurde, so galt doch theoretisch wie praktisch durch alle Zeiten der religiöse Grundsatz, daß dem Islambekenntnis eines Menschen, der zum Übertritt gezwungen worden war, keine Gültigkeit zukomme, daß also auf einen entsprechenden Glaubensabfall die Todesstrafe, die das Gesetz dafür vorschrieb, nicht angewendet werden dürfe. In den Zeiten der ersten Eroberungen wurde von den Unterworfenen – meistens Christen und Zoroastrier – lediglich verlangt, daß sie, wenn sie ihre Religion ungestört weiter ausüben wollten, eine Duldungssteuer (»gizya«) zu entrichten hätten.

Diese Tatsachen sollten immer mitbedacht werden, wenn man sich mit der Geschichte der Kreuzzüge befaßt, dieser »story of world's debate«, wie sie der britische Historiker Gibbon bezeichnet hat – mit ihrer Geschichte, ihrem Verlauf, den Wirkungen und Sekundärfolgen, die handfest in jedem europäischen Staat zu verspüren waren, politisch, wirtschaftlich, militärisch, kulturell. Daß Atiya so großen Nachdruck darauf legt, ist einer der vielen bestechenden Vorzüge seines an Vorzügen so überreichen Buches.

Das Nahziel war am 15. Juli 1099 mit der Eroberung Jerusalems erreicht worden, der erste Kreuzfahrerstaat etablierte sich. Weitere abendländische Kolonien entstanden in den christlichen Herrschaften von Antiochia, Tripolis in Phönikien und Edessa. Charakteristisch an ihnen war ihre Autonomie, sie waren also nicht von bestimmten Staaten des christlichen Westens abhängig oder ihnen untergeordnet, etwa im Sinne neuzeitlicher kolonialistischer Verbundenheit. Führend dabei waren die Franzosen, ebenso die Normannen Süditaliens. Besonders folgenschwer aber war die Initiative der italienischen See- und Handelsstädte Genua, Pisa und Venedig, die nicht nur den notwendigen Nachschub über das Meer monopolisierten, sondern umgekehrt auch dem Orient Europas Tore öffneten. Atiya stellt nüchtern fest: »Der phänomenale Aufschwung des Osthandels seit dem späten Mittelalter ist zu verstehen als eine natürliche Folge der Tatsache, daß die Europäer durch das Kennenlernen der levantinischen Handelsplätze, der Endpunkte der asiatischen Handelsstraßen, ganz neue Möglichkeiten entdeckten.« Lange vor den Engländern wurde im christlichen Mittelalter der muntere Grundsatz »Bibel und Kattun« erprobt, oder neutraler gesagt: Zwischen den Handelsinteressen und den spirituell-religiösen Zielen einer bestimmten Kategorie von Kreuzfahrern hat es bald kaum noch nennenswerte Unterschiede gegeben.

Die Kreuzzüge haben zwangsläufig die Kontakte zwischen den Gegnern zunehmend intensiviert, vor allem später, als die Erfolge der Christen spärlich wurden und eine Position nach der anderen verloren ging. Damit aber wuchs auch kontinuierlich die Achtung vor den Muhammedanern; der Respekt und die Bewunderung ihres kulturellen, künstlerischen, wissenschaftlichen Niveaus untermischten sich mit ersten Ansätzen zu religiöser Toleranz, die sich bald genug auch zu starken Zweifeln daran steigerten, ob denn überhaupt die religiöse Begründung der ganzen Kreuzzugsbewegung außerhalb jeder Diskussion stand. Durch die Sprengung des abendländischen Horizonts, durch die enorme Ausweitung des begrenzten christlichen Gesichtskreises wurde schließlich auch die Basis des gesamten Konzepts brüchig, seine Begründung fragwürdig. Dies aber fiel nicht nur zeitlich mit einer innereuropäischen Neustrukturierung zusammen, diese Veränderung und Entwicklung der Kreuzzugsidee selbst hatte daran ihren gemessen und nicht zu unterschätzenden Anteil. Aziz S. Atiya formuliert es so: »Die Erweiterung des Horizontes über alle bis dahin bekannten Grenzen hinaus sowie der wachsende Reichtum und die dadurch ermöglichte Muße in den südeuropäischen Kommunen trugen im Bereich der Kunst und der Literatur reiche Früchte, die die Neugeburt einer sich verwandelnden Welt anzeigten.

Die Renaissance und der Beginn der Neuzeit haben ihre Wurzeln zu einem Teil, wenn auch natürlich nicht ausschließlich, in den Kreuzzügen und ihren weittragenden Folgen für das soziale, kulturelle und wirtschaftliche Leben.«

Neuartig und in seinen Perspektiven noch immer nicht voll ausgeschöpft ist der Betrachtungsansatz Atiyas bei seiner Darstellung des Gesamtphänomens »Kreuzzüge«. Nicht die christliche Kreuzzugsidee allein ist hier entscheidend, dasselbe Gewicht wird vielmehr auf die islamische Herausforderung und Reaktion gelegt, und dadurch entsteht eine Sicht, die weit mehr umfaßt und verständlich machen kann als nur die Ereignisse des 12. und 13. Jahrhunderts samt ihren unmittelbaren Folgen, die also den welthistorischen Horizont einschließt.

Atiya vermerkt selbst, in mehr als bescheidener Beiläufigkeit, daß bis dato eine »Studie über die Ost-West-Beziehungen unter dem dreifachen Gesichtspunkt der Kreuzzüge, des Handels und der Kultur« gefehlt habe. Diesen Mangel wollte er mit seinem Buch beheben. Was sich aber hier zurückhaltend als Ausbau einer Reihe von Vorlesungen präsentiert, ist tatsächlich das Ergebnis einer Forschungsarbeit, mit der Atiya als Dreißigjähriger begann und in deren Verlauf er sich zu einem der renommiertesten Experten der wissenschaftlichen Welt auf diesem Gebiet entwickelte.

Sein Leben hat kosmopolitischen Zuschnitt. Aziz Suryal Atiya wurde 1898 in Ägypten geboren, studierte an verschiedenen Universitäten, wurde graduiert und begann 1934 seine wissenschaftliche Produktion mit einer Arbeit über den Kreuzzug von Nikopolis 1396, den großen Kriegszug König Sigismunds gegen Sultan Beyazit, der mit einer vernichtenden Niederlage der christlichen Ritter endete. Vier Jahre später folgten zwei Werke über die Kreuzzugsbewegung im Spätmittelalter und die Beziehungen zwischen Ägypten und Aragon. In diesen Jahren, von 1935 bis 1938, hatte Atiya eine Gastprofessur für Geschichte an der Universität Bonn inne. Während des zweiten Weltkrieges befand er sich in seiner Heimat und lehrte bis 1951 in Kairo und Alexandria. In dieser Zeit entwickelte er sich zu einem Spezialisten der Geschichte des Vorderen Orients (Veröffentlichungen: »Qawanin al-Dawanin«, 1943; »The Arabic Manuscripts of Mount Sinai«, 1950; »History of Patriarchs«, 1948–59, 2 Bände), er wurde an die Universität Zürich berufen, blieb dort drei Jahre, lehrte 1954/55 in Beirut und wechselte dann in die USA. Neben seiner Tätigkeit in vielen Kommissionen und Gremien ist hervorzuheben, daß er von 1961 bis 1967 als Direktor das »Middle East Center« der Universität Utah in Salt Lake City leitete. Sein vorliegendes Buch »Crusade, Commerce and Culture« erschien 1962 und wurde im gleichen Jahr ergänzt durch eine umfassende Bibliographie: »The Crusade. Historiography and Bibliography«. 1968 schließlich veröffentlichte er eine große Geschichte des orientalischen Christentums (»A History of Eastern Christianity«).

Die Optik des Historikers Atiya ist nicht eng genug, um ein Phänomen wie die Kreuzzüge lediglich als abgeschlossenen geschichtlichen Prozeß zu betrachten. Sein Buch, das nicht ohne Grund in der deutschen Übersetzung den Untertitel trägt: »Die Begegnung von Christentum und Islam«, hat seinen größten Vorzug nicht nur in der eindrucksvollen Darstellung einer Bewegung, die sich so folgenreich auf die Geschichte ausgewirkt hat, sondern auch darin, daß es Voreingenommenheiten berichtigt, die uns noch heute weithin zu falschen Beurteilungen der Ereignisse in der islamischen Welt verleiten.

Hellmut Diwald

Das vorliegende Buch stellt die erweiterte Fassung einer Reihe von sechs Vorlesungen dar, die mit Unterstützung der Patten Foundation an der Indiana-Universität gehalten wurden. Für die Ehre, für das Jahr 1957 zum Patten Lecturer gewählt worden zu sein, bin ich aufrichtig dankbar.

Mein Interesse an der Erforschung der Ost-West-Beziehungen ist so alt wie meine akademische Laufbahn selbst. Vor mehr als einem Vierteljahrhundert, während des akademischen Jahres 1933 bis 1934, begann ich an der School of Oriental Studies der Londoner Universität mit Vorlesungen über diesen Gegenstand. Im Verlauf einer langen Vorlesungstätigkeit an den zahlreichen Bildungsstätten, an denen ich historische Forschungen betrieb oder leitete und bei der ich mich von verschiedenen Gesichtspunkten aus mit meinem Stoff beschäftigte, ist dieser unvermeidlicherweise erheblichen Veränderungen und Erweiterungen ausgesetzt gewesen. Nach meiner Tätigkeit in London hielt ich über dasselbe Thema Seminare an der Universität Bonn, und zwar bis kurz vor dem Ausbruch des zweiten Weltkrieges, als ich Deutschland verließ und nach Ägypten an die Universitäten in Kairo und Alexandria ging. Mehrere Jahre hindurch legte ich den gleichen Stoff weiteren Lehrkursen zugrunde, wobei ich mich jetzt vor allem den arabischen Quellen zuwandte. In der gleichen Zeit hielt ich gelegentlich auch Vorlesungen über die Kreuzzüge an zahlreichen Instituten in Amerika und Europa, und zwar unter anderem an den Universitäten von Chikago und Kalifornien, an der Harvard- und der Princeton-Universität sowie an der Universität Zürich in der Schweiz. In den Jahren 1955/1956, als ich zum Medieval Academy Visiting Professor of Islamic Studies an der Universität Michigan gewählt wurde, hielt ich einen vollständigen Kurs über das gesamte Gebiet der Ost-West-Beziehungen. Auf Wunsch wurde dies im darauffolgenden Jahr in einem Seminar für Fortgeschrittene des Near and Middle East Institute der Columbia-Universität wiederholt.

Obwohl das Material zu dem Thema in all diesen Jahren sich häufte und sich allmählich Wesentliches von Unwesentlichem schied, hatte ich doch niemals den Mut, eine allgemeine schriftliche Darstellung dieses ausgedehnten und vielgestaltigen Bereichs historischen Wissens zu versuchen – bis ich eingeladen wurde, die Patten-Vorlesungen zu halten. Da eine der Hauptbedingungen war, den Text der Vorlesungen der Indiana University Press zur Veröffentlichung zu überlassen, blieb mir keine andere Wahl, als der Versuchung, der ich viele Jahre hatte widerstehen können, nachzugeben.

Bei einem so umfassenden Gebiet, das die Begegnungen zwischen Ost und West beinah während des ganzen Mittelalters einschließt, wobei außerdem Ereignisse in der Antike und in der Neuzeit gestreift werden mußten, erwies sich eine Beschränkung auf das Allerwesentlichste als unvermeidlich. Ich mußte mit meinen Lesern gleichsam in die Stratosphäre der Zeit aufsteigen und auf die historische Struktur meines Gebietes aus großer Entfernung hinabschauen, wenn ich mich mit den wichtigen Erscheinungen auseinandersetzen wollte, ohne mich in Nebensächlichkeiten und ermüdende Einzelheiten zu verlieren. Die große Gefahr dieser Methode liegt in der Tendenz zu übermäßiger Verallgemeinerung. Der Historiker muß, während er mit seinem Kopf in den Wolken steckt, fortwährend fühlen, daß er mit seinen Füßen auf sicherem Boden steht. Verallgemeinerungen sind nur erlaubt, sofern sie durch konkrete Zeugnisse und Tatsachen gerechtfertigt werden. Deshalb habe ich, auch wenn ich ganz allgemeine Behauptungen aufstellte, mich stets bemüht, die Originalquellen nicht aus den Augen zu verlieren.

Eine kurze Studie über die Ost-West-Beziehungen unter dem dreifachen Gesichtspunkt der Kreuzzüge, des Handels und der Kultur fehlt bis jetzt im historischen Schrifttum. Im Grunde genommen gibt es keine befriedigende zusammenfassende Darstellung über diesen Gegenstand. Auch wenn wir nur die Kreuzzüge ins Auge fassen, die viel stärkere Beachtung erfahren haben als die Gebiete des Handels und der Kultur, ist es schwer, irgendein einbändiges Werk zu nennen, das außer einer guten Darstellung des altbekannten Materials auch die Resultate neuerer Untersuchungen und die neuen Anschauungen vermittelt, über die auf den nachfolgenden Seiten berichtet wird. Die drei Bände von Grousset, die ebenso umfangreiche *History of the Crusades* von Runciman sowie das monumentale fünfbändige Pennsylvania-Werk *History of the Crusades* – ich habe mich mit diesen Werken in meinem Buch *The Crusade: Historiography and Bibliography,* das das vorliegende Buch ergänzt, kurz auseinandergesetzt – sind detaillierte Darstellungen, die mehr für Gelehrte und Spezialisten gedacht sind als für den Laien, der in dem Labyrinth, das sie enthalten, unweigerlich die Orientierung verliert. Vielleicht das einzige Werk, das den Anforderungen einer allgemeinen Darstellung von vernünftigen Ausmaßen gerecht wird, sind die *Croisades* von Bréhier, ein Buch, das jedoch, ganz abgesehen von den Ungenauigkeiten, die es enthält, seit dem Erscheinen neuerer Monographien ein wenig veraltet ist. Außerdem ist es seit dem Erscheinen seiner fünften Auflage im Jahre 1928 nicht wieder aufgelegt und auch nicht durch ein entsprechendes Werk ersetzt worden.

Ich hoffe, daß die vorliegende Studie diese Lücke zu einem Teil wird schließen helfen. Um dieses Ziel zu erreichen, habe ich mir von Anfang an klargemacht, daß der Text mit bibliographischen Anmerkungen versehen werden mußte, und zwar sowohl, um denjenigen auf den Weg zu helfen, die eigene Forschungen auf diesem Gebiet durchführen wollen, als für den Fachmann, für den das Bedürfnis nach einem bequemen, den neuesten Stand der Forschung berücksichtigenden Nachschlagewerk, das ihm über Literatur zur Geschichte des Mittelalters Auskunft gibt, auch dadurch besonders fühlbar geworden ist, daß der *Guide to the Study of the Middle Ages* von A. C. Paetow seit langem vergriffen und außerdem veraltet ist. Um diesen doppelten Zweck zu erfüllen, habe ich in das vorliegende Buch eine kurze allgemeine Bibliographie mit aufgenommen, während ich in meinem Werk *The Crusade: Historiography and Bibliography,* das als Ergänzung zu diesem Buch gedacht ist, versucht habe, alle wichtigen Veröffentlichungen, das Quellenmaterial und die Sekundärliteratur zusammenzustellen.

Im letztgenannten Werk sind allgemeine Nachschlagewerke und Monographien in Form einer allgemeinen Bibliographie aufgeführt. Ferner findet sich dort ein kurzer Abschnitt, der sich mit der Historiographie beschäftigt. Außerdem habe ich den Inhalt einiger großen Quellensammlungen analytisch dargestellt, und zwar der folgenden Werke: *Recueil des Historiens des Croisades, Palestine Pilgrims' Text Society Library, Archives de l' Orient Latin, Exuviae Sacrae Constantinopolitanae,* die *Bibliothèque des Croisades* von Michaud, ausgewählte Veröffentlichungen der *Records of Civilization* der Columbia-Universität sowie die *Bibliotheca Geographorum Arabicorum* – lauter Werke, die zwar oft angeführt, wegen ihres Umfanges und der verwirrenden Fülle ihres Inhalts jedoch selten wirklich durchforscht werden.

Ich habe dabei den üblichen Weg verlassen und diese Quellen nicht bloß aufgezählt, sondern ihren Inhalt ein wenig ausführlicher beschrieben, um dadurch dem Leser die Fülle an historischen Tatsachen, die in diesen Sammlungen enthalten sind, vor Augen zu führen. Andererseits erhebe ich keinen Anspruch auf Vollständigkeit, weder in textlicher noch in bibliographischer Hinsicht, sondern hoffe nur, daß meine Arbeit der Forschung auf einem Gebiet, das noch so voller Möglichkeiten ist, neue Wege erschließen möge.

In den letzten Jahren, etwa seit der Zeit meiner Patten-Vorlesungen, ist man sich im Außenministerium und im Kongreß der Vereinigten Staaten der außerordentlichen Wichtigkeit bewußt geworden, die der Erforschung fremder Sprachen und Länder für Amerika, für den Weltfrieden und für die Völkerverständigung zukommt. Der Kongreß gab ein »National Defense Education Act« heraus, ein Gesetz, das das Gesundheits-, Erziehungs- und Wohlfahrtsministerium in Washington ermächtigte, Sprachstudien an amerikanischen Universitäten zu fördern und zu unterstützen, wobei das Arabische unter den für das Land entscheidend notwendigen Sprachen an erster Stelle stand. Die Veröffentlichung der vorliegenden Studie geschieht im Einklang mit dem Geist dieses Programms. Der Verfasser würde sich in hohem Maße belohnt fühlen, wenn Leser, die sich für die Kultur und die politischen Verhältnisse im Mittleren Osten interessieren, aus dem in seiner Arbeit enthaltenen Material, das den Hintergrund für die heutigen Verhältnisse abgibt, einigen Nutzen zögen.

Ich sagte, daß im folgenden vor allem die wesentlichen Ereignisse und Tatsachen hervorgehoben werden sollen. Vielleicht ist es gut, noch einige Worte über den äußeren Rahmen dieser Arbeit hinzuzufügen. Es war vor allem meine Absicht, die allgemeine Struktur dreier großer Bewegungen innerhalb der Geschichte der Beziehungen zwischen den Ländern und Völkern des Nahen und Mittleren Ostens auf der einen und der christlich-europäischen Staaten auf der anderen Seite zu skizzieren. Kreuzzüge, Handel und Kultur lösten einander ab als drei aufeinanderfolgende Phasen in der Entwicklung des mittelalterlichen gesellschaftlichen und geistigen Lebens. Obwohl diese Bewegungen wesensmäßig dem Mittelalter angehören, trugen sie doch in verschiedenem Grade mit zur Ausbildung der modernen Kultur und des modernen Denkens bei. Sie sind wichtige Phasen in der Geschichte der Menschheit im allgemeinen und in der Geschichte der orientalischen Frage im besonderen. Es ist falsch, die orientalische Frage als das bloße, der neueren Geschichte angehörende Problem der Türkei und der Großmächte aufzufassen. Der Konflikt zwischen Ost und West geht bis weit ins Altertum zurück, und jedes Zeitalter fand für dieses ewige Problem seine eigene, besondere Lösung.

Die Kreuzzugsbewegung, die von der Forschung bis heute fast ausschließlich als eine isolierte Erscheinung behandelt worden ist, sollte vielmehr als eine von vielen Phasen oder Versuchen, die orientalische Frage zu lösen, angesehen werden. Während des ganzen Verlaufs der vorliegenden Darstellung habe ich versucht, die Unterscheidung hervorzuheben, die ich mache zwischen der »Kreuzzugsbewegung« (englisch: Crusade – Anm. d. Ü.), einer Bewegung, deren Wurzeln bis tief in die griechisch-persisch-arabische Geschichte hinabreichen und deren Auswirkungen weit über den Fall Akkons im Jahre 1291 hinausreichen, und den »Kreuzzügen« (englisch: Crusades), welche eine Reihe von militärischen Unternehmungen waren, die von Urban II. in Bewegung gesetzt wurden und nach herrschender Meinung sich auf das zwölfte und dreizehnte Jahrhundert beschränken.

Die ersten vier Kapitel des Buches beschäftigen sich hauptsächlich mit den Kreuzzügen, ihrer Vorgeschichte und ihren Nachwirkungen. Obwohl der Versuch gemacht wird, eine möglichst umfassende und dem neuesten Stand der Forschung angepaßte Darstellung zu geben, muß ich den Leser abermals darauf aufmerksam machen, daß er es hier nicht mit einer historischen Abhandlung im üblichen Sinne zu tun hat. Es soll ihm vielmehr nur das Wesentliche, und zwar in analytischer Darstellung, sowie ein Überblick über neue Theorien und Betrachtungsweisen zu dem behandelten Gegenstand geboten werden. Die Kreuzzüge des Spätmittelalters, die von der Forschung lange Zeit ungebührlich vernachlässigt wurden, sollen an die Stelle gerückt werden, die ihnen im Rahmen der Gesamtbewegung zukommt. Ferner werden sich die Gegenkreuzzüge als eine Bewegung von ungeheuren Ausmaßen erweisen, deren Erforschung den Wissenschaftlern noch eine unbegrenzte Fülle von Möglichkeiten bietet. Die Ergebnisse der Kreuzzüge werden uns dann zur Untersuchung des Levantehandels führen, wobei in starkem Maße orientalische und arabische Quellen herangezogen werden. Und da dem Austausch von Handelsartikeln natürlicher- und notwendigerweise ein Eindringen östlichen Gedankenguts in den Westen folgte, wird ein Teil unserer Aufmerksamkeit auch auf die Berührungen im kulturellen Bereich gerichtet sein. Ein kurzes Nachwort wird die Fäden, die sich von dem im Buch behandelten Zeitraum aus bis in unsere Gegenwart ziehen, verfolgen und das Element der Kontinuität, um nicht zu sagen Identität, herausheben, das die Grundantriebe des nie endenden Ost-West-Konfliktes kennzeichnet, eines Konfliktes, bei dem im Laufe der Zeiten im Grunde nur das Milieu und die Motive gewechselt haben.

Middle East Center
University of Utah
4. Dezember 1961   *Aziz S. Atiya*

TRANSKRIPTIONSTABELLE FÜR DEN HAUPTTEXT

langes ا = ‿ über dem Vokal

ب = b		ض = d	
ت = t		ط = t	
ث = engl. th		ظ = z	
ج = dsch		ع = ' (zw. 2 Buchst.)	
ح = h		غ = g	
خ = ch		ف = f	
د = d		ق = k	
ذ = dh		ك = k	
(stimmhaftes engl. th)		ل = l	
ر = r		م = m	
ز = z		ن = n	
س = s		ه = h	
ش = sch		و = w	
ص = s		ى = j oder ī	

I

DIE ORIENTALISCHE FRAGE: FRÜHE LÖSUNGEN

Bestimmung des Kreuzzugsbegriffs

Die Kreuzzüge sind im Laufe der Geschichte sehr verschieden beurteilt worden. Im Mittelalter verstand man sie als einen heiligen Krieg, der für eine heilige Sache geführt und von der Hand der Vorsehung durch die Anordnungen des Papstes, des Stellvertreters Gottes auf Erden, gelenkt wurde. Die mittelalterliche Neigung, die Geschichte als ein Heilsgeschehen aufzufassen, wird hier spürbar. Eine andere Deutung des Mittelalters sieht den Kreuzzug als eine zur Vergebung der Sünden unternommene Pilgerfahrt, ein ›passagium‹ zu den heiligen Stätten jenseits des Meeres. Die Pilgerfahrt eines einzelnen nannte man ›passagium parvum‹; eine von größeren Gemeinschaften oder Massen unternommene Fahrt aber, bei der die Teilnehmer, um anzugreifen oder sich zu verteidigen, mit Waffen ausgerüstet waren, war ein ›passagium generale‹, das heißt ein Kreuzzug.

Die entgegengesetzte Auffassung finden wir in der Zeit der Renaissance sowie im Laufe des 18. Jahrhunderts, als man die Kreuzzugsbewegung in rationalistischer Weise als bloßen Ausbruch des mittelalterlichen Fanatismus und als ein Zeichen für den blinden Glaubenseifer der mittelalterlichen Seele erklärte. Diese Geisteshaltung habe sich – so meinte man – in den christlichen Angriffen gegen den Islam und gegen das mohammedanische Reich mit dem Ziel der Befreiung der Geburtsstätte Christi, unter der Führung des Papstes, Luft gemacht.

Der politische Historiker wiederum möchte die Kreuzzüge insgesamt als eine von Westen nach Osten gerichtete Wanderbewegung auffassen, als eine neue Art von Völkerwanderung, das heißt eine Wanderung von armen Völkern und Stämmen auf der Suche nach neuen Gebieten, die größeren Reichtum boten als ihre Heimat. Waren nicht die Normannen und die Franken, diejenigen also, von denen die Initiative in den Kreuzzügen in erster Linie ausging, für ihren Wandertrieb schon seit Anfang des Mittelalters, seit dem vierten und fünften Jahrhundert, der Zeit des Verfalls und Untergangs des alten römischen Imperiums, bekannt?

Die moderne Schule der Wirtschaftsgeschichte dagegen betrachtet die Kreuzzüge wieder aus einem völlig anderen Blickwinkel, und zwar als eine Phase im Prozeß der europäischen Expansion nach Osten, als eine Form von Kolonisation und von mittelalterlichem Imperialismus. Man weiß, daß im elften Jahrhundert die Bevölkerung Frankreichs und einiger Nachbarländer plötzlich so stark zunahm, daß die dürftigen Erträge ihres eigenen Bodens nicht mehr ausreichten, und es ist begreiflich, daß diesen arg bedrängten Völkern die Erschließung neuer Gebiete mit neuen Möglichkeiten sehr willkommen war. Papst Urban II. kannte die wirtschaftlichen Schwierigkeiten, mit denen das Volk zu kämpfen hatte, und er sprach daher in seiner Rede im Jahr 1095 von Palästina als von einem Land, in dem Milch und Honig nur so strömten. Im Verlauf der Kreuzzugsunternehmungen und der Errichtung des Lateinischen Königreichs in Jerusalem riß der Strom von westlichen Ansiedlern, die sich in den Gebieten jenseits des Mittelmeeres fest niederließen, nicht mehr ab.

Die Mittelalterhistoriker jedoch sind übereinstimmend der Meinung, daß die Kreuzzüge militärische Unternehmungen waren, die von den abendländisch-christlichen Völkern, vor allem von den Normannen und den Franzosen, unter der Führung der römischen Päpste unternommen wurden mit dem Ziel, die heiligen Stätten von der Herrschaft der Mohammedaner zu befreien. Nach Ansicht der älteren Schule dieser Historiker dauerte der heilige Krieg als solcher ungefähr zweihundert Jahre, von 1095 bis 1291 oder 1292, das heißt bis zum Ende des Lateinischen Königreichs von Jerusalem.

Für eine umfassende Bestimmung dessen, was die Kreuzzüge wirklich waren, ist eine detaillierte Untersuchung der Grundstruktur dieser Bewegung sowie der Umstände nötig, unter denen sie in einer Welt, die durch sie tief aufgewühlt wurde, überhaupt möglich war. In erster Linie müssen wir damit aufhören, die Bewegung – wie es meistens geschieht – als eine in den Annalen der Menschheit völlig einmalige und isolierte Angelegenheit zu behandeln. Die Kreuzzüge sollten vielmehr als eines von vielen Kapiteln in der Geschichte der Ost-West-Beziehungen angesehen werden. Diese Beziehungen reichen über die Schwelle der mittelalterlichen Welt weit in die Antike zurück. Den Zankapfel bildete die uneindeutige Grenze Europas oder, wie man sie auch nennen kann, die geistige Grenze zwischen dem Abendland und Asien.

Im Grunde war es Griechenland, das Wunder des griechischen Geistes und der hellenischen Kultur, welches Europa ein klares Bewußtsein von seiner geistigen Grenze gab, die es zu verteidigen und sogar über die Gebiete östlich der Propontis, des modernen Marmarameeres, hinaus auszudehnen suchte. Im fünften vorchristlichen Jahrhundert können wir die ersten unmißverständlichen Anzeichen wahrnehmen für jene scharfe Spaltung zwischen Europa mit seiner griechischen Kultur und Asien, das von der Lebens- und Denkweise geprägt war, wie sie im persischen Reich herrschten.

Dadurch entstand das, was man, schon in diesem frühen Stadium der alten Geschichte, als die ›orientalische Frage‹ bezeichnen kann, das heißt die Frage der stets beweglichen Grenzen, welche die Gebiete Griechenlands und Persiens oder im weiteren Sinne Europas und Asiens voneinander trennten. Die in der Folgezeit emporstrebenden Mächte suchten immer neue Lösungen für dieses gleiche Problem, durch die Jahrhunderte hindurch, nach den Griechen die Römer, die Byzantiner, die Karolinger, die lateinischen Kreuzfahrer und schließlich die Mohammedaner, die Gegenkreuzzüge veranstalteten. Demnach dürfen wir die einfache Folgerung ziehen, daß die Kreuzzüge im spezifischen konkreten Sinne nichts anderes waren als die fränkische Lösung der orientalischen Frage im Mittelalter.

Ferner müssen wir die Beschaffenheit des mittelalterlichen Europas und der mittelalterlichen Denkweise überhaupt untersuchen, damit wir das Wesen und die geistigen Antriebe der Kreuzzüge abschätzen können. Das Mittelalter war in allererster Linie ein Zeitalter des Glaubens und des Krieges. Diese beiden Faktoren waren fortwährend am Werk, sie formten die mittelalterlichen Institutionen, die Gesellschaft, die Geisteshaltung. Nirgends aber kamen diese Faktoren so stark zum Ausdruck wie in den Kreuzzügen: Kriege, die um eines heiligen Zieles willen geführt wurden, und zwar von der abendländischen Ritterschaft und der kämpfenden Kirche in vollkommener Eintracht. Die Antwort auf die Verkündigungen Urbans II. im November 1095 in Clermont-Ferrand in der Auvergne war einstimmig: »Deus lo volt!« – Gott will es! Das war die einzige Stellungnahme der Ritter bei diesem denkwürdigen Ereignis.

Wir wollen einen Augenblick innehalten und uns Urbans oft erwähnte, aber selten zitierte Ansprache, die das Manifest für die ganze Bewegung abgab, näher anschauen. Eine kurze Analyse dieses Dokuments, dessen Text Fulcher (oder Foucher) von Chartres vollständiger überliefert als andere Zeitgenossen, die die Ansprache ebenfalls gehört haben, zeigt uns Urbans eigene Auffassung des Kreuzzugs.[1] Die logische Folgerichtigkeit der Gedanken des Papstes bei der Darlegung seiner Leitsätze ist bemerkenswert. Urban, selber ein Franzose, sprach seine französische Zuhörerschaft nicht lateinisch, sondern in ihrer eigenen Muttersprache an, um nur niemanden über den Ernst seiner Aufforderung im unklaren zu lassen.

1. In der Einleitung seiner Rede beginnt Urban II. mit der Predigt einer inneren Reform der sittlichen Zustände in Westeuropa. Er dringt auf Klugheit, Vorsicht, Bescheidenheit, Gelehrsamkeit, Friedfertigkeit, Wachsamkeit, Frömmigkeit, Gerechtigkeit, Gleichmut und Keuschheit unter den Menschen als Vorbereitung auf den Kreuzzug.

2. Dann verordnet er aufs neue die ›Treuga Dei‹, den Gottesfrieden, der

von der Mittwochvesper bis zum Sonnenaufgang am Montagmorgen einer jeden Woche bei Strafe des Kirchenbannes die Verletzung des Friedens unter den Christen verbietet, um so die Einigkeit unter allen Menschen des Westens als Vorbereitung auf eine gemeinsame Aktion im Osten zu festigen.

3. Er berichtet über die Verhältnisse im Osten. Die Eroberungen der Araber und Türken in ›Romania‹ (d. h. im byzantinischen Kaiserreich) bis hin zum Hellespont (St. Georgsarm) fordern die westliche Christenheit zum Handeln auf, zur Befreiung jener Gebiete und der heiligen Stätten vom Joch der Ungläubigen und zur Verteidigung der östlichen Christen, deren Los niemals zuvor so beklagenswert gewesen ist.

4. Er ruft mit folgenden eindrucksvollen Worten zum Kreuzzug auf: »Deshalb bitte und ermahne ich euch, und nicht ich, sondern der Herr bittet und ermahnt euch, als Herolde Christi dies überall bekanntzumachen und die Männer aller Stände, die Ritter wie die Fußknechte, die Reichen wie die Armen zu bewegen, den Christen rasche Hilfe zu bringen und diese böswilligen Völkerscharen aus den Ländern eurer Brüder zu vertreiben. Ich sage dies zu allen, die hier anwesend sind; ich rufe es allen zu, die nicht anwesend sind. Außerdem befiehlt es Christus.«

5. Der Lohn für alle diejenigen, die das Kreuz nehmen, ist die Vergebung ihrer Sünden. »Das garantiere ich allen, die sich aufmachen, durch die Macht Gottes, deren Vertreter ich bin.«

6. Er wendet sich an alle Fürsten und bittet sie, ihre örtlichen Fehden zu beenden und ihre Waffen gegen den Osten zu richten. »Mögen diejenigen, die einst gegen Brüder und Verwandte Fehde geführt haben, jetzt den Kampf gegen die Ungläubigen aufnehmen, wie es sich gebührt.«

7. Und zum Schluß bittet der Papst seine Herde um sofortigen Aufbruch. Er ermahnt alle, die das Kreuz tragen, nicht länger zu säumen, sondern ihr Land zu verpachten und die nötigen Mittel für ihre Ausgaben aufzubringen, »und sobald der Winter zu Ende ist und der Frühling kommt, mögen sie sich eifrig auf den Weg machen. Gott sei ihr Führer«.

Dieser Ruf zu den Waffen erklärt den universalen Charakter der Kreuzzugsbewegung, die man als den Kampf der mittelalterlichen ›vereinten Nationen‹ der westlichen Christenheit gegen die Mächte des Islams bezeichnen könnte, wobei der Zankapfel Jerusalem und das Gelobte Land war, auf das sowohl die Völker des Ostens wie die des Westens Anspruch erhoben.

Der Kreuzzug wurde auf beiden Seiten als ein Krieg des Glaubens und der Glaubensüberzeugung begonnen, ein Streit mit Worten wurde zur Tat. Die beiden Gegner ließen sich ursprünglich auf diese Unternehmung nicht auf Grund selbstsüchtiger Interessen und eines Ausdehnungsdranges ein; und die mystischen Enthusiasten im Westen fanden unter den Propagandisten und Kriegführern des Ostens ebenbürtige Gegenspieler. Richard Löwenherz und der große Saladin sind durch zahlreiche Berichte über ihre außerordentlichen Heldentaten, ihre Beweise von Tapferkeit und Rechtschaffenheit unsterblich geworden. Auf der anderen Seite wäre es ein Irrtum zu behaupten, daß ihr heldenhaftes Verhalten eine einzigartige Episode in den Annalen der Kreuzzüge gewesen sei. Die Autobiographie von Usāma ibn Munkidh (1095–1188) und die damaszenische Chronik von Ibn al-Kalanīsī (gest. 1160) liefern uns unzählige Beispiele, aus denen hervorgeht, daß der echte Kreuzzug und der Gegenkreuzzug fast den Charakter einer täglichen sportlichen Übung annahmen. Sie waren keine Kriege voll von purer Bosheit und Verräterei, gemein und zerstörerisch wie die Kriege, die die Christen in Europa untereinander führten. Vergleicht man die Schrecken, Greueltaten und Verheerungen des hundertjährigen Krieges zwischen England und Frankreich im Spätmittelalter mit den örtlichen Kampfhandlungen zwischen Moslems und christlichen Fürsten im Land jenseits des Meeres, so wird man den enormen Unterschied in der Art und Weise feststellen, wie die beiden Auseinandersetzungen ausgetragen wurden.

Außerdem konnte sich der Kreuzzug zuweilen paradoxerweise als eine Angelegenheit friedlicher Diplomatie darstellen. Dies wird durch die Beziehungen zwischen Karl dem Großen und Harūn ar-Raschīd am Ausgang des 8. Jahrhunderts bekräftigt, ebenso durch die Begegnung Friedrichs II. mit dem ajjubidischen Sultan al-Kamil im Jahre 1229 und dem wirkungsvollen Austausch von Gesandten zwischen König Jakob II. von Aragon und dem mamlukischen Sultan an-Nāsir Mohammed ibn Kalāwūn während der ersten drei Jahrzehnte des 14. Jahrhunderts.

Die Kreuzzüge waren der Versuch der Franken, das Problem der ›orientalischen Frage‹ im Mittelalter zu lösen, ob nun die dazu verwendeten Mittel die des Krieges oder die des Friedens waren. Eine Betrachtung anderer Versuche in früheren Zeiten wird die Geschichte einer Bewegung deutlich machen, die ihre Wurzeln in der Antike hat und die im Laufe der Jahrhunderte immer wieder in Erscheinung getreten ist. Die Vorwände für den Ausbruch von Feindseligkeiten sind jeweils andere, aber man wird sehen, daß die wirklichen Ursachen, wie sie sich für alle Phasen des Problems feststellen lassen, eindeutige Zeichen von Kontinuität aufweisen. Die meisten dieser Ausbrüche wurzeln im Wunder des griechischen Geistes, im Vermächtnis des griechischen Ideals; hier liegt der Grund für den anhaltenden Druck auf die europäischen Grenzen und für die Versuche, den europäischen Einfluß auch auf die übrige Welt auszudehnen.

Die griechische und die römische Lösung
der orientalischen Frage

Die Kriege der Griechen und Perser in Asien um die geistigen Grenzen der griechischen Kultur stellten das erste Kapitel im Kampf zwischen Ost und West dar. Der Zusammenstoß zwischen den beiden Zivilisationen oder Weltmächten fand auf den Gefilden von Marathon (490 v. Chr.) und Salamis (480 v. Chr.) statt und endete mit dem Frieden des Kallias (449 v. Chr.), der die Herrschaft der Söhne von Hellas sowohl über die europäischen als auch über die asiatischen Küsten der Ägäis bestätigte. Zugleich mit der Ausdehnung und Verschiebung der griechischen Grenzen entstand auch der Gedanke der Hellenisierung der alten Welt, der seinen reinsten Ausdruck in der kometenhaften Laufbahn Alexanders des Großen (356–323 v. Chr.) fand.

Alexander war im Grunde nicht nur ein Welteroberer, sondern auch so etwas wie ein Philosoph, ein treuer Schüler des Aristoteles, der die Weltherrschaft als einen Weg zu einem griechisch bestimmten Weltbürgertum ansah. Nachdem er die griechischen Stadtstaaten vereinigt hatte, führte der junge Makedone die panhellenischen Bataillone um die Levante herum nach Syrien und Ägypten, wo er vom Volk als der Befreier vom verhaßten persischen Joch jubelnd begrüßt wurde. Im Jahre 332 v. Chr. gründete er Alexandria ad Aegyptum, das das Hauptzentrum der hellenistischen Kultur unter seinen ptolemäischen Nachfolgern werden sollte. Dann stürmte er über Asien hinweg, schlug im Jahre 331 Dareios III. in der Schlacht von Arbela und gewann das weite Königreich Persien. Schließlich drang er in Asien erobernd bis nach Lahor und zum Indus und in Zentralasien bis Samarkand und Kabul vor. Griechische Münzen jener Epoche sind kürzlich in der Gegend von Peschawar und in den Tälern nördlich der Hauptstadt von Afghanistan ausgegraben worden.

Merkwürdigerweise aber wurde Alexander, der große Gebiete in Asien hellenisierte und der seine Soldaten mit den Töchtern Persiens verheiratete, um ein einheitliches griechisch-persisches Volk zu schaffen, am Ende seines Lebens selbst ein orientalischer Potentat, ein Erbe von Dareios und Xerxes. Der Hellenismus aber blieb in Persien etwas oberflächlich Aufgepfropftes, und der Partheraufstand gegen die seleukidischen Nachfolger Alexanders um die Mitte des dritten Jahrhunderts v. Chr. brachte denn auch einen Rückfall.

So kommen wir zu einem neuen Kapitel in der langen Geschichte der Beziehungen zwischen Ost und West: Mit dem Untergang der griechischen Staaten im Mittelmeerraum wurde Rom zum Vorkämpfer und Verteidiger des Hellenismus. Julius Caesar plante die Wiederherstellung des Alexanderreiches jenseits des Euphrats; das Projekt wurde später von Kaiser Trajan wieder aufgegriffen, der die parthische Hauptstadt Ktesiphon im Jahr 116 einnahm und die *Pax Romana* bis zum persischen Golf hin ausdehnte. Aber am weiteren Vorgehen wurde er durch den jüdischen Aufstand des Jahres 117 gehindert, der sich überall in den römischen Provinzen Afrikas und Asiens ausbreitete – das erste nachweisbare Beispiel für das, was man einen Religionskrieg nennen kann.

Auf asiatischer Seite jedoch fand der zunehmende persische Nationalismus schließlich seine Repräsentanten in den Herrschern der Sassaniden (224–640), die vier Jahrhunderte lang sowohl Rom als auch Byzanz mit ziemlichem Erfolg bekämpften. Die Erniedrigung Roms war vollständig während der Regierung Schahpurs I. (241–272), der Kaiser Valerian bei einem Überfall auf die Stadt Edessa im Jahre 260 gefangennahm. An dieses in der römischen Geschichte beispiellose Unglück erinnert ein persisches Wandrelief nahe bei den Ruinen der antiken Stadt Persepolis. Da ist Valerian dargestellt, wie er vor Schahpur niederkniet, der selbst hoch zu Pferde sitzt; und der persische Machthaber schont mit orientalischer Großmut das Leben seines Gegners. Es ist kein Wunder, daß er von da an den Titel ›König der Könige des Irans und des Nicht-Irans‹ annahm, dem manchmal noch hinzugefügt wurde: ›Herrscher des Universums, Abkömmling der Götter, Bruder der Sonne und des Mondes, Gefährte der Sterne‹.

Die neueren Ausgrabungen in den Ruinen von Dura-Europos am Euphrat östlich von Palmyra – einer Stadt, die vom dritten vorchristlichen bis zum dritten nachchristlichen Jahrhundert in Blüte stand – geben uns Zeugnisse an die Hand, mit deren Hilfe wir die weiteste Ausdehnung der römisch-griechischen Kultur in Mesopotamien feststellen können. Doch selbst innerhalb dieser Einflußsphäre können wir beobachten, daß die Entstehung des palmyrenischen Kaisertums der Zenobia unter dem Vorwand des Romanismus in gewissem Sinne ein Vorspiel zu den nächsten asiatischen Erhebungen war, die einmal unter dem Sassaniden Chosrū Parvīz und dann mit dem Einfall der Araber sowohl in das persische als auch in das byzantinische Kaiserreich nach dem Aufkommen des Islams im 7. Jahrhundert stattfanden und die unermeßliche Auswirkungen auf den gesamten Lauf der Geschichte hatten.

Indem wir die Antike verlassen und uns der Welt des Mittelalters zuwenden, sehen wir uns einer Reihe von neuen Umständen gegenüber. Bisher war die orientalische Frage eine Frage der Rassen und der Kultur gewesen. Jetzt wurde sie zu einer religiösen Frage. In den ersten Jahrzehnten des 7. Jahrhunderts hatte die Sassanidendynastie den Höhepunkt ihrer Macht erreicht. Nach einer Periode freundschaftlicher Annäherung und friedlicher Koexistenz mit den Griechen beschloß Chosrū II. Parvīz, der persische Monarch, seinen byzantinischen Freund, Kaiser Maurikios, der ermordet und dessen Thron im November des Jahres 602 von Phokas gewaltsam in Besitz genommen worden war, zu rächen. Im nächsten Jahr brach Krieg aus, Phokas wurde in der Schlacht von Arxamon zwischen Nisibis und Edessa im oberen Mesopotamien endgültig geschlagen, und Chosrū eroberte die Festung Dara im Jahre 605. Die Perser verwüsteten das Grenzgebiet von Syrien und Palästina im Jahr 608, und 609 drangen sie nach Kleinasien bis zum historischen Chalkedon am Hellespont, also bis in Sichtweite von Konstantinopel, vor.

Der Krieg zog sich etwa zwanzig Jahre hin, und in dieser Zeit erstand in der Person des Herakleios (610–641) ein neuer Usurpator des byzantinischen Thrones; er war ein Mann von großer Kühnheit und ein erfahrener und geschickter Heerführer. Zur gleichen Zeit, im Jahre 613, drangen die Perser endlich in Syrien ein, brachten dem byzantinischen Besatzungsheer in Antiochien eine schwere Niederlage bei und besetzten die wichtige Stadt Damaskus. 614 zogen sie im Triumph in Jerusalem ein, wo sie Feuer an das Heilige Grab legten. Sie setzten den Patriarchen Zacharias gefangen und nahmen das Heilige Kreuz und die heiligen Reliquien und Werkzeuge der Passion mit in ihre Hauptstadt Ktesiphon, um sie ihrer nestorianischen Königin Miriam darzubieten. 619 eroberte ein persisches Heer Ägypten, während ein anderes bis zum Bosporus vordrang und Konstantinopel vom Meer aus belagerte; zur gleichen Zeit kamen von Ungarn die avarischen Horden herab und nahmen die große Hauptstadt vom Land her unter Beschuß.

Alles schien verloren, und Herakleios begann schon eine Flucht nach Karthago in der entfernten afrikanischen Provinz zu erwägen, als der Patriarch Sergios den Kaiser überredete, den Heiligen Krieg auszurufen und den Kirchenschatz den Streitern des Kreuzes zur Verfügung zu stellen. Herakleios sah sich in einen Kampf verwickelt, den der Erzbischof Wilhelm von Tyrus im 12. Jahrhundert in seiner Chronik als einen Kreuzzug bezeichnete und der ungefähr fünfhundert Jahre vor der Ankunft der eigentlichen lateinischen Kreuzfahrer aus Europa stattfand, die einen anderen Krieg im Zeichen des

Kreuzes im Heiligen Land führen sollten. Der Kaiser wandte die glänzende Taktik an, das feindliche Heer von seiner Nachhut abzuschneiden, was schreckliche Folgen hatte. 622 setzte er seine Streitkräfte an den Ufern der Bucht von Alexandrette bei Issos, in der Provinz Kilikien (Kleinarmenien), genau südlich der taurischen Berge an Land und zwang die persischen Belagerer seiner Hauptstadt zu einem vollständigen Rückzug aus Kleinasien. Während Sergios, von einem byzantinischen Adligen namens Bonos unterstützt, die heroische Verteidigung Konstantinopels gegen die avarischen Horden ins Werk setzte, ging Herakleios im Jahre 623 aufs neue gegen die Perser vor. Diesmal zeigte er erstaunliche Fähigkeiten: er führte seinen Gegner in die Irre, indem er über das Schwarze Meer nach Trapezunt segelte, von wo aus er in Armenien und Aserbeidschan einfiel und den ahnungslosen Chosrū in seinem königlichen Schlupfwinkel in Ganzak arg bedrängte.

Weitere Unternehmungen wurden in den folgenden Jahren im Gebiet des oberen Euphrat systematisch wiederholt, bis Herakleios im Dezember des Jahres 627 endlich in Assyrien eindrang und bei Ninive das gesamte sassanidische Heer vernichtete, ganz in der Nähe der historischen Stätte von Arbela, wo Alexander der Große neunhundert Jahre früher Dareios in die Flucht geschlagen hatte. Dann erstürmte er die königlichen Paläste in Dastgard im Januar 628 und machte riesige Beute: einen großen Schatz an Gold und Silber, unschätzbare Teppiche und Seidenstoffe sowie große Mengen von Zucker, Gewürzen und Aromatica. Chosrū ergriff die Flucht, wurde entthront und im Februar auf Befehl seines eigenen Sohnes und Nachfolgers hingerichtet. Dann verhandelte Herakleios mit dem persischen General Schahrvas über die Räumung der übrigen, von den persischen Garnisonen noch besetzten Stützpunkte. Sie wurden 629 geräumt, und Schahrvas begab sich nach Ktesiphon, wo er Ansprüche auf den Thron seines alten Gebieters erhob. In Hierapolis (die arabische Stadt Menbij) am Euphrat erhielt Herakleios das Heilige Kreuz und die Passionsreliquien von persischen Gesandten zurück, und am 30. März des Jahres 630 zog er triumphierend in Jerusalem ein, wo er die kostbaren Gegenstände wieder an ihren ursprünglichen Platz auf dem Kalvarienberg zurückbrachte. So endete der Kreuzzug des Herakleios gegen die Perser. Die beiden alten Reiche hatten sich fast bis zur gegenseitigen Vernichtung bekämpft. Sie hatten den Weg geebnet für den dauerhaften Erfolg der bevorstehenden arabischen Drohung.

Schon vor dem Aufkommen des Islams waren arabische Einflüsse in den Gebieten Persiens und des byzantinischen Syriens wirksam geworden. Die kurzlebige palmyrenische Dynastie in der syrischen Wüste jenseits von Damaskus bietet dafür ein Beispiel. Aber die eigentliche Niederlassung arabischer Stämme fand an den äußersten Rändern beider Länder statt. Die arabischen Königreiche von Banu Gassān in der syrischen Provinz Haurān und Banu Lakm in Hira am rechten Ufer des Euphrat waren beide christlich-monophysitisch und den Höfen von Konstantinopel beziehungsweise Ktesiphon lehnspflichtig. Ein Lakmidenkönig, al-Mundhir I., wurde der Erzieher eines persischen Prinzen, Vahram Gor, den er im Jahr 420 auf den sassanidischen Thron brachte. Ein syrischer Bischof der Araber ließ sich in Basra nieder, und eine Tochter Mundhirs gründete christliche Frauenklöster auf der arabischen Halbinsel nahe der mesopotamischen Grenze. Zwischen 604 und 611 vernichtete der unbedeutende arabische Volksstamm von Banu Bakr im Kampf ein sassanidisches Heer bei Dhu-kār zwischen Wasit und Kūfa am Ufer des Euphrat. Dies war ein unheildrohendes Zeichen dafür, daß das große Reich sogar vor kleinen arabischen Nomadenstämmen nicht mehr sicher war.

Die Araber, die bis dahin in verschiedene Stämme geteilt waren, wurden schließlich vom Propheten Mohammed unter einer Religion und einem Banner vereinigt, und es wurde ihnen das Prinzip des Heiligen Krieges (›al-Dschihād‹) gegen alle Nicht-Moslems auferlegt, bis die ganze Welt gemäß dem Willen Allahs dem Islam (ein Wort, das ›Unterwerfung‹ bedeutet) unterworfen sein würde. Die arabische Eroberung begann unter der Herrschaft der ersten beiden orthodoxen Kalifen, Abū Bakr (632–634) und Omar (634–644). In Syrien wurde der erste Sieg des mohammedanischen Eindringlings in der Schlacht von Adschnadin am 30. Juli 634 errungen. Damaskus ergab sich im September des Jahres 635. Plötzlich wurde sich nun Herakleios des Ernstes der neuen Drohung bewußt und stellte ein Heer von 80 000 Mann auf die Beine, welches die Araber in der entscheidenden Schlacht am Jarmuk, einem Nebenfluß des Jordan, am 20. August 636 vernichteten. Im Norden ergaben sich Aleppo und Antiochien. Aber Jerusalem leistete noch zwei Jahre Widerstand unter dem Patriarchen Sophronios, der die Tore der Stadt schließlich im Jahre 638 öffnete, nachdem er für die christlichen Einwohner gewisse Konzessionen und Zusicherungen erhalten hatte. Bei dieser Gelegenheit geschah es, daß die Reliquien vom Heiligen Grab, vor dem Eindringen der Araber, entfernt wurden; das Kreuz kam nach Konstantinopel und die Lanze nach Antiochien. Zuletzt erlag Caesarea, im Jahr 640, womit die byzantinische Herrschaft über ganz Syrien, Palästina eingeschlossen, zu Ende ging.

In Persien erfolgte der vollständige Zusammenbruch des alten sassanidischen Reiches nach der Niederlage gegen die mohammedanischen Araber in den beiden entscheidenden Schlachten von Kadesia im Jahr 637 und Nihawend im Jahr 642. Der unglückliche sassanidische Herrscher Jazdagird III. floh mitsamt seinen königlichen Schätzen und wurde in einer Hütte nahe der im Norden gelegenen Stadt Merw von einem seiner Untertanen, einem armen Müller, der es auf das Gold seines Herrschers abgesehen hatte, ermordet. Dies machte der bisherigen Herrschaft und jeglicher Hoffnung auf einen organisierten Widerstand ein Ende. Im Gegensatz zu den semitischen Arabern waren die Perser arischer Abstammung, und ihre Arabisierung vollzog sich nur sehr langsam und unter Schmerzen und wurde weder im Mittelalter noch in der Neuzeit jemals wirklich vollendet. Trotzdem sollte gerade Persien, das seine völkische und sprachliche Eigenart in diesem Prozeß bis zum heutigen Tage bewahrt hat, dem mohammedanischen Reich unter dem abbasidischen Kalifat in Bagdad einige der hervorragendsten islamischen Denker und Staatsmänner schenken. Wie die Griechen unter römischer Herrschaft prägten auch die Perser die Kultur ihrer arabischen Eroberer. Selbst im Religiösen wandten sie sich dem ketzerischen schiitischen Bekenntnis,[2] im Gegensatz zum vorherrschenden arabischen sunnitischen Glauben,[3] zu – ein Faktor in der Ausbildung ihres individuellen nationalen Charakters, der nicht übersehen werden darf.

Während die arabischen Armeen noch staunend auf die ungezählten Reichtümer der sassanidischen Paläste im Osten starrten, wurde in westlicher Richtung eine neue Offensive gegen Ägypten, das reichste Weizenland des byzantinischen Reiches, vom Zaun gebrochen. Die leichte Eroberung Ägyptens wurde dadurch ermöglicht, daß die einheimische koptische Bevölkerung sich weigerte, in dem nun entstehenden Kampf Partei zu ergreifen. Diese ägyptischen Söhne des Nils waren lange von ihren byzantinischen Herrschern mißhandelt und verfolgt worden wegen ihres monophysitischen Glaubens und weil sie nach 451 das chalkedonische Glaubensbekenntnis[4] nicht anerkannt hatten. Die zunehmenden theokratischen Neigungen Konstantinopels waren für die Mitglieder der koptischen Kirche gänzlich unannehmbar; infolgedessen waren sie heftigen Verfolgungen und ständigen Demütigungen von den Vertretern der kaiserlichen Herrschaft ausgesetzt. So kämpften die Kopten den fortgesetzten Kampf eines aufkeimenden politischen wie kirchlichen Nationalismus, allerdings ohne den geringsten Erfolg. Dies war es aber, was ihnen die Unterstützung des Feindes ihres Volkes und ihrer Kirche unmöglich machte. Auf der anderen Seite versprachen die toleranten Araber ein weit größeres Maß an religiöser Unabhängigkeit und gaben sich auch mit weniger hohen Steuerabgaben als die Byzantiner zufrieden. Die Kopten hatten also durch einen Herrschaftswechsel offensichtlich nichts zu verlieren.

Der Grieche Kyros, der die Funktionen eines Präfekten mit denen eines Melkiten oder kaiserlichen Patriarchen in sich vereinigte, sah sich nach einer Belagerung von sieben Monaten sowie unnützen Verhandlungen gezwungen, die Schlüsselstellung Babylon (Alt-Kairo) den Arabern unter der Führung von 'Amr ibn al-'Ās am Karfreitag (6. April) des Jahres 641 zu übergeben. Diesem Triumph folgte alsbald die Eroberung Alexandrias am 8. November 641. Ohne Zweifel waren die nomadischen Wüstenbewohner von der Stadt Alexanders des Großen mit ihren viertausend Villen, viertausend Bädern, viertausend fürstlichen Palästen und vierzigtausend reichen, kopfsteuerpflichtigen jüdischen Bürgern einigermaßen aus der Fassung gebracht. Nachdem diese beiden wichtigen Zentren einmal in arabischen Händen waren, war die allmähliche Eroberung ganz Ägyptens nur noch eine Frage der Zeit, und eine der reichsten Provinzen von Rom und Byzanz begann, ihren Blick nach Osten statt nach Westen zu wenden.

Während die arabischen Armeen mit unglaublicher Geschwindigkeit nach Westen vorrückten und sowohl Nordafrika wie das westgotische Königreich in Spanien an sich rissen, jagten ihre Truppen im Osten, nach der aufsehenerregenden Überwindung der ›Säulen des Herkules‹,[5] und nachdem König Roderich auf dem Schlachtfeld bei Medina-Sidonia am 19. Juli 711 gefallen war, in Anatolien die Byzantiner vor sich her und verfolgten sie bis hinauf zum Hellespont. Die Araber zeigten sowohl im Ägäischen Meer wie in der Propontis Proben kühner Seefahrerkunst; in den Jahren 673 und 717, während der Regierungszeit Konstantins IV. beziehungsweise Leos des Isauriers, belagerten sie Konstantinopel. Aber die Hauptstadt wurde dank der Unbezwingbarkeit ihrer doppelten Mauern und ihrer starken Befestigungsanlagen sowie durch die Anwendung des berüchtigten Griechischen Feuers – eine neue, kurz zuvor von einem griechischen Baumeister aus Syrien namens Kallinikos erfundene Waffe – gerettet. Der Ruf der Unbesiegbarkeit der Araber verlor vor den Toren Konstantinopels seine Zauberkraft. Was Karl Martell in der Schlacht von Poitiers im Jahre 732 für die westliche Christenheit erreichte,[6] das tat Leo der Isaurier (oder der Syrier) für die östliche Christenheit in den Jahren 717–718 am Hellespont. Im Osten verebbte die arabische Welle bis zum südlichen Rand des Taurus, im Westen bis zum südlichen Rand der Pyrenäen.

Nach diesen entscheidenden Ereignissen beginnt die langsame Gegenreaktion, die Zurückeroberung verlorenen Bodens. Die spanische Reconquista blieb für geraume Zeit auf Guerilla-Kriege beschränkt; erst zur Zeit des omajjadischen Kalifats von Cordova stellten sich größere Erfolge ein. Im Osten aber, in Byzanz, hielt der Gedanke an eine Rückeroberung Syriens und der Heiligen Stätten die Gemüter beschäftigt, wenn auch mehr aus Gründen politischer Zweckmäßigkeit und aus Expansionsdrang als aus bloßer Frömmigkeit.

Es wäre müßig, die Geschichte der byzantinisch-arabischen Grenzstreitigkeiten hier vollständig nachzeichnen zu wollen; sie spielten sich vorwiegend auf dem Boden Armeniens ab, das wie ein Keil zwischen die beiden Reiche eingeschoben lag. Das erste wirklich ernstzunehmende Vorgehen gegen die Araber fand statt unter der Regierung des Kaisers Nikephoros Phokas (963–969). Im Jahr 965 eroberte er sowohl Kilikien wie die Insel Zypern zurück. Dieser Erfolg ermutigte ihn dazu, in das nördliche Syrien einzudringen mit der Absicht, Antiochien, die alte griechische Metropole im Osten, wiederzugewinnen. Die Niederlage des kühnen Hamdanidenfürsten von Aleppo, Saif ad-Daula, im Jahr 967 schwächte die Widerstandskraft der mohammedanischen Grenzgebiete. Nach langer Belagerung entrissen die byzantinischen Legionen Antiochien seinen mosleminischen Herrschern; Aleppo wurde ein byzantinischer Vasallenstaat. Der arabische Emir dieser Stadt wurde gezwungen, dem Kaiser den Untertaneneid zu leisten und einen Vertrag zu unterzeichnen, in dem er sich verpflichtete, in den kaiserlichen Reihen zu kämpfen, wenn auch nur gegen Nichtmohammedaner. Darüber hinaus verbürgte er sich dafür, den byzantinischen Handel und byzantinische Händler zu beschützen, der mohammedanischen Bevölkerung in seinem Gebiet eine kaiserliche Steuer aufzuerlegen und einer ungehinderten Wiederherstellung christlicher Kirchen in der Stadt zuzustimmen. So bildete jetzt für einige Jahre der Orontes (Nahr al-Kalb) die südliche Grenze des byzantinischen Reiches. Die Kampfmoral der Byzantiner zu diesem Zeitpunkt war so ausgeprägt, daß ein zeitgenössischer Autor versichern konnte: Wäre Kaiser Nikephoros Phokas im Jahr 969 nicht ermordet worden, so hätte er die Grenzen des Reiches im Osten bis nach Indien und im Westen bis zum Atlantischen Ozean ausgedehnt.

Johannes Tzimiskes (969–976), Kaiser von armenischer Herkunft, setzte die Unternehmungen seines Vorgängers im Heiligen Land sogar mit noch größerer Gewalt fort, ohne aber viel mehr als nur vorübergehende Erfolge zu erzielen. Er überschritt den Orontes im Jahr 975 und näherte sich Damaskus vom Libanon her. Ohne daß eine einzige Waffe gezogen wurde, beschloß der türkische Befehlshaber von Damaskus, Aftekin, der ständig Angst vor Übergriffen des häretischen schiitischen Fatimiden-Kalifats in Ägypten gehabt hatte, sich der unsicheren Autorität der griechischen Eindringlinge zu überlassen; er leistete Johannes einen Tribut und durfte dafür die Stadt halten. Die meisten übrigen Städte Palästinas und Syriens folgten dem Beispiel von Damaskus. Beirut leistete Widerstand, den der Kaiser jedoch brechen konnte; die Besatzung wurde bestraft. Tripolis im Sturm zu nehmen, gelang ihm nicht. Als er aber in Galiläa angekommen war, machte er keinen Versuch, Jerusalem zurückzuerobern, und versäumte es auf diese Weise, sich den Namen des ersten Befreiers des Heiligen Grabes zu verdienen. In einem seiner Briefe an Aschot III., den König von Armenien, versucht der Kaiser seinen Standpunkt zu verteidigen, indem er versichert, er sei vom Eindringen in die Heilige Stadt abgelenkt worden durch die Verfolgung der ›heidnischen Afrikaner‹, die sich in den Burgen an der Küste versteckt hielten. Es ist sehr schwer, die Gründe für seinen Rückzug ausgerechnet in diesem Zeitpunkt zu finden; vielleicht fühlte er sich seiner Aufgabe nicht gewachsen. Auf jeden Fall zog er sich auf seinen Hauptstützpunkt Antiochien zurück (975), nachdem er das Orontes-Tal besetzt und in der Provinz Damaskus eine Schattenherrschaft errichtet hatte.

Basileios II. setzte die offensive kaiserliche Politik in Syrien in den Jahren 995 bis 999 fort. Es gelang ihm, eine Anzahl von Städten zu erobern, wie zum Beispiel Schajzar, Höms und Rafanija. Auch Tortosa eroberte er zurück. Vor Tripolis jedoch blieben auch diesmal alle Anstrengungen vergeblich. In dem Tauziehen zwischen Mohammedanern und Christen um Aleppo scheint diese Stadt sich schließlich von jeglicher direkten byzantinischen Herrschaft befreit zu haben. Im Jahre 1000 endlich schickte der fatimidische Kalif al-Hākim eine Gesandtschaft nach Konstantinopel, um über den Friedensschluß zu verhandeln. Es wurde zwischen den beiden Parteien ein zehnjähriger Waffenstillstand auf der Grundlage des Status quo im Heiligen Land vereinbart. So bedeutete die byzantinische Lösung für die Christenheit einen gewissen Erfolg, da das nördliche Syrien vorläufig in den Händen der Byzantiner blieb; die Befreiung Jerusalems vom Joch der mohammedanischen Herrschaft jedoch wurde nicht erreicht. Zwischen diesem Zeitpunkt und dem Auftreten der seldschukischen Türken sowie dem denkwürdigen Appell des Alexios Komnenos an den römischen Papst im Jahr 1093 ereignete sich nichts Entscheidendes mehr.

Die karolingische Lösung

Während Byzanz die Probleme, welche sich aus dem Verlust der heiligen Stätten ergaben, durch einen neuen Weg der Annäherung zu lösen versuchte, der schließlich zu dem Waffenstillstand mit dem fatimidischen Ägypten am Ende des ersten Jahrtausends unserer Zeitrechnung führte, kam es zwischen dem karolingischen Aachen und dem abbasidischen Bagdad zu Ansätzen einer anderen Lösung auf friedlichem Wege. Die Araber wurden hierbei nicht mehr als ein bloßer Stamm von Eroberern angesehen, die sich vorübergehend in den byzantinischen Gebieten des Nahen Ostens festgesetzt hatten. Die Byzantiner hatten ihre eigene Machtstellung lange Zeit hindurch geschädigt durch ihr Verhalten den sogenannten Dissidenten, den östlichen Kirchen, gegenüber, denen sie Ketzerei vorwarfen; diese aber, die nestorianischen, jakobitischen und koptischen Kirchen, erfreuten sich unter der arabischen Herrschaft einer religiösen Autonomie und Freiheit, die sie unter oströmischer Herrschaft seit der Mitte des fünften Jahrhunderts nicht mehr erlebt hatten. Eine wachsende Stabilisierung friedlicher, gerechter und gesicherter Zustände in den levantinischen Ländern ging einher mit der stetigen Entwicklung einer neuen, überlegenen arabischen Kultur, an der die hier ansässigen Christen in nicht geringem Maße mitbeteiligt waren. Die Koexistenz von Mohammedanern und Christen, von Arabern und Nicht-Arabern, wurde eine vollendete Tatsache, welche die Eingesessenen gerne hinnahmen und an welcher der Westen nicht das geringste ändern konnte. Zur gleichen Zeit führte das Nachlassen des byzantinischen Einflusses nicht nur im Osten, sondern auch in Italien zu einer Entwicklung der Dinge, die in der Annäherung zwischen dem Papsttum und der neuentstandenen karolingischen Monarchie gipfelte. Dieses stille Einverständnis sowie das Interesse der Päpste an den heiligen Stätten und am Schicksal der orientalischen Christen war zweifellos der Ausgangspunkt für eine Reihe von diplomatischen Austauschversuchen zwischen den Franken und den abbasidischen Kalifen im Verlaufe des achten Jahrhunderts. Originalquellen hierüber gibt es nur wenige; aber ein kurzer Blick auf die Ereignisse wird uns ermöglichen, den allgemeinen Verlauf dieser Kontaktversuche und die entscheidenden Resultate zu rekonstruieren.

Die erste Gesandtschaft nach Bagdad wurde 762 vom König der Franken Pippin III. (741–768) entsandt. Die Abgeordneten kehrten nach einer dreijährigen Abwesenheit in Begleitung anderer Boten des Kalifen zurück. Der damalige Kalif war al-Mansūr (754–775); er war der zweite Herrscher der Abbasiden-Dynastie und der berühmte Gründer der Stadt Bagdad (Madīnat as-Salām, das heißt Stadt des Friedens). Die Quellen lassen kaum darauf schließen, daß es sich bei diesem Besuch um mehr handelte als um freundliches gegenseitiges Entgegenkommen und Austausch von Geschenken; nur einige vage Hinweise deuten darauf hin, daß man auch verhandelt hat. Erst unter Karl dem Großen wurden diese diplomatischen Annäherungsversuche mit einer klareren Zielsetzung fortgeführt. Um die Ergebnisse dieser Beziehungen in ihrer Bedeutung richtig abschätzen zu können, müssen wir sie vor dem Hintergrund der damaligen weltpolitischen Situation sehen. Die Verlegung des Kalifats von Damaskus nach Bagdad und die Tatsache, daß hier das kulturelle Erbe Persiens verwaltet wurde, müssen ein plötzliches Wiederaufflammen des alten Hasses zwischen Persern und Griechen bewirkt haben. Andererseits war die Gründung des omajjadischen Kalifats von Cordova in Spanien gleichbedeutend mit dem Überleben des Erzfeindes der

Abassiden in der unmittelbaren Nachbarschaft des westlich-fränkischen Königreiches. Deshalb war die Aufnahme freundschaftlicher Beziehungen für beide Seiten nur natürlich. Sie erlaubte den Franken, in der Heiligen Stadt Fuß zu fassen, während sie zugleich in den Kampf gegen die spanischen Omajjaden verwickelt wurden, einen Kampf, der der Hilfe und des Segens der Abbasiden gewiß sein konnte. In diesem Sinne war der Westen auch bestrebt, das Vakuum, welches durch das Zurückgehen des byzantinischen Einflusses auf das Heilige Land entstanden war, auszufüllen.

Im Jahr 797 schickte Karl der Große drei fränkische Abgeordnete nach Bagdad, einen Lantfrid, einen Sigismund und einen Juden namens Isaak, welcher wahrscheinlich der Dolmetscher der Gesandtschaft war. Die beiden Christen starben unterwegs, so daß nun der Jude die ganze Last der Missionsaufgabe alleine tragen mußte. Zwei Jahre später wurde ein Priester namens Zacharias mit einer anderen Mission zum Patriarchen von Jerusalem entsandt. Wir dürfen annehmen, daß die Aufgaben beider Abordnungen darin bestanden, erstens den Geist der Einheit zwischen Abbasiden und Franken zu festigen und die Wege des Vorgehens gegen das omajjadische Kalifat[7] von Cordova zu koordinieren, und zweitens den westlichen Palästina-Pilgern gewisse Vorrechte zu sichern und eine biegsam-lockere karolingische Schutzherrschaft über Jerusalem und über die orientalischen Christen ins Leben zu rufen. Im Prinzip stand Kalif Harūn ar-Raschīd (786–809) all diesen Vorschlägen zweifellos nicht ablehnend gegenüber. Daß er die Macht der in Spanien fortlebenden Omajjaden-Dynastie untergraben wollte, bedarf kaum näherer Erläuterung.

Die Idee eines Protektorats über das Heilige Grab und über die orientalischen Christen mag für ein modernes politisches Denken schwer verständlich sein – von den Verhältnissen des achten Jahrhunderts her gesehen ist sie in Wirklichkeit gar nicht so verwunderlich. Seit den frühesten Tagen des Islams war es den Kalifen zur Gewohnheit geworden, die Regelung der Angelegenheiten des ›Volkes des Buches‹ und des ›Volkes des Bundes‹, das heißt der Christen und der Juden, die unter islamischer Herrschaft lebten, den Häuptern ihrer eigenen Kirchen zu überlassen, ohne die geringste Furcht, daß die mohammedanische Weltherrschaft dadurch beeinträchtigt werden könnte. Im Gegenteil, man kann sich vorstellen, daß die christliche Schutzherrschaft im Falle Karls des Großen diesen in die Rolle eines Lehnsmannes dem arabischen Potentaten gegenüber gedrängt hat. Aus diesem Grunde neigen einige Historiker auch wohl dazu, anzunehmen, daß die ganze Idee eher am Hofe Bagdads als in Aachen entstanden ist. Es handelte sich hier aber nicht um eine Kapitulation, ganz gewiß nicht im modernen Sinne des Wortes. Was die Gesandten miteinander beraten haben, wird uns wahrscheinlich für immer verborgen bleiben. Aber die Ereignisse der folgenden Jahre deuten auf eine nominale – wenn auch nicht näher bestimmbare – karolingische Schutzherrschaft geistiger oder religiöser Natur über Jerusalem und über die Gemeinschaft der orientalischen Christen hin.

Gegen Ende des Jahres 800 hören wir, daß zwei Mönche aus dem Osten im Namen des Patriarchen von Jerusalem nach Rom kamen, der eine aus dem immer noch berühmten Kloster St. Sabbas, der andere aus dem Kloster des Ölberges. Sie wurden von dem schon erwähnten Priester Zacharias begleitet und führten die Schlüssel des Heiligen Grabes, die Standarte der Stadt Jerusalem sowie einige heilige Reliquien mit sich, welche sie Karl dem Großen überreichten. Dieses Schauspiel muß auch Papst Leo III. beeindruckt haben, der sich beeilte, am Weihnachtsabend des Jahres 800 in der Petersbasilika Karl zum Heiligen Römischen Kaiser zu krönen.

Im Verlauf des folgenden Jahres ging in Livorno, dem Hafen der Stadt Pisa, eine Gesandtschaft an Land, welche direkt vom Kalifen kam und vom Kaiser, der sich auf dem Rückweg in seine deutsche Hauptstadt befand, an einem zwischen Ivrea und Vercelli in der Provinz Turin gelegenen Ort in Audienz empfangen wurde. Die Gesandten, ein Perser und ein ägyptischer Statthalter namens Ibrāhīm ibn al-Aglāb, werden dem Kaiser ohne Zweifel von der Bereitschaft ihres Herrn berichtet haben, in seine Wünsche einzuwilligen, und sie werden ihm Neuigkeiten überbracht haben über die früher vom Kaiser Entsandten, die Bagdad wahrscheinlich schon vor der Abreise der orientalischen Abgeordneten erreicht hatten. Der Überlebende der Boten aus dem Westen, Isaak der Jude, kam später, im Jahr 802, wieder in Aachen an. Unter den Geschenken des Kalifen befanden sich Edelsteine, Gold, Gewänder, Duftstoffe, heilige christliche Reliquien und der berühmte weiße Elefant. Im selben Jahr (802) schickte der Kaiser eine neue Gesandtschaft auf den Weg, die von einem gewissen Radbert angeführt wurde, der auf der Rückreise wie seine Vorgänger gestorben zu sein scheint. Im Jahr 806 antwortete der Kalif durch die Entsendung weiterer Delegierter vom Hof in Bagdad. Ein Moslem mit dem Namen Abdullah überquerte in Begleitung zweier Mönche, die der Patriarch Thomas von Jerusalem ausgewählt hatte – der eine hieß Felix, der andere Egibald –, das Mittelmeer und Südeuropa bis Aachen. Er führte kostbare Gaben mit sich, darunter ein vielfarbiges leinenes Zelt und andere Gegenstände sowie eine wunderbare klingende Wasseruhr, wahrscheinlich eine sogenannte Klepsydra, die erste ihrer Art in der abendländischen Geschichte.

Das Ansehen Karls des Großen muß während dieser Zeit im Osten beträchtlich zugenommen haben. Pilgern aus Europa sicherte er bewaffnetes Geleit zu, und auf diplomatischen Wegen schützte er die Rechte der im

Osten ansässigen Christen. Es wurden Almosen von ihm und von den anderen frommen Männern in Europa an die christlichen Anstalten in Jerusalem verschickt, die er in gutem Zustande erhielt, während kaiserliche Beamte dort außerdem neue Häuser gründeten. In den Kapitularien Karls des Großen werden solche Akte der Nächstenliebe genannt. Zwei neue lateinische Mönchsklöster wurden in Jerusalem erbaut, eines auf dem Ölberg, ein weiteres in der Nähe des Heiligen Grabes. Die eindrucksvollste Gründung des Kaisers bestand in einer Gruppe von Bauten in einer Gegend, die als das ›Blutfeld‹ (Hakl ad-Dam) bekannt war. Hier errichtete er eine Herberge für die Pilger, eine Basilika, eine Bibliothek und einen Markt, und er ließ ihnen die Erträge von zwölf Gütern (mansiones) mit Reisfeldern und Obstgärten im Tal Josaphat zukommen. Ein gewisser Mönch namens Bernhard berichtet über die außerordentliche Aktivität, welche in diesen Einrichtungen während seiner Pilgerfahrt nach Palästina im Jahre 870 herrschte.

Mit den Schenkungen aus dem Westen kam auch ein Strom von europäischen Pilgern. Häufig reisten Abgeordnete der Patriarchen von Jerusalem nach Europa, um Gelder für die Wiederherstellung alter Kirchen oder für andere besondere Zwecke einzutreiben, so im Falle des Bischofs von Amasia, der nach Europa fuhr, um das Lösegeld für eine Gruppe von Mönchen zu beschaffen, die – im Jahre 900 – am Kaspischen Meer von den Türken gefangengenommen worden waren. Wohltätige Feudalherren stifteten einen Teil der Erträge ihrer Besitztümer für mildtätige Zwecke im Osten. Zu Beginn des zehnten Jahrhunderts stellten der Marquis Hugo in der Toskana und seine Frau Julia die Erträge ihrer Besitztümer Orvieto, Sovana und Aquapendente den Mönchen des lateinischen Klosters der heiligen Maria in Jerusalem sowie allen Pilgern, die dort aufgenommen würden, zur Verfügung.

Der friedliche Weg, den Karl der Große bei der Lösung der orientalischen Frage einschlug, bot allen Christen des Nahen und Mittleren Ostens Sicherheit und rechtlichen Schutz. Der Patriarch Theodosios von Jerusalem schrieb dem Patriarchen von Konstantinopel, Ignatios, im Jahre 869, daß die Sarazenen gerecht seien und die Christen niemals in irgendeiner Weise belästigten. Die Geschichte der Toleranz im Zeitalter des frühen Islams und unter den ersten Kalifen ist in ihrer Großartigkeit noch nirgends dargestellt worden; sie ist sehr bemerkenswert und wird von den Historikern im allgemeinen geleugnet oder übersehen. In seltenen Fällen kamen zwar auch Verfolgungen vor, aber diese sind aufzufassen als persönliche Launen von Kalifen wie zum Beispiel al-Hākim (996–1020), der wegen seiner grausamen Behandlung der Christen und seiner Zerstörung des Heiligen Grabes im Jahre 1009 manchmal der ›ägyptische Nero‹ genannt wird. Aber al-Hākim war wahnsinnig. Er mißhandelte auch Mohammedaner, und das Schicksal seiner letzten Jahre liegt im Dunkeln. Es heißt, daß er in der Helwanischen Wüste von seinen Gefolgsleuten ermordet wurde, aber es gibt auch eine merkwürdige – wenngleich unbewiesene – Überlieferung, nach der er sich unerkannt in die Vergessenheit eines koptischen Klosters zurückzog, wo er in strenger Askese für seine Ausschweifungen büßte.

Im Westen war der Islam im allgemeinen ebenso tolerant. Das Fortleben des Christentums in Spanien und in Sizilien unter der Herrschaft der Araber war eine Erscheinung, welche die Spanier überraschte, als sie wieder in Toledo einzogen, ebenso wie die Normannen, als diese Sizilien zurückeroberten. Die christlichen Kirchen fand man in gutem Zustand, und der Klerus beging die Heilige Liturgie ohne Einmischungen oder Unterbrechungen. Das Zusammenwirken von mohammedanischen, christlichen und jüdischen Gelehrten war vielmehr in hohem Maße verantwortlich für das Aufblühen der großen mittelalterlichen Renaissance des zwölften Jahrhunderts.

Genaugenommen wurde eine mohammedanische Schreckensherrschaft im Nahen Osten erst zur Regel seit dem Vorherrschen der Türken, denen der Islam von Hause aus fremd war und die die Sprache des Koran nicht verstanden. Die Behauptung, den Christen sei es unter den seldschukischen Türken besser gegangen als im Byzantinischen Kaiserreich, ist natürlich unhaltbar. Die eindeutige, systematische Schändung der heiligen Stätten trat erst unmittelbar vor dem Beginn der Kreuzzüge ein, unter den neuen Herren, die dem arabischen Kalifat die Macht entrissen und im Jahr 1078 Jerusalem erobert hatten, während ihre Horden unaufhaltsam in das byzantinische Anatolien stürmten.

Das Zeitalter der Pilger

Der Gedanke an Pilgerfahrt und Buße hatte für den mittelalterlichen Menschen eine große Anziehungskraft, und einige Historiker gehen so weit, daß sie das Mittelalter als ein Zeitalter der Pilger bezeichnen. Pilgerfahrten wurden als ein wirksames Mittel der Erlösung angesehen, und außerdem glaubte man, daß die von den Pilgern verehrten Reliquien oft wunderbare Heilungen vollbrachten. Die Wallfahrten waren aber nicht nur ein hervorragender Akt der Frömmigkeit, sondern auch ein Anreiz für alle, die zu einer Zeit, als das Reisen noch mit großen Mühen und Gefahren einherging, das Abenteuer suchten. Wir müssen uns jedoch vergegenwärtigen, daß Pilgerung und Reliquienverehrung im mittelalterlichen Europa vom zehnten Jahrhundert an besonders populär wurden.

Obwohl man seit den frühesten Tagen des Mittelalters zu Heiligtümern und Märtyrerstätten gepilgert ist, hat es über die Berechtigung solcher

Unternehmungen unter den Kirchenvätern verschiedene Auffassungen gegeben. In der Beurteilung dieser Frage bildeten sich zwei deutlich unterschiedene Richtungen heraus. Die eine geht auf den heiligen Pachomios den Großen (etwa 292–346) aus der Thebais im oberen Ägypten zurück und wurde unter anderem auch vom heiligen Augustinus (354–430) vertreten; sie verurteilte Pilgerungen als ein Überbleibsel alter heidnischer Gewohnheiten. Als der heilige Pachomios sein Ende nahen fühlte, befahl er Theodor, seinem Schüler und Nachfolger, seinen Leichnam unter dem Schutz der nächtlichen Dunkelheit fortzutragen und an einem unbekannten Ort zu begraben, um zu verhindern, daß seine sterblichen Überreste ein Gegenstand der Verehrung und ein Anziehungspunkt für Wallfahrer würden. Andere Heilige jedoch gaben ein anderes Beispiel. Die heilige Helena, Mutter Konstantins, gab im dritten und vierten Jahrzehnt des vierten Jahrhunderts den Anstoß. Sie pilgerte nach Jerusalem, grub dort das Heilige Kreuz und die Passionswerkzeuge aus und legte sie in einer Kirche nieder, die sie zu diesem Zweck in der Nähe des Grabes hatte errichten lassen. Auch an verschiedenen anderen Plätzen gründete sie viele Kirchen, darunter die Kapelle des brennenden Dornbusches im Kloster der heiligen Katharina (früher Kloster der Transsubstantiation genannt) in Sinai. Andere unternahmen die gefährliche Reise nach Palästina von so weit entfernten Ländern wie Gallien aus. Gegen Ende des vierten Jahrhunderts verfaßten der Pilger von Bordeaux und die heilige Silvia von Aquitanien (auch als Cytheria oder Aetheria bekannt) Berichte über ihre Fahrten. An der Spitze derjenigen Kirchenväter, welche das Wallfahren in Ansehen brachten, stand der heilige Hieronymus, der zehn Jahre seines Lebens (372–382) als Wanderer und Einsiedler an geweihten Stätten in allen Teilen des Morgenlandes verbrachte. Sogar als er nach Italien zurückgekehrt war, blieb er dort nicht länger, als bis er seine lateinische Vulgata-Übersetzung beendet hatte; dann, im Jahre 385, nahm er seine Pilgerfahrten im Osten wieder auf, bis er sich in einer Höhle in der Nähe der Geburtskirche in Bethlehem für immer niederließ. Dort unterrichtete er die Jugend aus der Umgebung und begründete das Zentrum einer Gemeinschaft von Pilgerinnen aus Italien.

Eine neue Phase entstand um die Mitte des fünften Jahrhunderts, als die Kaiserin Eudokia anfing, Reliquien zu sammeln. Eine der ersten war die bildliche Darstellung der Jungfrau Maria durch den heiligen Lukas. Bald wurde dies zu einer sehr beliebten Praxis; Tausende von Kirchen in Westeuropa wurden auf Reliquien gegründet und durch sie geweiht, die Pilger aus dem Osten herbeigebracht hatten. Es heißt, daß der Leichnam der heiligen Katharina, einer koptischen Märtyrerin in Alexandria aus dem frühen vierten Jahrhundert, im Kloster auf dem Berge Sinai im Verlaufe des neunten Jahrhunderts unversehrt in einen Schrein eingeschlossen wurde. Heute finden sich in Sinai nur der Schädel und die linke Hand der Heiligen, in einem mit reicher Goldschmiedearbeit und kostbaren Steinen geschmückten kleinen Sarkophag oder Kästchen, das sich an der Altarseite der berühmten Kathedrale befindet, die Justinian zu Ehren der Kaiserin Theodora bauen ließ. Wer die Überreste der Basilika des heiligen Simeon (des Styliten) in der Nähe Aleppos in Nord-Syrien aufsucht, findet dort die Säule, auf der der heilige Mann um die Mitte des fünften Jahrhunderts fast dreißig Jahre gelebt hat. Einst war sie mehr als siebenundzwanzig Meter hoch, heute, nachdem das meiste von Reliquienjägern fortgeschafft wurde, ist sie nur noch ein Stumpf.

Während des Einfalls der Mohammedaner wurde der Pilgerverkehr für kurze Zeit unterbrochen; sowie die Kriegführenden die Waffen niedergelegt hatten, setzte der Strom jedoch wieder ein, sogar während des achten Jahrhunderts. Schon 670, also nur dreiunddreißig Jahre nachdem Kalif Omar auf einem Kamel glorreich in Jerusalem einzog, fuhr der Bischof von Périgeux, Arkulf, nach Palästina und verbrachte neun Monate in der Heiligen Stadt. Die schriftliche Schilderung seiner Pilgerfahrt, die er hinterlassen hat (›Relatio de locis sanctis ab Adamnano scripta‹) darf als typisch angesehen werden für andere, ähnliche Unternehmungen, von denen man weiß, daß sie stattgefunden haben, wenn über sie auch keine solchen Schilderungen vorliegen: Reisen aus England, Schottland, Frankreich, Italien und dem übrigen Europa. Die Pilgerreise Willibalds des Angelsachsen, die er 722 antrat und die sieben Jahre dauerte, wird in einer weiteren, ebenso aufschlußreichen Quelle, ebenfalls beschrieben (›Vita sive potius Itinerarium S. Willibaldi episcopi Aichstadiani‹).

Einen Einschnitt bildet die Errichtung der sogenannten religiösen karolingischen Schutzherrschaft über den christlichen Osten und die daraus unmittelbar resultierende Erschließung einer regelrechten Straße von Europa zur levantinischen Küste. Die Pilgerherbergen, die in dieser Zeit in der Heiligen Stadt begründet wurden, sind symptomatisch für die wachsende Zahl von Pilgern aus dem Westen. Drei schriftliche Zeugnisse aus karolingischer Zeit sind erwähnenswert, namlich die Pilgerfahrten des Fidelis (etwa 750–760), Bernhards des Mönches (867–870) und Fortmunds (etwa 870–874). Der erste von ihnen stammte wahrscheinlich aus Irland, und man weiß, daß er die geweihten Stätten sowohl Ägyptens wie des Heiligen Landes aufgesucht und beschrieben hat. Der zweite war ein Mönch vom Mont Saint Michel in der Bretagne, der die Reise nach dem Osten zusammen mit einem gewissen Stefan aus Spanien und einem namens Theudemund, wahrscheinlich einem Franken, unternahm. Bernhards Geschichte heißt ›Reisebeschreibung dreier

Mönche‹ oder ›Reisebeschreibung Bernhards des Weisen‹ (›Itinerarium Bernhardi Sapientis‹) und enthält interessante Aufschlüsse über bestimmte Seiten Ägyptens und des Heiligen Landes im neunten Jahrhundert. In Jerusalem wohnten die drei in der Herberge, die Karl der Große für Pilger aus Westeuropa errichtet hatte, und studierten die Bestände in der Bibliothek der Marienkirche. Fortmund, ein bretonischer Adliger, war an einem blutigen Verbrechen beteiligt gewesen; als Buße dafür hatte er sich eine Pilgerschaft auferlegt, die so lange dauern sollte, bis der Herr ihn erlösen würde. Barfuß, mit Asche auf dem Haupt, in rauhem Büßerkleid und mit Ketten um Handgelenke und Arme begab er sich auf den Weg nach Osten. Auf seiner vierjährigen Wanderung besuchte er Syrien und blieb eine Zeitlang in Jerusalem, ging nach Ägypten, wo er mit den Mönchen der Thebais zusammenlebte, und kam nach Karthago, von wo aus er nach Rom hinübersetzte, um – ohne Erfolg – Papst Benedikt III. um die Vergebung seiner Sünden zu bitten. Wieder machte er sich nach Jerusalem auf, zog nach Kana in Galiläa, zum Roten Meer, zum Berg Sinai und zu der Stätte der Arche Noah in den Bergen Armeniens. Endlich erbarmte Gott sich seiner und »erlöste ihn von den Ketten der Sünde und des Eisens« auf seiner Rückkehr zum Grabe des heiligen Marcellinus im Kloster Redon in der Bretagne.

Obwohl die byzantinischen Kriege des zehnten Jahrhunderts die Zahl derjenigen, die in den Nahen Osten zogen, zweifellos zusammenschrumpfen ließen, riß der Strom von Pilgern aus dem Westen doch niemals vollständig ab. Zu den Adligen, von denen man weiß, daß sie in dieser Zeit Pilgerfahrten unternahmen, gehören Hilda, Herzogin von Schwaben, die 969 unterwegs starb, Judith, Herzogin von Bayern und Schwägerin Kaiser Ottos I. (970), sowie andere zu verschiedenen Zeitpunkten, zum Beispiel die Grafen von Ardèche, Vienne, Verdun, Arcy, Anhalt und Görz. Auch hohe kirchliche Würdenträger standen nicht zurück. Der Bischof von Olivola unternahm die Fahrt im Jahr 920; der heilige Konrad, Bischof von Konstanz, suchte Jerusalem dreimal auf; der heilige Johannes, Bischof von Parma, sogar nicht weniger als sechsmal. Von fünf weiteren Prälaten[8] weiß man ebenfalls, daß sie – zu verschiedenen Zeiten – die Reise über das Meer unternommen haben, und wir müssen uns vorstellen, daß all diese hervorragenden Männer und Frauen von größeren Gefolgschaften weiterer Pilger einfacherer Herkunft begleitet wurden.

Für die Pilgerscharen aus Europa gab es drei Hauptanziehungspunkte, die in höchstem Ansehen standen: die Heiligtümer von Santiago de Compostella in Spanien, St. Peter in Rom und Jerusalem, der heiligsten aller heiligen Städte. Die Äbte von Cluny waren es, die im zehnten Jahrhundert die Wallfahrten nach Spanien als erste besonders förderten; ihre an den nach Südwesten führenden Straßen gelegenen Klöster erwiesen sich als geeignete Zufluchtsstätten für alle, die in frommer Absicht in dieser Richtung zogen. Später dehnten sie ihre Hilfsdienste auch auf andere führende Wallfahrtszentren aus und begannen Reisen ins Heilige Land zu organisieren. Unzählige hochangesehene Persönlichkeiten unternahmen in jenen Tagen eine Pilgerfahrt unter der geistlichen Führung cluniazensischer Mönche. Dazu gehörten zum Beispiel der Abt von Stavelot im Jahr 990 und der Graf von Verdun 977.

Auch Skandinavier betraten die Szene; 992 erreichte ein gewisser Kolsegger Palästina, 1034 Harald Hardrada, ebenso wie einige weitere aus Norwegen und Dänemark im Verlauf des elften Jahrhunderts. Sogar das abgelegene und einsame Island war vertreten, und zwar durch keinen Geringeren als den Apostel, der das Land christianisiert hatte, Thorvald Kodransson Vidtförli, der im Jahr 990 Jerusalem aufsuchte.

Bis zum elften Jahrhundert führte der Weg eines Pilgers normalerweise zunächst einmal über Rom mit seinen zahlreichen Heiligtümern und dann von einem der südeuropäischen Häfen wie Venedig, Neapel oder Bari aus über das Mittelmeer. Der Landweg nach Konstantinopel wurde erst nach der Bekehrung König Stephans von Ungarn und seines Volkes zum Christentum im Jahre 1000 zugänglich. Er wurde vor allem von Pilgern aus Mittel- und Osteuropa benutzt; beliebter wurde er erst durch den ersten Kreuzzug. Durch den Friedensvertrag zwischen Kaiser Basileios II. und dem ägyptischen Kalifen al-Hākim im selben Jahr (1000) nahm im folgenden Jahrhundert die Sicherheit für diejenigen, die den Seeweg benutzten, zu.

All diese Umstände zusammengenommen tragen mit zur Erklärung des plötzlichen Aufschwungs des Pilgerverkehrs in dieser Zeit bei. Man kann das elfte Jahrhundert mit vollem Recht als die Zeit der Massenpilgerungen bezeichnen. Hunderte von frommen Seelen versammelten sich, um die Reise nach Jerusalem unter der Führung eines Bischofs, eines Abtes oder eines großen Lehnsmannes anzutreten. Beispiele für solche organisierten Pilgerversammlungen gibt es in Fülle. Fulcher von Nerxa, Graf von Anjou, leitete eine gemeinschaftliche Pilgerfahrt im Jahre 1002. In den Jahren 1026–27 führte ein französischer Abt eine Gruppe von siebenhundert Pilgern ins Heilige Land; zur gleichen Zeit brach Graf Wilhelm von Angoulême mit einer großen Zahl von Äbten und Adligen nach Osten auf. Herzog Robert I. von der Normandie fuhr 1035 mit einer anderen Gruppe, obwohl er selbst sich auf der Rückreise von Jerusalem krank fühlte und in Nikaia in der Nahe der westlichen Küste Anatoliens starb. Trotzdem wurde die Pilgerfahrt von der Normandie aus mit sehr vielen Teilnehmern im Jahr 1064 wiederholt. Die große deutsche Wallfahrt der Jahre 1064–65 wurde vom Bischof Gunther von Bamberg organisiert, der an der Spitze von siebentausend Menschen nach Palästina zog – zweifellos die größte zu einem einzigen ›passagium‹ vereinigte Menge vor dem Beginn der Kreuzzüge. Manche Quellen sprechen sogar von zwölf- statt siebentausend Teilnehmern, was aber offensichtlich eine Übertreibung ist. Es waren auch andere deutsche Bischöfe und Erzbischöfe dabei, ebenso wie viele Adlige und Ritter; man zog durch Mitteleuropa nach Konstantinopel und durch Kleinasien, das sich noch in byzantinischen Händen befand, nach Syrien. Eine weitere Fahrt wurde vom Grafen Robert I. von Flandern angeführt (1088–89). Register der Abtei Cluny aus dem elften Jahrhundert enthalten weitere Namen angesehener Pilger aus Deutschland, zum Beispiel die der Erzbischöfe von Trier und Mainz, sowie aus England und besonders aus Frankreich und Lothringen.

Zu dieser Zeit war die tiefe Verehrung von Reliquien und Heiligtümern ein entscheidender Bestandteil des abendländischen Christentums geworden, und die Pilger ließen sich von ihren Bußabsichten auch nicht durch die veränderten Verhältnisse im Heiligen Land abschrecken, wo die aufgeklärte Politik der Toleranz, die das frühe Kalifat ausgezeichnet hatte, durch die seldschukischen Eroberungen in ihr Gegenteil verkehrt worden war. Im allgemeinen waren die Pilger nicht bewaffnet, abgesehen von den Stäben, die sie brauchten, um wilde Tiere zu vertreiben. Den größten Teil des Weges gingen sie zu Fuß, und zwar meist barfuß. Die Reichen ritten nur auf Eseln. Alle standen sie unter dem Schutz der Kirche, und in der Regel stießen sie auf ihrer Fahrt innerhalb Europas nicht auf Schwierigkeiten. Kaufleute zogen es oft aus Gründen persönlicher Sicherheit vor, unter der Führung von Pilgern zu reisen, die ein Kreuz mit sich trugen, das aus Palmblättern aus Jerusalem angefertigt war. Im Osten wurde es in den Jahrzehnten unmittelbar vor den Kreuzzügen für die Pilger eine Notwendigkeit, auf Verteidigung vorbereitet zu sein.

Erst im Jahr 1074 hören wir von einer päpstlichen Aufforderung, bewaffnete Scharen aufzustellen, die sich den Weg nach Jerusalem mit Gewalt bahnen sollten. Es handelt sich um einen Brief Papst Gregors VII. an Kaiser Heinrich IV. Nach dem glücklichen Ausgang des ersten Kreuzzugs und der Gründung des lateinischen Königreiches in Jerusalem sowie der Bildung der geistlichen Ritterorden nahm die Zahl der Organisationen, die im Dienst der Palästinafahrten standen, zu. Neben den italienischen Kommunen, insbesondere Venedig und Genua, die in den meisten Städten des Heiligen Landes Herbergen unterhielten, waren es der Johanniter- und der Templerorden, die eine führende Rolle bei der Beaufsichtigung und Erleichterung des Pilgerverkehrs spielten. In der Tat wurde der Templerorden das große Bankunternehmen, dessen Niederlassungen in den großen europäischen

Städten, in Jerusalem und an den meisten wichtigen Plätzen des Ostens alle möglichen Wechseltransaktionen vornahmen, wobei ihnen aus dem Pilgerverkehr enorme Gewinne zuflossen.[9]

Europa und der Osten am Vorabend der Kreuzzugsbewegung

Ein Blick auf die politische Landkarte der mittelalterlichen Welt gegen Ende des elften Jahrhunderts kann uns verdeutlichen, wie es zu den Ereignissen, die das Kreuzzugszeitalter ausmachen, kam, und welches die Faktoren waren, die in den einzelnen Ländern sowohl Europas wie des Nahen Ostens damals am Werk waren. Zunächst einmal stellen wir fest, daß von den beiden Universalmächten des Westens dem Papsttum die Weltherrschaft eher zugesprochen werden muß als dem Kaisertum. Aus diesem Grunde war es das Papsttum, das die moralische Verantwortung für die Verteidigung der Christen zu tragen hatte, wo immer diese sich befinden mochten.

In Wahrheit war der Gedanke eines Kreuzzuges in den Osten in der Römischen Kurie schon vor dem Pontifikat desjenigen Papstes, der ihn in die Tat umsetzte, nämlich Urbans II. (1088–1099), konzipiert worden. Papst Gregor VII., der berühmte Hildebrand, hatte das Projekt eines Heiligen Krieges seit seiner Thronbesteigung erwogen. Zu seinen Lebzeiten wurde die Schlacht bei Mantzikert (Malazgard) im Jahr 1071 zum unheilverkündenden Omen für das Schicksal des Byzantinischen Reiches, jenes letzten großen Bollwerks der Christenheit im Osten gegen die Türken. Gregor wurde klar, daß der christliche Westen handeln mußte, wenn der christliche Osten gerettet werden sollte. Man kann sich durchaus denken, daß Urban II. dieses unausgeführte Projekt von seinem großen Vorgänger gleichsam als Erbe übernahm, mit dem einzigen Unterschied, daß Gregor das östliche Kaiserreich vor Augen hatte, während es Urban nach der Befreiung von Byzanz um die Eroberung Jerusalems ging. Hinzu kam, daß die Päpste ermutigt wurden durch die Hilferufe des byzantinischen Kaisers Alexios Komnenos (1081–1118).

Zu Beginn des letzten Jahrzehnts des elften Jahrhunderts soll der Kaiser einen persönlichen Brief an seinen alten Freund, den Grafen Robert I. von Flandern, geschickt haben, in dem er um militärische Unterstützung aus Europa für seinen Krieg gegen die Türken in Anatolien bat. Leider ist das Original dieses Briefes verloren; der Text ist nur in einer ziemlich ausgeschmückten lateinischen Fassung erhalten, die zuweilen als Fälschung angesehen wird. In dieser kritischen Phase in der Geschichte des oströmischen

Reiches besteht jedoch kein Grund, an der Echtheit des Briefes zu zweifeln. Schließlich war Robert von Flandern ein alter Ostpilger; 1090 hatte er sogar in den kaiserlichen Heeresreihen in Kleinasien gegen die Türken gekämpft. Es ist deshalb gar nicht unwahrscheinlich, daß der Kaiser sich an seinen Freund erinnerte und ihn in der Stunde der Not um Hilfe bat. Es ist anzunehmen, daß die kaiserlichen Gesandten auf dem Weg nach Flandern unterwegs in Italien aufgehalten wurden, und zwar in Piacenza, wo Papst Urban II. im März des Jahres 1095 ein Kirchenkonzil einberufen hatte, das über die östlichen Angelegenheiten beraten sollte. Das war für die byzantinische Gesandtschaft eine günstige Gelegenheit, sich unmittelbar an den Heiligen Vater und den versammelten römischen Klerus zu wenden. Es sieht in der Tat so aus, als habe Urban in Piacenza seinen Entschluß gefaßt; den nächsten, entscheidenden Schritt sparte er sich für das bevorstehende Konzil in Südfrankreich auf. Am 27. November 1095 kündigte der Papst in seiner berühmten Ansprache vor dem Klerus und dem französischen Adel auf dem Konzil von Clermont-Ferrand in der Auvergne feierlich den Kreuzzug an. Man kann sagen, daß von diesem Augenblick an der Kreuzzug zum Leitgedanken der päpstlichen Außenpolitik wurde und dies mindestens bis zum Ende des Mittelalters auch blieb.

Der Kaiser des Heiligen Römischen Reichs Deutscher Nation dagegen befand sich in einer höchst mißlichen Lage. Heinrich IV. aus dem Hause der Salier war im Investiturstreit in Canossa 1077 auf die Knie gezwungen worden. Der Nachfolger Karls des Großen steckte also selber tief im Unglück, und Deutschland war durch innere Unruhen zerrissen. Mehrere Kaiser traten auf den Plan und befehdeten sich, manchmal mit, manchmal ohne den päpstlichen Segen. Rudolf von Schwaben, Hermann von Luxemburg und Konrad von Franken schürten das Feuer der Auseinandersetzung um die Kaiserkrone in einem schon stark geschwächten Deutschland. Obwohl große Scharen von Deutschen den Wanderpredigern im Bauernkreuzzug folgten und obwohl einige angesehene deutsche Ritter am ersten Kreuzzug teilnahmen, hielt sich das Reich selber in diesen unruhigen Zeiten seines Bestandes von der Bewegung fern. Eine offizielle Teilnahme Deutschlands wurde bis zum zweiten Kreuzzug, bis 1146, aufgeschoben, als Kaiser Konrad III. seine Gefolgschaft bis nach Jerusalem führte.

In England war die normannische Eroberung von 1066, dieses für die englische Geschichte entscheidende Ereignis, den ersten Kreuzfahrern noch in lebendiger Erinnerung. Die Aufgabe der Einigung und Zentralisierung des Staates übernahm Wilhelm der Eroberer (1066–1087), der dazu ausersehen war, England von den Mängeln des kontinentalen Feudalismus zu befreien, wie er ihn von seinem alten Herzogtum in der Normandie her kannte.

Die von ihm angefangene Arbeit war am Ausgang des elften Jahrhunderts noch nicht vollendet. Sein Sohn und Nachfolger, Wilhelm der Rote (1087–1100), der zur Zeit des ersten Kreuzzugs regierte, war weder den Aufgaben, die sein Vater in England hinterlassen hatte, noch den Schwierigkeiten einer weiteren Verwicklung in Kriege, die in weit entfernten Ländern geführt werden mußten, gewachsen.

Weitere Länder Westeuropas, von denen eine aktive Beteiligung am Kreuzzug zu erwarten war, waren Italien und Spanien. Norditalien stand noch unter kaiserlicher Hoheit und wurde daher in die kaiserlichen Auseinandersetzungen mit dem Papsttum hineingezogen; dadurch war diese Gegend nicht imstande, irgendwelche materiellen Beiträge zum Heiligen Krieg zu leisten. Süditalien dagegen war gerade aus byzantinischen in normannische Hände übergegangen, und das neue kriegslustige Eroberervolk unter Robert Guiscard dürstete nach neuen ruhmreichen Taten und nach Möglichkeiten, sich weiter auszudehnen. Der erste Kreuzzug bot den Normannen eine glänzende Gelegenheit, ihre Macht zu erweitern, und sie stürzten sich daher sofort mit aller Energie und Kraft in das Unternehmen.

Auf der iberischen Halbinsel waren die christlichen Fürstentümer Asturien, Kastilien, Navarra und Aragon zusammen mit der eben entstehenden Grafschaft Portugal schon seit längerer Zeit in einen Kreuzzug[10] auf eigenem Boden, gegen die Mauren, verwickelt. Die Päpste entbanden das spanische Volk nicht nur von der Verpflichtung, am Kreuzzug gen Osten teilzunehmen, sondern sie forderten sogar die Normannen und Franzosen auf, es bei seinen Reconquista-Versuchen zu unterstützen. Beim Vorgehen König Alfons' VI. von Kastilien gegen Toledo im Jahr 1085 leisteten französische Ritter ihm Beistand. Zu dieser Zeit war das maurische Kalifat schon im Verfall begriffen, und die einzelnen arabischen Fürsten strebten nach Unabhängigkeit für ihre eigenen Gebiete. Auf diese Weise entstand auf der Halbinsel ein buntes Durcheinander von mohammedanischen Königreichen, bekannt als die Könige der Taifas (Reyes de Taifas) oder Tawā'if, das heißt Stämme oder vereinzelte Gemeinschaften, die sich gegenseitig bekämpften und sich um Bündnisse mit ihren christlichen Nachbarn, ihren natürlichen Feinden, gegen ihre eigenen mohammedanischen Glaubensgenossen bemühten.

Die Lage der Mohammedaner in Spanien wäre aussichtslos gewesen, wenn nicht zur rechten Zeit die berberischen Almoraviden[11] aus Nordafrika unter der überlegenen und beherzten Führung Jüssuf ibn Taschfins in Algeciras gelandet wären, dem es gelang, die vorrückenden Christen aufzuhalten. Er schlug Alfons VI. bei Zallaca im Jahr 1086, und Papst Urban erließ einen Aufruf an den französischen Adel, dem spanischen Kreuzzug Verstärkungen zuzuführen. Erst 1118 neigte sich mit der Rückeroberung Saragossas, eines wichtigen strategischen Stützpunktes, durch Aragon die Waagschale wieder zugunsten der Christen. Die Ankunft der Almoraviden nahm die ganze Aufmerksamkeit der Streitkräfte des christlichen Spanien in Anspruch, von denen man daher kaum erwarten konnte, daß sie durch eine Teilnahme an dem neuen ›passagium‹ nach Palästina an zwei verschiedenen Fronten kämpfen würden.

Abgesehen von den Normannen erwies sich so das Königreich Frankreich mit seinen von ihm abhängigen Lehnsstaaten schließlich als der Fels, auf den Urban seine Kreuzzugsabsichten im Osten gründete. Mit weiser Voraussicht entschloß sich Urban, der selber seiner Herkunft nach Franzose und durch seine Überzeugung Cluniazenser war, die Bewegung in seiner eigenen Heimat in Gang zu setzen. Zu Clermont im Herzen der Auvergne wandte er sich in französischer Sprache an den französischen Klerus und Adel, und alle waren sich darüber einig, daß sein Aufruf von Gott inspiriert war. Und so wurde der Wille Gottes (Deus lo volt!) zum Schlachtruf der Kreuzheere. Die Anführer des ersten Kreuzzuges waren in der Hauptsache Franzosen und Normannen. Hatte Gregor VII. noch erwogen, selber an der Spitze des Heeres nach Osten zu ziehen, so gab sich Urban damit zufrieden, den französischen Bischof von Le Puy, Adhémar von Monteuil, zu seinem apostolischen Bevollmächtigten in der bevorstehenden Unternehmung zu ernennen. Dieser war ein Mann in vorgerücktem Alter und von großer Klugheit.

Die französischen Adligen und in ihrem Gefolge die Flamen und Normannen erschienen in großen Scharen, um das Kreuz aus des Papstes eigenen Händen entgegenzunehmen. Zu den Vornehmsten gehörten Gottfried von Bouillon, Herzog von Niederlothringen, und sein Bruder Balduin. Weitere Heerführer waren Raymond von St. Gilles, Graf von Toulouse; Robert von der Normandie, der Sohn Wilhelms des Eroberers; Hugo, Graf von Vermandois und Bruder des französischen Königs, Philipps I.; Stefan, Graf von Blois; Bohemund von Tarent, der Sohn des großen normannischen Kriegers Robert Guiscard, sowie sein Neffe Tankred. Alle waren sie reiche Lehnsmänner, wohlbekannt wegen ihrer Tapferkeit, ihres Glaubenseifers und ihrer Entschlossenheit. Ihre Schwächen waren die Schwächen des Zeitalters, vor allem Eigensinn und ein hochmütiges Wesen. Kein einziger König beteiligte sich an diesem ersten Kreuzzug, den man darum oft den ›Kreuzzug der Fürsten‹ nennt. Übrigens waren die drei großen europäischen Monarchen – Kaiser Heinrich IV., Wilhelm der Rote von England und Philipp I. von Frankreich – zu diesem Zeitpunkt alle exkommuniziert. Das Heer, das auf diese Weise zusammengestellt wurde, bildete somit keine Einheit, die unter einer einzigen obersten Führung stand, sondern es setzte sich aus einzelnen Gruppen zusammen, die jede für sich von einem Feudalherren geleitet wurden. Aber sogar unter solchen Bedingungen erwiesen sich die ersten Kreuzfahrer als einmütig genug und so sehr auf das gemeinsame Ziel gerichtet, daß sie den Kampf gegen die Moslems aufnehmen konnten, bei denen sich gerade jetzt Zeichen innerer Zersetzung bemerkbar machten.

Man muß sagen, daß zunächst die im islamischen Reich am Ende des Jahrhunderts herrschenden anarchischen Zustände der Hauptgrund für die Erfolge der Europäer und die Mißerfolge der Mohammedaner waren. Entscheidend war vor allem, daß der Nahe Osten von zwei einander feindlich gesinnten Dynastien beherrscht wurde, den Fatimiden[12] in Ägypten mit ihrer ketzerischen schiitischen Lehre auf der einen und den orthodoxen sunnitischen abbasidischen[13] Kalifen in Bagdad auf der anderen Seite. Nichts konnte die konfessionellen Unterschiede, die sie trennten, überbrücken, nicht einmal die drohende Gefahr der aus Europa heranziehenden Kreuzfahrer. Aber dies war noch keineswegs alles. Die abbasidischen Kalifen waren zu bloßen Schattenfiguren im islamischen politischen Leben herabgesunken. Ihre Vollmacht schwand dahin seit der Einführung des feierlichen Brauchs, dem stärksten türkischen General den Titel eines Sultans zu verleihen. Die Geschichte der Türken im westlichen Asien reicht zurück bis zur Regierungszeit des Kalifen al-Mu'tasim (833–842), des letzten bedeutenden Nachfolgers Harūn ar-Raschīds, der die Einstellung türkischer Sklaven als Leibwache einführte, um sich gegen den Einfluß des arabischen Adels zu schützen. Wie die barbarischen Legionäre, die von den spätrömischen Kaisern zu einem ähnlichen Zweck eingestellt wurden, entrissen die Türken den Händen der Kalifen schließlich die gesamte Macht.

Einer der türkischen ›clans‹ oder Stämme, derjenige der Seldschuken, drang unter seinem Führer Togrulbeg in Persien ein und eroberte im Jahr 1055 Bagdad, wobei Togrulbeg dem schwachen Kalifen den Titel eines Sultans absprach und sich selber zulegte. Sein Nachfolger, Alp Arslan (1063–1072), richtete seinen Expansionsdrang nach Westen und entriß im Jahr 1070 den Fatimiden Jerusalem. Darauf wandte er sich nach Nordwesten und brachte im nächsten Jahr dem byzantinischen Mitregenten Romanos IV. Diogenes die Niederlage von Mantzikert bei. Alp Arslans Nachfolger wiederum, Malikschāh (1072–1092), der letzte große Sultan des Seldschukengeschlechtes, vollendete die Eroberung Kleinasiens, mit Ausnahme der isolierten kaiserlichen Stadt Trapezunt an der Südküste des Schwarzen Meeres, die er zur Lehnsabhängigkeit unter sein Sultanat von ar-Rum, das heißt ›der Griechen‹, zwang. Sein Tod jedoch bedeutete das Ende der seldschukischen Vorherrschaft.

Die Art und Weise, wie die Türken regieren, trug mit zur Auflösung ihres Reiches bei. Die türkische Politik führte sehr bald zu einer Art von dezentralisiertem Feudalismus als Folge der Gewohnheit, neu eroberte Gebiete unter die Befehlshaber und ihre Heere aufzuteilen. Starke Feudalherren warteten bloß auf die erste sich bietende Gelegenheit, ihr Lehen ganz und gar für sich selber in Besitz zu nehmen und ihre vollständige Unabhängigkeit vom Sultanat zu erklären. Nachdem die mächtige Persönlichkeit Malikschāhs vom Schauplatz abgetreten war, sahen die aufrührerischen Generäle ihre Chance, die volle und unangefochtene Autorität über ihre Gebiete geltend zu machen. Es folgten zwölf Jahre, die angefüllt waren mit inneren Unruhen und Kämpfen auf Leben und Tod zwischen verschiedenen Bewerbern um die Nachfolge im Sultanat.[14] Und gerade in diesem günstigen Augenblick betraten die ersten Kreuzfahrer den östlichen Boden. Es gelang ihnen im Verlauf des Jahres 1099, das Lateinische Königreich in Jerusalem zu gründen.

So begann die fränkische Lösung der orientalischen Frage im Mittelalter zu einem Zeitpunkt, als der Glücksstern der Muselmanen zu sinken begonnen hatte, so daß sie den neuen Angreifern des Heiligen Landes zu einer leichten Beute wurden.

II

DIE KREUZZÜGE ALS FRÄNKISCHE LÖSUNG
DER ORIENTALISCHEN FRAGE

Ältere und neuere Auffassungen

Die Geschichtsschreibung hat auf dem Gebiet der Kreuzzüge[1] in den vergangenen fünfundzwanzig Jahren langsam, aber sicher eine Reihe grundlegender Veränderungen erfahren. Neuere Werke über diesen Gegenstand haben manche wichtigen Phasen in ein neues Licht gerückt. Das dabei am meisten hervorstechende Problem ist das der chronologischen Ordnung des Kreuzzugszeitalters. In bezug auf den Anfang und das Ende dieses Zeitalters gibt es zwei Schulmeinungen. Das vorhergehende Kapitel hat uns gezeigt, daß das Jahr 1095 eigentlich nur einen Markstein, wenn auch zugegebenermaßen einen sehr wichtigen Markstein bildet für die Entstehung einer Bewegung, deren Wurzeln viel tiefer in die Geschichte zurückreichen als die Ansprache Urbans II. Die hervorragende Leistung Groussets war die – er formulierte diese Anschauung in der einleitenden These seines monumentalen Werkes über die Kreuzzüge –, daß er die Geschichte der Kriege, die im Namen des Kreuzes geführt wurden, über das traditionelle Anfangsdatum hinaus bis in die Zeit vor dem Aufkommen des Islams zurückdatierte, also in die Zeit der erbitterten Kämpfe zwischen Byzanz und Persien. Allerdings muß festgestellt werden, daß Grousset in den Fußstapfen des alten Meisterhistoriographen des Lateinischen Königreichs in Jerusalem, des im zwölften Jahrhundert lebenden Erzbischofs Wilhelm von Tyrus, wandelte, der seine Annalen mit ›L'Estoire de Éracles, empéreur‹ anfängt. Mit anderen Worten, Groussets Originalität liegt in der Wiederbelebung einer viel älteren Theorie, die überraschenderweise der Aufmerksamkeit späterer Autoren entgangen war. Runciman läßt sein etwas jüngeres Werk mit »the abomination of desolation« beginnen, welche die östliche Christenheit beim Aufkommen des Islams und der Ausdehnung des arabischen Reiches über das Heilige Land und andere Gebiete befallen habe; die gleiche Auffassung findet sich auch in dem monumentalen, von verschiedenen Autoren stammenden Pennsylvania-Werk ›History of the Crusades‹. Die Kreuzzüge können korrekterweise nur aufgefaßt werden als *eine* Phase innerhalb der Geschichte der Beziehungen zwischen Ost und West.

Das Ende der Kreuzzüge wird der älteren Schule und einer kataklysmischen Geschichtsbetrachtung zufolge durch den Fall Akkons im Jahre 1291 bezeichnet. Die Räumung der lateinischen Besitztümer auf dem asiatischen Festland erschien als ein geeignetes Datum, die Geschichte der Bewegung abzuschließen. Trotzdem werden wir sehen, daß das Antriebsmoment der Kreuzzüge mindestens das ganze vierzehnte Jahrhundert hindurch mit beträchtlicher Kraft weiter wirksam war.

Für den Zeitraum zwischen diesen beiden Daten – 1095 und 1291 – besteht eine wachsende Neigung, die Verwendung starrer Jahreszahlen zur Markierung der einzelnen Unternehmungen aufzugeben. Man hat mit Recht bemerkt, daß die Etikettierung der Kreuzzüge mit Nummern stillschweigend voraussetzt, daß jede Unternehmung eine isolierte Einheit anstatt eines integrierenden Bestandteils einer kontinuierlichen Entwicklung war – eine Annahme, die jedoch die Wahrheit verzerren würde. Nach dem ersten Kreuzzug, der mit der Gründung des Königreiches von Jerusalem endete, verliert eine Weiternumerierung ihren Sinn. Wenn man außerdem die Kreuzzugsunternehmungen des vierzehnten Jahrhunderts hinzunimmt, wird das Weiterzählen noch bedeutungsloser. Auf der anderen Seite ist es natürlich aus Gründen der Zweckmäßigkeit – nicht der historischen Angemessenheit – unvermeidlich, irgendwie auf die seit langem eingebürgerten Begriffe ›zweiter‹, ›dritter‹ und ›vierter Kreuzzug‹ Rücksicht zu nehmen; es ist zu spät, um sie jetzt noch abzuschaffen. Die übrigen Unternehmungen jedoch müssen je nach ihrem besonderen Charakter oder nach ihren Antrieben benannt werden.

Eine umfassende Untersuchung der Ergebnisse der Kreuzzüge muß notwendigerweise auch eine stark vernachlässigte Erscheinung mit einbeziehen, nämlich den Gegenkreuzzug, das heißt die islamische oder östliche Reaktion auf die Aktion des Westens. Die Wichtigkeit dieses Gesichtspunktes wird sich noch herausstellen. Der Gegenkreuzzug führte zur Wiedergeburt des islamischen Reiches, die in Wahrheit das dauerhafteste Resultat der Kreuzzüge gewesen zu sein scheint.

Das wachsende Interesse für alles Arabische und Orientalische ist einer der hervorragendsten Antriebe für die Kreuzzugsgeschichtsschreibung unserer Zeit. Obwohl auf diesem Gebiet schon viel geleistet worden ist, bleibt das meiste noch zu tun. Vor den Schranken der Geschichte ist eine korrekte Würdigung der Bedeutung der Kreuzzüge nicht möglich, wenn die westeuropäischen und die orientalischen Quellen nicht im gleichen Maße berücksichtigt werden. Trotz dieser Erkenntnis sind die vorhandenen arabischen Quellen immer noch nicht genügend zugänglich, und die führenden Historiker des Kreuzzugszeitalters sind leider weder Arabisten noch Orientalisten. Wenn man das bedenkt, ist es nicht anmaßend zu behaupten, daß die Kreuzzugsgeschichtsschreibung noch nicht einmal das Jünglingsalter erreicht hat.

Für die beabsichtigte Deutung der geschichtlichen Vorgänge zwischen 1095 und 1291 als die fränkische Lösung der orientalischen Frage im Mittelalter ist es nötig, eine analytische Methode anzuwenden, damit das Wesentliche herausgearbeitet und zugleich auf die breite Darlegung von Details verzichtet werden kann, die in den anderen Standardwerken behandelt werden. Groussets Klassifizierungssystem ist immer noch das brauchbarste, da es mit logischer Klarheit ein getreues Bild der Ereignisse liefert, die er in einem gut lesbaren und begeisterten Stil zu schildern versucht hat. Nach ihm sind in der Entwicklung der Beziehungen zwischen den abendländischen Christen und den orientalischen Mohammedanern auf asiatischem Boden im fraglichen Zeitraum drei verschiedene Phasen zu unterscheiden:

Erste Phase: Muselmanische Anarchie und fränkische Monarchie.

Zweite Phase: Fränkische Monarchie und muselmanische Monarchie: Zustand des Gleichgewichts.

Dritte Phase: Muselmanische Monarchie und fränkische Anarchie.

Wir wollen nun jede dieser Phasen einer kurzen analytischen Betrachtung unterziehen.

Die Kreuzzüge bis 1291 – Die erste Phase

Die erste Phase ist das Zeitalter des ersten Kreuzzugs (des Kreuzzugs der Fürsten, wie er auch genannt wird); es erstreckt sich von der Gründung der christlichen Fürstentümer im Heiligen Land bis zum Tode Balduins II. im Jahr 1131.

Dem ersten Kreuzzug ging der Bauernkreuzzug voran, ein unrühmliches Vorspiel zum Heiligen Krieg, für das im allgemeinen die problematische und ein wenig zweifelhafte Gestalt Peters des Eremiten (Peters von Amiens) verantwortlich gemacht wird. Sein Hauptgehilfe, ein armer Ritter, der als Walther ohne Habe bekannt war, führte eine Schar von zwölftausend untauglichen Gestalten verschiedenster Provenienz an, die durch Glaubensfanatismus und materielle Not getrieben wurden, während ein deutscher Priester namens Gottschalk an der Spitze einer ähnlichen Bande von Leuten aus Franken, Schwaben und Lothringen stand. Eine regelrechte Auswanderungsbewegung setzte ein, bei der die Bevölkerungen ganzer Dörfer sich für den im Namen des Kreuzes geführten Krieg anwerben ließen. Bewaffnet waren sie kaum, außer mit Stab und Sichel und hölzernen Schwertern sowie mit der Erwartung eines wunderbaren Sieges über die Bösewichter mit Hilfe der himmlischen Heerscharen. Wilhelm, Vicomte von Mélun, Graf Emicho aus dem Rheinland und ein anderer Deutscher namens Volkmar waren die Führer solcher Scharen, die sich für das göttliche Ziel hatten anwerben lassen.

Nachdem sie auf ihrem Weg durch Mitteleuropa in schändlicher Weise die Juden belästigt hatten, zogen sie die Donau entlang durch Ungarn und Bulgarien, wo sie Elend verbreiteten und selber durchmachten. Schließlich fielen sie wie ein Heuschreckenschwarm auf Konstantinopel nieder, jedenfalls kaum in der Weise, die Alexios in seinem Aufruf gemeint hatte. Dem völlig verwirrten byzantinischen Kaiser blieb nichts anderes übrig, als ihren Wunsch zu erfüllen, nach Anatolien übergesetzt zu werden, wo sie von türkischen Kavalleristen bei Nikaia im August des Jahres 1096 niedergesäbelt wurden. Einige wenige Überläufer, die ihr Leben retten wollten, wurden in östliche Gebiete in die Gefangenschaft geschickt; nur ganz Vereinzelten, darunter Peter, gelang die Flucht auf europäischen Boden, wo sie auf das Eintreffen der eigentlichen Kreuzfahrerheere warteten.

Inzwischen wurden vier reguläre Heere aufgestellt, die den offiziellen Kreuzzug auf den alten Pilgerstraßen nach Konstantinopel unternehmen sollten. Eine starke Vorhut von Lothringern und Rheinländern unter der Führung Gottfrieds von Bouillon und seines Bruders Balduin erreichte über Ungarn und den Balkan am 23. Dezember 1096 die Mauern der byzantinischen Hauptstadt. Sie folgten der mutmaßlichen Route Karls des Großen, auf der der erste Kaiser des Heiligen Römischen Reiches angeblich gegen die Ungläubigen in den Kampf gezogen war – zweifellos eine Legende, die in Umlauf gesetzt wurde, um die Begeisterung der Kreuzfahrer für ihre heilige Aufgabe anzufachen. Anna Komnene schätzte ihre Zahl auf zehntausend Ritter und siebzigtausend Mann Fußvolk, abgesehen von einer großen Menge von Schlachtenbummlern. In der Zwischenzeit zog der bombastische Hugo von Vermandois, ein Bruder Philipps I. von Frankreich, mit einer französisch-normannischen Schar über die Alpen, durch Italien und über ein stürmisches Adriatisches Meer, in dem er bei Durazzo Schiffbruch erlitt und unter dem Schutz byzantinischer Legionen nach Konstantinopel gebracht wurde. Ihm folgten Robert Kurzhose, Herzog von der Normandie, Stefan, Graf von Blois und Chartres, sowie schließlich Robert von Flandern. Die Normannen aus Süditalien in einer Stärke von zehntausend Rittern und zwanzigtausend Mann schnellen Fußvolks erreichten unter Bohemund, dem Sohn Robert Guiscards, und seinem Neffen Tankred die adriatische Ostküste im November 1096, von wo aus sie sich beeilten, die anderen einzuholen. Die Provenzalen unter Raymond von St. Gilles, Graf von Toulouse, und begleitet von Adhémar, dem apostolischen Bevollmächtigten, überquerten die Alpen und Norditalien bis zur adriatischen Küste, wo sie in große Bedrängnis gerieten, bis sie ebenfalls Durazzo erreichten und dann den normalen Weg (Via Egnatia) durch die Balkanhalbinsel und über Thessalonich nach Konstantinopel einschlugen. Vollständig versammelt waren die Mannschaften im Mai 1097. Die Gesamtzahl wird von Fulcher von Chartres mit sechshunderttausend Mann am höchsten geschätzt, von Raimund von Aguilers mit hunderttausend am niedrigsten, was ungefähr der Stärke der gesamten byzantinischen Armee entspräche. Auch wenn man den mittelalterlichen Hang zur Übertreibung in Rechnung stellt und die kleinste Zahl für die richtige hält, so muß schon in diesem Falle die Unterbringung, Verpflegung und Verschiffung die kaiserliche Hofhaltung vor fürchterliche Probleme gestellt haben.

Nachdem man eine oberflächliche Einigung über die Anwendung internationaler Rechte angesichts der Befugnisse der Feudalherren aus dem Westen gegenüber dem Oströmischen Kaiserreich erzielt hatte, wurden Vorbereitungen getroffen, die Kreuzfahrer ohne weitere Verzögerungen nach Kleinasien überzusetzen. Sie wurden überredet, dem Kaiser die Lehnstreue zu schwören und ihm die Lehnshoheit über die Gebiete, die sie erobern würden, einzuräumen – ein Eid, den sie keineswegs zu halten gedachten, jedenfalls nicht, was die heiligen Stätten anging. Die Unternehmungen wurden eingeleitet mit der Eroberung Nikaias am 19. Juni 1097; die Stadt wurde einer kaiserlichen Garnison überlassen. Darauf gab die Niederlage der türkischen Hauptstreitkräfte unter Kilidsch Arslan bei Dorylaion im heißen Juli des Jahres 1097 den Weg durch Anatolien nach Syrien frei, und einige Anführer sahen im Geiste schon die Möglichkeit, Fürstentümer für sich selbst zu beanspruchen. Die ersten Reibungen traten im September zutage, und zwar im Wettlauf zwischen Tankred und Balduin um die Bezwingung des armenischen Taurus. Balduin übertrumpfte seinen Gegenspieler, indem er eine armenische Prinzessin heiratete und den Thron von Edessa bestieg, nachdem der König Thoros bei einer örtlichen Erhebung ermordet worden war.

Nachdem sie einmal in Nordsyrien Fuß gefaßt hatten, zielten die Kreuzfahrer auf die Eroberung Antiochiens, jener glänzenden, starken ›Stadt Gottes‹ am Orontes, wo die Nachfolger Jesu zum erstenmal in der Geschichte Christen genannt worden waren. Bohemund beanspruchte die Stadt für sich allein.[2] Nach einer langwierigen und erschöpfenden Belagerung von ungefähr acht Monaten fiel sie den Kreuzfahrern am 3. Juni 1098 in die Hände, nur vier Tage vor dem Eintreffen Kerbogas, des türkischen Regenten von Mosul, mit einem starken Entlastungsheer und fast ein ganzes Jahr nach der Eroberung Nikaias. Die Kampfmoral der Christen, die durch Hitze und durch Entbehrungen stark geschwächt war, erwachte aufs neue durch die wunderbare Entdeckung der heiligen Lanze, mit der ein römischer Legionär die Seite des Heilandes am Kreuz durchbohrt hatte und die in Antiochien in einer Kapelle verborgen lag. Es gelang ihnen, das mächtige Heer Kerbogas zu schlagen, und Bohemund behielt die Regentschaft in dem neuen Besitztum; die übrigen arbeiteten sich auf versteckten Wegen nach Jerusalem vor, was wiederum ein Jahr in Anspruch nahm. Raymond, der Antiochien gerne selber gehabt hätte und von Bohemund verdrängt worden war, erhielt als Trost die Grafschaft Tripolis.

In einem Zustand der Ekstase sahen die noch übriggebliebenen Kreuzfahrer in den ersten Junitagen des Jahres 1099 endlich die Dächer und Türme der Heiligen Stadt auftauchen. Am siebenten waren sie mit den Vorbereitungen für die Belagerung fertig und begannen mit dem Bau eines riesigen hölzernen Turmes mit einer Zugbrücke und bereiteten sich auf die Erstürmung der Mauern vor. Sturmböcke, Leitern, Schleudern, Räder und alle möglichen anderen Belagerungsmaschinen wurden angefertigt und bei den nun folgenden täglichen Angriffen auf die Stadtbefestigungen eingesetzt. Jerusalem war kurz vorher von den ägyptischen Fatimiden den Türken wieder entrissen worden, und ein Garnisonsheer von erprobten Kriegern hielt die Stadt besetzt. Obwohl die Stadt heldenhaft verteidigt wurde, war es klar, daß ihre Übergabe nur eine Frage der Zeit war, und das Eintreffen genuesischer Galeeren in Jaffa mit neuen Truppen und Material besiegelte das Schicksal der Moslems. Am 15. Juli drangen die Christen, mit Herzog Gottfried an der Spitze, von der Turmbrücke aus in die Stadt ein. Die Chronisten des Ereignisses berichten, daß die Erstürmung zur neunten Stunde stattfand und an einem Freitag, das heißt zur Stunde der Kreuzigung am Karfreitag. Einige ließen sich schnell nieder und öffneten die Stadttore für die anderen; das übrige war nur noch eine Angelegenheit systematischer Vernichtung und wilden Gemetzels. Der anonyme Verfasser der ›Gesta Francorum‹, ein Augenzeuge der Greuel dieses Kampfes, schreibt: »Unsere Leute drangen tötend und schlachtend sogar bis zum Salomonstempel vor, wo das Gemetzel so groß war, daß unsere Leute bis zu den Knöcheln im Blut wateten.«[3]

Erzbischof Wilhelm von Tyrus nennt die Eroberung der Heiligen Stadt das »Ende der Pilgerfahrt« und schreibt: ». . . es war nicht nur der Anblick enthaupteter Körper und verstümmelter Glieder, die überall umherlagen, der alle, die es sahen, mit Schrecken erfüllte. Noch furchtbarer war der Anblick der Sieger selbst, an denen vom Kopf bis zu den Füßen das Blut hinabtroff, ein unheilvoller Anblick, vor dem jeder erschrak, der ihnen begegnete.«[4] Die anschauliche Schilderung des Erzbischofs aus dem zwölften Jahrhundert geht folgendermaßen weiter: »Jeder Plünderer erklärte das Haus, das er gerade betreten hatte, mit seinem gesamten Inhalt für sein eigen bis in alle Ewigkeit. Denn vor der Einnahme der Stadt hatten die Pilger ausgemacht, daß nach ihrer gewaltsamen Eroberung dasjenige, was jeder von ihnen in Besitz nehmen würde, auf Grund des Besitzrechtes unangefochten für immer sein bleiben sollte. Folgerichtigerweise gingen die Pilger höchst sorgfältig vor und töteten dreist jeden Einwohner. Sie drangen bis zu den entferntesten und abgelegensten Plätzen vor und erbrachen die privatesten Räume des Feindes. Am Eingang jedes Hauses, in das er eindrang, hing der Sieger seinen Schild und seine Waffen auf, zum Zeichen für jeden, der sich näherte, dort nicht zu verweilen, da der Ort schon einem anderen gehörte.« Dies scheint eines der ältesten Zeugnisse für die Verwendung von Wappenschilden als Identifikationsmittel zu sein, ein Brauch, der unter den Kreuzfahrern erst später, unter dem Einfluß mosleminischer Heraldik, allgemeiner verbreitet wurde. Als es ruhiger wurde in der Stadt und der Tumult nachließ, legten die blutdürstigen und blutbefleckten Pilger ihre Waffen beiseite und zogen mit Tränen und Seufzern und tief bewegt in die Kirche des Heiligen Grabes, um zu beten.

So wurde das Lateinische Königreich Jerusalem ausgerufen, mit Gottfried von Bouillon als seinem ersten Beschützer. Er nahm den bescheidenen Titel ›Beschützer des Heiligen Grabes‹ (Advocatus Sancti Sepulchri) an. Die wichtigste Aufgabe des ›Advocatus‹ war, für die Sicherheit der eroberten Stadt zu sorgen, und das tat er, indem er das erste aus Kairo eintreffende ägyptische Heer im nächsten Monat bei Askalon besiegte.

Anscheinend kehrten die Sieger aus jener Schlacht mit einer enormen Beute nach Jerusalem zurück. Die mohammedanischen Emire der noch nicht eroberten Küstenstädte sahen die Hoffnungslosigkeit ihrer Lage ein und fingen bald damit an, Gottfried mit Gold zu beschenken und ihm Pferde zu schikken, die mit Lebensmitteln und Früchten bepackt waren. Diese Geschenke wurden angenommen, da sie die Beziehungen zwischen den Siegern und den Besiegten, die auf lange Jahre hinaus miteinander leben mußten, festigten.

Schließlich, am 18. Juli des Jahres 1100, starb Gottfried; sein Nachfolger und erster gewählter König des neuen kleinen theokratischen Staates war Balduin, der am Heiligen Grabe am 25. Dezember des gleichen Jahres gekrönt wurde. In der Entwicklung dieser typischen Feudalmonarchie[5] lassen sich, grob gesehen, zwei Stadien unterscheiden, die aufeinander folgten: zunächst das Königreich des zwölften Jahrhunderts, dessen Herrscher zwar nach Wahlrecht regierten, aber die Kontrolle über den Adel aufrechtzuerhalten suchten, und dann das zweite Königreich, im dreizehnten Jahrhundert, in dem die Herrschaft erblich war, aber nun in Wirklichkeit vom Adel kontrolliert wurde. In beiden Fällen lag die eigentliche Macht bei der Kirche, und die Ratschläge des lateinischen Patriarchen von Jerusalem waren im allgemeinen ausschlaggebend. Das Königreich setzte sich in der Hauptsache aus vier halb unabhängigen Fürstentümern zusammen: Jerusalem, Antiochien, Edessa und Tripolis. Diese waren wieder in kleinere Herrschaftsgebiete und Lehen aufgeteilt, während die Verwaltung der Küstenstädte weitgehend in den Händen der großen Handels- und Seemächte Venedig, Genua und Pisa lag.

Die lateinische Kirche wurde in ähnlicher Weise aufgebaut, mit zwei Patriarchen in Jerusalem und Antiochien, acht Erzbistümern und sechzehn Bistümern sowie zusätzlich einer großen Anzahl von Klostergründungen. Zunächst schien es, als würde Antiochien, die alte, von den Tagen der Seleukiden bis ins byzantinische Zeitalter als Hauptstadt des Ostens berühmte Stadt, die hervorragende Bedeutung wiedergewinnen, die es seit dem Eindringen der Araber verloren hatte, und die neue Hauptstadt eines zweiten christlichen Königreiches werden; tatsächlich machte Bohemund große Anstrengungen, diesen ehrgeizigen Plan zu verwirklichen. Aber Jerusalem trug schließlich doch den Sieg davon, das Rom des Ostens mit dem Heiligen Grab, und es gelang Bohemund nicht, die Königswürde zu erringen, obwohl die Kirche seine Forderungen gegen diejenigen Balduins unterstützte. Es scheint sogar, daß dem Primas von Jerusalem, Dagobert, insgeheim eine Art von Cäsaro-Papismus vorschwebte, bei dem an Stelle irgendeiner weltlichen Macht der Patriarch an der Spitze einer großen Theokratie im Heiligen Land stehen sollte. Dies erklärt die fortwährenden Kämpfe zwischen Kirche und Staat, die in Jerusalem zumindest während der ersten, für ihre Festigung entscheidenden Lebensjahre dieser Monarchie stattfanden.

Wir wollen uns nicht bei der innenpolitischen Entwicklung des neuen Staates oder bei den täglichen Versuchen der verschiedenen Herrschaftsgebiete, sich mit Waffengewalt Anerkennung und Gebietserweiterung zu verschaffen, aufhalten, da diese Dinge in vielen Monographien und Nachschlagewerken in allen Einzelheiten dargestellt sind; aber für das Verständnis des Wesentlichen erscheint es mir nützlich, zu untersuchen, welches die Stärke- und die Schwächemomente des neuen Staates waren. Mit dem Erfolg der Kreuzfahrer war der erste Kreuzzug zu Ende, und die schwere Aufgabe, die eroberten Gebiete festzuhalten, lag nun auf den Schultern des neuen Königs und seiner Hofleute. Im Grunde genommen war die Eroberung des Heiligen Landes in diesem Augenblick auf einige wenige wichtige Städte und einen Küstenstreifen am Mittelmeer beschränkt, während das Hinterland, der größere Teil Syriens, ganz und gar in den Händen der Mohammedaner blieb. Die wichtigen Städte Aleppo, Damaskus, Höms und Hama sind niemals vollständig in den Herrschaftsbereich der Lateiner geraten.

Im Inneren waren die Keime der Zwietracht in der Aufteilung des Königreichs in halb autonome Lehnsgebiete sichtbar geworden. Die Christen waren als fremde Ansiedler in vorwiegend feindlich gesinnte mohammedanische

Gebiete verpflanzt worden. Die Pilger-Kreuzfahrer hatten ihre Gelübde erfüllt und machten sich auf den Weg nach Europa zurück, wogegen die geschlagenen Feinde in der Nähe und in ständiger Bereitschaft blieben, jede sich bietende Gelegenheit ergreifend, die verlorenen Positionen langsam und stetig zurückzuerobern. Schon im Jahr 1100 wurde Bohemund von Turkmenen aus Siwas gefangengenommen und erst im Jahr 1103 wieder freigelassen; im darauffolgenden Jahr (1104) wurden Balduin du Bourg, der zukünftige König, und Joscelin von Courtenay vom Feind festgenommen, während sie in der Provinz Harran kämpften. Gegen Zahlung eines hohen Lösegeldes wurden sie erst 1108 wieder befreit. Die Lage der Christen im Osten blieb sehr kritisch.

Zu der fortwährenden Gefahr, die von außen drohte, und den nicht nachlassenden Unruhen im Innern kam noch hinzu, daß Kaiser Alexios sowohl Antiochien wie Edessa auf Grund der ursprünglichen Vereinbarungen mit den Kreuzfahrern in Konstantinopel als byzantinische Erwerbungen in Anspruch nahm. Die auf diese Weise zunehmend feindselige Haltung zwischen Byzantinern und Kreuzfahrern führte schließlich zu Bohemunds fruchtlosem Angriff auf Durazzo im Jahr 1108.

Andererseits war die Regierungszeit Balduins I. (1100–1118) wegen einer Anzahl von Faktoren, die das Gefüge des werdenden Königreiches stärkten, bemerkenswert. Er war ein Mann mit Vorstellungskraft und beträchtlichen geistigen Fähigkeiten. Er bekämpfte die theokratische Politik der Kirche, die in dem toskanischen Patriarchen von Jerusalem, Dagobert, der später abgesetzt wurde, einen starken Vorkämpfer fand. Er machte sich nach der Bucht von Akaba auf und eroberte Aila, den historischen ägyptischen Hafen am Roten Meer, wodurch die arabische Welt in zwei Teile, einen afrikanischen und einen asiatischen, gespalten wurde. Da er vom Westen nicht genügend Truppenverstärkungen erhielt, leitete er eine Politik der Annäherung an die orientalischen Christen, vor allem die Maroniten und Armenier, ein, die nach und nach in den römisch-katholischen Obrigkeitsbereich einbezogen wurden. Die Lateiner, die äußerlich mehr und mehr orientalisiert wurden, begannen sich mit den Einheimischen zu vermischen, und die Mischehen mit orientalischen Christen oder manchmal auch mit bekehrten mohammedanischen Frauen rief eine neue Generation von ›Pullani‹ ins Leben. Balduin ließ seine eigenen Münzen mit arabischen Inschriften prägen, um den Handelsverkehr mit den Moslems zu erleichtern. Er spornte die venezianischen, genuesischen und pisanischen Kaufleute an, von den Möglichkeiten der Handelsplätze an seinen Küsten Gebrauch zu machen, und erschloß dem Königreich auf diese Weise neue Einnahmequellen.

Sowohl Balduin I. wie seine Nachfolger führten das Verfahren ein, eine

Kette von mächtigen Burgen an stark befestigten Stellen zu bauen, von denen aus die Franken das Land wirkungsvoll unter Kontrolle halten konnten – eine Errungenschaft von großer strategischer Bedeutung. Der Krak de Monréale,[6] den Balduin im Jahre 1115 südöstlich vom Toten Meer bauen ließ, ist ein schönes Beispiel für die zahlreichen Zitadellen, die die Kreuzfahrer später sowohl zur Verteidigung wie zum Angriff errichteten. Monréale lag genau in der Mitte zwischen Jerusalem und der Spitze der Bucht von Akaba und beherrschte die Straßen, auf denen die Karawanen von Kairo nach Damaskus und von Damaskus nach Mekka zogen, was dem Burgherrn ermöglichte, vorbeiziehenden mohammedanischen Händlern und Pilgern schwere Abgaben aufzuerlegen. Eine der größten und berühmtesten Burgen war der Krak des Chevaliers; er lag auf einem Bergvorsprung, von dem aus man auf der einen Seite den im Norden gelegenen Karawanendurchgang zwischen Höms und Hama und auf der anderen Seite denjenigen zwischen Tripolis und Tortosa übersehen konnte. Obwohl diese Burg von Hospitalitern besetzt war und mit diesen identifiziert wurde, ist es nicht ausgeschlossen, daß ihre Fundamente nicht lange nach Beendigung des ersten Kreuzzuges an dieser unangreifbaren Stelle auf den Resten einer älteren arabischen oder gar byzantinischen Zitadelle angelegt wurden. Der dritte der großen Kraks des zwölften Jahrhunderts, im Arabischen einfach als ›Karak‹ bekannt, wurde östlich vom Toten Meer in der Wüste Moab errichtet. Hier hauste Reginald von Châtillon, dessen Räubereien gegen die Karawanen von Damaskus, Mekka und Kairo den Zorn Saladins heraufbeschworen, der diesen Krak noch stärker angriff als die anderen und ihn auch als ersten, im Jahr 1188, eroberte. In der Regel waren diese Burgen, deren Ruinen noch heute zu sehen sind, kolossale Gebäude, mit doppelten Umwallungen, großen Hallen, Quartieren, Kapellen, Magazinen, Ställen und Wasserzisternen. Sie waren teilweise in den massiven Fels eingehauen und im übrigen von einem Graben umgeben. Eine reichliche Wasserversorgung wurde meistens durch in der Nähe befindliche Quellen gewährleistet. Die meisten Burgen wurden von Rittern und großen Feudalherren gehalten, aber nur selten von den Königen.

Weitere Stärkung erfuhr das Lateinische Königreich durch die Gründung der geistlichen Ritterorden. Diese bestanden aus Gruppen von streitbaren Mönchen, welche die zum Mönchtum gehörenden Eigenschaften mit denen eines Bekämpfers der Feinde des Kreuzes in sich vereinigten. Die älteste dieser Organisationen war die der Tempelherren oder Templer. Sie wurde ins Leben gerufen von einem französischen Ritter, Hugo de Payns, und einigen Genossen, die sich im Jahre 1119 entschlossen, einen besonderen Orden zum Schutze der Pilger und zur Verteidigung des Heiligen Landes zu gründen. Balduin II. wies ihnen als Residenz einen Ort in der unmittelbaren Nähe des salomonischen Tempels zu, und daher erhielten sie ihren Namen. Der heilige Bernhard von Clairvaux arbeitete eine durch stark asketische Züge gekennzeichnete Regel nach zisterziensischem Vorbild für sie aus, und im Jahr 1128 wurden sie durch Papst Honorius III. offiziell bestätigt. Sie trugen einen weißen Mantel mit einem roten Kreuz.

Der zweite große Orden, der eine wichtige Rolle als Stütze des Lateinischen Königreichs und des Kreuzzugsgedankens spielen sollte, war der Hospitaliter- oder Johanniterorden; seine Anfänge gehen auf das Jahr 1048, also in die Zeit vor den Kreuzzügen, zurück, als der mohammedanische Herrscher über Jerusalem den Kaufleuten von Amalfi erlaubte, ein Hospital für christliche Pilger zu bauen. Nach dem ersten Kreuzzug wurden Angehörige dieses Hospitals wirksam für die Pflege der kranken und verwundeten Krieger eingesetzt. Um 1120 entschlossen sich Raymond du Puy und seine Helfer in diesem Hospital, sich als Ritter des Hospitals des heiligen Johannes von Jerusalem zusammenzutun, unter einer Regel, die Ehelosigkeit, Keuschheit, Nächstenliebe, Hilfe für die Kranken und den Kampf für die Verteidigung des Heiligen Landes vorschrieb. Ihr wichtigstes Hauptquartier in dieser Zeit war der berühmte Krak des Chevaliers. Sie trugen ein schwarzes Gewand mit weißem Kreuz.

Weitere solche Ritterorden auf ähnlicher Basis kamen allenthalben auf; der berühmteste war vielleicht der Deutsche Orden. Die Mitglieder dieser Organisation waren, wie wir vermuten dürfen, freigeborene Männer von aufrechtem Charakter. Im Verlauf der Zeit jedoch fingen sie an, sich von den Grundsätzen ihrer Regel zu entfernen, vor allem die Templer, die zu einem der reichsten Bankgeschäfte Europas wurden, bis ihre Aufhebung von der französischen Monarchie, die tief bei ihnen verschuldet war, in die Wege geleitet und auf dem Konzil von Vienne im Jahr 1312 durchgeführt wurde.

Die Templer und Johanniter büßten von den wertvollen Diensten, die sie dem Lateinischen Königreich in Jerusalem erwiesen, vieles wieder ein durch ihre dauernde Rivalität nicht nur beim Erwerb von Privilegien und dem Erheben von Steuergeldern, sondern auch im gefährlichen Bereich des Krieges: Man weiß, daß sie sich gelegentlich mit mohammedanischen Fürsten zusammengetan und gegeneinander gekämpft haben. Beide Orden wurden äußerst reich und mächtig. Sie besaßen Komtureien und Prioreien in Europa und in fast allen Teilen der lateinischen Levante. Sie befolgten eine strenge Regel und waren einem durch und durch bürokratischen Regierungssystem mit einem weitgespannten Spionagenetz unterworfen. Sie waren ausschließlich und direkt dem Papst in Rom untertan, was ihnen natürlich erlaubte, den lokalen Gewalten, den kirchlichen ebenso wie den weltlichen, zu trotzen, sogar in militärischen Angelegenheiten.

Es ist bemerkenswert, daß die Kreuzzugsidee in der Zeit zwischen dem ersten und dem zweiten Kreuzzug in Europa niemals zurücktrat. Der Strom von Kriegern für die heilige Sache war zwar keineswegs allumfassend, brach aber doch nie ab. Während der ersten Phase, von der wir im Augenblick sprechen, wurden noch zwei weitere, kleinere Kreuzzüge ins Heilige Land unternommen. Der erste wird oft der Kreuzzug von 1101 genannt; er wurde von Papst Paschalis II. (1099–1118) ausgerufen, als dieser unmittelbar nach dem Tod Urbans die erregende Nachricht vom Fall Jerusalems erhielt. Der erste, der diesem neuen Ruf folgte, war ein alter Gegner Urbans seit seiner Rede vom Jahre 1095, nämlich Wilhelm IX., Herzog von Aquitanien und Graf von Poitou, besser bekannt als der erste französische Troubadour. Unter seinen Waffenbrüdern befanden sich zahlreiche hervorragende Männer, wie Hugo von Lusignan, ein Halbbruder Raimunds von Toulouse und früherer Kreuzfahrer, sowie Stefan von Blois, drei französische Bischöfe und eine große Menge von neuangeworbenen Franzosen, Burgundern, Deutschen und Lombarden. Konstantinopel war ihr gemeinsamer Treffpunkt; als ihr Ziel erklärten sie die Befreiung Bohemunds aus der Gefangenschaft sowie die Vollendung der strategischen Aufgaben des ersten Kreuzzugs, nämlich die Eroberung Bagdads, Sitz des abbasidischen Kalifats. Sie folgten ungefähr dem Weg, den die ersten Kreuzfahrer gegangen waren, wurden aber schließlich bei Mersivan und Herakleia in Kleinasien in die Flucht geschlagen. Viele wurden niedergemetzelt, einige gefangengenommen, vor allem die Frauen (Ida von Österreich hat, wie man annimmt, den furchtbaren Zangi in einem der fürstlichen Harems zur Welt gebracht); nur wenige erreichten zu Land oder zu Wasser das Heilige Land.

Erfolgreicher war der norwegische Kreuzzug König Sigurds (1103–1130), der nach nordischer Art ungefähr vier Jahre lang mit einer Schar von norwegischen Jerusalemfahrern und einer Flotte von fünfundfünfzig Schiffen auf dem Meer umhergeirrt war, sich in England aufgehalten, gegen die Mauren in Spanien gekämpft und sich mit den Normannen in Sizilien angefreundet hatte und endlich 1110 Balduin I. bei der Einnahme des Hafens Sidon unterstützte. Im gleichen Jahr hatten die Genuesen dem König geholfen, Beirut zu erobern. Balduins Versuche, Tyrus einzunehmen, schlugen jedoch fehl; es blieb seinem Nachfolger, Balduin II. du Bourg (1118–1131), überlassen, diese Stadt 1124 mit venezianischer Hilfe zu erobern.

Im ganzen gesehen war die Regierung Balduins II., insofern sie danach strebte, das Königreich weiter zu festigen, eine Fortsetzung derjenigen seines Vorgängers. Bei seiner Thronbesteigung wurde dem Königreich Jerusalem seine alte Grafschaft Edessa mit einverleibt, in die er für die nächsten Jahre einen seiner treuesten Anhänger, Joscelin von Courtenay, einsetzte. Im Jahr 1119 wurde er Regent in Antiochien. Er intensivierte den Krieg sowohl gegen die Türken wie gegen die Ägypter mit wechselndem Erfolg. Seine tollkühnen Unternehmungen führten zu seiner Gefangennahme durch die Türken im Jahr 1123, obwohl er schon im nächsten Jahr wieder befreit wurde. Im ganzen überwogen in seiner Regierungszeit die Erfolge gegenüber den Mißerfolgen; allerdings bewirkte der andauernde Druck, den er auf die syrische und die ägyptische Grenze ausübte, daß seine verstreuten Feinde sich zusammenschlossen und die mohammedanischen Krieger aus ihrer kläglichen Lethargie aufgeschreckt wurden. Die Keime für die Niederlage der Christen waren bereits vorhanden, aber erst in der nächsten Phase sollten sie sich entfalten und Früchte tragen.

Die Kreuzzüge bis 1291 – Die zweite Phase

Die mittlere Lebensperiode des Königreichs Jerusalem war eine Periode labilen Gleichgewichts zwischen einer gefestigten fränkischen und einer sich festigenden mohammedanischen Monarchie. Sie ist das Zeitalter Fulcos von Anjou (1131–1143) und seiner beiden Söhne, Balduins III. (1144–1162) und Amalrichs I. (1162–1174), in Jerusalem auf der Seite der Christen, und der Zangi-Dynastie aus Mosul mit dem Atabeg Imād ad-Dīn (1128–1146) und seinem Sohn und Nachfolger, dem gefürchteten Nūr ad-Dīn (1146–1174), auf islamischer Seite. Sie ist auch das Zeitalter des zweiten Kreuzzuges von 1147 bis 1149, der durch den Fall Edessas[7] (des arabischen ar-Rūha) ausgelöst wurde. Man kann sagen, daß der Höhepunkt im Verlauf der christlichen Eroberungen mit dem Ende der Regierungszeit Balduins II. erreicht worden war und daß die Eroberung Edessas eine allmähliche Wendung der Lage einleitete, die sich von nun an immer mehr zuungunsten der Franken verändern sollte.

Eine der ersten Handlungen Fulcos beim Beginn seiner Regierungszeit war sein Versuch, die seit langem bestehenden Differenzen zwischen den Lateinern und den Byzantinern zu beseitigen. Seine Politik der Versöhnung wurde von seinen unmittelbaren Nachfolgern fortgesetzt, und sowohl Balduin III. wie sein Bruder Amalrich I. wurden mit komnenischen Prinzessinnen verlobt, während Kaiser Manuel I. Komnenos (1143–1180) Maria von Antiochien, die Tochter Raymonds, heiratete. Es wäre ein Irrtum, anzunehmen, daß die wechselseitige Abneigung und das Mißtrauen zwischen Lateinern und Griechen beseitigt wurden, aber doch kam es in der Levante zu einer Periode relativen Friedens und gegenseitigen Verständnisses. Fulco erzielte auch einen Erfolg in seinen Beziehungen zu seinem muselmanischen Nachbarn Anar, dem Regenten von Damaskus, dessen Herrschaft durch die Expansionsbestrebungen des Zangi Imād ad-Dīn von Mosul bedroht war. In den Jahren 1139/40 bemühte sich Anar um ein Bündnis mit dem Lateinischen Königreich gegen seine eigenen Glaubensgenossen; er brauchte auf das Zustandekommen nicht lange zu warten. Die Autobiographie des Usāma ibn Munkidh enthält Beispiele für die wachsende gegenseitige Zuneigung und religiöse Toleranz zwischen den christlichen Ansiedlern und den einheimischen Arabern in Syrien zu dieser Zeit.

Nichtsdestoweniger alarmierte die Eroberung Edessas durch die Zangis von Mosul die Christen; der Kreuzzugsgeist wurde bei dieser Gelegenheit in ihnen erweckt durch Bernhard von Clairvaux, einen französischen Heiligen und redegewaltigen Fanatiker, der damals in Europa ein außerordentliches Ansehen besaß. Der zweite Kreuzzug, der von Papst Eugen III. proklamiert und vom heiligen Bernhard an den Höfen Frankreichs und Deutschlands gepredigt wurde, nahm, als er dann zustande kam, den Charakter einer Unternehmung von Königen an und war weniger volkstümlich und weniger international als der erste Kreuzzug. König Ludwig VII. (1137–1180) von Frankreich und Kaiser Konrad III. (1138–1152) von Deutschland standen jeder an der Spitze einer Schar von ungefähr siebzigtausend Mann aus jedem der beiden Länder und machten sich auf den Weg. In Vézelay, wo die Franzosen angeworben wurden, soll der heilige Bernhard sein eigenes Kleid zerrissen haben, um daraus, als der ursprüngliche Vorrat erschöpft war, Kreuze für die Kreuzfahrer zu machen – so viele waren dort, die von der Begeisterung für den Heiligen Krieg getrieben wurden. Konrad versprach sich von dem Kreuzzug eine Wiedervereinigung seines Volkes, das damals durch die Streitigkeiten zwischen den Parteien der Guelfen und der Ghibellinen zerspalten war.

Während diese beiden größten Heere auf dem Landweg nach Konstantinopel zogen, umsegelte ein kleineres, gemischtes Aufgebot aus Flandern und England den Kontinent und landete in Portugal, um neue Lebensmittel an Bord zu nehmen und um auf der iberischen Halbinsel gegen die Mauren zu kämpfen. Im Jahre 1147 eroberten sie Lissabon und legten damit die Grundlage für die Entstehung des Königreichs Portugal, die als ein Nebenergebnis des zweiten Kreuzzugs angesehen werden muß. In den großen Heeren herrschte zwischen den Franzosen und den Deutschen Mißtrauen; sie gingen einander aus dem Weg. Den Griechen begegneten sowohl die Franzosen wie die Deutschen mit Argwohn. In Kleinasien lähmten die Türken die Truppen der Eindringlinge, indem sie die Ernten vernichteten und die meisten Quellen trockenlegten, so daß den Christen die Voraussetzungen für ihren täglichen Lebensunterhalt genommen wurden. In der zweiten Schlacht bei Dorylaion im Oktober 1147 fügten sie den erschöpften Deutschen eine vernichtende Niederlage zu, und die Franzosen erlitten im Januar 1148 bei Kadmus das gleiche Schicksal. Krank und entmutigt zog sich Konrad nach Konstantinopel zurück und machte sich bald darauf wieder auf den Weg nach Deutschland, ohne vom Heiligen Land auch nur einen Zipfel gesehen zu haben. Ludwig gelang es mit Mühe, Antiochien zu erreichen, und er pilgerte Ostern 1148 zum Heiligen Grabe; dann segelte er nach einem völlig fehlgeschlagenen Kreuzzug in seine Heimat zurück. Unterwegs wurde er von den Byzantinern belästigt, die ihn mit Recht freundlicher Gefühle für ihre normannischen Feinde verdächtigten. In der Tat ging Ludwig in Kalabrien an Land und krönte Roger zum König von Sizilien, so daß also noch ein weiteres Königreich aus dem zweiten Kreuzzug hervorging. In Frankreich bewirkten die Mißerfolge der Kreuzfahrer, daß die skeptische Philosophie Abälards in den Gemütern tiefere Wurzeln schlug; seine Schüler verspotteten Ludwigs VII. Politik.

Am schlimmsten waren die Folgen des Kreuzzuges jedoch im Osten, wo die mohammedanischen Fürsten an den Grenzen des Lateinischen Königreichs Jerusalem durch die Niederlagen der Christen ermutigt wurden, gegen die kleinen Kreuzfahrerstaaten ohne weiteres Zögern vorzugehen. Obwohl die Mohammedaner im Süden die Stadt Askalon, die den Beinamen der ›Braut Syriens‹ trug, im Jahr 1153 Balduin III. überlassen mußten, stellten die Syrer im Norden eine sehr ernste Gefahr für die Lateiner dar. Das damaszenisch-christliche Bündnis wurde durch einen törichten Angriff der Christen zerstört, die es sich in den Kopf gesetzt hatten, bestimmte Teile des mosleminischen Fürstentums sich selber anzueignen. Am Ende, im April 1154, ergab sich Damaskus dem Nūr ad-Dīn und wurde so zu einer neuen Drohung für die verwundbaren Grenzen seines lateinischen Nachbarstaates.

Der lateinische König, der den Türken im Norden nicht gewachsen war, begann nun im Süden den Boden für zukünftige Eroberungen zu sondieren. Die Tage des fatimidischen Kalifats waren gezählt, es war auf dem Wege des Niedergangs, und die Situation in Ägypten war offensichtlich reif für eine neue Eroberung. Das Land besaß reiche Schätze, aber es fehlten ihm starke Führernaturen. Sowohl Amalrich wie Nūr ad-Dīn schielten nach dieser Beute. Amalrich führte in der Zeit vom September 1163 bis zum Dezember 1169 fünf Feldzüge gegen Ägypten, den letzten mit militärischer Unterstützung der Byzantiner, von der sich aber herausstellte, daß sie kaum mehr als eine formelle Geste war.

Gleichzeitig drang Nūr ad-Dīns Heerführer Schīrkūh dreimal in das Land ein. Die inneren Verhältnisse Ägyptens waren günstig für den Syrer; er wurde von dem fatimidischen Wesir Schawār zu Hilfe gerufen, der durch den Aufstieg eines Rivalen namens Dirgham bedroht wurde; dieser hatte die Schlacht bei Gaza gewonnen und war ein Idol des Volkes. Nachdem Schawārs Stellung wieder gefestigt war, begann er Pläne gegen den Syrer zu schmieden, den er als einen verhaßten sunnitischen Moslem betrachtete, der den geheimen Plan verfolgte, das sogenannte häretische schiitische Glaubensbekenntnis der Fatimiden aus Ägypten zu vertreiben. Schawār wandte sich an die traditionellen Feinde der Sunniten, die Franken, um Hilfe. Ein Vertrag wurde geschlossen (1167), in dem abgemacht wurde, daß Amalrich ein Besatzungsheer in Ägypten aufstellen sollte, bis Schīrkūhs Heer vernichtet oder aus dem Lande gejagt sein würde; dafür sollte er vierhunderttausend Goldstücke erhalten, von denen die Hälfte sofort zu zahlen wäre.

Hugo von Cäsarea wurde entsandt, um vom Kalifen persönlich die Ratifizierung des Vertrages zu erwirken, und Wilhelm von Tyrus schildert die Bestürzung der Abordnung beim Anblick des Luxus im großen Palast des Fatimiden in Kairo. Die Abgeordneten wurden durch schmale Durchgänge geführt, die von bewaffneten Äthiopiern bewacht wurden, und Wilhelm von Tyrus erzählt in seiner Geschichte, daß sie »in einen großen, geräumigen Hof geführt wurden, der zum Himmel geöffnet war und die Sonnenstrahlen frei eindringen ließ. Dort waren Wandelgänge, mit Marmorsäulen, die mit Reliefbildern bedeckt waren, mit verzierten und vergoldeten Decken und mit Böden, die aus verschiedenartigen farbigen Steinen zusammengesetzt waren. Im ganzen Umkreis herrschte eine königliche Pracht. Sowohl das Material wie die künstlerische Arbeit war so fein, daß die Augen aller, die es sahen, von der seltenen Schönheit bezaubert waren und des Anblicks nicht müde wurden. Es gab marmorne Fischbassins mit klarem Wasser; es gab Vögel verschiedener Art, die in unseren Gebieten unbekannt sind. Sie waren größer als die unsrigen, ihre Gestalt war ungewöhnlich, ihre Farben fremdartig, ihre Gesänge abweichend ... Als sie sich dem Kalifen im Inneren des Palastes näherten, erwies der Sultan seinem Herrn die übliche Verehrung, wie es der Brauch ist. Zweimal warf er sich zu Boden und zeigte, als wendete er sich an eine Gottheit, eine demütige Verehrung und eine Art kriechender Anbetung. Dann beugte er sich ein drittes Mal zur Erde hinunter und legte das Schwert nieder, das ihm um den Hals hing. Dann wurden die mit Perlen und Gold bestickten Vorhänge, die den Thron verbargen, mit erstaunlicher Geschwindigkeit beiseite gezogen, und der Kalif, mit unverschleiertem Gesicht, zeigte sich. Auf einem goldenen Thron sitzend und von einigen seiner engsten Ratgeber und Eunuchen umgeben, bot er einen mehr als königlichen Anblick.«[8] Nachdem der Wesir demütig einen Fuß des Kalifen geküßt hatte, erläuterte er ihm die Einzelheiten des Vertrages, und sein Herr hieß ihn gut, indem er, Hugos Wunsch entsprechend, aber zur großen Bestürzung der Ägypter, seine bloße Hand in die des Gesandten legte.

Ägypten geriet durch diesen außergewöhnlichen Vertrag tatsächlich zum erstenmal seit Beginn der Kreuzzüge unter eine direkte Schutzherrschaft der Kreuzfahrer. Amalrich belagerte Alexandria, wo Schīrkūh einen jungen Neffen namens Saladin als Regenten eingesetzt hatte, der der wahre Heros des Islam werden sollte. Man entschloß sich, die Stadt lieber den Ägyptern zu überlassen, als in einen Kampf mit zweifelhaftem Ausgang einzutreten. Dann zog sich Amalrich nach Kairo zurück, wo es ihm gelang, Schīrkūh zu überreden, zusammen mit ihm außer Landes zu gehen – die Franken sagen, indem er ihn einschüchterte, die arabischen Chronisten sagen, indem er ihn mit fünfzigtausend Goldstücken bestach, dieser Verabredung zuzustimmen. Schawār versprach einen jährlichen Tribut von hunderttausend Goldstücken und erlaubte dem König, einen lateinischen Vertreter mit einer Anzahl von Soldaten zur Bewachung der Stadttore in Kairo zu lassen, und dann zog er davon.

Bevor jedoch das Jahr 1168 zu Ende ging, entschloß sich Amalrich zum Treuebruch und fiel erneut in Ägypten ein, diesmal mit der Absicht, das Land endgültig zu erobern. In Bilbais, östlich vom Nildelta, metzelte er die Bevölkerung nieder und tauchte unmittelbar darauf vor den Mauern der Stadt Fustat auf, die ein wenig südlich des modernen Kairo gelegen und mehr als dreihundert Jahre lang die alte arabische Hauptstadt Ägyptens gewesen war. Die völlig überrumpelten Behörden beschlossen, die Stadt dem Feuer zu überlassen, und gleichzeitig machten sich in aller Eile Kuriere auf den Weg zu Nūr ad-Dīn, um ihn zu bewegen, Ägypten und das Kalifat vor dem Abtrünnigen zu retten. Zwanzigtausend Fässer Erdöl und zehntausend Fackeln wurden verwendet, um die schleunig geräumte Stadt in Brand zu setzen; die Feuersbrunst dauerte vierundfünfzig Tage. Die Wüste und der Schutt der ehemaligen Stadt Fustat, die sich meilenweit ausdehnen, bieten dem modernen Archäologen auf Jahre hinaus ein überaus ergiebiges Feld für Ausgrabungen. Nūr ad-Dīn willigte sofort ein und schickte seine turkmenischen Elitetruppen unter dem Oberbefehl des fähigen Schīrkūh, der wiederum von Saladin, seinem jungen Neffen, begleitet wurde. Sie kamen im Januar 1169 an, während Amalrich mit dem ständig ausweichenden Schawār noch immer wegen der Erhöhung der Goldzahlungen verhandelte. Plötzlich sah sich der lateinische König eingeschlossen zwischen den Ägyptern in der Stadt vor ihm und den aus Syrien kommenden Turkmenen im Rücken, und es blieb ihm keine andere Möglichkeit, als sich zurückzuziehen, bevor es zum Kampf kam.

Inzwischen wurde Schīrkūh vom dankbaren Kalifen zum Wesir ernannt; Schawār verlor seinen Kopf, und sein Palast wurde dem Volk zur Ausplünderung überlassen. Nach Schīrkūhs gewaltsamer Beseitigung kurze Zeit darauf (am 23. März) übernahm Saladin sein Amt. Das ungewöhnliche Bild eines schiitischen Kalifen mit einem sunnitischen Wesir verschwand am 13. Dezember 1171 auf ganz natürliche Weise durch den Tod al-Adīds, des letzten Fatimiden; Saladin wurden vom sunnitisch-abbasidischen Kalifen in Bagdad sofort alle staatlichen Vollmachten in Ägypten übertragen. So erlosch die Herrschaft der Fatimiden, und Ägypten kehrte zur religiösen Einheit des orthodoxen Islams zurück. Am 15. Mai 1174 starb auch Nūr ad-Dīn. Sein Nachfolger Saladin bestieg den Thron als Sultan des gesamten Gebietes von Mosul bis Aleppo im Norden und Ägypten im Süden. So war die politische Einheit der das Lateinische Königreich Jerusalem umschließenden Länder eine Tatsache geworden.

Die Stunde der Entscheidung kam nun schnell heran. Auf christlicher Seite starb der fähige Amalrich im selben Jahr wie Nūr ad-Dīn (am 11. Juli 1174) und hinterließ den wankenden Thron Jerusalems einem jungen kampfunfähigen Aussätzigen, Balduin IV. (1174–1185), der nun an allen Grenzen einem unbezwingbaren Riesen und einem einzigen Sultanat gegenüberstand. Das war das unglückliche Ende der zweiten Phase.

Die Kreuzzüge bis 1291 – Die dritte Phase

Diese entscheidende Phase ist die Periode der mohammedanischen Monarchie und der fränkischen Anarchie, in der das Gleichgewicht der Kräfte zum Nachteil des Königreichs Jerusalem aufgehoben wurde. Es ist das Zeitalter Saladins und seiner fähigen Nachfolger sowohl unter den Ajjubiden[9] wie unter den Mamluken,[10] denen es gelang, die lateinische Herrschaft im Heiligen Land zu beseitigen. Man darf annehmen, daß Saladin zunächst einen Zustand der Koexistenz auf Status-quo-Basis mit den Lateinern anstrebte, bis seine Position in Nordsyrien genügend gefestigt war. Zweimal, in den Jahren 1180 und 1185, schloß er mit seinem Feind einen Waffenstillstand, den er auch hielt; aber Reginald de Châtillon, Herr von Monréale, machte jeden Waffenstillstand dadurch zunichte, daß er von seinem Stützpunkt in der Wüste, dem ›Karak‹, unschuldige ägyptische Händler- und Pilgerkarawanen, die auf dem Wege nach Damaskus oder Mekka waren, aufhielt und belästigte. 1182 verfrachtete er mit Kamelen eine ausreichende Menge Holz nach dem Hafen Aila oder Elat, den er an der Bucht von Akaba innehatte, baute dort eine Flotte von fünf Galeeren und einer Anzahl kleinerer Schiffe und machte sich damit auf, um die mohammedanischen heiligen Städte Mekka und Medina zu zerstören. Er erreichte Aden und plünderte die Seehäfen von Hidschāz und Jemen. Es heißt, daß er an der Küste von Hidschāz tatsächlich an Land ging und nach einem Tagesmarsch Medina erreichte. Das Ganze war ein törichtes, romantisches, zweckloses Unternehmen, das scheitern mußte. Im Jahr 1187 ergriff Reginald aus einer der vorüberziehenden Karawanen Saladins eigene Schwester. Saladin bat den neuen König, Guido von Lusignan (1186–1187), ihn zu bestrafen, aber Guido von Lusignan konnte das nicht, selbst wenn er es gewollt hätte. Saladin legte ein Gelübde ab, daß er mit seinem eigenen Säbel Reginalds Kopf vom Körper trennen werde.

Während solche Schikanen immer mehr zunahmen, verfielen die Christen schnell in einen Zustand der Anarchie. Jeder Lehnsmann handelte in seinem Herrschaftsbereich völlig selbständig. Der Tod König Balduins des Aussätzigen rief unermeßliche Verwirrung über die Frage der Nachfolge hervor. Als schließlich Guido von Lusignan die Krone erlangte, weigerte sich Graf Raymond von Tripolis, ihn anzuerkennen, und schloß ein Bündnis mit Saladin, um dadurch seine Position gegenüber dem neuen Lehnsherrn zu stärken. Erst nach Saladins Eroberungen vom Jahre 1187 wurden ihre Streitigkeiten beigelegt. Ferner wurden die uneinigen Adligen vom Westen im Stich gelassen; es schienen keine nennenswerten Verstärkungen mehr einzutreffen, und der Tod des ihnen gewogenen Manuel Komnenos hatte 1182 in Konstantinopel ein Blutbad unter den Lateinern zur Folge. Die gewaltsame Aneignung der byzantinischen Krone durch Andronikos I. Komnenos (1183–1185) erlegte dem entkräfteten Reich den Zustand vollkommener Anarchie auf; es kam zu anhaltenden Machtkämpfen. Für den Augenblick war weder aus Europa noch aus Byzanz Hilfe zu erwarten.

In der Zwischenzeit hatte Saladin die in der islamischen Welt noch vorhandenen Risse allmählich zugestopft. Von Ägypten aus dehnte er seine Herrschaft mit Erfolg über seine alte Heimat in Nordsyrien aus. Aleppo ergab sich im Jahr 1183 und Mosul schloß sich 1185 seinem Reiche an. Die verbleibenden kleineren Fürstentümer in Mesopotamien traten 1186 auf seine Seite. Dadurch aller Schwierigkeiten mit seinen mosleminischen Glaubensgenossen enthoben, wurde er nun mit den Christen leicht fertig. In Nazareth kam es zu einem offenen Kampf zwischen seinem Heer und den Templern (am 1. Mai 1187). Die Ritter erlitten eine schwere Niederlage, und Saladin ging zur Belagerung der wichtigen Stadt Tiberias über. Das war der Anfang vom Ende, denn es führte zur Schlacht bei Hittin, in der Saladin den christlichen Streitkräften den tödlichen Stoß versetzte.

Die Lateiner hatten ihre sämtlichen Truppen zur Entlastung des belagerten

Tiberias bei der Quelle von Safurīja, wenige Meilen von der Stadt entfernt, versammelt. Trotz seiner Meinungsverschiedenheiten mit dem König hatte Raymond in vorderster Linie mit dabei zu sein, denn Tiberias lag in seiner Grafschaft und seine Frau saß eingeschlossen in der Zitadelle. Das Heer der Christen bestand aus etwa zehntausend Rittern und achtzehntausend Mann Fußvolk; sie waren alle sehr kampfeseifrig, aber es fehlte eine weitblickkende Führung. Saladin, der die Trockenheit der Wüstenebene mit ihren erloschenen vulkanischen Hügeln kannte – die Gegend war unter dem Namen ›Hörner von Hittin‹ bekannt –, befand sich zwischen den Christen und der bedrängten Stadt und tat sein Äußerstes, um sie, bevor er sie angriff, in dieses erbarmungslose Gelände zu treiben. Als Raymond trotz eigenen größten Interesses und trotz der Gefahr, die seiner Frau drohte, den Anführern den klugen Rat gab, diesen Schritt zu unterlassen, warfen ihm der König und seine impulsiven Ratgeber – wie Reginald de Châtillon – Feigheit vor und gaben den Befehl zum Aufmarsch. Es war die Zeit der ersten Julitage, mit ihrer drückenden Hitze und ihrem wolkenlosen Himmel. Das Heer schlug sein Nachtlager mitten in der Wüste auf, an einer Stelle, von der aus es kein Zurück mehr gab, und die Moslems umzingelten es völlig unerwartet und bedrängten es an allen Seiten mit ihren schnellen berittenen Bogenschützen; diese hatten es auf die Pferde abgesehen, die sie zuvor vom Fußvolk trennten, und die aus dem Sattel geworfenen gepanzerten Ritter wurden in einem wasserlosen Inferno liegengelassen.

Die Schlacht bei Hittin wurde am 4. Juli 1187 geschlagen. Die überlebenden Männer und Pferde auf der Seite der Christen waren völlig erschöpft und in der Sandwüste dem Durst preisgegeben. Ihre äußerst unangenehme Lage wurde noch verschlimmert, als Saladins Leute in der Richtung fortmarschierten, aus der der Wind kam, und die benachbarten Grasebenen in Brand setzten, damit die Christen obendrein noch durch den Rauch ersticken mußten. Die Lateiner hatten das heilige Kreuz, an dem Christus gestorben war, als ihre Standarte in die entscheidende Schlacht mitgenommen. Es war ihnen vom alten Patriarchen von Jerusalem, der in diesem Augenblick Krankheit vortäuschte, aus dem Heiligen Grabe übersandt worden. Jetzt wurde das Kreuz von den Feinden in Besitz genommen und nach Bagdad gebracht; die heiligste aller Reliquien war verloren. Ganz wenige Ritter, denen der Ernst der Lage von Anfang an klar gewesen war, wie Raymond und Balian d'Ibelin, konnten sich den Weg in die Freiheit erkämpfen. Der größte Teil des Heeres aber sowie der König und der leicht erregbare Reginald wurden gefangengenommen, und die Männer fingen an, ihre Waffen fortzuwerfen und nach Wasser zu schreien. Saladin hatte eine Meisterleistung an guter Strategie und militärischer Klugheit vollbracht, während die Christen den

Höhepunkt der Torheit erreicht hatten und dafür mit ihrem Leben teuer bezahlten. Der Sultan ließ die Templer und die Johanniter, zweihundert standhafte Ritter, sofort hinrichten. Der Kopf Reginalds von Châtillon blieb in Übereinstimmung mit Saladins Schwur dessen eigenem Säbel vorbehalten. Der König und die großen Adligen dagegen wurden großmütig behandelt; sie bekamen frisches Wasser zu trinken und wurden nach Bezahlung eines Lösegeldes freigelassen. Die übrigen wurden entweder getötet oder als Sklaven verkauft; der Sklavenmarkt war bald übersättigt, so daß die Preise einen Tiefstand erreichten.

Nun war der Weg nach Jerusalem frei. Aber Saladin wollte erst die ganze Umgegend der Hauptstadt besetzen, damit die Belagerung möglichst kurz sein würde. Tiberias kapitulierte am folgenden Tag. Akkon wurde am 9. Juli erobert, und als der September anbrach, waren die Hafenstädte Beirut, Jaffa, Askalon, Sidon und Jubail – das alte Byblos der Phönizier – eingenommen. Nun ging der Sultan sofort dazu über, die starken Burgen unter anhaltenden Beschuß zu nehmen. Er sagte sich, daß deren Schicksal infolge der Ausbreitung seiner mohammedanischen Hegemonie über die umliegenden Gebiete besiegelt war und daß ihre Besatzungen sich mit Sicherheit ergeben würden. Oft war er klug genug, den Insassen dieser befestigten Plätze persönliche Freiheit zuzusichern, wenn sie sich bereit erklärten, widerstandslos das Feld zu räumen.

Nur die Seehäfen Tyrus, Tripolis und Antiochien waren noch in den Händen der Christen, als Saladin beschloß, seine Laufbahn durch die Eroberung Jerusalems zu krönen. Nach einer kurzen Belagerung von zwölf Tagen ergab sich die Heilige Stadt am 2. Oktober. Der Hergang dieser Eroberung von 1187 stand in scharfem Gegensatz zu gnadenlosen Erstürmung durch die ersten Kreuzfahrer im Jahr 1099. Saladin hielt die Wut seiner Leute im Zaum und achtete darauf, daß es nicht zu zügellosen Übergriffen kam. Wohlhabenden Einwohnern gab er vierzig Tage Zeit, ihr Lösegeld zu zahlen und zu gehen. Gegen Zahlung mäßiger Summen ließ er auch Arme frei. Als sein Bruder sich in nobler Weise dafür verwendete, tausend Leute ohne Lösegeld freizulassen, ging er darauf ein. Er erfüllte die Bitten seiner beiden Hauptfeinde, des lateinischen Patriarchen und Balians, welche die Verteidigung der Stadt leiteten, indem er weiteren tausend die Freiheit schenkte. Ebenso handelte er, aus königlicher Großmut und ganz aus freien Stücken, mit etwa fünfzehntausend alten Leuten – eine Geste der Wohltätigkeit oder, in der Sprache der Zeit ausgedrückt, ein zum Trost seiner Seele dargebotenes Almosen. Er schützte das Heilige Grab vor Brandstiftern und erklärte, er wolle unbewaffneten christlichen Pilgern wieder Eintritt gewähren. Die lateinischen Chronisten sprechen einmütig von Saladins Ritterlichkeit,

Menschlichkeit und Großmut; die arabischen Chronisten betonen seine Frömmigkeit, Rechtschaffenheit und seinen asketischen und mystischen Charakter. Zu diesen hervorragenden Eigenschaften müssen wir noch einen unermüdlichen Fleiß und sein militärisches Genie rechnen, und dann entsteht das Bild einer unsterblichen Gestalt.

Die Nachricht von der Katastrophe, die über Jerusalem hereingebrochen war, rief in Europa allgemeine Bestürzung hervor; die drei mächtigsten Könige des Westens nahmen sogleich das Kreuz und setzten den dritten Kreuzzug in Gang. Kaiser Friedrich Barbarossa stellte ein riesiges Heer auf, mit dem er 1189 den Zug antrat; er nahm den Landweg. Nachdem er bei Ikonion die Seldschuken geschlagen hatte, erreichte er Kilikien. Als er jedoch dort am 10. Juni 1190 den Fluß Saleph überquerte, wurde er durch das Gewicht seiner Waffenrüstung hinabgezogen und ertrank. Der übriggebliebene Teil seines Heeres löste sich vor dem Erreichen des Heiligen Landes auf.

Inzwischen wurden Philipp II. August von Frankreich und Richard Löwenherz von England vom Papst überredet, ihre Meinungsverschiedenheiten zu begraben und sich zum Heiligen Krieg zusammenzutun. Philipp segelte am 30. März 1191 von Messina aus los und landete am 20. April in der Nähe von Akkon. Richard folgte ihm am 10. April, aber seine Schiffe wurden nach Zypern abgetrieben; er ging an Land, entriß die Insel einem byzantinischen Usurpator namens Isaak Komnenos und verkaufte sie den Templern, die sie zu gegebener Zeit wiederum der Familie der Lusignans verkauften. Im Juni landete Richard ebenfalls bei Akkon; angesichts der Drohung eines gemeinsamen Angriffs ergab sich die Stadt am 12. Juli. Dann kehrte Philipp nach Frankreich zurück, nachdem er sich noch ein bißchen mit Richard gezankt hatte; den größten Teil seiner Truppen jedoch ließ er im Heiligen Land zurück. So wurde Richard zum alleinigen Anführer des Kreuzzuges, und er zeichnete sich durch seine Ritterlichkeit und seine außerordentliche Tapferkeit aus. Am 3. September 1192 endlich schloß er Frieden mit Saladin; den Lateinern wurde der Besitz der Küste von Tyrus bis Jaffa bestätigt und christliche Pilger sollten freien Zutritt nach Jerusalem erhalten, das in den Händen der Mohammedaner blieb.

Die Ereignisse in England und Frankreich zwangen Richard, am 10. Oktober 1192 mit einer Gruppe von Pilgern nach Europa zurückzusegeln, nachdem ein Modus vivendi ausgemacht worden war, der sich durch eine zunehmende religiöse Toleranz zwischen den Pilgern aus dem Westen und den eingesessenen Moslems im vorderen Orient auszeichnete. (Die Geschichte von Richards Gefangenschaft in Deutschland und von seiner Befreiung gehört nicht hierher.) Im darauffolgenden Jahr (1193) zog sich der Held der Hörner von Hittin als ein fieberkranker Mann von fünfundfünfzig Jahren nach Damaskus zurück, wo er am 4. März starb, ohne die Beseitigung der letzten lateinischen Stützpunkte in Palästina erlebt zu haben.

Die Kreuzzugsidee flammte auch während des nächsten Jahrhunderts in Europa aus verschiedenen Anlässen immer wieder auf. Der Sohn Friedrich Barbarossas, Kaiser Heinrich VI. (1190–1197), wollte das durch den tragischen Tod seines Vaters unvollendet gebliebene Werk zu Ende führen. 1195 nahm er das Kreuz und stellte in Apulien, unterhalb der Apenninen, im Süden seines Kaiserreichs, ein Heer von sechzigtausend Mann und eine Flotte von vierundvierzig Galeeren auf. Dann machte er Zypern und Armenien zu Vasallenstaaten und damit zu Verbündeten im bevorstehenden Kampf. Auch der um diese Zeit entstandene Deutsche Orden wurde für Heinrich eine Stütze. Zu Beginn des Jahres 1197 waren die Vorbereitungen für den deutschen Kreuzzug abgeschlossen, und die Flotte segelte unter dem Oberbefehl des Bischofs von Würzburg zum Heiligen Land; der Kaiser sollte sich dem Heer zu einem späteren Zeitpunkt anschließen. Die Kreuzfahrer landeten in der Nähe Sidons und nahmen mit den Franken an der Eroberung Beiruts teil. Als dann aber während der Belagerung der Festung Toron (Tibnin) die Nachricht vom plötzlichen Tode des Kaisers eintraf, verloren die Soldaten den Mut; sie gaben ihre Stellung auf und kehrten nach Hause zurück. Wohl das einzige bleibende Resultat dieses mißlungenen Kreuzzuges war die Gründung des Deutschen Ordens, der eine entscheidende Rolle in der Geschichte Preußens spielen sollte.

Nach der Thronbesteigung des Papstes Innozenz III. (1198–1216) begann die kämpfende Kirche mit lauter Stimme die Wiederaufnahme des Heiligen Krieges zu fordern, und am Ende trugen die päpstlichen Verkündigungen Frucht. Der vierte Kreuzzug, den Innozenz in der ernsthaften Absicht begann, Jerusalem zurückzuerobern, lief jedoch infolge persönlicher Habgier auf einen schmachvollen Überfall auf Konstantinopel hinaus. Die drei Missetäter in dieser schändlichen Affäre waren die Venezianer, die Franzosen und die Flamen. Der erste Anstoß zur Eroberung des Oströmischen Reiches ging von Philipp von Schwaben und dessen Schützling Alexios, einem jungen Thronprätendenten, aus. Der alte blinde Doge von Venedig, Enrico Dandolo, war natürlich auch für einen Plan zu haben, durch den die Handelsprivilegien seiner Stadt im Osten in einem nie dagewesenen Maße erweitert werden würden.

Es wurde vereinbart, daß die aus Flandern und aus Marseille aufbrechenden französisch-flämischen Einheiten sich in den Lagunen der Republik von San Marco treffen würden. Im November 1202 fuhren sie auf venezianischen Galeeren los und nahmen die wichtige adriatische Hafenstadt Zara ein, bevor sie nach Konstantinopel aufbrachen. Simon de Montfort und manche anderen angeekelten Kreuzfahrer zogen sich aus Protest von der Unternehmung zurück und steuerten schnurstracks auf Akkon im Heiligen Land los; die Mehrzahl jedoch, etwa zwanzigtausend Mann, die gleichmäßig auf Venezianer und Franko-Flamen verteilt waren, segelten in Richtung Bosporus. Der Angriff auf die Hauptstadt war alles andere als leicht, endete aber schließlich mit dem Zusammenbruch des geschwächten griechischen Reiches. Nachdem sie ihren eigenen Schattenkaiser eingesetzt hatten, der während einer kurzen Periode äußerster Verwirrung sofort von seinen Untertanen ermordet wurde, entschieden sich die Kreuzfahrer für einen lateinischen Ersatzmann in der Person Balduins von Flandern, und die große Stadt wurde drei Tage lang offiziell zur Plünderung freigegeben.

Die Ausplünderung der zivilisiertesten Stadt der Christenheit, bis dahin das östliche Bollwerk Europas, war etwas Unerhörtes. »Seit der Erschaffung der Welt«, so schreibt Villehardouin, der zeitgenössische französische Augenzeuge und Chronist des Ereignisses, »ist noch in keiner Stadt so viel Beute gemacht worden!«[11] Zerstörungen und Verwüstungen waren an der Tagesordnung. Räuberische Fürsten ebenso wie lateinische Geistliche und Ordensangehörige nahmen, was sie kriegen konnten. Kunstwerke und kostbare Manuskripte wurden gestohlen oder zerstört. Die seltensten Schriftrollen und Codices eines Aristoteles oder Demosthenes wurden für einen lächerlichen Betrag verkauft. Paläste wurden ihrer wertvollsten Schätze beraubt, Kirchen ihrer heiligen Reliquien, ihrer goldenen und silbernen Kelche und Kreuze und ihres gesamten Schmuckes. Die Schiffe wurden vollgepackt mit allerlei prachtvollen Gegenständen, mit Pelzen von einmaliger Schönheit. Die vier großartigen Bronzepferde über dem Eingang der Markuskirche in Venedig wurden von der byzantinischen Reitbahn gestohlen – bleibende Monumente einer der größten Räubereien der Geschichte. Der Altar der Hagia Sophia, mit kostbaren Gegenständen beladen, wurde weggerafft. Schließlich gingen die Kreuzeskrieger zu offener Schändung und Unzucht über, und ihre Gewalttätigkeit machte auch vor alten Frauen und vor gottgeweihten Jungfrauen nicht mehr halt. Niketas Choniates, ein griechischer Augenzeuge und Annalist dieser schmutzigen Vorfälle, beweinte das Los der Stadt in herzzerreißenden Wehklagen: »O Stadt, Auge aller Städte, Gegenstand von Erzählungen in der ganzen Welt, wunderbares Schauspiel für die ganze Welt, Beschützerin der Kirchen, Hüterin des Glaubens, der Rechtgläubigkeit, der Erziehung, Stätte alles Guten! Du hast den Becher des göttlichen Zorns bis zur Neige geleert, du bist von einem Feuer heimgesucht worden, furchtbarer als das einst über die fünf Städte herabgekommene.«[12]

In solch unbeschreiblicher Weise wurde das Byzantinische Kaiserreich bis zum Jahr 1261 durch das Lateinische Kaisertum in Konstantinopel verdrängt. Im Teilungsvertrag wurde der Kaiserthron mit fünf Achteln der Stadt Balduin zugesprochen, während das neue lateinische Patriarchat mit den übrigen drei Achteln einschließlich der Hagia Sophia an Venedig kam. Thomas Morosini war der erste venezianische Patriarch. Thrazien und das Küstengebiet am Hellespont sowie der größte Teil der ägäischen Inseln wurden den franko-flämischen Feudalherren gegeben, während die Handelsplätze in Thrazien und am Adriatischen Meer sowie der Dodekanes und die Ionischen Inseln, der Peloponnes und Kreta venezianisch wurden. So erfolgte die Aufteilung bei einer der größten Räubereien in der Geschichte der Menschheit, und Innozenz blieb bei all seiner Wut über das Ausarten des als Kampf gegen die Moslems geplanten Kreuzzugs zu einem rücksichtslosen Überfall auf ein christliches Territorium nichts anderes übrig, als die vollendete Tatsache hinzunehmen. Obwohl der Papst durch die gewaltsame Romanisierung der Griechen ein wenig besänftigt wurde, bereitete die vorübergehende Besetzung des Landes in Wirklichkeit nur der zweihundert Jahre später erfolgten türkischen Eroberung den Weg, und außerdem wurde die Kluft, welche die Christen im Osten vom Westen trennte, tiefer als je zuvor.

Innozenz III. wollte den Schandfleck des vierten Kreuzzuges dadurch tilgen, daß er die Gemüter der Christen von der Notwendigkeit überzeugte, die heiligen Plätze zurückzugewinnen und das mohammedanische Reich im Osten zu bekämpfen. Die Reaktion auf den päpstlichen Aufruf erfolgte in Westeuropa diesmal nicht so sehr bei regulären Truppen, sondern bei den Kindern. In gewissem Sinne war dies ein Vorspiel zum fünften Kreuzzug, der ebenfalls einen ganz besonderen Charakter hatte, obwohl keiner der beiden Kreuzzüge den Vorstellungen des Heiligen Vaters zu entsprechen schien. Der Kinderkreuzzug vom Jahr 1212 war eine der großen Tragödien des Zeitalters. Er wurde von einem zwölfjährigen Jungen mit dem Namen Stephan gepredigt, der mit einem angeblich von Jesus stammenden Brief, der zum Heiligen Kriege unter der Führung von Kindern aufforderte, am Hofe Philipp Augusts erschien. In einem leichtgläubigen Zeitalter, da Unwissenheit Aberglauben nach sich zog, konnte auch die argwöhnische Zurückhaltung des klugen Königs nicht eine Bewegung aufhalten, von der die Massen sich angesprochen fühlten. Es heißt, daß ungefähr dreißigtausend Kinder, darunter eine Anzahl adliger Herkunft, am Kreuzzug teilnahmen und dem neuen Eremiten Peter nach Marseille folgten, wo sie erwarteten, daß durch ein Wunder sich die Fluten vor ihnen teilen würden.

Das französische Aufgebot fand sein Gegenstück bald in Deutschland, wo ein anderer, aus Köln stammender Junge namens Nikolaus ebenfalls einen Schwarm von Kindern anzog. Die Deutschen zogen in zwei Gruppen über die Alpen nach Genua und Brindisi, wobei sie auch durch Rom kamen; nur wenige ließen sich jedoch durch den Papst von der Fortsetzung der Reise abbringen. Viele kamen unterwegs um, andere trieben sich in den Dörfern herum, die übrigen standen am Ufer und warteten auf die wunderbare Teilung des Wassers, die ihnen den Weg ins ferne Land öffnen würde. Als dies nicht geschah, boten zwei Männer aus Marseille mit den Namen Hugo der Eiserne und Wilhelm das Schwein ihnen freie Überfahrt ins Heilige Land an; sie brachten die Kinder nach Nordafrika und Ägypten und verkauften sie den Sklavenhändlern. Die Geschichte soll im Jahr 1230 von einem jungen Priester bestätigt worden sein, der Stephan begleitet hatte und nach mehreren Jahren Sklavenarbeit in Ägypten seine Freiheit zurückerhielt und wieder in seine Heimat kam. Die Deutschen machten weniger Schweres durch, da viele von ihnen von Genua und anderen italienischen Kommunen und Hafenstädten aufgesogen wurden, während einige wenige nach Hause zurückfanden und einige sogar Palästina erreichen konnten.

Die Ursprünge des nächsten Kreuzzuges reichen bis zur Krönung Friedrichs II. am 25. Juli 1215 in Aachen zurück. Der neue Kaiser des Heiligen Römischen Reiches nahm bei dieser Gelegenheit ganz aus freiem Entschluß das Kreuz. In seiner Jugend hatte er wohl davon geträumt, in einer universalen Sache als Führer der gesamten Christenheit aufzutreten. Es ergab sich aber, daß er die Verwirklichung seines Gelübdes hinauszögerte. Papst Innozenz III. hatte aber auf dem Laterankonzil, das im November des gleichen Jahres stattfand, den Anfang des Jahres 1217 als Zeitpunkt, an dem der Kreuzzug beginnen sollte, festgesetzt. Widerhall fand sein Aufruf nicht beim Kaiser, sondern bei drei kleineren Herrschern, König Andreas von Ungarn, König Hugo von Lusignan von Zypern und König Jean de Brienne von Jerusalem. Im Laufe des Jahres 1217 unternahmen ihre vereinten, aber doch recht schwachen Streitkräfte eine Anzahl unbedeutender und erfolgloser Vorstöße vom christlichen Stützpunkt Akkon aus in das Jordantal. Danach zog sich Andreas nach Ungarn zurück; Hugo starb. Jean blieb dort mit einigen Deutschen, bis eine Flotte mit Friesen Verstärkung brachte; da erklärte er, daß der Schlüssel der Stadt Jerusalem in Kairo und nicht im Heiligen Lande liege. Also beschloß man, sich für einen ägyptischen Kreuzzug einzuschiffen. Man ging bei Damiette vor Anker und belagerte die Stadt vom Mai des Jahres 1218 bis zum Tag der Übergabe am 5. November 1219. Die Nachricht dieses Triumphes lockte weitere Verstärkungen herbei; sie trafen unter dem Oberbefehl des spanischen Kardinals Pelagius von Albano ein, der ein inspirierter, aber hochmütiger und eigensinniger Prälat war.

Sultan al-Kāmil Muhammad (1218–1238) übernahm die Aufgabe der Verteidigung Ägyptens von seinem Vater al-Ādel Saif ad-Dīn Abū Bakr, der den früheren Kreuzfahrern besser bekannt war unter dem Namen Saphadin; er war ein Bruder Saladins, dessen vereinigtes Reich nun geteilt wurde. Al-Kāmils Bruder al-Mu'azzam (1218–1227) führte in Damaskus eine unsichere Herrschaft; keiner von beiden reichte an das Format seines Vorgängers heran. Al-Kāmil, der Sultan von Ägypten, machte das wahrhaft unglaubliche Angebot, den Kreuzfahrern Jerusalem sowie die ursprünglich (vor 1187) in fränkischem Besitz gewesenen Gebiete des Heiligen Landes gegen die Rückgabe Damiettes und Friedensschluß abzutreten. Jean de Brienne war dafür, anzunehmen, aber Pelagius bestand darauf, die Eroberung Ägyptens zu vollenden und den Kampf bis zum Eintreffen des Heeres Friedrichs II. fortzusetzen. Im Jahr 1221 betraten die Kreuzfahrer das Nildeltagebiet. Es war im Hochsommer, heiß und feucht, und die alljährlich eintretende Überschwemmung ließ das Nilwasser rasch ansteigen. Die Ägypter durchstachen die Dämme aller Kanäle, und die Eindringlinge sahen sich inmitten eines ausgedehnten Sees, während der Feind in der Ferne auf der Lauer lag. Außerdem war weit und breit keine kaiserliche Hilfe zu sehen. Das Unternehmen scheiterte kläglich, und Pelagius sah sich gezwungen, al-Kāmils neue Bedingungen – freies Geleit und Räumung Damiettes – anzunehmen.

Im Verlauf dieser Unternehmung geschah es, daß der Bettelmönch Franz von Assisi, der die Kreuzfahrer begleitete, von Pelagius die Erlaubnis erwirkte, mit einer Friedensfahne in der Hand über die Schlachtlinie hinweg ins Lager des Sultans bei Fariskur am Manzala-See zu gehen, um zu versuchen, den Sultan zum Christentum zu bekehren. Der verblüffte Sultan hörte sich die Argumente des Besuchers an; er hielt ihn für verrückt und befahl, ihn unbehelligt zur christlichen Seite zurückkehren zu lassen.

Die neue friedliche Entwicklung erwuchs nicht aus dem Missionsversuch des heiligen Franziskus, sondern aus einem ungewöhnlichen Kreuzzug von völlig neuartigem Charakter, der von dem rätselhaften ›ungläubigen Kaiser‹, von Friedrich II. (1211–1250), veranstaltet wurde. Er ist eine der meistumstrittenen Gestalten jener Zeit; er war der Inbegriff der Renaissance des zwölften Jahrhunderts – geschmeidig, tolerant, ein großer Freund der Wissenschaften, mit dem Griechischen, dem Hebräischen und dem Arabischen vertraut, ein wahrer ›stupor mundi‹, wie man ihn nannte. Auf der anderen Seite bezeichnete man ihn auch als autokratisch, skrupellos, sinnlich, ja sogar als Atheisten, dem man die Behauptung in die Schuhe schob, die Welt sei von drei großen Betrügern, Moses, Christus und Mohammed, zum Narren gehalten worden – eine Beschuldigung, die allerdings kaum auf ihn zutreffen dürfte. Er zog den Zorn des Papstes auf sich, so daß er exkommuniziert wurde. Sein Hof war erfüllt von der aufgeklärten arabischen Philosophie, und er verstand sich ausgezeichnet mit den Mohammedanern.

Was immer seine Untugenden gewesen sein mögen, seine Tugenden schlugen Friedrich II. in einem Zeitalter blindgläubiger Kriegslust zum Nachteil aus. Er unternahm einen Spezialkreuzzug auf eigene Faust und der Kirche zum Trotz; man zählt ihn meistens als den fünften Kreuzzug. Anfänglich hatte Friedrich anscheinend im Ernst vor, schon im Jahr 1227 mit einem Heer ins Heilige Land zu fahren, aber es ist nicht klar, ob er dieses Heer wirklich zum Kämpfen benutzen wollte, oder nur, um diplomatischen Druck auszuüben. Jedenfalls erging es diesem Heer schlecht; Friedrich selber wurde krank und bat den Papst um Aufschub. Gregor IX. (1227–1241), der sich an die traditionelle, Friedrich feindlich gesinnte Politik der Päpste hielt, lehnte jede Verzögerung, gleichgültig aus welchem Grunde sie erfolgte, ab. Somit blieb Friedrich, der unter päpstlichem Bann stand und daher als abgesetzt galt, keine Wahl; als Regent für seinen unmündigen Sohn Konrad schiffte er sich auf einer kleinen Flotte, die hauptsächlich mit mohammedanischen Matrosen aus Sizilien und einer kleinen Anzahl eigener Gefolgsleute bemannt war, zu einer friedlichen, aber atemberaubenden Überfahrt ein. Über Zypern erreichte er Akkon und operierte unter widrigsten Verhältnissen. Vom lateinischen Patriarchen nicht anerkannt, folgte er dem Sultan von einem Ort zum anderen, handelnd und feilschend um einen Vertrag für die Befreiung Jerusalems. Die Gesandten des Sultans waren von seiner Kenntnis der arabischen Sprache und Kultur beeindruckt, und schließlich willigte al-Kāmil am 11. Februar 1229 in die Bedingungen eines großmütigen Vertrages ein. Zur Erinnerung an diesen diplomatischen Triumph erhob Friedrich den Hauptabgeordneten des Sultans, einen gewissen Fakr ad-Dīn, in den Ritterstand.

Die drei heiligen Städte Jerusalem, Bethlehem und Nazareth wurden den Christen zurückgegeben, ebenso Toron (Tibnin) in Galiläa, Lydda, Sidon und ein paar andere Orte, die einen Korridor von der phönizischen Küste ins Landesinnere bildeten, um christlichen Pilgern den freien Durchgang zu ermöglichen. Die Felsenmoschee und andere mohammedanische Heiligtümer blieben unter moslemischer Obhut. Der Kaiser versprach, für immer auf die Unterstützung bewaffneter Kreuzzüge gegen Ägypten zu verzichten, und es wurde ein Waffenstillstand für die Dauer von zehn Jahren nach christlicher Zeitrechnung (was zehn Hedschra-Jahren zusätzlich einiger Monate entsprach) festgesetzt. Das war die diplomatische Meisterleistung eines Mannes, der die Seele seines Gegners kannte. Friedrich hielt am 18. März seinen glorreichen Einzug in Jerusalem und setzte sich in der Kirche des Heiligen Grabes mit seinen eigenen Händen die Krone des Lateinischen Königreiches aufs Haupt, da es keinen Geistlichen gab, der dieses Amt für einen exkommunizierten Renegaten ausüben konnte. Außerdem verhängte der Erzbischof von Cäsarea im Namen des lateinischen Patriarchen von Jerusalem ein Interdikt über die Stadt, die dadurch natürlich von Kreuzfahrern und Pilgern nicht mehr aufgesucht wurde; und der wirkliche Held des Tages war gezwungen, schleunigst die Rückreise anzutreten, um sein eigenes Königreich in Italien zu verteidigen, das von einem päpstlichen Heer unter Jean de Brienne überfallen worden war. Das war die Ironie des Schicksals.

Offenbar wollten die Päpste Jerusalem nur auf dem Wege gewaltsamer Eroberung und mit Blutvergießen gewinnen. Die folgenden zwanzig Jahre waren gekennzeichnet durch Lokalkriege zwischen den kaiserlichen Verwaltern und den ortsansässigen fränkischen Lehnsmännern. Die Templer und die Johanniter bezogen dabei meistens entgegengesetzte Positionen, während die italienischen Kommunen um nichts ängstlicher besorgt waren als um ihre eigenen Handelsinteressen in den Hafenstützpunkten. Das lateinische Schattenkönigreich konnte sich nur halten dank der Bruderstreitigkeiten unter den Mohammedanern. Die letzte Phase der Ajjubidenherrschaft ähnelt ein wenig der Zeit unmittelbar vor dem ersten Kreuzzug. Die Lateiner taten sich mit den lokalen damaszenischen Häuptlingen gegen Ägypten zusammen, und der ajjubidische Sultan rief die choresmischen Türken zu Hilfe. Die Moslems nahmen Jerusalem im August 1244 ein, und im darauffolgenden Jahr war der größte Teil Palästinas ebenfalls wieder in ihrem Besitz.

Der zweite Verlust Jerusalems veranlaßte den König von Frankreich, Ludwig IX., den Heiligen (1226–1270), einen neuen Kreuzzug gegen Ägypten zu beginnen. Damiette ergab sich im Oktober 1249. Daraufhin richtete sich der Feldzug gegen Kairo, wo die gleiche Strategie versucht wurde; aber der Ausgang des Unternehmens war schrecklich. Der Vormarsch wurde bei Mansura aufgehalten; hier wurden die Kreuzfahrer geschlagen, und der König wurde mit den meisten seiner Edelleute gefangengenommen, nachdem im Februar 1250 das entscheidende Gefecht stattgefunden hatte. Die Geschichte dieser bewegenden Ereignisse ist in allen Einzelheiten von einem Augenzeugen glänzend dargestellt worden: von Joinville, dem Hofhistoriographen, dessen Werk als die erste große Chronik in der französischen Volkssprache angesehen wird. Während der König in Gefangenschaft saß, begann man über die Bedingungen für seine Freilassung zu verhandeln. Damiette sollte sofort geräumt werden, und die Höhe des Lösegeldes wurde auf eine halbe Million Livres tournois festgesetzt. Anfang Mai segelten die Überlebenden mit dem König nach Akkon, nachdem sie alle Gelder, die sie – insbesondere von den reichen Templern – auftreiben konnten, den Siegern übergeben hatten. Ludwig blieb fast vier Jahre im Heiligen Land, wo   versuchte, ein wenig von den Schäden wiedergutzumachen, die den orientalischen Christen durch seine Niederlage in Ägypten erwachsen waren. Es gelang ihm, die Stellung der innerlich uneinigen Franken in ihren kargen Besitztümern zu festigen, und er schloß ein Bündnis mit den Assassinen[13] in ihren libanesischen Befestigungen. Im April 1254 segelte er dann nach Frankreich zurück. Aber der König fand keine Ruhe, bis er einen neuen Kreuzzug nach Nordafrika unternahm; hier, in der Nähe von Tunis, ist er am 25. August des Jahres 1270 mit den Worten »Jerusalem! Jerusalem!« auf den Lippen gestorben.

Zu dieser Zeit fanden noch zwei weitere unbedeutende Kreuzzüge von kurzer Dauer statt. Der eine wurde von den Bastarden von Aragon im Jahr 1269, der zweite vom Prinzen Eduard von England im Jahr 1271 unternommen. Im ganzen gesehen vollzog sich im dreizehnten Jahrhundert eine radikale Wandlung des Sinnes und des Geistes der Kreuzzüge. Die Eroberung Konstantinopels (1204), der Albigenserkreuzzug (1208), die zahlreichen Unternehmungen in Europa zunächst gegen Schismatiker, dann gegen Häretiker, dann gegen aufrührerische Christen, die sich die Päpste zu Feinden gemacht hatten – all diese Dinge trugen dazu bei, daß die Grundkonzeption der ursprünglichen Kreuzzugsidee sich änderte. Während dies alles geschah, zeichnete sich der mohammedanische Osten durch wachsende innere Schwungkraft und ständigen Gebietszuwachs aus. Als die Herrschaft der Ajjubiden im Jahr 1250 mit der Ermordung Turanschahs zu Ende ging, fanden sie in dem starken Geschlecht der mamlukischen Sultane, die ihren früheren Herren als Sklavenleibwache gedient hatten, ihre Nachfolger. Ajbak (1250–1257), der erste Mamluk, verhandelte mit Ludwig IX. Einer seiner Nachfolger, Kutuz (1259–1260), war Zeuge der Niederlage der unbesiegbaren Mongolen unter Hulagu in der Schlacht bei Ayn Jalut im Jahr 1260. Der Held in dieser entscheidenden Schlacht war Baibars (1260–1277), der seinen Herrn ermordete und selber den Thron bestieg. Die Mamluken gewannen dann einer nach dem anderen immer mehr Gebiete von den Franken zurück, bis schließlich al-Aschraf Chalīl (1290–1293) im Mai 1291 Akkon einnahm. Bis 1292 ergaben sich alle noch übriggebliebenen christlichen Vorposten, darunter Tyrus, Sidon und Beirut, und die Königskrone von Jerusalem wurde von Akkon über das Meer zur Insel Zypern gebracht.

DIE KREUZZÜGE IM SPÄTEN MITTELALTER

Einleitung

Wie schon früher bemerkt, ist die Kreuzzugsgeschichtsschreibung in letzter Zeit erheblichen Wandlungen und Korrekturen ausgesetzt gewesen. Alte Auffassungen haben neuen Schulmeinungen Platz gemacht. Bis vor zwanzig oder dreißig Jahren war die Dauer der Kreuzzugsbewegung für die Historiker identisch mit der Lebensdauer des Lateinischen Königreichs Jerusalem auf dem asiatischen Festland. Der Heilige Krieg wurde, so sagte man, durch die denkwürdige Rede Urbans II. in Clermont-Ferrand im Jahr 1095 entfacht und durch den tragischen Auszug der Franken aus Palästina in den Jahren 1291/1292 beendet. Diese kataklysmische Betrachtungsweise der Kreuzzugsbewegung hat sich durch die Ergebnisse einer wachsenden Anzahl von Untersuchungen auf diesem Gebiet als unhaltbar erwiesen. Das vorliegende Kapitel stellt einen Versuch dar, den Verlauf der Bewegung nach der Eroberung Akkons an der Küste Syriens durch die Ägypter gegen Ende des dreizehnten Jahrhunderts zu skizzieren. Ungeachtet eines offensichtlichen Wandels in den Grundmotiven steht die Fortdauer der Kreuzzugsbewegung im Spätmittelalter, wie schon ein oberflächlicher Überblick über die Ereignisse zeigen wird, ganz und gar außer Frage. Genaugenommen ist das vierzehnte Jahrhundert das Zeitalter der späteren Kreuzzüge im eigentlichen Sinne. Danach, im Laufe des fünfzehnten Jahrhunderts, begannen die Kreuzzüge an Bedeutung zu verlieren und endeten schließlich als eine hoffnungslose Angelegenheit, mit deren Chancen, noch einmal wieder aufzuleben, es endgültig vorbei war.

In der ersten Hälfte des vierzehnten Jahrhunderts, oder besser gesagt ungefähr zwischen 1292 und 1344, wimmelt es von Schriften, die für eine Wiederaufnahme der Kreuzzüge Propaganda machen. Die zweite Hälfte des Jahrhunderts, der Zeitraum von 1344 bis 1396, ist eine Periode fortgesetzter Kreuzzugsunternehmungen im Osten. Das ganze Jahrhundert ist gekennzeichnet durch eine Anzahl von sehr großen Veränderungen im Verlauf der geographischen Grenzen des Kreuzzugsgebietes. Bisher war der Heilige Krieg auf die Gebiete des Vorderen Orients beschränkt geblieben. Im späten Mittelalter dehnte er sich nach fast allen Richtungen bis in weit entfernte Gegenden aus. Obwohl es der Bewegung des vierzehnten Jahrhunderts an der Kraft und Kühnheit der ersten Kreuzfahrer fehlte, deren sensationelle

Erfolge sie ebenfalls nicht aufweisen konnte, so hinterließ sie durch die aufsehenerregende Erschließung des Weges nach Kathai (China) in Ostasien doch ihre tiefgreifenden Spuren. Die abenteuerlichen Erkundungsfahrten der lateinischen Missionare an den Hof des mongolischen Königreichs von Chān Balīk[1] hatten eine Revolution des geographischen Wissens im Mittelalter zur Folge. Der Gedanke einer Zusammenarbeit mit den Mongolen nach ihrer Bekehrung zum Christentum im Kampf gegen die mamlukischen Sultane Ägyptens und Syriens ist manchmal als ›mongolischer‹ oder ›tatarischer Kreuzzug‹ bezeichnet worden. Er spielte in der Propagandaliteratur dieser Zeit eine hervorragende Rolle, und Päpste wie Könige sind für die Idee eingetreten. Die Erweiterung der alten Weltkarte war in einem gewissen Sinne ein Nebenergebnis der späteren Kreuzzüge.

Obwohl das eigentliche Ziel der ganzen Bewegung nach wie vor die Eroberung des Heiligen Landes bildete, haben die Kreuzfahrer des vierzehnten Jahrhunderts dieses Ziel auf Umwegen zu erreichen versucht, und zwar, indem sie andere, offenbar wichtigere Zentren des mohammedanischen Reiches angriffen oder verwüsteten; sie dachten, es sei besser, zuerst diese zu schwächen und von ihren Verpflegungsquellen abzuschneiden und erst danach einen ernsthaften Landungsversuch in Palästina zu machen. Wir werden sehen, daß die neuen Kreuzzüge statt gegen die heiligen Stätten vielmehr gegen Anatolien, Ägypten, Nordafrika und den Balkan gerichtet waren.

Ereignisse wie die Eroberung Akkons durch die Moslems im Jahr 1291, der vorhergegangene Fall Jerusalems im Jahr 1187, und später, 1453, der Zusammenbruch Konstantinopels, solche Ereignisse riefen den Europäern immer wieder in grausamer Weise die traurigen Zustände, die im Osten herrschten, in Erinnerung. Das taten auch die wandernden oder ›bettelnden‹ Könige aus Ländern des Nahen Ostens. Peter I. von Lusignan, von seinem Kanzler Philippe de Mézières ›athleta Christi‹ genannt, verbrachte ungefähr drei Jahre (1362–1365) damit, durch den europäischen Kontinent von Hof zu Hof zu ziehen und um Hilfe für seine Kriegsprojekte zu bitten. König Leo VI. von Armenien, ein unglücklicher Flüchtling ohne Krone, starb im Jahr 1393 kinderlos in Paris. Zwischen 1399 und 1401 unternahm der byzantinische Kaiser Manuel II. Palaiologos eine Reise durch Westeuropa, um den Papst und die starken Monarchen Frankreichs und Englands um wirksame Hilfe für seine Stadt zu bitten, die schon seit langem von einer Reihe von ottomanischen Belagerungen und Überfällen heimgesucht wurde. Sogar nach dem Untergang des Oströmischen Reiches und dem Fall der großen Stadt suchte ein gewisser Thomas Palaiologos, der noch Ansprüche auf den kaiserlichen Thron erhob, in Rom im Jahr 1461 Zuflucht. Die Kreuzzüge waren aber im Laufe des fünfzehnten Jahrhunderts von einer offensiven eher zu einer defensiven Bewegung geworden.

Kreuzzugspropagandisten und -missionare im 14. Jahrhundert

Das vierzehnte Jahrhundert war das eigentliche Zeitalter der Kreuzzugspropaganda, besonders die ersten Jahrzehnte. Es handelte sich dabei um die natürliche Reaktion des europäischen Bewußtseins auf die Situation in der Levante, die zusehends verzweifelter wurde. Das Scheitern der Kreuzfahrer bei ihrem Versuch, das Lateinische Königreich Jerusalem zu retten, und bei ihrer Verteidigung der Stadt Akkon war eine der schmerzlichsten Tatsachen des Zeitalters; Europa mußte nach den Gründen für seine Niederlagen gegen den Islam suchen. Dies erklärt den Schwall von propagandistischem Schrifttum, der für diese Zeit typisch ist. Es scheint in der Tat, daß die Verteidiger der Kreuzzugsidee aus allen Klassen der mittelalterlichen Gesellschaft stammten; es finden sich Päpste darunter, Könige, Männer des Schwertes und Männer der Feder, Diener des Staates und der Religion sowie ein endloser Strom von Pilgern, die aus der Heiligen Stadt zurückkehrten und die glutvollsten Geschichten aus dem Osten zu erzählen wußten. Theoretiker machten sich nicht nur Gedanken über die Rückeroberung der Geburtsstätte Christi, sondern auch darüber, welches die wirksamste Methode wäre, sie nach der Wiedereinsetzung des Königreichs Jerusalem in den Händen der Christen zu halten.

Ein gewisser Taddeo von Neapel, der die Katastrophe von Akkon im Jahr 1291 miterlebt hatte, machte den Anfang mit einem Traktat, den er ›Hystoria‹ nannte und in dem er das Schicksal dieses letzten Bollwerks der lateinischen Christenheit an der Küste Palästinas darstellte. Sein Ruf nach Vereinigung aller Fürsten der katholischen Christenheit unter der Führung der kämpfenden Kirche zur Rettung ›unseres Erbes‹ stand in voller Übereinstimmung mit den offiziellen päpstlichen Anschauungen. Nikolaus IV. (1288–1292), sein Zeitgenosse, plante in der Tat ein ›passagium generale‹ zusammen mit Karl II. von Anjou (gestorben 1309), dessen Interesse für diesen Plan noch vergrößert wurde durch seine Ansprüche auf die Krone des Lateinischen Königreichs Jerusalem. Schon vor dem Fall Akkons gab ein Franziskaner namens Fidenzio von Padua in einem Werk mit dem Titel ›Liber recuperationis Terre sancte‹ Papst Nikolaus Ratschläge über die Einzelheiten und über den Verlauf des geplanten Unternehmens. Die Schifffahrtsblockade des mohammedanischen Reiches, das Problem der militärischen Stützpunkte in Armenien und Syrien, der See- und der Landstreitkräfte, der nach Osten führenden Wege sowie andere wichtige Fragen wurden hier erörtert – jedoch alles in der Annahme, daß Akkon noch in den Händen der Christen sei, was den Wert dieser Ratschläge natürlich in mancher Hinsicht beeinträchtigte. Jedenfalls aber sah das Pontifikat Nikolaus' IV. eine neue Phase literarischer und diplomatischer Kreuzzugspropaganda entstehen.

Die Menge solcher Literatur, die in dieser Zeit entstand, ist in ihren quantitativen Ausmaßen verwirrend, so daß wir uns auf die Beschreibung einiger ihrer repräsentativen Zeugnisse beschränken müssen. Die wohl neuartigste Behandlung dieses Gegenstandes war diejenige des Katalanen Raimundus Lullus, der 1232 geboren und 1315 oder 1316 von wütenden Moslems an der nordafrikanischen Küste gesteinigt wurde. Lullus war eine der hervorragendsten Erscheinungen nicht nur seines Zeitalters, sondern überhaupt. Er war Dichter, Philosoph, Verfasser von (wenigstens) ein paar hundert Büchern, Schöpfer eines neuen philosophischen Systems, das auf der Einheit des Wissens beruhte, wie er sie in seinem Werk ›Arbor scientiae‹ dargelegt hatte, und außerdem war er einer der ersten Orientalisten; er beherrschte die arabische Sprache und schrieb sogar arabische Gedichte. Er begann seine Laufbahn mit der Befürwortung eines neuen Kreuzzugsplanes in seinem ›Liber de fine‹, aber bald ging ihm auf, daß es sinnvoller sein könnte zu versuchen, die Mohammedaner zum Christentum zu bekehren, ihre Seelen dadurch vor der ewigen Verdammnis zu bewahren und schließlich das Heilige Land und die gesamte islamische Welt ohne Gewalt und Blutvergießen in den Schoß der wahren Kirche zurückzuführen. Das Studium der arabischen und islamischen Theologie war deshalb für ihn ein Mittel zur Predigung des Christentums; er war der erste Apostel der Missionsarbeit unter den Mohammedanern. Dreimal fuhr er mit diesem gefährlichen Ziel vor Augen über das Mittelmeer nach Nordafrika. Auf der ersten Reise führte er mit einem gewissen ibn 'Ammār, Großmufti von Tunis, Streitgespräche, die er in seinem Traktat ›Disputatio Raymundi Christiani et Hamar Sarraceni‹ wiedergab. Auf der zweiten wurde er von den tunesischen Behörden sofort gefangengenommen und hinter Gitter gesetzt, bis der mohammedanische Regent Nachsicht übte und ihn des Landes verwies. Auf der dritten Reise gewann er die Märtyrerkrone, nach der er so verlangt hatte; im Alter von zweiundachtzig Jahren wurde er in der Nähe des algerischen Hafens Bugia (arabisch: Bijāja) vom unnachsichtigen Pöbel gesteinigt. Genuesische Seeleute brachten seinen Leichnam fort, der in der Kathedrale seiner Heimatstadt Las Palmas auf der Insel Mallorca beigesetzt wurde.

Der alte Kreuzzugsgeist wurde zur selben Zeit am französischen Königshof genährt, wo Philipp IV. (1285–1314), nachdem er Papst Bonifaz VIII. (1294–1303) in Rom gedemütigt und das Papsttum in seinen Herrschaftsbereich nach Avignon verpflanzt hatte, den Plan ins Auge faßte, die französische Hegemonie über den größten Teil der Welt auszudehnen. Unter anderem wollte er einen seiner Söhne zum Haupt eines neuen Ostreiches machen, das Byzanz, das Heilige Land und das mamlukische Sultanat von Ägypten umfassen sollte. Offenbar hielt er sich selbst für den rechtmäßigen Erben der universalen Führerrolle des Papsttums und die Kreuzzüge daher für die Grundlage seiner Außenpolitik. Ganz folgerichtig wurde sein Hof dadurch zu einem Zufluchtsort für Leute, die ihren Vorteil darin sahen, die vom König gehegten Absichten mit interessanten propagandistischen Dokumenten zu stützen. Bemerkenswert unter ihnen waren zwei berühmte französische Juristen, nämlich Pierre Dubois und Wilhelm von Nogaret. Auch hervorragende Männer der Tat wie Jakob von Molay, Großmeister der Templer, Fulco von Villaret, Großmeister der Johanniter, Heinrich II. von Lusignan, lateinischer König von Zypern, und Benito Zaccharia, der genuesische Admiral der französischen Seestreitkräfte, taten sich zusammen bei der Ausführung der Pläne des französischen Monarchen.

Die an seinem Hof vorherrschenden Ideen werden am besten in dem bemerkenswerten Traktat ›De recuperatione Terre sancte‹ von Dubois wiedergegeben. Dubois, der einer der hervorragendsten Schriftsteller des Mittelalters war, arbeitete eine Anzahl von Regeln für die Universalherrschaft aus, wobei sein herrischer Gebieter die zentrale Gestalt mit der höchsten Autorität war. Politische Zwietracht unter den Fürsten des Westens sollte ausgemerzt werden, und zwar wenn möglich durch gutes Zureden, notfalls aber mit Gewalt. Ein aus drei hohen Geistlichen und drei Laien bestehendes europäisches Tribunal sollte ein internationales Schiedsgericht bilden, das gegen widerspenstige Staaten notfalls mit wirtschaftlichen Zwangsmaßnahmen vorgehen konnte. Das Recht, beim Papst Einspruch zu erheben, sollte gewahrt werden, aber die Päpste sollten sich weiterhin in Frankreich, innerhalb der Einflußsphäre des französischen Monarchen, aufhalten, wie sie es ja seit dem Beginn der Babylonischen Gefangenschaft in Avignon auch schon taten. Kirchliche Lehen sollten vom König verwaltet werden und die Geistlichkeit sollte in den ursprünglichen Stand der Armut zurückkehren. Der Templer- und der Johanniterorden sollten zu einer einzigen Organisation verschmolzen und ihre immensen Einkünfte zur Finanzierung der Unternehmungen im Osten konfisziert werden. Das Heilige Römische Reich sollte in eine Erbmonarchie mit einem französischen Prinzen an ihrer Spitze verwandelt werden. Nach der Rückeroberung Ägyptens und des Heiligen Landes sollte die Krone dieser Länder auf Philipps zweiten Sohn übergehen. Einzelheiten über die neue, umgestaltete Militärherrschaft im Osten wurden gegeben, und Missionsarbeit unter den sogenannten dissidenten orientalischen Christen und unter den Mohammedanern sollte von Gelehrten ausgeübt werden, die die orientalischen Sprachen beherrschten. Der Grundgedanke dieses unzusammenhängenden Ideenflickwerks war offensichtlich das Kreuzzugsunternehmen, das die französische Herrschaft über den Rest der Welt garantieren sollte.

Dubois war ein Propagandist mit vorgefaßten Meinungen, aber ohne persönliche Erfahrungen auf diesem Gebiet. Ganz anders verhielt es sich mit einem weiteren Vorkämpfer dieser Ideen, Marino Sanudo dem Älteren (Il Vecchio; 1274 bis etwa 1343). Sanudo, der ein vernünftiger Denker war, hatte ein ganzes Leben in der Levante zugebracht; er entstammte einem venezianischen Herzogsgeschlecht aus Naxos im Ägäischen Meer. Er war ein sehr scharfsinniger Mann und kannte das Gebiet, das er nach allen Seiten durchreist hatte, aufs gründlichste. Während seiner ausgedehnten Streifzüge war es ihm gelungen, eine große Menge konkreter Fakten über die Länder des Nahen Ostens in Form von Beschreibungen, Zeichnungen und statistischen Angaben zusammenzutragen. Man könnte ihn tatsächlich als den ersten Statistiker in der Geschichte Europas bezeichnen.

Er argumentierte vor allem mit Hilfe ökonomischer Gesichtspunkte. Er meinte, wenn der ägyptische Sultan systematisch von seinen wichtigsten Einnahmequellen – diese bot ihm der Handel – abgeschnitten würde, dann müßte das schließlich für ihn den materiellen und militärischen Ruin zur Folge haben. Danach könnten Kreuzfahrer seine Armeen schlagen und das Heilige Land ohne große Schwierigkeiten zurückerobern und behaupten. Die Handelszentren des Mamlukenreiches waren die Endpunkte des orientalischen Gewürz- und Pfefferhandels; sie wurden von den südeuropäischen Seemächten eifrig aufgesucht. Diese mußten den Feinden des Kreuzes für die Erwerbung solcher Waren hohe Zölle zahlen. Über die Bereicherung der Schatzkammer des Sultans durch diese Abgaben hinaus versorgten Genua und andere italienische Staaten ihn außerdem, zum Teil im Tauschverfahren, mit Kriegsmaterial und mit Sklaven von den Märkten in Kaffa und anderswo zur Vergrößerung der mamlukischen Bataillone. Was Marino Sanudo über diese paradoxe Situation und über die Lösungsmöglichkeiten der Probleme des Westens dachte, faßte er in einer monumentalen Arbeit mit dem Titel ›Secreta fidelium crucis‹ zusammen, deren erste Fassung im Jahr 1309 Papst Clemens V. gewidmet wurde, während die zweite Version König Karl IV. von Frankreich zugeeignet war.

Nach einer detaillierten Untersuchung forderte er ein die mohammedanischen Länder betreffendes Handelsverbot, dessen Nichteinhaltung mit

Exkommunikation und Interdikt bestraft werden sollte. Ferner sollte eine strenge Seeblockade unter päpstlicher Aufsicht geführt werden, die über die Einhaltung des Verbots wachen sollte, bis die ägyptischen Reserven vollständig erschöpft und das ägyptische Heer in Ermangelung von Soldaten und Kriegsmaterial zusammengebrochen sein würde. Obwohl der Plan sofort die volle Unterstützung des Papstes fand, scheiterte seine Verwirklichung schließlich an zwei Umständen: erstens daran, daß der Papst einigen venezianischen Schiffen die Wiederaufnahme der Handelsbeziehungen mit dem Feind gestattete, und zweitens daran, daß die Genuesen in heimtückischer Weise Kriegsmaterial und Sklaven auf die ägyptischen Märkte schmuggelten und dafür als Gegenleistung wertvolle Waren und besondere Handelsprivilegien einheimsten.

Es ist nicht nötig, die Propagandaschriften des vierzehnten Jahrhunderts vollständig aufzuführen. Einen wichtigen Gedanken dieser Zeit sollten wir aber nicht übersehen, nämlich den eines Bündnisses mit den Tataren zur wirksameren Bekämpfung des Islams. Dieser neue Gesichtspunkt schlug die Gemüter im Westen stark in den Bann und führte zur Entsendung einer lateinischen Gesandtschaft ins Tatarenreich, was für die Kreuzfahrten sehr weittragende Konsequenzen hatte. Die katholischen Missionsfahrten nach Kathai setzten während des Pontifikats Innozenz' IV. (1243–1254) und der Regierungszeit König Ludwigs des Heiligen von Frankreich (1226–1270) ein; ihre aufsehenerregendste Phase ist mit den Namen Johannes von Monte Corvino und Oderich von Pordenone verknüpft. Johannes hatte sich ganz aus freien Stücken und ohne Aufhebens davon zu machen ins Königreich von Chān Balik begeben, und es heißt, daß er im Jahr 1304 in Peking fünftausend Menschen getauft, zwei Kirchen gebaut und sogar den Psalter und das Neue Testament in die Sprache seiner Gemeinde übersetzt hat. Zehn Jahre später wurde er von Oderich begleitet, der Asien auf dem Wege über Persien, Indien und die indonesischen Inseln umschifft hatte, im Jahr 1330 vollkommen erschöpft nach Avignon zurückkehrte und im darauffolgenden Jahr in Udine starb. Inzwischen war Johannes in Anerkennung seines Triumphes vom Papst zum Erzbischof von Sultanija und den Gebieten des fernen Ostens ernannt worden; zu seiner Unterstützung in dieser riesigen Diözese wurden ihm außerdem sieben Suffraganbischöfe nachgeschickt. Er starb 1328; sein letzter Nachfolger, Johannes von Florenz, wurde an einem unbekannten Ort im Herzen Chinas im Jahr 1362 ermordet. Für das Mittelalter hatte damit dem römischen Katholizismus in China die Stunde geschlagen; die Idee einer Zusammenarbeit mit den Mongolen aber wurde später wieder aufgegriffen von Christoph Columbus, als er nach Westen fuhr, um Indien zu finden. Die neue Welt versperrte ihm den Weg, und die Entdek-

kung Amerikas lenkte die geschichtliche Entwicklung und auch die Kreuzzugsbewegung in völlig neue Bahnen.

Die Spätphase der Kreuzzugsbewegung

Die Folge des mehrere Jahrzehnte anhaltenden Erscheinens immer neuer
Propagandaliteratur war, daß der Heilige Krieg während der zweiten Hälfte
des vierzehnten Jahrhunderts in verschiedenen Feldzügen von wechselndem
Umfang wieder auflebte. Das erste Kapitel in diesen Kriegen stellte der
Kreuzzug in der Ägäis dar, in welchem es der Heiligen Liga, die sich aus
Venedig, Zypern und den Johannitern zusammensetzte, unter der Führung
Papst Clemens' VI. im Jahr 1344 gelang, den Türken Smyrna zu entreißen.
Die Stadt blieb unter der Schutzherrschaft der Johanniter, bis 1402 Timur
die christliche Besatzung besiegte und die Türken, nachdem sich die Mongo-
len zurückgezogen hatten, endgültig die Herrschaft über ganz Kleinasien
errangen.

Obwohl dieses erneute Fußfassen der Lateiner auf dem asiatischen Festland wenig bedeutete, wurde das Ereignis in Europa als erstes Zeichen für
den Untergang des islamischen Reiches gefeiert. In zahlreichen Städten des
Westens wurden Dankprozessionen und Volksfeste veranstaltet, und der
avignonesische Papst Clemens VI. forderte Eduard III. von England und
Philipp VI. von Frankreich auf, nun die Früchte dieses verheißungsvollen
Sieges der Christenheit zu ernten und die Waffen für die Entscheidungsak-
tion gegen den gemeinsamen Feind zusammenzutun, statt sich weiter in
den Auseinandersetzungen des Hundertjährigen Krieges gegenseitig zu zer-
fleischen. Die glänzendsten Möglichkeiten für einen endgültigen, letzten
Kreuzzug boten sich, so schien es, in diesem Augenblick; die Christenheit
lebte in Erwartung, daß ein zweiter Gottfried von Bouillon erscheinen und
die Streitkräfte ins Feld führen würde.

Zu diesem Zeitpunkt ergriff ein unbekannter, unglücklicher Lehnsmann
aus dem Südosten Frankreichs namens Humbert II., Dauphin von Viennois,
für die Kreuzzugssache Partei und überredete den Papst, ihm den Titel
›General-Kapitän des Kreuzzugs gegen die Türken und die der Heiligen
Römischen Kirche nicht Ergebenen‹ zu verleihen; er wollte fünf Galeeren
mit zwölf Bannerherren, dreihundert Rittern und tausend Armbrustschützen
ausrüsten, um damit im Osten zu kämpfen, wo er sich mindestens drei Jahre
aufzuhalten gedachte. Humbert hatte seinen einzigen Sohn und Thronerben
verloren und war seitdem untröstlich. Früher hatte er einmal eine Auseinandersetzung mit der Kirche gehabt, und nur durch die persönliche Güte des

Papstes war er nicht exkommuniziert worden. Der Kreuzzug würde ihm Gelegenheit geben, seine Trauer über den Verlust seines Sohnes zu vergessen und seine früheren Sünden wider die Heilige Kirche zu sühnen. So verzichtete er auf seine Erbansprüche in der Dauphiné, die dadurch automatisch auf die französische Krone übergingen,[2] und widmete sich der neuen Aufgabe im Dienste des Heiligen Vaters.

Durch Humberts Kreuzzug, der eine Fortsetzung des Unternehmens in der Ägäis war, sollten nach dem Plan des Papstes zunächst die Genuesen in ihrer Handelskolonie Kaffa auf der Krim, die von den Tataren belagert wurde, befreit und dann die Türken in Kleinasien angegriffen werden. Der ehemalige Dauphin fuhr im August 1345 aus Marseille ab, ging in Genua an Land, durchquerte die Lombardei und setzte die Reise von Venedig bis Negropontis wieder zu Wasser fort. Da er die gefährliche Fahrt durch das Marmarameer nicht riskieren konnte, wurde er in die kleinlichen Zänkereien und Lokalkämpfe der lateinischen Fürstentümer in der Ägäis mit hineingezogen; mit den Türken kam es, hier und später bei Smyrna, nur zu kleinen Scharmützeln. Seine innere Abhängigkeit vom päpstlichen Oberbefehl in fast allen, auch den kleinsten Dingen vergrößerte noch seine Unentschlossenheit, und die Nachricht vom Tode seiner Frau warf wieder neue Schatten der Hoffnungslosigkeit auf sein Leben. Im Sommer 1347 beschloß er, Dominikanermönch zu werden, und wurde vom Papst seiner militärischen Verpflichtungen enthoben; außerdem erhielt er vom Papst den Ehrentitel eines lateinischen Patriarchen von Alexandria und später, im Jahr 1354, die Ernennung zum Erzbischof von Paris. Nach einem erfolglosen Leben starb er ziemlich jung, mit dreiundvierzig Jahren, als er auf dem Wege zu seiner neuen Erzdiözese durch Südfrankreich zog.

Das erste wirkliche ›passagium generale‹ war den Lusignans, den Königen von Zypern, vorbehalten, deren Insel durch ihre geographische Lage und ihre politische Stellung dazu auserkoren war, zum Versammlungsort aller Kreuzfahrer und der meisten lateinischen Kaufleute zu werden. Dies um so mehr, als an der Südküste Kleinasiens einige Stützpunkte, darunter im Jahre 1361 Gorigos und Adalia, erobert worden waren. Zu diesem Zeitpunkt trafen sich auf der Insel drei Verfechter der Kreuzzugsidee: König Peter I. von Lusignan (1359–1369), Peter de Thomas (gestorben 1366), lateinischer Patriarch von Konstantinopel und seit 1362 apostolischer Bevollmächtigter für den Osten, und Philippe de Mézières (gestorben 1405), der Kanzler des Königreiches Zypern wurde und einer der berühmtesten Kreuzzugspropagandisten der Zeit war. Philippe begann in seinen späteren Jahren eine ausgedehnte schriftstellerische Tätigkeit zur Förderung des von ihm gegründeten neuen geistlichen Ritterordens, den er ›Militia passionis Jhesu Christi‹

nannte. Er träumte von der Gründung einer über ganz Europa verbreiteten militärischen Brüderschaft unter der Fahne seiner neuen Militia, die alle übrigen Ritterorden Europas in sich vereinigen sollte; er sah darin die einzige Hoffnung, das Heilige Land zurückzugewinnen.

Für den Augenblick begleitete er den König von Zypern auf einem Teil seiner Wanderungen durch Europa, die von 1362 bis 1365 dauerten und ihn von Polen nach Frankreich und von England nach Venedig führten und die den Zweck hatten, Gelder und andere Hilfsmittel für das zukünftige Kreuzzugsprojekt aufzutreiben. Die auf diese Weise aus Europa zusammengebrachten Truppen wurden angewiesen, sich in den Gewässern von Rhodos zu sammeln. König Peter I. fuhr im Juni 1365 mit einer Flotte von hundertfünfundsechzig Schiffen aus Venedig ab in Richtung auf ein unbekanntes Ziel jenseits des Meeres. Das Ziel wurde vom König und seinen Hauptberatern – Peter de Thomas und Philippe de Mézières – streng geheimgehalten aus Furcht vor Verrat von seiten der Venezianer oder Genuesen, die den Feind hätten warnen können. Erst auf hoher See wurde bekanntgegeben, daß man auf Alexandria Kurs hielt. Die Stadt kam am 9. Oktober 1365 in Sicht, und am darauffolgenden Tage landeten die Truppen am Ufer des westlichen Hafens. Die Erstürmung und die Plünderung der Stadt dauerten sieben schicksalsschwere Tage; die Folgen waren unermeßlich.

Die hier geschilderten Ereignisse fanden während der Regierungszeit des Sultans Scha'bān (1363–1376) statt, der damals erst elf Jahre alt war, während der Stadtregent, ibn Arrām, sich gerade auf einer Pilgerfahrt in Hidschas befand. Der Hof der Mamluken war durch innere Unruhen zerrissen, und der Atabeg Jalboga, in dessen Händen die Regierungsgeschäfte lagen, konnte nur mit Mühe genügend Streitkräfte zusammenbringen und nach Alexandria schicken. Außerdem mußte er einen Umweg am Rand der westlichen Wüste entlang machen, da das Nildelta überschwemmt war. Sowie das ägyptische Heer in der Gegend von Mareotis in Sicht kam, verließ der größte Teil der christlichen Besatzung die Stadt ohne irgendeinen ernsthaften Versuch zu machen, das Eroberte zu verteidigen; sie handelte damit gegen den Befehl des Königs und gegen den Rat von Peter de Thomas und Philippe de Mézières. Als die christlichen Soldaten die Stadt einmal ausgeplündert und die öffentlichen Gebäude und wichtigsten Warenhäuser in Brand gesteckt hatten, war ihre einzige Sorge, mit ihrer reichen Beute sicher nach Zypern zurückzugelangen. So ging die Tragödie der erfolgreichsten aller Kreuzzugsunternehmungen des vierzehnten Jahrhunderts zu Ende. Die Ägypter haben diesen Vandalismus, für den die Zyprer im fünfzehnten Jahrhundert schwer bezahlen mußten, niemals vergessen.

Das unmittelbare Resultat dieses widerwärtigen Vorfalls aber war die

Durchführung eines neuen Kreuzzugs. Wie im Falle der früheren Feldzüge in der Levante machte auch diesmal die Nachricht von dem flüchtigen Erfolg in Alexandria im Westen schnell die Runde, und Papst Urban V. empfahl den Gläubigen nachdrücklich, die Dinge zu einem erfolgreichen Abschluß zu führen. Die am meisten ernstzunehmende Reaktion auf seinen Aufruf war diejenige Amedeos VI., des Grafen von Savoyen, der vorher zusammen mit König Peter von Lusignan in Avignon aus des Papstes eigenen Händen das Kreuz entgegengenommen hatte. Der früher von ihm gefaßte Plan, nach Zypern zu gehen, änderte sich durch eine Heirat zwischen Angehörigen seines Herrscherhauses und den Palaiologoi. Seine Unternehmung erhielt dadurch eine andere Richtung und wurde zu einem Kampf für Byzanz gegen die türkischen Eindringlinge und einige ihrer christlichen Verbündeten und Vasallen auf dem Balkan. Im Juni 1366 segelte Amedeo VI. an der Spitze seiner eigenen Feudalstreitkräfte in Venedig los. Bei Koron in Morea stieß ein aus Italienern, Deutschen, Franzosen und Engländern bestehendes Söldnerheer zu ihm, und gemeinsam fuhr man auf Gallipoli, das erste Ziel, los. Diese kleine Halbinsel, die seit der Regierung des Sultans Orchan (1326–1360) im Besitz der Ottomanen war, hatte sich als sehr wertvoll für die Türken erwiesen, sowohl als Landungsplatz wie als Ausgangspunkt für Eroberungsfeldzüge auf der Balkanhalbinsel. Ihr Besatzungsheer wurde von den Kreuzfahrern überrascht, und die Rückeroberung durch die Christen im August bedeutete für die Türken einen schweren Schlag. Darauf fuhr der Graf nach Konstantinopel, wo er feststellen mußte, daß sein Vetter, Kaiser Johannes V. Palaiologos, vom König Schischman von Bulgarien gefangengenommen worden war. Statt die Früchte seines glänzenden Sieges über die Türken einbringen zu können, war er also gezwungen, für die Befreiung des Kaisers zu kämpfen. Er drang in Bulgarien bis Warna vor, worauf es ihm in Verhandlungen gelang, die Freilassung des gefangenen Kaisers durchzusetzen. Gegen Ende des Jahres 1366 gingen ihm dann aber seine Reserven aus, so daß er gezwungen war, sich nach Konstantinopel zurückzuziehen. Dort entschädigte ihn Johannes gegen die Überlassung der eroberten Gebiete mit fünfzehntausend Gulden; mit Hilfe dieser Summe konnte der Graf seine Söldner entlohnen und sie in der ersten Hälfte des Jahres 1367 endgültig entlassen.

Der nächste Kreuzzug fand 1390 gegen das Königreich Tunis statt. Aus unterschiedlichen Motiven wurde von der Stadt Genua und dem Königreich Frankreich ein gemeinsamer Feldzug veranstaltet. Während die Genuesen die berberischen Seeräuber strafen wollten, die ihre Handelsschiffe im westlichen Mittelmeer belästigten, gefielen sich die französischen Adligen unter der Führung Herzog Ludwigs II. aus dem Hause Bourbon in der Vorstellung, beim Kampf gegen die Mohammedaner in Tunesien in den Fußstapfen König Ludwigs des Heiligen zu wandeln. Unter dem Schutz der Hafsiden-Könige von Tunis hatten sich mohammedanische maurische Piraten in der stark befestigten Stadt al-Mahdīja, die in den französischen Quellen Cité d'Auffrique genannt wird, festgesetzt. Zwischen den Kreuzfahrern wurde ausgemacht, daß Genua eine vollständig mit Seeleuten ausgerüstete Flotte, der französische Herzog dagegen die ganzen Landstreitkräfte einschließlich Adligen, Rittern, Soldaten und Knappen stellen würde. Papst Clemens VII. segnete das Unternehmen und rief offiziell den Kreuzzug aus; Edelleute aus Frankreich, England, dem Hennegau und Flandern ließen die Truppen des Herzogs auf fünfzehntausend Mann anwachsen. Die Genuesen brachten es auf sechstausend, von denen zweitausend gefürchtete Armbrustschützen und sonstige Bewaffnete, die übrigen bewährte Seeleute waren. Den Oberbefehl hatte Admiral Giovanni Centurione d'Oltramarino; als erstes Ziel faßte er die Insel Conigliera ins Auge, die achtundvierzig Seemeilen von der afrikanischen Küste entfernt lag und von der aus die Hafenstadt al-Mahdīja leicht zu erreichen war.

Dort versammelten sich die Schiffe der Christen nach einer schwierigen Überfahrt aufs neue, und der Kriegsrat beschloß, daß man zunächst taktisch vorgehen und erst dann zur Belagerung der Stadt übergehen würde. Nachdem die Truppen gelandet waren, sahen sie sich sofort Guerilla-Angriffen durch die verbündeten Streitkräfte von Tunis, Bugia und Tlemsen ausgesetzt; letztere wußten systematisch einer regelrechten Schlacht mit größeren Kontingenten aus dem Wege zu gehen. Die Europäer dagegen setzten bei ihren Versuchen, die Mauern und Tore der Stadt zu erstürmen, alle modernen Mittel der Kriegführung ein, unter anderem auch, als eines der frühesten Beispiele in der Geschichte, das Schießpulver. Trotzdem konnten sie ihr eigentliches Ziel nicht erreichen, und die praktisch veranlagten Genuesen begannen angesichts der Schwierigkeiten, die sie zu bestehen hatten, insgeheim auf eigene Faust mit dem – schon fast erschöpften – Feind zu verhandeln. Ein Waffenstillstand auf zehn Jahre sowie die Einstellung der Piraterien wurde vereinbart, und der König von Tunis erklärte sich bereit, für die Behauptung der Stadt al-Mahdīja fünfzehn Jahre lang einen jährlichen Tribut und sofort eine Entschädigung von fünfundzwanzigtausend Dukaten zu zahlen, die zwischen der Kommune und dem Herzog aufgeteilt werden sollte. Der Kriegsrat wurde aufgefordert, den Vertrag gutzuheißen, und zwar gegen den Willen des Herzogs, der erklärte, er würde als letzter Kreuzfahrer ein Schiff besteigen. Im Oktober 1390 fuhren sie endlich nach Hause, nachdem die schlauen Genuesen sich von den Franzosen für eines ihrer schwierigsten Probleme die Kastanien hatten aus dem Feuer holen lassen.

Die größte und ohne Zweifel unglücklichste aller Kreuzzugskampagnen des vierzehnten Jahrhunderts sollte erst 1396 erfolgen, als in Osteuropa die Expansionstendenzen der Ottomanen immer bedrohlichere Formen annahmen. Die neue Drohung wurde zuerst in Ungarn sichtbar; 1395 wurde der französische Hof davon in Kenntnis gesetzt durch Nikolaus von Kanizsay, den Erzbischof von Gran und Schatzmeister Ungarns, der im Namen seines Königs Sigismund den Westen um Hilfe bat. Ungefähr um diese Zeit schrieb Philippe de Mézières im Auftrag Karls VI. (1380–1422) von Frankreich seinen (bisher unveröffentlichten) Brief an Richard II. (1377–1399) von England, in dem ein Friedensschluß zwischen den beiden Ländern vorgeschlagen und auf ein gemeinsames Vorgehen im Osten gedrängt wird.

Aller Augen aber waren auf den reichsten Fürsten Europas gerichtet, auf Philipp den Kühnen, Herzog von Burgund (1363–1404); er würde die Bewegung wirksam unterstützen können. Philipp, dem daran gelegen war, daß sein Sohn und Nachfolger, Johann von Nevers, der spätere Johann ohne Furcht, auf dem Schlachtfeld und im Kampf gegen die Ungläubigen den Ritterschlag erhielt, ergriff bereitwillig für die Sache Partei und machte Johann zum Befehlshaber der franko-burgundischen Truppenteile. Beide Päpste, sowohl der in Avignon residierende Benedikt XIII. (1394–1415) wie der römische Papst Bonifaz IX. (1389–1404), veröffentlichten Bullen, die den Kreuzzug befürworteten, und man traf mit übertriebenem Eifer umständliche Vorbereitungen für ein allumfassendes ›passagium‹. Hervorragende Männer aus Frankreich, wie Jean le Meingre, genannt Boucicaut, der Reichsmarschall, Admiral Jean de Vienne, Enguerrand de Coucy, Philippe und Henri de Bar, Guy und Guillaume de la Trémouille sowie viele andere konnten sich mit ihrem Gefolge und ihren Söldnern nicht schnell genug hinter Nevers scharen.

Der Widerhall war sogar noch größer. Es kamen auch deutsche Hilfstruppen unter dem Pfalzgrafen Ruprecht, dem Grafen von Katzenellenbogen, und Burggraf Johann III. von Nürnberg. Ferner gesellten sich an der Spitze von tausend englischen Rittern John Holland, Earl von Huntingdon, und John Beaufort, der Sohn des Herzogs von Lancaster, hinzu. Weitere Freiwillige wurden aus Spanien und Italien gewonnen, und Schiffe der Johanniter vereinigten sich mit einer venezianisch-genuesischen Flotte auf dem Wege zur Donau. König Sigismund von Ungarn, der später, von 1410 bis 1437, deutscher Kaiser war, stellte aus seinem Reich den größten Teil der Truppen; andere Gruppen kamen aus Österreich, Böhmen, Polen und vor allem aus der Walachei. Seit dem ersten Kreuzzug war ein solches wahrhaft großartiges Heer nicht mehr zusammengestellt worden. Die Gesamtzahl hat man auf hunderttausend geschätzt; ihr Versammlungsort war Buda, wo im Hochsommer des Jahres 1396 der erste allgemeine Kriegsrat abgehalten wurde, bei dem man die Angriffspläne und taktischen Verfahrensweisen entwarf.

Sigismund befürwortete klugerweise eine Defensivtaktik, da er schon früher die Erfahrung gemacht hatte, daß diese im Kampf gegen die Türken wirksamer war. Aber die Heerführer aus dem Westen schlugen seinen Rat in den Wind, denn sie waren nach den Worten Froissarts gekommen, »um die ganze Türkei zu erobern und durch das Reich nach Persien, . . . ins Königreich Syrien und ins Heilige Land zu marschieren.«[3] So leicht nahmen sie ihre Aufgabe, und so unklar und irreführend war ihre Kenntnis der geographischen Verhältnisse im Osten!

Die vereinigten Heere marschierten an der Donau entlang bis Orsowa; dort, beim berühmten Eisernen Tor, überquerten sie den Fluß und befanden sich damit in Bulgarien, das unter türkischer Herrschaft stand. Bei der Eroberung der Städte Widin und Rahowa machten die Kreuzfahrer keinen Unterschied zwischen den feindlichen türkischen Besatzungstruppen und den freundlich gesinnten einheimischen orthodoxen Christen. Am 10. September erlitten sie vor der stark befestigten Stadt Nikopolis, die auf einem Hügel lag und von der aus man nach Norden über die Donau, nach Süden in eine Ebene blickte, ihre erste schwere Schlappe. Es wurde beschlossen, Nikopolis vom Land her zu belagern, während die Venezianer, Genuesen und Johanniter die Stadt vom Fluß aus umzingelten. Die Belagerung dauerte fünfzehn Tage, in denen so gut wie keine zielbewußte Handlung unternommen und die Zeit mit Ausschweifungen und Spielen vergeudet wurde.

Ganz anders sah es im Lager der Türken aus. Als Sultan Bajesīd I. (1389–1402) erfuhr, daß die Christen im Anmarsch waren, blies er sofort eine geplante Belagerung Konstantinopels, die er geplant hatte, ab, rief seine sämtlichen in Asien und Europa stationierten Truppen zusammen und marschierte mit ungefähr hunderttausend Mann, die unter seinem eigenen strengen Oberkommando standen, nach Nikopolis, um die Stadt zu befreien. Am 24. September erreichte er die an der Südseite der Ebene bei Nikopolis gelegenen Hügel, ließ sein Heer mit großem militärischem Geschick in einer Befestigung nahe der Spitze eines Hügels Stellung beziehen und wartete den Beginn der Schlacht ab, die am nächsten Tage stattfand.

Sigismund äußerte den Wunsch, die Ungarn, die mit den türkischen Methoden der Kriegführung vertraut waren, und die Walachen, deren Treue man bezweifelte, dem Feind gegenüber in die vorderste Schlachtreihe zu stellen, während die französischen und die anderen Legionen im Hintergrund gehalten und für die entscheidende Schlacht aufgespart werden sollten; aber die hitzigen Franzosen wiesen diesen Wunsch zurück und warfen dem ungarischen Monarchen vor, er wolle ihnen an diesem glorreichen Tag den Ruhm

Abb. 1 Papst Urban II. predigt in Clermont den Kreuzzug (1095).

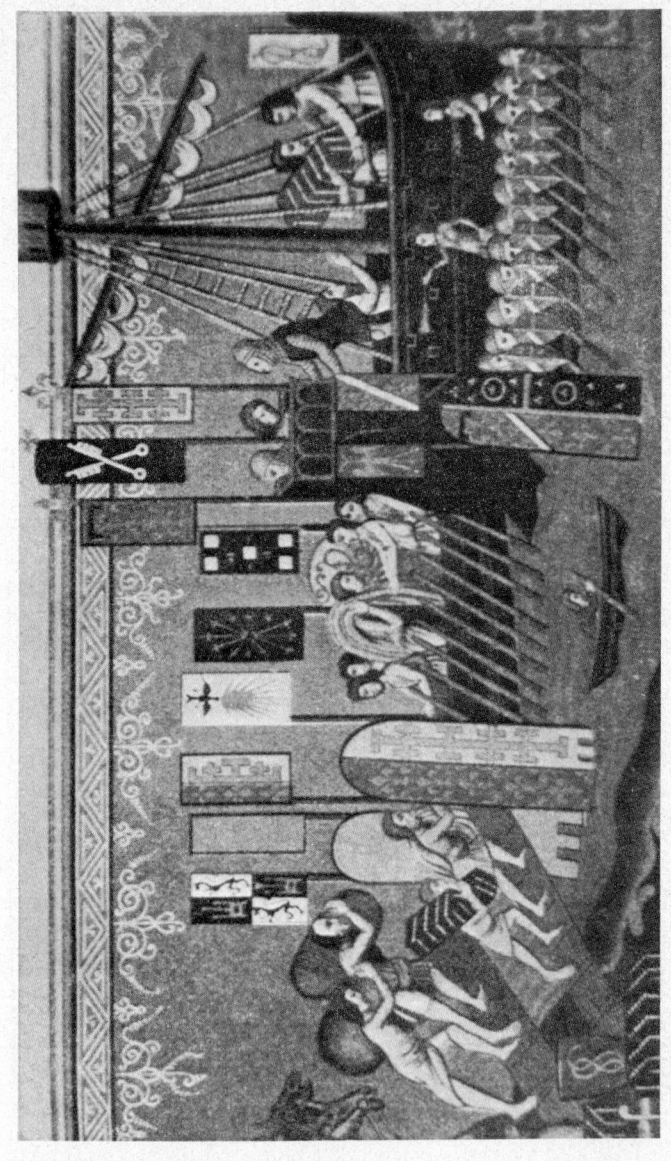

Abb. 2   Kreuzritter rüsten ein Schiff für die Überfahrt ins Heilige Land.

stehlen. Bajesīds unregelmäßig aufgestellte leichte Kavallerie (Akinjis) bildete die erste Schlachtlinie der Ottomanen; sie verbarg eine ausgedehnte, mit spitzen Stangen besäte Fläche, hinter der sich, hügelaufwärts, die zweite, aus Bogenschützen (Janitscharen und Azebs) bestehende Linie verbarg. Den französischen und übrigen Rittern fiel es auf ihren Pferden nicht schwer, die in vorderster Linie aufgestellten berittenen Türken in die Flucht zu schlagen; diese zogen sich zurück und reorganisierten sich hinten unter dem Schutz der Stangen und der Bogenschützen. Als die Christen sich dann aber der Barriere von Stangen gegenüber sahen, stiegen viele von ihnen unter einem Schwarm von Pfeilen von ihren Pferden, um die Stangen aus der Erde zu reißen und den verbleibenden angreifenden Reitern den Weg freizumachen. Auch dies war schnell geschehen, und in wütenden, Mann gegen Mann geführten Kämpfen fügten sie den Türken weitere schwere Verluste zu. Dann verfolgten sie ihre Opfer, die die Flucht ergriffen, bis oben auf den Hügel, wo sie im Glauben, daß dies das Ende eines guten Tages sei, völlig erschöpft ankamen.

Zu ihrem Entsetzen war es jedoch der Anfang vom Ende, denn am Horizont sahen sie Bajesīds Elitekavallerie (Sipahis) sowie die ihm untergebenen Serben unter Stefan Lazarowitsch, insgesamt etwa vierzigtausend Mann, in voller Schlachtordnung und zu frischem Kampf bereitstehen. Das tödliche Gemetzel wurde fortgesetzt, aber in umgekehrter Richtung; die Verfolger wurden zu Verfolgten; die Überlebenden wurden gefangengenommen. Inzwischen jagten die reiterlosen, von den Franzosen im Stich gelassenen und von türkischen Pfeilen verwundeten Pferde in wilder Unordnung über die Ebene zurück, was die Ungarn und Walachen als sicheres Zeichen für die Niederlage ihrer Verbündeten nahmen. Diese ergriffen in der Tat die Flucht, und Sigismund, der Hochmeister von Rhodos und der Burggraf von Nürnberg retteten sich mit Mühe und Not, indem sie ein stromabwärts treibendes venezianisches Schiff bestiegen.

Als der Lärm der Schlacht nachließ und der Sultan Zeit hatte, sich umzuschauen, erschrak er über seine eigenen Verluste, die auf dreißigtausend Mann geschätzt wurden. Sein Zorn machte sich am folgenden Tage in der kaltblütigen Ermordung von dreitausend Gefangenen Luft. Unter diesen Gefangenen entdeckte Bajesīd Jacques de Helly, der früher unter ihm selber gedient hatte und der Türkisch verstand. Durch seine Vermittlung entgingen die französischen Adligen, darunter Jean de Nevers, Enguerrand de Coucy, Philippe d'Artois, Guy de la Trémouille und andere der Enthauptung und wurden als wertvolle Geiseln bis zur Bezahlung eines Lösegeldes von zweihunderttausend Goldgulden gefangengehalten. Die Nachricht von dieser Katastrophe versetzte ganz Europa in tiefe Sorge und Bestürzung; das furchtbare Los der westeuropäischen Ritter bei Nikopolis bedeutete das Ende eines alten, nun abgeschlossenen und den Anfang eines neuen Kapitels in den Beziehungen zwischen Ost und West. Die Aussichten auf einen Kreuzzug wurden von Tag zu Tag düsterer, und die Türken mußten ihrer Rasse und ihrer Religion zum Trotz als ein neues Mitglied der europäischen Staatenfamilie akzeptiert werden.

Nach dem großen Unheil, das bei Nikopolis über die christlichen Ritter hereingebrochen war, verloren die westeuropäischen Nationen immer mehr die Lust, sich auf das unsichere Abenteuer einzulassen, die Macht des Islams zu brechen und der türkischen Herrschaft ein Ende zu setzen. Der in der ersten Jahrhunderthälfte fließende Strom von Propagandaschriften begann zu versiegen, obwohl wir natürlich immer noch einigen Schriftstellern begegnen, die nach einer Fortsetzung der Kreuzzüge riefen. Der hervorragendste von ihnen war Philippe de Mézières, der seine letzten Lebensjahre zurückgezogen in der Zölestinerabtei in Paris verbrachte, wo er für die alte Sache mehrere umfangreiche, sehr lesenswerte Werke schrieb. Nach der Niederlage in Bulgarien vom Jahre 1396 ergriff er die Feder und schrieb einen eindringlichen Brief, ›Épistre lamentable et consolatoire‹, den er an den Herzog von Burgund richtete.

De Mézières versuchte, die Gründe für die Niederlage der Christen zu analysieren und Ratschläge für die Zukunft zu geben. Er erklärte, daß die Wurzeln der Ohnmacht der christlichen Staaten in dem Mangel an vier Tugenden einer guten Regierung zu suchen seien: Ordnung, Disziplin, Gehorsam und Gerechtigkeit. Statt dessen werde der Staat von den drei Töchtern Luzifers, Eitelkeit, Habsucht und Genußsucht, regiert. Die ›summa perfectio‹, so erklärte Mézières, könne nur durch die Anerkennung seiner ›Nova religio passionis‹ erreicht werden, die die Befreiung der Geburtsstätte Christi besorgen werde. Nur dieser geistliche Ritterorden könne einen erfolgreichen Kreuzzug garantieren, oder mit anderen Worten: die innere Einstellung der früheren Kreuzfahrer müsse wiedererweckt werden. Wir sollten aber nicht übersehen, daß Mézières sich selber ganz richtig als einen alten Pilger und einen alten Träumer bezeichnete, als ein Echo aus vergangenen Tagen.

Das 15. Jahrhundert

Die vollständige Niederlage und die schwere Demütigung der europäischen Heere und die blutige Vernichtung der besten europäischen Ritter auf dem Balkan führte den christlichen Fürsten plötzlich die nackte Realität der

Kreuzzugsunternehmungen vor Augen und ließ sie erkennen, ein wie ungeeignetes Mittel zur Lösung der Ost-West-Probleme diese Unternehmungen waren. Außerdem war das fünfzehnte Jahrhundert voll von anderen wichtigen Problemen, die den Leuten unmittelbar auf den Nägeln brannten und ihre Aufmerksamkeit von dem alten Anliegen ablenkten. Die Wiederaufnahme des hundertjährigen Krieges zwischen England und Frankreich mit seinen grausamen Verwüstungen auf der einen, die Konzilsbewegung, die das große Schisma der Kirche im Westen beenden sollte, auf der anderen Seite waren Dinge, die die öffentliche Aufmerksamkeit in ganz Westeuropa gefangenhielten.

Trotzdem wäre es ein schwerer Irrtum anzunehmen, daß es mit der Kreuzzugsbewegung, im Denken wie in der Praxis, nun zu Ende gewesen sei. Das zeigt zum Beispiel eine Reihe örtlich begrenzter Kämpfe zur Eindämmung türkischer Expansionsbestrebungen in Osteuropa und der Levante; der frühere universale Charakter der Bewegung allerdings begann sich zu verlieren. Vor allem Burgund, das schwer unter der Last des hohen Lösegeldes litt, das dem Sultan Bajesīd I. für die Befreiung der Gefangenen von Nikopolis gezahlt werden mußte, wurde zu einem Land, wo Rachepläne geschmiedet wurden. Dies führte zu einem neuen Aufschwung des Propagandaschrifttums, das allerdings im rein Theoretischen steckenblieb. Ferner wurden nun die Fürstentümer des östlichen Mitteleuropa, Ungarn an der Spitze, das eigentliche Bollwerk des Christentums; Auseinandersetzungen in diesem Gebiet hat man oft als ›ungarischen Kreuzzug‹ bezeichnet. Schließlich stand die Mitte des Jahrhunderts unter dem Zeichen der heldenhaften, aber hoffnungslosen Verteidigungsversuche der Kaiserstadt Konstantinopel, die bis zum endgültigen Untergang des byzantinischen Reiches fast ununterbrochen von den Türken belagert wurde. Beinahe alle nach diesem Ereignis gegen die Ottomanen geführten Verteidigungskriege nannte man unzutreffend ›Kreuzzüge‹.

Herzog Philipp der Gute von Burgund trug sich noch mit dem Gedanken, den Heiligen Krieg zu leiten, aber er zog es vor, mit äußerster Vorsicht und Behutsamkeit vorzugehen, damit eine neue Katastrophe vermieden würde. Um die Situation bei seinen Gegnern möglichst gut kennenzulernen, beauftragte er nacheinander zwei Gesandte, in die Länder jenseits des Mittelmeeres zu fahren und dort zu versuchen, sich möglichst genau über die islamische Politik zu informieren; darüber sollten sie dann einen Bericht verfassen und ihre eigenen Empfehlungen hinzufügen. Der erste der beiden war Ghillebert de Lannoy, der die Jahre 1420–1423 im Nahen Osten verbrachte. Der zweite war Bertrandon de la Broquière; seine Reise dauerte von 1432 bis 1439. Während de Lannoy den größten Teil seiner Zeit und seiner Aufmerksamkeit Ägypten und dem Heiligen Land widmete, wandte sich de la Broquière, nachdem er eine Pilgerfahrt nach Jerusalem und in andere heilige Orte bis nach Sinai unternommen hatte, wieder nach Norden, wo er seine Untersuchungen auf Armenien, Kleinasien, Byzanz und vor allem auf die von den Türken beherrschten Balkangebiete ausdehnte. Er ging an den Hof des Sultans Murād II. (1421–1451) in Adrianopel und stellte fest, daß die Türken freundlicher waren als die Griechen. Zur Aufklärung des Herzogs beschrieb er die Armee der Türken sowie das ganze ottomanische militärische System.

Ein weiterer, etwas anders gearteter Propagandist, der auch zur Umgebung des burgundischen Hofes gehörte, war der Bischof Jean Germain, Kanzler des Ordens vom Goldenen Vlies. Er stellte eine politische Abhandlung zusammen, die zeigen sollte, daß die allgemeine Lage noch immer günstiger für die Christen als für die Moslems war und daß es für einen Kreuzzug noch nicht zu spät sei. Jean Germain schrieb 1452, unmittelbar vor dem Fall Konstantinopels. Er hob das schattenhafte Bündnis zwischen dem christlichen Osten und Rom hervor, das 1439 auf dem Konzil von Ferrara-Florenz abgeschlossen worden war, und glaubte, daß auf Grund dieses Bündnisses den Kreuzfahrern aus Armenien zweihunderttausend Streiter, aus Georgien fünfzigtausend, aus den griechischen Gebieten von Konstantinopel und Trapezunt ebenfalls eine gewisse Anzahl sowie ferner die ›Jakobiten aus Äthiopien‹ und aus Rußland und ›Priester Johannes aus Indien‹ zulaufen würden. Das rosige Bild, das er den christlichen Fürsten entwarf, hatte keine besondere Bedeutung, da die Argumente des Verfassers mehr seinem Wunschdenken als wirklichen Kenntnissen entsprangen. Er kannte den Osten selber nicht, sondern bezog seine Informationen aus den verschiedensten Quellen.

Die schwache Hoffnung auf eine Verteidigungsfähigkeit der christlichen Welt wurde vor allem durch den sogenannten ungarischen Kreuzzug genährt, den die hart bedrängten Völker des östlichen Mitteleuropas führten; der Nachschub aus dem Westen wurde ständig bedeutungsloser. Die Schlüsselfigur in der genannten Auseinandersetzung war Johann Hunyadi, Reichsverweser in Ungarn und Woiwode von Transsilvanien; seine heroische Laufbahn ist auf dem Balkan zur Legende geworden. Seine feurigen Angriffe gegen die Türken hätten der Herrschaft Murāds II. beinahe ein furchtbares Ende bereitet. Die Geschichte begann mit den Einfällen, die der Sultan 1438 über die Donau hinweg nach Transsilvanien hinein unternahm; sie führten ihn im Norden bis zum starken Ort Hermannstadt und im Westen bis vor die Tore Belgrads in Serbien. In diesem gefährlichen Augenblick erschien Hunyadi auf der Szene, zusammen mit König Ladislaus von Polen

(1434–1444; seit 1440 auch König von Ungarn) und dem despotischen Beherrscher Serbiens, Georg Brankowitsch (1427–1456).

Zunächst waren diese Drei unabhängig voneinander, jeder in seinem eigenen Herrschaftsbereich, in Auseinandersetzungen mit den türkischen Bataillonen verwickelt. Als Murād 1442 zum zweitenmal in Transsilvanien einfiel, wurde er wieder bei Hermannstadt geschlagen, wobei zwanzigtausend seiner Männer auf dem Schlachtfeld blieben. In Wut geraten, unternahm er einen verzweifelten dritten Angriff auf die Stadt, was wieder zum gleichen Resultat führte. Hunyadi nahm fünftausend Türken gefangen und erbeutete zweihundert ottomanische Standarten. Der Mythos von der Unbesiegbarkeit der Türken schien erschüttert, und der Woiwode, der bisher in der Defensive war, bekam nun Mut, südlich der Donau selber zum Angriff überzugehen, zumal nach der Ankunft einiger Gruppen von lateinischen Kreuzfahrern unter Kardinal Julian de Cesarini im Jahr 1443. Im Verein mit König Ladislaus und Georg Brankowitsch drang Johann Hunyadi in Serbien ein und errang einen neuen Triumph, indem er die Türken bei Nisch in die Flucht schlug und die bulgarische Hauptstadt Sofia eroberte. Sogar die Albanier, die Murād den Lehnseid geleistet hatten, bekamen durch diese momentanen Erfolge solchen Mut, daß sie sich von der türkischen Oberherrschaft freimachten und unter Johann Castriota (besser bekannt unter dem Namen Skanderbeg) offen revoltierten. Am 15. Juli 1444 mußte Murād mit den Führern der Koalition den Vertrag von Szegedin unterschreiben. Er bestimmte, daß Georg Brankowitsch wieder in seine Herrscherstellung in Serbien eingesetzt wurde, daß der Sultan für die Freilassung seiner gefangenen Schwiegersöhne sechzigtausend Golddukaten zahlen mußte, und er schrieb einen zehnjährigen Waffenstillstand vor, der aber einige Zeit später auf Drängen Kardinal Cesarinis gebrochen wurde. Schließlich beschloß der verzweifelte Sultan, abzudanken; er zog sich vom Kampfschauplatz zurück und verschwand im Inneren Kleinasiens.

Als im Westen diese Erfolge bekannt wurden, erwachte aufs neue die Hoffnung. Herzog Philipp der Gute von Burgund (1419–1467) empfing eine Abordnung des byzantinischen Kaisers Johannes VIII. (1425–1448), die ihn in Châlons sur Saône um Hilfe anging. Zum Kampf gegen die Türken rüstete er vier Galeeren unter Geoffroy de Thoisy und Martin Alphonse aus, und Papst Eugen IV. (1431–1447) steuerte Schiffe unter dem Kommando seines eigenen Neffen Francesco Condolmieri bei. Das Feuer des Kreuzzuges war wieder entzündet. Die Position Kardinal Cesarinis wurde gestärkt, als er Hunyadi dazu überreden konnte, den Waffenstillstand zu brechen, der sowieso von vornherein für null und nichtig angesehen wurde, da er ja mit einem Ungläubigen abgeschlossen worden war. Außerdem wurde für den

Fall der endgültigen Befreiung Bulgariens vom türkischen Joch dem Woiwoden die Krone dieses Landes versprochen.

Das erste bedeutende Ziel der vereinigten Streitkräfte war die starke, am Schwarzen Meer gelegene Stadt Warna. Unterwegs kam die Flotte aus dem Westen den Johannitern zu Hilfe, die 1444 in ihrer Inselfestung Rhodos von den Ägyptern belagert wurden. Danach fuhren die Kriegsschiffe sofort zum Schwarzen Meer, um an der Belagerung Warnas teilzunehmen, das vom Land her schon eingeschlossen war und von den Koalitionstruppen unter der Führung des unerschrockenen Hunyadi schwer bedrängt wurde. Schon war ein neuer überwältigender Sieg in Sicht, als plötzlich der alte Sultan an der Spitze von vierzigtausend ausgesuchten Kriegern, die die heimtückischen Genuesen ihm für Geld und Handelsprivilegien von Asien nach Europa transportiert hatten, aus seinem Schlupfwinkel herauskam. In dem nun folgenden mörderischen Kampf vor den Toren Warnas fielen sowohl Ladislaus wie Kardinal Cesarini, so daß die Last der Verteidigung nun ganz und gar auf den Schultern Hunyadis lag. Die Polen und Lateiner verloren durch das plötzliche Ausfallen ihrer Führung den Mut, und den Ungarn drohte die völlige Vernichtung durch einen unbesiegbaren Feind. Hunyadi blieb nichts anderes übrig, als am 10. November 1444 die Flucht zu ergreifen und damit den übriggebliebenen Teil seines erschöpften Heeres in Sicherheit zu bringen.

Der albanische Aufstand unter dem unbezähmbaren Skanderbeg wütete dennoch weiter, bis Hunyadi im Jahre 1448 ein neues Heer von vierundzwanzigtausend Mann auf die Beine gestellt hatte, mit dem er die Donau beim Eisernen Tor überquerte, um in Serbien einzudringen. Murād erwartete ihn mit einem weit überlegenen Heer von hundertfünfzigtausend. Auf der alten Ebene von Kossovo-Polye trafen sie aufeinander; der heldenhafte Kampf Hunyadis und seines Gefolges konnte sie nicht vor dem Untergang retten. Ihre zahlenmäßige Unterlegenheit, die Zusammenhangslosigkeit und das Fehlen einer gemeinsamen Taktik zwischen den Albaniern und den Ungarn, die zweifelhafte Treue der Walachen und die Tatsache, daß den Deutschen und den Böhmen die Munition ausging (was ihre gefürchteten Feuerwaffen äußerst unwirksam machte) – all diese Faktoren führten zur Tragödie der zweiten Schlacht von Kossovo (17. bis 19. Oktober 1448), die für den ungarischen Kreuzzug unwiderruflich das Ende bedeutete.

Wohl das einzige positive Ergebnis in diesem schmerzlichen Kapitel der Geschichte der Kreuzzüge war die Verlängerung des Todeskampfes des wankenden byzantinischen Reiches um einige Jahre. Schon vor dem Fall Konstantinopels im Jahre 1453 war die tatsächliche Herrschaft des Sultans in der Kaiserstadt von den meisten Mitgliedern der kaiserlichen Familie in irgendeiner Form stillschweigend anerkannt worden. Nach dem Tod Johannes' VIII. im Jahr 1448 baten seine drei Brüder Murād II., ihnen bei der Nachfolgerfrage als Schiedsrichter zu helfen, und die Wahl des Sultans fiel auf Konstantin XI. Dragases, den letzten Kaiser, der die Verteidigung der Stadt mit seinem Leben bezahlen sollte. Einige Zeitgenossen haben die Verteidigung dieses letzten Bollwerks der Christenheit im Osten, an der auch eine kleine Zahl von Christen aus Westeuropa teilnahm, einen Kreuzzug genannt. Dennoch muß die Geschichte des triumphalen Einzugs Muhammads II. (1451–1481) in Konstantinopel am 29. Mai 1453 als die Vollendung des türkischen Gegenkreuzzuges angesehen werden; deshalb wird davon an einer anderen Stelle dieses Buches die Rede sein.

Obwohl man die endgültige Eroberung Konstantinopels durch die Ottomanen im Jahr 1453 schon lange vorausgeahnt und sogar erwartet hatte, reagierte ganz Europa mit größter Bestürzung und Erbitterung auf das Ereignis. Die Flucht vieler bedeutender griechischer Persönlichkeiten, die im Westen um Aufnahme baten, war eine ständige Mahnung, daß die Dinge in Osteuropa einen verhängnisvollen Lauf nahmen. Der letzte der Palaiologoi, Thomas, ein Bruder des Konstantin Dragases, ließ sich schließlich 1461 an der römischen Kurie nieder; er hatte das Haupt des Apostels Andreas mitgebracht, eine der unschätzbaren Reliquien, die vor der Entweihung durch die Türken gerettet werden konnten. Papst Pius II. (Aeneas Sylvius Piccolomini, 1458–1464), der sich früher als unerschütterlicher Propagandist des Heiligen Krieges für die dem Untergang geweihte Sache eingesetzt hatte, machte jetzt das Anliegen des kaiserlichen Thronprätendenten zu seinem eigenen und nahm selber das Kreuz. Er forderte alle europäischen Monarchen auf, sich ihm in einem neuen universalen Kreuzzug anzuschließen, durch den Byzanz und das Heilige Land zurückerobert werden sollten. Sein Aufruf fand lediglich bei Philipp dem Guten Widerhall, der versprach, dem Papst mit sechstausend Mann zu folgen. Etwas später bat der burgundische Herzog um ein Jahr Aufschub und machte für diese Bitte die Belästigung seines Herzogtums durch Ludwig XI. verantwortlich. In Wahrheit war Pius II. selber zu dieser Zeit schon sehr krank, und das ganze Projekt wurde bei seinem Tode im Jahr 1464 mit ihm zu Grabe getragen. Sein Nachfolger, Paul II. (1467–1471), war weniger ehrgeizig, dafür aber praktischer veranlagt. Er beschloß, die für den Kreuzzug angesammelten Gelder Ungarn und Venedig als Entschädigung für ihre dauernden Auseinandersetzungen mit den Türken zur Verfügung zu stellen.

Die Rufe nach neuen Kreuzzügen wurden schwächer und schwächer, wenngleich ihr Echo an den europäischen Fürstenhöfen noch bis ins siebzehnte Jahrhundert zu hören war. Papst Innozenz VIII. (1484–1492) wurde bei seinen ergebnislosen Versuchen, einen neuen Feldzug gegen die Türken zu unternehmen, durch das Auftauchen eines Bruders und Rivalen Bajesīds II. namens Dschem als Flüchtling in Rom ermutigt. Innozenz VIII. erwog die Möglichkeit, zugunsten seines Schützlings einen Aufstand in der Türkei heraufzubeschwören, aber es heißt, daß er von Agenten des Sultans überredet wurde, den Plan aufzugeben und statt dessen gegen eine Entschädigung von dreihunderttausend Golddukaten den Leichnam Dschems herauszugeben.

Alexander VI. (1492–1503), der Nachfolger Innozenz' VIII., spielte zusammen mit König Karl VIII. von Frankreich (1483–1498) die Hauptrolle in dieser mysteriösen Angelegenheit. Der Papst übergab seine Geisel dem König, und schließlich hören wir, daß im Laufe des Jahres 1495 Dschem eines unnatürlichen Todes starb. So war der Sultan diese Drohung los, und sofort nahm er seine Einfälle nach Ungarn, Kroatien und der Moldau, ja sogar nach dem weit entfernten Polen wieder auf, bis der Friedensvertrag von 1503 Europa eine Atempause von siebzehn Jahren brachte. Die Päpste und die Fürsten des Westens nahmen eine passive, defensive Haltung ein und warteten ängstlich auf den nächsten Schritt, den die Hohe Pforte[4] unternehmen würde. 1515 erwog Papst Leo X. (1513–1521) allerdings die Wiederaufnahme der Feindseligkeiten gegen das ottomanische Reich zusammen mit König Franz I. von Frankreich (1515–1547) und dem deutschen Kaiser Maximilian I. (1493–1519), aber der Plan kam über bloße Erörterungen nicht hinaus. Vielleicht die einzige positive Aktion in dieser Zeit wurde von Kaiser Karl V. (1519–1556) unternommen, als dieser den Johannitern nach ihrer Vertreibung von der Insel Rhodos durch Sultan Suleiman den Großen (1520–1566) im Jahr 1530 auf Malta eine neue Heimat zuwies. Außerdem wurden einige kaiserliche Truppen im Jahr 1541 gegen Algier und 1550 gegen al-Mahdija vorgeschickt mit dem Ziel, die berberischen Seeräuber zu züchtigen. Andererseits führten diese kleinen Erfolge des Kaisers jedoch dazu, daß sein Widersacher, der französische König Franz I., ein Bündnis mit der Hohen Pforte einging, was wiederum für den Kaiser mehrere Niederlagen zur Folge hatte. Nur vor den Toren Wiens (1529) und in der Seeschlacht bei Lepanto (1571) konnte Europa den Vormarsch der Türken zum Stillstand bringen.

Von nun an wurde Mitteleuropa der Schauplatz der Auseinandersetzungen mit den Türken; im siebzehnten Jahrhundert ist von der Befreiung Jerusalems nur noch ganz gelegentlich, wie von einem Traum, die Rede. Kardinal Richelieu (1585–1642) und der berühmte französische Diplomat Pater Joseph (1577–1638) beschäftigten sich mit der Frage, wie das Heilige Land zu retten sei. Ferdinand I. von Toskana ging ein wenig weiter und landete 1607/08 auf der Insel Zypern, wo er versuchte, die unzufriedenen Türken zu einer gemeinsamen Aktion gegen ihren Herrn, Sultan Ahmed I. (1603–1617), zu bewegen. Der Versuch hatte keinen konkreten Erfolg; Ferdinand starb kurze Zeit später, im Jahr 1609. Ungefähr zu dieser Zeit verfaßte ein gewisser Pater Giovanni Dominelli, ein in Kairo lebender italienischer Priester, ein Dokument, das man als die letzte Propagandaschrift ansehen kann, in der ein Plan zur Befreiung Jerusalems und der heiligen Stätten entworfen wird. Er meinte, daß der Augenblick für eine Landung in Palästina außerordentlich günstig sei, da der Sultan an verschiedenen Fronten in Asien und Europa in Kämpfe verwickelt sei, während seine Untertanen sich insgeheim mit aufrührerischen Gedanken trügen und die Christen in seinem Reich nur auf eine Gelegenheit warteten, ihr schweres Sklavenjoch abzuwerfen. Die schwache Stimme Pater Dominellis verhallte ungehört in einer verwandelten Welt. Die Kreuzzüge lebten nur noch in der Erinnerung der Menschen weiter.

IV

Die Folgen der Kreuzzüge

Wenn man sich fragt, welches die Folgen der Kreuzzüge gewesen sind, muß man zwei Dinge klar voneinander unterscheiden: die Ergebnisse im weiteren Sinne, also die Folgen von welthistorischer Bedeutung, und die isolierten, örtlich begrenzten Auswirkungen auf ein bestimmtes Gebiet, eine bestimmte Institution oder eine bestimmte Gemeinschaft. Zur ersten Kategorie gehören die Gegenkreuzzüge sowie die geschichtliche Entwicklung des Handels und der Kultur; mit diesen Dingen wollen wir uns hier ausführlicher beschäftigen. Die Gegenkreuzzüge waren die unmittelbare Reaktion der mohammedanischen Welt auf die Kreuzzugsoffensiven im Nahen Osten. Der phänomenale Aufschwung des Osthandels seit dem späten Mittelalter ist zu verstehen als eine natürliche Folge der Tatsache, daß die Europäer durch das Kennenlernen der levantinischen Handelsplätze, der Endpunkte der asiatischen Handelsstraßen, ganz neue Möglichkeiten entdeckten. Was das Kulturelle betrifft, so vollzogen sich die Berührungen zwischen Mohammedanern und Christen nicht nur in Palästina, sondern auch im mittleren und westlichen Mittelmeerraum, in Sizilien und Spanien. Genaugenommen erfolgte die Einwirkung der arabischen Kultur und der arabischen Gedankenwelt gerade in Sizilien und in Spanien mit besonderer Intensität, während sie im Nahen Osten schnell nachließ. Welche Rolle die Kreuzzüge in jedem dieser drei großen Bereiche spielten, soll uns im folgenden beschäftigen.

Es gab eine Zeit, da die Gelehrten eine ausgeprägte Neigung hatten, die Auswirkungen der Kreuzzüge zu überschätzen und praktisch jede Veränderung innerhalb des europäischen Gemeinwesens gegen Ende des Mittelalters in irgendeiner Form auf den Einfluß dieser universalen Bewegung zurückzuführen. Darauf erfolgte ein plötzlicher Umschlag: jüngere Forscher behandelten die Kreuzzüge als lokal begrenzte und beziehungslose Ereignisse ohne irgendwelche, wie auch immer geartete Auswirkungen auf den allgemeinen Gang der Geschichte. Beide Extreme sind fragwürdig, da keine der beiden Anschauungen mit der Wahrheit voll übereinstimmt. Die Folgen der Kreuzzüge waren zu verschiedenen Zeiten und in verschiedenen Bereichen verschieden, und man muß jeden einzelnen Einflußbereich als eine besondere, einmalige Größe sehen, wenn man sein Verhältnis zur Kreuzzugsbewegung in ihrer Gesamtheit richtig beurteilen will.

Zunächst einmal waren es die Kirche und ihre oberste Behörde, die römische Kurie, welche die Auswirkungen der Kreuzzüge besonders deutlich zu spüren bekamen. Das Papsttum hatte im Investiturstreit manchen entscheidenden Sieg über das deutsche Kaiserreich errungen; die Kaiser waren gedemütigt und auf einen weltpolitisch untergeordneten Platz verwiesen worden. Der Papst hatte sich mit Riesenschritten dem Ziel der Weltherrschaft genähert, und die Kreuzzüge waren für Urban II. und seine Nachfolger ein neues, gewaltiges Mittel, die päpstlichen Universalansprüche vor der Welt zu vertreten. Der im Namen des Kreuzes geführte Krieg wurde somit von der Kirche geleitet, und an jedem Kreuzzug nahm ein apostolischer Bevollmächtigter teil, der den Stellvertreter Gottes wiederum auf dem Schlachtfeld vertrat, ja manchmal sogar das Oberkommando der Streitkräfte innehatte. Wir müssen uns aber auch daran erinnern, daß innerhalb des Lateinischen Königreichs Jerusalem weltliche Gewalten sich den Theokratisierungstendenzen widersetzten und bis zu einem gewissen Grade auch die päpstlichen Ansprüche in dem neuen Staat einschränken konnten. Die kirchlich-päpstliche Vorrangstellung wurde zwar von allen, die am Kreuzzug aktiv teilnahmen oder ihn predigten, stillschweigend anerkannt, aber bei der konkreten Führung des Kampfes wurde ihr keine freie Hand gelassen (abgesehen von seltenen Fällen wie zum Beispiel in der Schlußphase des Kreuzzuges von 1217–1221). Als dann die Kriege gegen die Mohammedaner im Osten mit dem Ziel, die heiligen Stätten zu befreien, allmählich zu Zwangsmaßnahmen gegen bestimmte Christen in Westeuropa wurden – sei es gegen Häretiker wie im Albigenserkreuzzug, sei es gegen persönliche Feinde des Papstes wie im Falle Friedrichs II. –, da trug dies mit dazu bei, die Autorität des Papstes zu unterminieren und Skepsis gegenüber dem Geist und dem Sinn der ganzen Bewegung aufkommen zu lassen. Der Klerus erhob feste Abgaben für die heilige Sache, man konnte, statt selber am Kreuzzug teilzunehmen und Buße zu tun, auch Geldzahlungen leisten, und so entstand allmählich ein neuartiges Ablaßsystem, das dem öffentlichen Ansehen des Papsttums schweren Schaden zufügte.

Zu den wichtigsten Dingen, die die Kreuzzugsbewegung hervorgebracht hat, gehören die geistlichen Ritterorden. Die hervorragendsten dieser von Mönchen gebildeten Streitkräfte waren der Templer- und der Johanniterorden. Obwohl sie stets an den Kreuzeskriegen teilnahmen, entfalteten sie als halbweltliche Organisationen mit eigener politischer Zielsetzung bald besondere Neigungen, die oft mit denen eines anderen Ordens in Konflikt gerieten und zu offenen Auseinandersetzungen führten. Die Templer wurden überdies zu Pionieren in der Geschichte des mittelalterlichen internationalen Bankwesens, wobei der Orden seinem ursprünglichen Gelöbnis untreu wurde und dadurch seinen eigenen Untergang heraufbeschwor: 1310 wurde der Templerorden vom französischen König aufgehoben – ein Urteil, dem sich nach einem der skandalösesten und schrecklichsten Prozesse aller Zeiten das Papsttum im Jahre 1312 widerstrebend anschloß. Der Orden der Johanniter dagegen blieb mehrere Jahrhunderte lang am Leben. Als sie nach dem Fall Akkons im Jahr 1291 das Heilige Land verlassen mußten, fanden sie einen Unterschlupf in dem Inselkönigreich Zypern, wo sie für einige Jahre die Gastfreundschaft der Lusignans genossen. Dann nahmen sie Rhodos in Besitz, das ihre Heimat wurde, bis Sultan Suleiman der Große sie 1522 vertrieb und die Insel für die Türkei eroberte. Hierauf erhielten sie von Kaiser Karl V. (1519–1556) die Insel Malta; dort blieben sie bis 1798, als Napoleon Bonaparte auf seinem Zug nach Ägypten den Orden aufhob.

Auch außerhalb des Heiligen Landes entstanden in dieser Zeit Ritterorden. Der Schwertbrüderorden wurde im Jahre 1204 von Innozenz III. ins Leben gerufen, der Deutsche Orden entstand während des dritten Kreuzzuges. Später wurden diese beiden Orden miteinander verschmolzen und nahmen gemeinsam den Kampf gegen die Heiden in Preußen auf; der Staat Preußen ist aus diesen Bemühungen hervorgegangen.

Die folgenreichste Reaktion auf die zunehmende Verweltlichung der geistlichen Ritterorden war wohl die Entstehung der neuen Bettelorden. Der erste und bedeutendste war derjenige der Franziskaner oder Minderbrüder (Fratres minores);[1] er wurde von dem großen Heiligen Franziskus von Assisi (1182–1226) gegründet, nachdem dieser vom ägyptischen Kreuzzug (1218–1221) nach Italien zurückgekehrt war. Der nächstbedeutende ist der Dominikanerorden, dessen Mitglieder es sich zur Aufgabe machten, jede Form von Antiklerikalismus zu bekämpfen und gegen die ketzerischen Albigenser vorzugehen. Der Gründer war der heilige Dominikus, ein feuriger Spanier, der in der Regel der Dominikaner (Fratres praedicatores)[2] die Wichtigkeit des Predigens hervorhob; auf Grund ihrer großen Verdienste wurden die Dominikaner im Jahr 1215 von Papst Innozenz III. offiziell bestätigt.

In Wahrheit waren die Regeln dieser beiden Orden nach ein und demselben Muster angelegt. Beide hielten sich streng an den Grundsatz der Armut und strebten eine rückhaltlose Unterwerfung unter die Autorität des Papstes an; sie übten ihre Tätigkeit vor allem in den Städten aus, wo sie ihre Predigerarbeit mit erzieherischen Aufgaben verbanden. Es ist ziemlich bedauerlich, daß die Dominikaner in die Gewalttätigkeiten der Inquisition gegen die Ketzer verwickelt wurden. Die Franziskaner dagegen wirkten als Missionare in überseeischen Gebieten. Ihre Tätigkeit in Asien hat man oft als den ›Mongolenkreuzzug‹ bezeichnet, da sie zum allererstenmal den ganzen asiatischen

Kontinent durchquerten und versuchten, die Tataren zu bekehren, und zwar in der Absicht, den Fernen Osten mit dem christlichen Westen zu vereinigen und dann einen umfassenden Angriff gegen das mohammedanische Reich im Nahen Osten zu unternehmen. In gewissem Sinne stehen alle diese historischen Erscheinungen in Beziehung zum Kreuzzugszeitalter.

Im politischen Bereich trugen die Kreuzzüge mit zur Erstarkung der Zentralmacht der Monarchien auf Kosten des Feudaladels bei. Die Verarmung der Feudalherren infolge ihrer Teilnahme an sehr kostspieligen Kriegen in der Fremde schwächte ihren Einfluß in der Heimat. Einige Adlige verpfändeten ihre Lehen, einige verkauften ihre erblichen Besitzrechte, andere starben kinderlos und verloren ihre Besitzungen an die Krone. Gleichzeitig wurden in den Jahren 1146 und 1165 von Ludwig VII. von Frankreich, 1166 und 1184 von Heinrich II. von England und 1184 (auf drei Jahre) von Philipp August königliche Steuern für den Unterhalt des Heiligen Landes erhoben. Nach dem Fall Jerusalems wurde 1188 sowohl in England wie in Frankreich ein ›Saladinzehnter‹ eingetrieben. In einem gewissen Sinne kann man die mit den Kreuzzügen zusammenhängenden Steuern und Besteuerungen als die bescheidenen ersten Anfänge des modernen Steuersystems ansehen. Während ferner der Feudalismus gerade seinen langen Verfallsprozeß antrat, kam gleichzeitig eine neue Mittelklasse auf. Die Stadtbewohner, die Bürger, kauften den schwer bedrängten Adligen, die sich dem Kreuzzug anschlossen, ihre Rechte ab und verbündeten sich mit dem König, um sich späteren lokalen Übergriffen von seiten der Feudalherren widersetzen zu können. Diese Bündnisse zwischen Nichtadligen oder Bürgern und der Krone waren es, die den ersten Funken des modernen ›Nationalismus‹, damals noch in der Form des ›Royalismus‹, entzündeten; als die Zersetzung des Feudalismus sich nach den Kreuzzügen immer mehr beschleunigte, war dieser Funke schon zur Flamme entfacht. So entstand um die Person des Königs damals allmählich die Keimzelle des modernen Staates. Der Vorgang entpuppte sich als eine institutionelle, wirtschaftliche und soziale Umwälzung, die das Gesicht Europas gegen Ende des Mittelalters verändern sollte.

Der Einfluß der Kreuzzüge auf das Militärwesen des mittelalterlichen Europa war infolge der direkten Berührungen mit den Griechen und mit den Arabern beträchtlich. Da die Lateiner in erster Linie bewaffnete Siedler auf fremdem Boden waren, waren sie angesichts der ständig drohenden Gefahren für jede Verbesserung ihrer Kriegskunst begreiflicherweise sehr empfänglich. Die konzentrische Anlage der Burgen mit doppelter Umwallung und einem befestigten Hauptturm in der Mitte geht wahrscheinlich auf orientalische Einflüsse zurück, obwohl manchmal auch geltend gemacht wird, daß dies eine normale Folge der Notwendigkeit gewesen sein könnte, bei der Erstürmung einer Burg durch feindliche Truppen die Zahl der Hindernisse zu vergrößern. Die Tatsache bleibt aber bestehen, daß das älteste europäische Beispiel einer nach diesem neuen Prinzip angelegten Burg das Château Gaillard ist, welches Richard I. nach seiner Rückkehr vom dritten Kreuzzug in der Normandie anlegte.

Andere Erscheinungen lassen sich ebenfalls auf östliche Einflüsse zurückführen. Dazu gehört die Einführung der Schießscharte (englisch: machicolation). Eine Machicoulis war eine Öffnung zwischen den Kragsteinen in einer Brüstung, im Boden eines Balkons oder auf dem Dach einer Burgpforte, durch die auf die draußen befindlichen Angreifer kochende Flüssigkeiten oder Wurfgeschosse hinausbefördert werden konnten. Diese Einrichtung war im Osten schon lange bekannt; Beispiele für Schießscharten dieser Art finden sich in Ägypten und dem Heiligen Land an befestigten Bauten, Zitadellen und in Stadtmauern schon lange vor ihrer Übernahme durch westeuropäische Militärbaumeister. Bestimmte Belagerungstechniken, vor allem das Unterminieren und die Anlage von Sappen (unterirdischen Gräben) sowie die Verwendung des Griechischen Feuers, sind Neuerungen, die die Kreuzfahrer in Europa eingeführt haben. Auch die Armbrust stammt aus dem Osten. Der Überrock wurde nach dem Vorbild mohammedanischer Krieger eingeführt; diese trugen ihn, um ihre metallene Waffenrüstung vor der glühenden Sonne zu schützen. Entsprechend verhält es sich mit den unter dem Panzer getragenen Wattepolstern. Die Kopfbinde zum Schutz gegen die erbarmungslose orientalische Sonne ist identisch mit der arabischen ›kūfija‹. Das Turnier ist dem im Osten verbreiteten ›Stockspiel‹ (la'ib al-Dscharīd) sehr verwandt. Die Verwendung von Brieftauben zum Überbringen von militärischen Nachrichten war im Osten ein alter Brauch und wurde von den Kreuzfahrern sogleich nachgeahmt. Eine typische Erscheinung des Kreuzzugszeitalters sind die Wappen, und manche europäischen Embleme lassen sich auf sarazenische Vorbilder zurückführen. Die Lilie (fleur-de-lis), der Doppeladler, der Löwe, der Kelch und die Poloschläger sind einige der zahlreichen Wappensymbole, die man im Osten schon vor den Kreuzzügen kannte.

Bemerkenswert ist ferner, daß das französisch-volkssprachliche Schrifttum im Zeitalter der Kreuzzüge starke Antriebe erfuhr. Zur altfranzösischen Literatur, die von den Kreuzzügen angeregt wurde, gehören unter anderem Werke wie diese: die ›Estoire de la Guerre Sainte‹ von Ambroise, ›La conquête de Constantinople‹ von Villehardouin, die ›Histoire de Saint-Louis‹ von Joinville, die ›Histoire de Éracles‹ von Wilhelm von Tyrus, die ›Gestes des Chiprois‹, die ›Chanson d'Antioche‹ und ›La prise d'Alexandrie‹ von Guillaume de Machaut und die ›Chanson de la Croisade des Albigeois‹.

Trotz der feindseligen Einstellung auf beiden Seiten kann man in dieser Literatur zwischen den Zeilen doch eine wachsende Tendenz gegenseitigen Verständnisses und religiöser Toleranz feststellen. Der Erzbischof Wilhelm von Tyrus zum Beispiel sagt folgendes, als er über die Araber zur Zeit der ersten mohammedanischen Eroberung des Heiligen Landes schreibt: »Sie erlaubten dem besiegten Volk jedoch, die verwüsteten Kirchen wieder aufzubauen, ihren eigenen Bischof zu behalten und die christliche Religion ohne Einschränkungen auszuüben.«[3] Er selbst war mit der arabischen Sprache vertraut und schätzte die orientalische Welt, in der er seit seiner Kindheit gelebt hatte.

Natürlich brachten die Kreuzfahrer zahlreiche neuartige Dinge von archäologischem Interesse mit nach Hause. Gibbon bezeichnet denjenigen, der die ersten kleinasiatischen Windmühlen in Europa einführte, als einen der Wohltäter der europäischen Nationen. Durch die Berührung mit einer weit überlegenen Zivilisation lernten die rauhen Krieger die Benutzung öffentlicher und privater Bäder kennen. Auch mit den Latrinen wurden die Europäer hier bekannt; in dieser Zeit wurden sie in Europa eingeführt. Handwerker und Maurer standen voller Bewunderung vor der großartigen Steinbearbeitungskunst, in der die Syrer schon seit der Antike Hervorragendes geleistet hatten; sie kehrten mit neuen künstlerischen Vorstellungen in ihre Heimat zurück, die mit eine Grundlage für die europäische Gotik bildeten. Die arabischen Rezepte für die Herstellung von buntem und emailliertem Glas sowie der damaszenischen Stahlklingen, die bis dahin streng geheim gewesen waren, wurden während der Kreuzzüge auch von europäischen Werkstätten ausgenutzt. Seide, Zucker und eine Menge anderer Rohstoffe und Delikatessen kamen ebenfalls mit den Kreuzfahrern nach Europa; aber davon wird bei der Erörterung des mittelalterlichen Handels die Rede sein.

Der Abenteurergeist der Kreuzfahrer führte schließlich das Zeitalter der Entdeckungen herauf. Das Interesse für die Mongolen öffnete den Weg ins ferne Kathai (China) durch das bisher unbetretene Gebiet Zentralasiens. Eine bemerkenswerte Erscheinung der Zeit war aber auch die von Ludwig IX. geförderte und von den Päpsten gebilligte Missionstätigkeit der katholischen Kirche. Mit dem Tode des letzten lateinischen Patriarchen, Johannes' von Florenz, im Herrschaftsbereich des Chân Balîk im Jahre 1362 war es mit der Hoffnung auf ein Bündnis mit den Mongolen allerdings plötzlich zu Ende. Trotzdem träumten auch danach noch die Päpste und die europäischen Fürsten von einem Mongolenkreuzzug, und gelegentlich hat man versucht, das zum Scheitern verurteilte Projekt wiederaufleben zu lassen.

Gegen Ende des fünfzehnten Jahrhunderts machten sich Ferdinand und Isabella zu ihrem letzten, endgültig erfolgreichen Kreuzzug gegen die Mauren in Andalusien auf; im Januar 1492 ergab sich Granada den spanischen Christen. Als damit die Reconquista vollendet war, begannen die beiden katholischen Monarchen nach Möglichkeiten auszuschauen, neue, außerhalb der iberischen Halbinsel gelegene Gebiete im Namen der christlichen Religion an sich zu reißen. Mit diesem Ziel vor Augen fanden sie sich bereit, Christoph Columbus, einem etwas zweifelhaften, aber kühnen genuesischen Seemann, die Erlaubnis zu dem Versuch zu geben, Indien und das Groß-Chanat Kathai auf dem Seeweg nach Westen zu erreichen. Das Ziel dieser Unternehmung wird in dem Columbus zugeschriebenen, in den Annalen des Schriftstellers Las Casas überlieferten Tagebuch mit erstaunlicher Genauigkeit geschildert. Der Entdeckungsreisende wendet sich mit den folgenden Worten an seine königlichen Wohltäter: »Eure Hoheiten haben als gute, fromme christliche und katholische Fürsten und als Verbreiter des christlichen Glaubens sowie als Feinde der Sekte Mohammeds und aller Abgöttereien und Ketzereien den Plan gefaßt, mich, Christoph Columbus, in dieses Land Indien zu senden, damit ich dort die Fürsten, die Völker, das Land und alles übrige mir ansehe und mir die Wege klarmache, auf denen man vorgehen muß, um diese Gebiete zu unserem heiligen Glauben zu bekehren.«[4] Die Bestrebungen, Indien zu erreichen, traten jedoch zurück nach der aufsehenerregenden Entdeckung Amerikas, das den Weg nach Indien und dem Fernen Osten versperrte, und das Interesse für Kathai wurde von den blendenden, großartigen Aussichten auf eine ganze neue Welt vollständig verdrängt. Es ist deshalb keineswegs übertrieben, zu behaupten, daß die Entdeckung Amerikas indirekt ein Nebenergebnis der Kreuzzugsbewegung ist, ein Nebenergebnis, das zugleich symptomatisch für die damalige weltgeschichtliche Neuorientierung ist.

Die Erweiterung des Horizontes über alle bis dahin bekannten Grenzen hinaus sowie der wachsende Reichtum und die dadurch ermöglichte Muße in den südeuropäischen Kommunen trugen im Bereich der Kunst und der Literatur reiche Früchte, die die Neugeburt einer sich verwandelnden Welt anzeigten. Die Renaissance und der Beginn der Neuzeit haben ihre Wurzeln zu einem Teil, wenn auch natürlich nicht ausschließlich, in den Kreuzzügen und ihren weittragenden Folgen für das soziale, kulturelle und wirtschaftliche Leben. Die natürliche, innere Fortentwicklung sowie die Berührungen Europas mit der fortgeschrittenen arabischen Zivilisation in Spanien und auf Sizilien sind weitere Faktoren, die bei der Beurteilung der damals unmittelbar bevorstehenden Verwandlung der europäischen Bühne nicht übersehen werden dürfen.

Was den Osten betrifft, wo die Kreuzzüge ursprünglich teilweise in der Absicht unternommen worden waren, die dort ansässigen Christen zu beschützen und zu unterstützen, so endete die Bewegung gerade dort paradoxerweise als vollständige Tragödie. Obwohl Kleinasien vorübergehend von den Griechen zurückgewonnen wurde, nahmen die Türken ihre Angriffe gegen das byzantinische Gebiet jedesmal unbarmherzig wieder auf, wenn die Vorstöße der Kreuzfahrer verebbten. Das eigentliche Unheil jedoch brach erst beim vierten Kreuzzug mit all seinen nicht wiedergutzumachenden Folgen über das oströmische Reich herein; hier wurde der Weg geebnet für den endgültigen Zusammenbruch Ostroms im Jahr 1453, und hier wurde auch der traditionelle Haß der Völker und Kirchen des christlichen Ostens und des christlichen Westens aufeinander weiter angefacht.

Den innerhalb des arabischen Herrschaftsbereiches lebenden vernachlässigten christlichen Minderheiten brachten die Kreuzzüge ebenfalls nur Unheil. Diese friedlichen Christen hatten gelernt, mit ihren mohammedanischen Nachbarn in gutem Einvernehmen zu leben und alle Differenzen, die zwischen ihnen aufkamen, im Geiste der Freundschaft zu beseitigen. Nun behandelten die Kreuzfahrer sie als abscheuliche Ketzer, schlimmer als Heiden, und nahmen ihnen die Rechte, die sie vorher unter der mohammedanischen Herrschaft besessen hatten. Gleichzeitig rief eine neue Situation, die durch die Angriffe der von Westen kommenden Christen entstanden war, den Zorn des Kalifats gegen alle Christen wach, gleichgültig ob sie aus dem Westen kamen oder Orientalen waren. In ihrer Verzweiflung gingen manche orientalischen Christen, um in Frieden gelassen zu werden, entweder zum Islam oder zum Katholizismus über. Die Bekehrung der Maroniten im Libanon und eines Teils der armenischen Bevölkerung in Kilikien zum katholischen Glauben ist ein Ergebnis der Kreuzzüge; die Einheit der alten orientalischen Kirchen ist dadurch geschwächt worden. Die ortsansässigen Christen waren nach dem Scheitern der heiligen Kriege gezwungen, ihre erschütterte Stellung in der islamischen Gesellschaft neu aufzubauen – ein langwieriges, schmerzliches, aber unvermeidliches Unternehmen.

Die Gegenkreuzzugspropaganda

Welche Ergebnisse die Kreuzzüge auch immer gehabt haben mögen, eines geht aus den Ereignissen mit aller Deutlichkeit hervor: Gewalttätigkeit rief auf der Gegenseite ebenfalls Gewalttätigkeit hervor, und die vom Westen geführten Kreuzeskriege riefen den alten, schlummernden Geist des ›al-Dschihād‹, des in der Frühzeit geführten Heiligen Krieges der Mohammedaner gegen alle Christen, wieder wach. Mit anderen Worten: Die Kreuzzüge beschworen als ihre unmittelbare, vernichtendste Folge die Gegenkreuzzüge herauf. Trotz der Tatsache, daß diese Phase in der Fachliteratur lange Zeit über Gebühr zu kurz gekommen und höchstens beiläufig behandelt worden ist, kann ihre Bedeutung für die geographisch-politische Entwicklung im Nahen und Mittleren Osten gar nicht hoch genug eingeschätzt werden. Bei näherer Untersuchung erweisen sich die Gegenkreuzzüge als eine den Kreuzzügen in ihrer Bedeutung ebenbürtige Parallelerscheinung – mit einem entscheidenden Unterschied allerdings, nämlich dem, daß die Gegenkreuzzüge einen bleibenden Einfluß auf den Lauf der Geschichte ausübten, während die Kreuzzüge mit einem endgültigen Bankrott endeten.

Die auffallende Lücke in unserem Wissen und in der vorhandenen Literatur in bezug auf dieses außerordentlich interessante Thema ist weitgehend dem Mangel an Quelleneditionen zuzuschreiben. Obwohl die Zahl der Abhandlungen und Traktate, die die mittelalterlichen mohammedanischen Autoren über diesen Gegenstand hinterlassen haben, unermeßlich groß ist, liegt das meiste in Manuskripten vergraben, die über weit auseinanderliegende Bibliotheken verstreut sind. Eine vorläufige Durchsicht von einigen hundert solcher Codices hat die wichtigsten konstituierenden Elemente dieses wenig bekannten Themas ans Licht gebracht. Wir wollen diese Quellen kurz analysieren, und zwar im Sinne einer ersten Einführung; ausführlichere Untersuchungen dieses unerforschten Gebietes müssen künftigen Forschern und Orientalisten überlassen bleiben.

Vor allen weiteren Überlegungen müssen wir uns darüber im klaren sein, daß die Quellen und die Phasen der Gegenkreuzzugsbewegung Parallelen zu denen der Kreuzzugsbewegung bilden. Die christliche Kreuzzugspropaganda im Westen wurde durch die mohammedanische Gegenpropaganda für ›al-Dschihād‹ im Osten beantwortet. Angriffe auf Palästina und andere mohammedanische Länder zogen automatisch die Feindschaft der Mohammedaner nach sich und führten schließlich zu systematischen Überfällen auf die in Reichweite der Moslems liegenden christlichen Staaten, sowie die Drohungen von Westen her ein wenig nachließen. Die daraus resultierende neue islamische Eroberungspolitik entsprang im wesentlichen aus zwei Quellen: dem ägyptischen Sultanat der Mamluken und dem Reich der gegen Osteuropa und gegen den Osten Mitteleuropas losbrechenden ottomanischen Türken.

Die mosleminische Propaganda entsprang in erster Linie theologischen Erwägungen über das Prinzip des ›al-Dschihād‹, des Heiligen Krieges, das bis in die Zeit der ersten Anfänge des Islams, in die Tage des Propheten Mohammed (570–632) und der vier orthodoxen Kalifen, seiner unmittelbaren Nachfolger, zurückreicht. Dieses Prinzip des ›al-Dschihād‹ war von allem Anfang auf die Autorität einer Anzahl von Versen aus den medinensischen

Suren des heiligen Koran gegründet worden. Schon bald wurde es von den großen mohammedanischen Juristen und Kommentatoren beinahe als die ›sechste Säule‹ des islamischen Glaubensbekenntnisses angesehen.[5]

Genaugenommen bedeutet das Wort ›al-Dschihād‹ ›Streit‹ oder ›Kampf‹ im weiteren Sinne (des sichtbaren wie des unsichtbaren Kampfes). Die Religionsführer oder ›imāms‹ unterscheiden vier Arten des ›al-Dschihād‹: den Kampf des Herzens gegen die unsichtbare Sünde, der als der schwerste und lobenswerteste angesehen wird, den der Zunge gegen böse Reden, den der Hand im Bereich des Sichtbaren und den des Schwertes gegen Polytheisten und gegen die Feinde des Islams (dieser Kampf wird als der ›kleinste Dschihād‹ bezeichnet). In der Realität wurde ›al-Dschihād‹ dann mit dem Heiligen Krieg gleichgesetzt, das heißt mit der Pflicht aller gesunden Moslems (fard 'ala 'l-Kafāja), alle Nicht-Moslems zu bekämpfen, bis die ganze Welt dem Islam unterworfen ist und sich Allah ergeben hat.

Theoretisch beruhte die Verbreitung des Islams auf der ›Mission‹ (risāla), auf der Bekehrung des anderen mit Hilfe guter Worte. Da die guten Worte des frühen Islams nicht schnell genug wirkten, wurde von späteren Juristen auch ›al-Dischihād‹ als ein erlaubtes Mittel zur Verbreitung des Glaubens anerkannt. Auch abgesehen von den zu Lebzeiten Mohammeds geführten Kriegen, die ihrem Wesen nach defensiven Charakter hatten, sehen wir die neue Auffassung doch schon wenige Jahre nach dem Tode des Propheten wirksam werden, und zwar im Falle der Dissidenten (ahl ar-ridda), die vom Islam zu alten heidnischen Kulten übergegangen waren oder anderen falschen Propheten folgten. Sie wurden mit dem Schwert niedergemacht: ein Brauch, der von späteren Generationen als Präzedenzfall angesehen wurde. Die Welt wurde folgerichtig in zwei Lager eingeteilt: das der Gläubigen und das der Ungläubigen, oder in ein ›Haus des Islams‹ (dar al-islām) und ein ›Haus der Feindseligkeit‹ (dar al-harb). So wurde ›al-Dschihād‹ zu einer verbindlichen gemeinsamen Aufgabe unter der Führung des Kalifats, die bis zur Vereinigung der ganzen Welt im ›Hause des Islams‹ gültig war und die weder Nachsicht noch Aufschub vertrug. Diese gut durchdachte Lehre bildet für sämtliche islamische Propagandaschriften, die sich mit dem Heiligen Krieg beschäftigen, den Ausgangspunkt. Allen Autoren schwebt das gleiche Ziel vor: die Gläubigen zum Kampf für die Verteidigung der heiligen Stätten und aller mohammedanischen Heiligtümer aufzufordern. Ihre Schriften lassen sich in drei Hauptkategorien einteilen:

Da gibt es zunächst die ›Pilgerfahrtsbücher‹ (Kutub as-Sijārāt), deren Verfasser der Gemeinde der gläubigen Moslems erklären, daß das Pilgern nicht nur auf die heiligen Städte Mekka und Medina in Hidschas beschränkt sei. Um eine vollständige Pilgerreise durchzuführen, so sagen sie, müssen die

Gläubigen außerdem die wichtigsten Heiligtümer und Gräber der Propheten der beiden monotheistischen Religionen, der jüdischen und der christlichen, aufsuchen. Mohammed wandte sich nicht gegen die älteren Propheten, und der Islam verwarf auch ihre Lehren und heiligen Schriften nicht. Was der Islam in diesen Bekenntnissen ablehnte, war das sogenannte Element der Verdorbenheit, der nachträglich den Originaltexten der Thora und des Evangeliums hinzugefügten Einschiebungen. Das Aufsuchen der alten Heiligtümer der Propheten war für den Moslem eine Bindung an eine zusätzliche Pflicht. Einer der Autoren erklärt, daß ein einziges in Jerusalem (dem arabischen al-Kuds oder Bait al-Makdis, das heißt Haus der Heiligkeit) gesprochenes Gebet tausend anderswo gesprochene Gebete aufwiege. Wenn ein Moslem dieser Verpflichtung nicht nachkommen konnte, sollte er Öl zu den Heiligtümern der Heiligen Stadt bringen lassen. Eine Pilgerreise im vollen Sinne des Wortes sollte ferner die Gräber von Mohammeds Begleitern, wo immer sie außerhalb der arabischen Halbinsel zu finden wären, sowie die Gräber sonstiger von späteren Generationen verehrter heiliger Scheiche mit einschließen. Aus den Schriften von Abu Bakr al-Herawī (gestorben im Jahr 611 nach mohammedanischer Zeitrechnung, das heißt im Jahr 1214 A. D.), Schihāb ad-Dīn al-Makdisī (gestorben 765 moh. Zeitr., 1363 A. D.) und Muwaffak ad-Dīn al-Chazradschī (gestorben um 780 moh. Zeitr., 1378 A. D.) gewinnt der Leser die Überzeugung, daß der Moslem durch seinen Glauben verpflichtet war, diese Stätten nicht nur aufzusuchen, sondern sie innerhalb der Grenzen des islamischen Reiches auch zu unterhalten und gegen die Kreuzfahrer zu verteidigen, die als ungläubige Christen, als regelrechte Heiden und Polytheisten angesehen wurden, deren bloße Anwesenheit schon die Heiligtümer entweihte.

Eine zweite große Gruppe von Schriften könnte man als die ›Bücher der Tugenden‹ (Kutub al-Fadā'il) bezeichnen. In ihnen zählt der Autor die Tugenden mohammedanischer Länder, mohammedanischer Städte und mohammedanischer Heiligtümer auf. Freie, unter der Herrschaft der Moslems stehende Gebiete sollten gegen jeden christlichen Angriff verteidigt werden. Den Kreuzfahrern anheimgefallene Orte müssen von ihrem Joch befreit werden. Palästina ist ein Besitz, der einzig und allein den gläubigen Mohammedanern zusteht. Betrüger und Kreuzesanbeter sollten in Jerusalem niemals geduldet werden. In einer anonymen Schrift des vierzehnten Jahrhunderts mit dem Titel ›Die Tugenden Syriens‹ (›Fadā'il asch-Schām‹) wird die recht merkwürdige Behauptung vorgebracht, Syrien (einschließlich Palästinas, wie sich versteht) enthalte neun Zehntel des Reichtums der Welt. Es sei außerdem das Land der Auferstehung. Daher werde der Bewohner Syriens, da er seiner späteren Aufnahme in den Himmel sicher sei, auch schon in dieser Welt materielle Vorteile genießen. Die zu dieser Kategorie gehörenden Schriftsteller ließen es nicht bei der Lobpreisung der Wallfahrtsorte bewenden, sondern übertrugen ihr Lob auch auf alle möglichen anderen Orte, um so das öffentliche Interesse für jede bedeutende unter islamischer Herrschaft stehende Stadt zu wecken. Sogar ein Mann vom Format eines Sujūtī hielt es für nötig, einen (bisher nicht veröffentlichten) ›Brief über die Tugenden Alexandrias‹ zu verfassen.

Zu den hervorragendsten arabischen Schriftstellern der Zeit gehört der soeben erwähnte Dschalāl ad-Dīn as-Sujūtī (1445–1505). Seine Merkmale sind: die Produktivität, die Monumentalität, das Enzyklopädische. Seine Behandlung des Themas ›Alexandria‹ ist typisch für seine Art zu schreiben. Er beginnt, indem er traditionelle Aussprüche (Hadith) über Alexandria zitiert, die dem Propheten Mohammed zugeschrieben werden. Dann beschreibt er das religiöse Leben und die religiösen Zentren (ribats) der Stadt und behauptet, drei in einem dieser Zentren verbrachte Tage seien siebzig Jahren in dem Gebiet, das sich von den Griechen bis zu den Arabern erstreckt, gleichwertig, und ein an den Gestaden dieser Stadt zugebrachter Monat wiege sechzig zu anderen Orten unternommene Wallfahrten auf. Alexandria hat zwei Tore, die ins Paradies führen; das eine heißt ›Tor Mohammeds‹, das andere ›Tor der Barmherzigkeit‹. Vier Gebete während eines vierzigtägigen Aufenthalts in Askalon, Cäsarea oder Alexandria garantieren einen hervorragenden Platz im Paradies. Es werden Geschichten über Leute erzählt, die von weither gekommen sind, wie zum Beispiel ibn Chudhaïma, der 1164 aus Chorrasan gekommen war, um in Alexandria den Gottesdienst auszuüben und sich niederzulassen.

Die dritte Kategorie umfaßt die ›Bücher über den Heiligen Krieg‹ (Kutub al-Dschihād), die noch zahlreicher sind als die der anderen beiden Gruppen. Der Heilige Krieg war die Erfüllung eines mohammedanischen Gelübdes. Erörterungen über das Prinzip des Heiligen Krieges finden sich vor allem in der ungewöhnlich zahlreichen juristischen Literatur des Islams (Fikh), die von al-Buchārī (810–870) bis as-Sujūtī geht, und zwar sowohl in den Werken der Sunniten mit ihren vier Schulen (Schafiiten, Malikiten, Hanafiten und Hanbaliten) wie in denen der heterodoxen Schiiten. Was den Heiligen Krieg betrifft, finden wir bei den Kommentatoren der verschiedenen Glaubensbekenntnisse oder Sekten des Islams kaum wesentliche Meinungsunterschiede.

Mehr als hundert Jahre vor dem Beginn der Kreuzzüge schrieb al-Kādī (das heißt Richter) al-Nuʿmān ibn Muhammad (gestorben 974) ein juristisches Werk mit dem Titel ›Daʿāʾimu ʾl-Islām‹ (›Die Säulen des Islam‹), aus dem das wichtige ›Kitāb al-Dschihād‹ (›Buch über den Heiligen Krieg‹) in jüngster Zeit veröffentlicht worden ist. Da es in bezug auf die Jurisprudenz die wichtigste fatimidische Quelle darstellt und da die Kreuzzüge im Zeitalter der Fatimiden aufflammten, ist eine kurze Analyse des Inhalts dieses autoritativen Werkes von besonderem Interesse. Al-Nuʿmān beginnt mit einer Reihe von Zitaten aus dem Koran, die den Glaubenskampf empfehlen, und stützt diese durch Auszüge aus den ›Hadith‹, den Aussprüchen des Propheten. Dann behandelt er diese göttlichen Gebote unter verschiedenen Titeln, wie etwa: das Bedürfnis nach dem Heiligen Krieg, der Ort, den das Pferd in der Schlacht einzunehmen hat, das Verhalten der an einem Feldzug teilnehmenden Krieger, die Aufgaben der Generäle oder Emire. Daran schließt er eigene Kommentare an über Dinge wie eine Predigt für den Heerführer, die Praxis der Rechtsprechung, das Studium der sozialen Klassen und ihrer Beziehungen zu den Regenten, über die Besteuerung, über Kriegsvorbereitungen, Kriegstaktik, den Kampf gegen Ungläubige, die Stellung der Gefangenen, über freies Geleit, Waffenstillstand, Friedensverträge und -abgaben, über Beute und ihre Verteilung, das Vorgehen gegen Verbrecher sowie darüber, was mit den von ihnen geraubten Gütern zu geschehen habe. Auch die kleinsten Details des Heiligen Krieges werden im Rechtssystem des Islams (Scharīʿa) peinlich genau behandelt.

Aber dies ist nur eine Seite des Schrifttums über ›al-Dschihād‹, und zwar die theoretische Behandlung des Gegenstandes. Die andere Seite wird von den Autoren sogar noch weitläufiger dargestellt. In der Tat entstand, vor allem im späteren Mittelalter, eine eigene, umfassende Literatur, die sich mit den praktischen Seiten der orientalischen Kriegskunst beschäftigte. Traktate über Reitkunst und Ritterwesen, über Waffenrüstungen und über den richtigen Umgang mit jeder einzelnen Waffe, über Kampftechniken, taktische Dinge und über die Schlachtordnung wurden von erfahrenen und in Militärangelegenheiten bewanderten Kriegern und Heerführern zusammengestellt. Die riesige Menge mohammedanischen Schrifttums über dieses wichtige Gebiet ist mehr als Grund genug, einmal eine grundlegende Untersuchung der Geschichte der orientalischen Kriegskunst vorzunehmen, gleichsam das Gegenstück zu den Arbeiten von Köhler, Delbrück und Oman[6] über die westeuropäische Kriegskunst.

Wir wollen einen kurzen Blick auf ein in Berlin aufbewahrtes Manuskript[7] werfen, das von einem Militärschriftsteller namens ibn Minkalī (um 1371) stammt. Es ist ein anschauliches Beispiel dafür, was uns bei der Erforschung dieser bisher unerschlossenen Literatur etwa erwartet. Der fragliche Codex ist dem Sultan Kaitbai (1468–1496) gewidmet und ist ein richtiges Kunstwerk. Er besteht aus zwei Hauptabschnitten, einem über die Kunst des Reitens und einem zweiten über Taktik und Strategie. Nach der üblichen, dem Koran und der Tradition – im Islam meistens als die beiden Quellen allen Wissens angesehen – entlehnten Präambel widmet der Verfasser eine Reihe von Kapiteln der Technik der Reitkunst, den zahlreichen in der Schlacht vorkommenden Angriffs- und Verteidigungsstellungen sowie dem wirksamen Hantieren mit allerlei Kriegsgerät, wie Schwert, Speer, Pfeil und Bogen, Kampfkeule, Schild und Steinschleuder. Sein erschöpfendes Eingehen auf alle Details dient dem Wohl des einzelnen Soldaten, für den die Abhandlung eine praktische Anweisung, sich in der Kriegskunst zu üben, darstellt. Dann geht der Verfasser zur Untersuchung der Taktik im weiteren Sinne und zur Schlachtordnung über und zählt eine Reihe genau ausgearbeiteter Aktionspläne für jede Art von Notfällen auf. Er gibt sechsundzwanzig Zeichnungen von verschiedenen Stellungen in der Schlachtordnung und bereichert die Handschrift mit einer Anzahl von Miniaturen. Der erste Teil seines Werkes war offensichtlich für die Unterrichtung der Mannschaften gedacht, während das übrige ein glänzendes Lehrbuch für die Heerführer darstellt, die die Bataillone der Moslems zum Siege führten. Dieses und andere ähnliche Werke beweisen ganz eindeutig, daß der islamische Osten über ein ausgefeiltes, wissenschaftlich fundiertes Kriegsführungssystem verfügte; das erklärt auch die vielen überzeugenden Siege der mohammedanischen Heere über die europäischen Ritter, zunächst im ägyptischen Reich und danach in der Türkei.

Die ägyptischen Gegenkreuzzüge

Die Wurzeln der Gegenkreuzzüge reichen beinahe in die Zeit des ersten Kreuzzuges zurück, als die Zangi-Dynastie mit ihrem zähen Widerstand gegen die Franken anfing und sogar eine Politik ständiger Beunruhigung an der nordöstlichen Grenze des Lateinischen Königreichs Jerusalem einleitete. Nachdem Nordsyrien und Ägypten unter der starken Hand Saladins zu einem einzigen Reich vereinigt worden waren, trat die Gegenkreuzzugsbewegung in ihre bedrohliche Phase ein, die ihren Höhepunkt mit der Eroberung Jerusalems im Jahr 1187 erreichte. Von da an wurde für die Dauer von etwa hundert Jahren mit wechselndem Erfolg versucht, Syrien zurückzugewinnen; die Krönung dieser Versuche war die Eroberung Akkons durch den mamlukischen Sultan im Jahre 1291. Allgemein gesprochen ist dies das erste entscheidende Kapitel in der Geschichte der ägyptischen Gegenkreuzzüge. Der Schwung, den die kriegerischen Mamluken bei der Wiedereroberung des verlorenen Bodens gewannen, trug ihre Streitkräfte über die syrischen Grenzen hinaus in die weiter entfernten christlichen Staaten in Asien und der Levante.

Da das christliche Königreich Klein-Armenien (Kilikien) nicht weit von der Nordgrenze des ägyptischen Reiches entfernt lag, bildete es das Hauptziel für die Vergeltungsaktionen der Mamluken. In den arabischen Chroniken des vierzehnten Jahrhunderts finden sich sehr viele Hinweise auf die hier und dort vorgekommenen Einfälle marodierender ägyptischer Heeresgruppen in Armenien, das nach dem Untergang der christlichen Herrschaft in Syrien häufig, auch schon vor dem Fall Akkons, unter Plünderungen zu leiden hatte. Im Jahr 1267 überrannten die Leute des Sultans Baibars das ganze Land bis Tarsos. Dies wiederholte sich 1275, und bei dieser Gelegenheit wurden die armenischen Städte Massisa und Sis niedergebrannt. Im Jahr 1287 wurden die Armenier gezwungen, einen unsicheren Frieden zu erkaufen; gegen Zahlung einer Million Dirhems wurde ein zehnjähriger Waffenstillstand geschlossen.

Das dreizehnte Jahrhundert war eine der stürmischsten Perioden in der Geschichte Armeniens. Das Land wurde zum offenen Kampfschauplatz wilder und anhaltender Gefechte zwischen den mongolischen Horden und den mamlukischen Truppen. Außerdem erzürnte die Sympathie, welche die in Kilikien herrschende Dynastie für die mongolischen Chane hegte, die mamlukischen Sultane, die daraufhin ihre Plündereien in Armenien mit noch größerem Nachdruck betrieben. Und noch ein weiterer Faktor trat hervor, der die Rachsucht der Sultane gegen Armenien anfachte. Eine strenge Seeblockade vor der Küste Ägyptens bewirkte, daß die Handelskarawanen ihre Route änderten und zu den armenischen Handelsplätzen, insbesondere nach Ajas oder Lajazzo, zogen. Die Mamluken beschlossen, die armen Armenier durch eine vollkommene Zerstörung dieser Stadt zu züchtigen; dies geschah in zwei erfolgreichen Angriffen in den Jahren 1322 und 1337. Nach der zweiten Erstürmung wurde König Leo VI. gezwungen, die Stadtbefestigungen selber dem Erdboden gleichzumachen. Die armenische Bevölkerung floh in großen Scharen nach Zypern, und die Mamluken sollen mit etwa zwölftausend armenischen Kriegsgefangenen zu ihrem Stützpunkt im Emirat von Aleppo zurückgekehrt sein. 1347 kamen sie noch einmal wieder, um dasjenige, was von der Stadt übriggeblieben war, endgültig in Besitz zu nehmen, und 1359 wurden auch Adana und Tarsos dem ägyptischen Reich einverleibt. Dadurch wurde das Königreich von Armenien auf die beiden Städte Sis und Anasarb im Taurusgebiet eingeschränkt. Auch diese erlagen nacheinander dem unwiderstehlichen militärischen Druck, den der Emir von Aleppo auf sie ausübte. 1375 schließlich wurde Sis, die Hauptstadt, im Sturm genommen, und das ganze Land war verloren.

Mit einem letzten, verzweifelten Hoffnungsschimmer verschanzte sich König Leo VI. in dem allerletzten armenischen Bollwerk – der Burg Gaban –, und nach einem heldenhaften Widerstand fiel die Burg in die Hände der Ägypter. Der König und seine Hofleute wurden als Gefangene in die Zitadelle von Kairo geführt. Nachdem er sieben Jahre in Kairo gefangengehalten worden war, wurde Leo VI. 1382 von Venedig und dem Papst losgekauft; unter der Bedingung, daß er niemals wieder armenischen Boden betreten würde, wurde er freigelassen. Seine letzten Jahre verbrachte der entthronte Monarch als Bettler und Flüchtling, der von Hof zu Hof durch Europa wanderte, bis er im Jahr 1393 kinderlos in Paris starb. Kilikien blieb bis 1516 eine ägyptische Kolonie; in diesem Jahr wurde es von Sultan Selim I., bevor dieser seinen Angriff auf Syrien und Ägypten begann, für die Türkei erobert. Nach dem ersten Weltkrieg, von 1919 bis 1921, war das Land vorübergehend von französischen Truppen besetzt; die Armenier wurden ermutigt, Unabhängigkeit anzustreben, aber es folgten bittere Enttäuschungen und unbeschreibliche Bluttaten von seiten der Türken.

Der zweite ägyptische Gegenkreuzzug war gegen das unter der Herrschaft der Lusignans stehende lateinische Inselkönigreich Zypern gerichtet. Die Sultane von Ägypten hatten niemals den unheilvollen Kreuzzug Peters I. von Lusignan vergessen und verzeihen können, in dem ihre große Stadt Alexandria am Mittelmeer – im Jahre 1365 – verwüstet und ausgeplündert worden war. Seit eben diesem Augenblick begannen die mamlukischen Sultane, in Bulak am Nil, in der Nähe Kairos, eine starke Flotte zu bauen, mit der die Angreifer bestraft werden sollten. Inzwischen hörten die zyprischen Piraten nicht auf, eine Reihe von sehr störenden Beutezügen gegen die Hafenstädte Ägyptens sowohl wie Syriens zu veranstalten. Auf der Insel selbst ließ der Einfluß der Lusignans infolge von Einmischungen durch die Stadt Genua mehr und mehr nach. Die Ermordung König Peters I. im Januar 1369 und die Thronbesteigung eines elfjährigen Jungen, Peters II. (1369–1382), trugen das Ihrige zum ständig zunehmenden Unglück Zyperns bei; der absteigende Weg endete schließlich bei der Errichtung eines genuesischen Protektorats auf der Insel.

Die Stunde, in der Ägypten zu seinem tödlichen Streich ausholen konnte, nahte mit der Regierungszeit des Sultans Bursbai (1422–1438). Die erste von drei Schiffsexpeditionen gegen Zypern wurde im Jahr 1424 durchgeführt. Sie hatte den Charakter eines vorbereitenden Erkundungsunternehmens und fand einen für die Mamluken ermutigenden Ausgang. Ihre Schiffe überfielen Limasol[8] an der Südküste und kehrten mit einer Ladung Gefangener und Beute unversehrt wieder heim. Im August des folgenden Jahres überraschte ein weiteres Geschwader, das aus vierzig Schiffen unter dem Oberbefehl eines mamlukischen Admirals namens Gerbasch stand, die genuesische Besatzung der starken Hafenstädte Famagusta[9] und Larnaca, die beide zur Übergabe gezwungen wurden. Auch Limasol wurde den Griechen entrissen. Schließlich wurde beschlossen, daß die Flotte mit mehr als tausend Kriegsgefangenen und einer unermeßlichen Beute zu ihrem Ausgangshafen zurückkehren würde. Die Quellen berichten von der Gnade, die der Sultan bei dieser Gelegenheit walten ließ: Er befahl, daß Eltern und Kinder beim Verkauf auf den Sklavenmärkten nicht voneinander getrennt werden sollten.

Bursbai weigerte sich, dem Zypern betreffenden Vermittlungsangebot des byzantinischen Kaisers in Konstantinopel Gehör zu schenken. Im Juli 1426 rüstete er eine stärkere Flotte mit erprobten Seeleuten und einer beträchtlichen Zahl von Freiwilligen und beherzten Beduinen unter der Führung eines berühmten mamlukischen Emirs namens Taghrī Bardī Mahmūd aus, um damit die Insel systematisch und endgültig in seinen Besitz zu bringen. Das Heer landete sicher an der südlichen, Ägypten gegenüberliegenden Küste, bei einem Ort mit Namen Avdimou, und traf bald, am 5. Juli 1426, in der benachbarten Ebene von Cherokitia mit dem zyprischen Feudalheer zusammen. Die Streitkräfte der Lusignans bestanden aus sechzehnhundert Rittern und viertausend Mann Fußvolk; sie wurden von den Ägyptern vollständig vernichtet. Leontios Machairas, der zeitgenössische griechische Chronist auf Zypern, gibt eine lebendige Beschreibung der moralischen Zermürbung der zyprischen Soldaten, ihrer Niederlage, der Gefangennahme des Königs Janus (1398–1432) durch die Ägypter, des daran anschließenden Gemetzels und der Beutezüge im Innern der Insel, bis die Ägypter die Hauptstadt Nikosia selbst in Besitz nahmen. Schließlich segelten die Eindringlinge mit einer riesigen Beute beladen und mit dreitausendsechshundert Gefangenen zurück; an der Spitze der Gefangenen waren der König und seine adligen Begleiter. Das Ansehen der Lateiner auf Zypern war endgültig zerstört, und die eingeborenen Griechen, die von den Westeuropäern unterdrückt worden waren, entschlossen sich für einen offenen Aufstand gegen ihre fremden Beherrscher und wählten sofort einen Mann aus ihren eigenen Reihen, einen gewissen Alexis, zu ihrem nationalen Basileus.

Wie Leo VI. von Armenien wurde auch dessen Vetter aus der Familie der Lusignans, Janus II. von Zypern, in Ketten in die Zitadelle von Kairo gebracht. Seine Krone und seine Banner wurden an der Spitze eines Zuges von etwa zweitausend zyprischen Rittern in den Straßen der ägyptischen Hauptstadt zur Schau gestellt. Mit unbedecktem Haupt und in Eisenketten erschien Janus am Hofe des Sultans, begleitet von Delegierten aus den Reichen der mohammedanisch beherrschten Türkei, den turkmenischen Emiraten Kleinasiens, der Könige von Tunis, des Scherifs von Mekka sowie von einer großen Menge weiterer Gesandten. Der König von Zypern küßte den Boden vor den Füßen des Sultans und brach dann bewußtlos zusammen.

Später setzten sich der venezianische Gesandte sowie eine Anzahl reicher europäischer Kaufleute für ihn ein und zahlten sofort hunderttausend Golddukaten als erste Hälfte eines Lösegeldes und eine gleich hohe Summe nach der Rückkehr des Königs nach Zypern. Außerdem gelobte Janus feierlich, Kairo einen jährlichen Tribut von wechselnder Höhe zwischen fünf- und achttausend Dukaten zu zahlen. Dann erklärte er, sich dem Sultan als oberstem Lehnsherrn unterwerfen zu wollen. Erst da wurde er auf freien Fuß gesetzt, bekam ein Haus und durfte bis zu seiner Rückkehr nach Zypern, die im Mai 1427 erfolgte, in der Stadt umherreiten. Auf Zypern war seine erste Tat, den neuen griechischen Basileus aufzuhängen; aber gleichzeitig war ein ägyptisches Besatzungsheer gelandet, und der König mußte in Famagusta seine finanzielle Autorität den Genuesen übergeben. Zypern wurde ein Ägypten tributpflichtiger Staat; Janus zahlte eine schwere Strafe für die leichtsinnige Plünderung Alexandrias durch Peter I. im vorangegangenen Jahrhundert.

Das dritte Ziel des mamlukischen Gegenkreuzzuges war folgerichtigerweise Rhodos, wo die johannitischen Kreuzritter sich niedergelassen und die Insel in eine regelrechte Festung verwandelt hatten. Ohne Zweifel regte der ägyptische Triumph auf Zypern den Appetit des Sultans an, auch Rhodos zu unterwerfen – eine natürliche Folge seiner wachsenden Hegemonie in den levantinischen Gewässern. Die Johanniter auf Rhodos waren dem islamischen Reich ein Dorn im Auge, und es konnte in dem Gebiet zu keinem rechten Frieden kommen, solange eine so starke Organisation damit fortfuhr, sowohl die mosleminische Schiffahrt wie die mosleminische Sicherheit auf dem Festland zu bedrohen. Aber hier sah sich der Sultan einer anderen Konstellation gegenüber, die seine Angriffe auf die Insel unentschlossen und unwirksam werden ließ. Es stellte sich heraus, daß die Ordensritter aus anderem Holz geschnitzt waren als die Zyprer. Ihre militärische Organisation war nicht zu erschüttern; und dazu kamen noch die unerbittliche Disziplin des Ordens und ein entschlossener Geist der Einheit, sowohl in Gedanken wie in Taten. Außerdem verfügten sie über ein hochentwickeltes und sehr dichtes internationales Spionagesystem, das im Mittelalter ganz einmalig war. Mit Hilfe dieses Systems wurde der Hochmeister von Agenten in feindlichen Ländern im voraus vor jeder dort geplanten militärischen Aktion gegen die Insel gewarnt, so daß der Orden jederzeit in der Lage war, Überraschungsangriffen zu begegnen. Dreimal versuchten die Ägypter, Rhodos zu erobern, und dreimal wurden sie zurückgeworfen. Der erste dieser Züge fand im Sommer 1440 statt, als in den Werften in Bulak am Nil fünfzehn ›Ghurabs‹[10] für einen Angriff auf Rhodos ausgerüstet wurden. Die Flotte lief unterwegs Zypern und Alaja in Kleinasien an, um sich mit neuem Proviant einzudecken und zwei weitere Schiffe zu übernehmen, die der türkische Emir dieser Stadt zur Verfügung stellte; dann nahmen die vereinigten Seestreitkräfte Kurs auf Rhodos. Zu ihrem Schrecken stellten die Moslems fest, daß die Johanniter in voller Schlachtordnung ihre Ankunft erwarteten. Die Ordensritter konnten die Landung der Mamluken rechtzeitig verhindern; zwölf Mamluken fielen und viele andere wurden schwer verwundet. Die Angreifer sahen die Hoffnungslosigkeit ihrer Lage ein und traten den Rückzug nach Ägypten an.

Die Niederlage seiner Truppen erfüllte den Sultan mit neuem Zorn gegen die Ritter auf Rhodos, und er beschloß, einen zweiten Kriegszug zu unternehmen, um sie zu züchtigen und ihre Macht zu brechen. 1442 begann er mit neuen Kriegsvorbereitungen; ungefähr ein Jahr später segelte eine neue Flotte mit fünfzehnhundert Mann regulärer Truppen, verstärkt durch eine große Anzahl Freiwilliger, unter dem Oberkommando des fähigen mamlukischen Seekapitäns 'Ināl al-'Alā'ī nilabwärts nach Damiette, und von dort über das Mittelmeer nach Tripolis an der syrischen Küste, um dort neue Streitkräfte und Kriegsmaterial an Bord zu nehmen. Die Flotte wurde jedoch von einem schweren Sturm heimgesucht und zerstreut, so daß sich ihr Eintreffen am Ziel verzögerte. Ein Teil der Schiffe erreichte Beirut, ein Teil Tripolis. Es stellte sich heraus, daß die in Syrien stationierten Truppen ungeduldig geworden waren und nach Zypern fahren wollten, das damals eine sichere Ausgangsbasis für mosleminische Operationen gegen Rhodos war. Die vielen verschiedenen Kontingente vereinigten sich schließlich in den zyprischen Häfen Larnaca und Limasol, und nachdem sie die wehrlosen Einwohner ausgeplündert hatten, machten sie sich nach Paphos (al-Bāf, wie es in den arabischen Chroniken heißt) auf, um sich mit neuen Lebensmitteln zu versorgen – wahrscheinlich auf Kosten des Königs und des Volkes von Zypern. Dann fuhren sie über die freundlich gesinnten türkischen Städte Alaja und Adalia an der Südküste Kleinasiens zu der kleinen Inselfestung Castellorizzo (Kaschtīl ar-Rūdsch in arabischen Quellen), die den Johannitern gehörte. Nach einigem Widerstand fiel die Insel, die Besatzung wurde niedergemacht, und die Befestigungsanlagen wurden im Oktober 1443 geschleift. Als es soweit war, vergegenwärtigte man sich plötzlich, daß der Winter nahte, und da sich die Befehlshaber über die Unbezwingbarkeit der Insel Rhodos und das Wagnis, einen ganzen Winter hindurch von Ägypten abgeschnitten zu sein, im klaren waren, beschlossen sie, vorderhand auf schnellstem Weg nach Damiette und Kairo zurückzukehren. Wie beim ersten Unternehmen gelang es auch beim zweiten nicht, das eigentliche Ziel, Rhodos, zu erreichen.

Die dritte Kampagne wurde im Frühsommer des Jahres 1444 vom Stapel gelassen; sie endete ebenso unglücklich wie die früheren. Im Juni dieses Jahres verließ eine Gruppe von tausend Mamluken zusammen mit Abteilungen von Freiwilligen aus zahlreichen Provinzen – insgesamt etwa achtzehntausend Mann, die mit Belagerungsmaschinen ausgerüstet waren – die Häfen Alexandria und Damiette und segelte wie üblich nach Tripolis. Dort erhielten sie weitere Verstärkung aus Syrien und nahmen dann Kurs auf Rhodos. Während die Stadt Rhodos von der See und vom Land aus belagert wurde, verwüsteten einige Truppenteile der Moslems die benachbarten kleinen Inseldörfer. Vor der unbezwingbaren Festung St. Nikolaus jedoch erwiesen sich ihre Bemühungen als erfolglos. Im Verlauf der harten Kämpfe wurden immer tiefere Lücken in ihre Reihen gerissen. Dreihundert Mamluken wurden auf dem Schlachtfeld getötet und fünfhundert verwundet, während eine Anzahl von lateinischen Renegaten, die früher zum Islam übergetreten waren, die Ägypter im Stich ließen und zu den Ordensrittern überliefen. Der Sommer neigte sich seinem Ende zu, und die Aussichten waren finster. Erschöpft und entmutigt hoben die überlebenden Mamluken die Belagerung auf und segelten nach Ägypten zurück.

Es ist zweifelhaft, ob die ägyptischen Angriffe auf Rhodos irgendeine bleibende Wirkung auf den Johanniterorden ausübten. Der ihrer Festung zugefügte Schaden war vorübergehend; die eigentliche Kraft der Ritter blieb offensichtlich unangetastet. Trotzdem schuf Ägypten einen gefährlichen Präzedenzfall für seine ottomanischen Nachfolger, die die Inselfestung zweimal belagerten und schließlich über die Johanniter die entscheidende Katastrophe hereinbrechen ließen. Sultan Muhammad II. (1451–1481) führte im Jahr 1448 den ersten schweren Angriff, um Rhodos zu unterwerfen, aber erst 1522, in der Regierungszeit des Hochmeisters Philippe Villiers de l'Isle-Adam, gelang es Suleiman II., dem Großen (1520–1566), den Orden nach einem der heldenhaftesten Verteidigungskämpfe seiner ganzen Geschichte von der Insel zu vertreiben.

In dem Zeitraum zwischen dem Ende der ägyptischen und dem Anfang der ottomanischen Gegenkreuzzüge gegen Rhodos geschah vieles, was den Gang der Dinge in der Levante von Grund auf änderte. Der Stern der ottomanischen Türken war im Steigen. 1453 war das byzantinische Konstantinopel die Hauptstadt ihres neuen islamischen Reiches geworden, und die Macht der Ottomanen in Kleinasien wurde weiter gefestigt auf Kosten der türkischen Emire, deren Fürstentümer nach und nach dem ottomanischen Sultanat einverleibt wurden. 1516 wurde in der Nähe von Aleppo die Schlacht von Mardsch Dabik zwischen Selim I. (1512–1520) von der Türkei und dem mamlukischen Sultan Kansūh al-Gaurī (1500–1516) von Ägypten geschlagen. Letzterer fiel auf dem Schlachtfeld, und der Mißerfolg der Ägypter beschleunigte die Einverleibung Syriens durch die Türkei. Dann, im Jahr 1517, besiegelte die Schlacht von ar-Raidanīja – das heutige Abbasija-Gebiet, nordöstlich von Kairo – das Schicksal des Landes Ägyptens selbst; nach zahlreichen kleineren Gefechten wurde der Nachfolger des al-Gaurī, Tūmān-Bai (1516–1517), gefangengenommen und am Zwaila-Tor in der Stadt Kairo gehängt. Der Triumph der Ottomanen in diesen beiden entscheidenden Schlachten war nicht so sehr ihrer zahlenmäßigen und taktischen Überlegenheit oder gar ihrem ungewöhnlichen Mut im Mann-gegen-Mann-Kampf als vielmehr dem Gebrauch ihrer neuen unbesiegbaren Artillerie und des Schießpulvers zu verdanken, das die ägyptischen Soldaten nicht kannten und das sie aus der Fassung brachte. Zeitgenössische arabische Schriftsteller beschreiben diese geheimnisvollen und schrecklichen Waffen als »Feuer und Eisen« und bemerken, daß es gegen Geist und Gesetz des Islams verstieß, sie gegen Moslems einzusetzen.

Was auch die Gründe für den Erfolg der Ottomanen gewesen sein mögen, die Ergebnisse dieses Erfolgs waren jedenfalls klar genug. Die Levante war zu einer einzigen riesigen türkischen Domäne geworden, was sich auf den blühenden Handel zwischen Ägypten und den Handelsmächten Südeuropas, insbesondere den italienischen Städten, nachteilig auswirkte. Alle Handelsstraßen waren jetzt in den Händen der Türken, und die Märkte in Kairo, Alexandria, Damaskus und anderen Städten verloren die Bedeutung, die sie im Mittelalter gehabt hatten. Konstantinopel wurde die Metropole der Sultane und des Islams, und lateinische Gesandtschaften auf der Suche nach Märkten und Handelsprivilegien begaben sich nun nicht mehr nach Kairo, sondern in die neue ottomanische Hauptstadt am Ufer des Bosporus. Gleichzeitig nahm die Bewegung der großen Entdeckungsreisen, die zur Umschiffung des Kaps der Guten Hoffnung und zur Entdeckung der Neuen Welt führte, immer größere Ausmaße an, und der Handel im Nahen Osten geriet schnell in Verfall und wurde schließlich zu einer bloßen Erinnerung an vergangene Zeiten des Wohlstandes.

Die türkischen Gegenkreuzzüge

Das unglückliche Schicksal der Ritter aus dem Westen bei Nikopolis im September des Jahres 1396 bedeutete das Ende der Kreuzzüge als einer von der gesamten Christenheit getragenen, zur Befreiung des Heiligen Landes gegen den Islam gerichteten Bewegung. Die Türken behaupteten sich auf europäischem Boden mit solchem Erfolg, daß die Fürsten und Völker des Westens den Mut verloren und Osteuropa seinem Schicksal überließen. Eine der älteren Phasen in der Geschichte der orientalischen Frage ging somit zugunsten der Ottomanen zu Ende, die ihren Eintritt in die europäische Staatengemeinschaft trotz der Andersartigkeit ihrer Rasse und trotz ihrer mohammedanischen Religion damit erzwungen hatten. Ungarn wurde nun das Bollwerk des katholischen Christentums, und die einzige Chance zu überleben lag für dieses Land darin, das weitere Vorrücken der Türken bis ins Herz Europas zu verhindern. Gegen Ende des vierzehnten Jahrhunderts, nach der Niederlage bei Nikopolis, waren die ungarischen Streitkräfte so gut wie vernichtet; die wenigen, die das unter den Christen angerichtete Blutbad überlebt hatten, waren zerstreut und hatten keine Aussicht, so bald wieder für einen geordneten Einsatz vereinigt zu werden. König Sigismund war nicht imstande, noch irgendwelchen Widerstand zu leisten, jedenfalls nicht für den Augenblick, und der Weg nach Buda stand den Eindringlingen offen. Trotzdem entschied sich Bajesīd I. (1389–1402), wahrscheinlich wegen der Erschöpfung seiner Truppen und wegen seiner eigenen Krankheit und vielleicht auch, um seine Eroberungen und seine Stellung auf dem Balkan zu festigen, dafür, im Gebiet südlich der Donau zu bleiben.

Der ottomanische Gegenkreuzzug in Europa war schon fast ein halbes Jahrhundert in Gang, und die Herrscher in Bulgarien und Serbien waren schon Vasallen des Sultans, während der byzantinische Kaiser ihm jährlich seinen Tribut zahlte; aber die Balkanhalbinsel als ganze war noch weit davon entfernt, ein unbestrittener Besitz der Ottomanen zu sein. Viele große Gebiete waren noch unerobert, und im übrigen war Kleinasien selbst unter zahlreiche türkische Feudalherrscher aufgeteilt, von denen die Ottomanen nur eine, und nicht einmal die stärkste Gruppe bildeten.

Die weit vorausschauenden Sultane dieser Übergangsperiode hielten es für das Beste, im Hinblick auf die Zukunft ihre ganze Aufmerksamkeit dieser wichtigsten Aufgabe, der Aufgabe der Konsolidierung, zu widmen; auch Bajesīd bildete darin keine Ausnahme. Nördlich der Donau beschränkte er seine Tätigkeit auf die Wiederherstellung seiner Lehnshoheit im Fürstentum der Walachei (dem alten Dacia Felix, dem heutigen Rumänien) und auf einige Raubzüge in den Provinzen Steiermark und Syrmien. Südlich der Donau dagegen legte er bei der Ausnützung seines großen Sieges vom Jahre 1396 größere Energie an den Tag. Die Einverleibung Bulgariens und Serbiens war vollendet, und die Ottomanen drangen über die Donau Nebenflüsse Morawa und Drina nach Westen vor, wobei sie in Bosnien bis Zwornik vorstießen. Im Süden bot sich dem Sultan ebenfalls eine günstige Gelegenheit, als der griechische Bischof von Phokis ihn einlud, an einer Jagdveranstaltung in Thessalien und Epirus teilzunehmen. Der Sultan, dessen Jagdleidenschaft groß war, nahm die Einladung an. Die Hoffnungen sowohl des Gastgebers wie des Gastes jedoch beschränkten sich nicht auf das bloße Vergnügen, das die Sache machte. Der Bischof beabsichtigte, die beträchtlichen Streitkräfte des Sultans für die Wiederherstellung seiner erschütterten Autorität gegenüber fremden lateinischen und eingesessenen griechischen Rivalen in seiner Diözese zu Hilfe zu nehmen; der schlaue Bajesīd aber beeilte sich, mit seinen Truppen sich nicht nur in Phokis, sondern auch in Doris, Lokris und verschiedenen anderen Gebieten in Liwadia und Morea festzusetzen. In mehreren entvölkerten Gegenden Griechenlands wurden türkische Siedlungen gegründet, die die ursprünglichen Einwohner ersetzen sollten, welche geflohen oder als Sklaven verkauft worden waren.

Während die Generäle des Sultans, Everenos und Ya'kūb, damit betraut wurden, seine Pläne in Morea zu Ende zu führen, nahm Bajesīd selbst die Belagerung Konstantinopels wieder auf. Sie war im September 1396 begonnen und durch die Invasion von Westen her unterbrochen worden und wurde nun ohne weiteren Aufschub fortgesetzt. Die Einnahme dieser großen Stadt war das Hauptziel des Sultans gewesen, und ihre Übergabe schien nach dem entscheidenden ottomanischen Sieg bei Nikopolis nahe bevorzustehen. Den Machthabern im Westen widerstrebte es, auch wenn sie an sich imstande waren, zur Verteidigung von Byzanz beizutragen, weitere Truppen in den Osten zu entsenden, wo sie bei ihrem jüngsten riskanten Unternehmen in Bulgarien gerade unermeßliche Verluste erlitten hatten. Die Reise Kaiser Manuels durch Westeuropa in den Jahren 1399 bis 1402, auf der er um Hilfe gegen die Türken bat, löste bei den katholischen Herrschern in Europa kaum mehr als vorübergehende Sympathie und leere Versprechungen aus. Die einzige konkrete Antwort auf seine Bitten kam von dem französischen Marschall Boucicaut, der an der Spitze einer bunten Schar von ungefähr eintausendzweihundert Abenteurern 1399 in Konstantinopel ankam, während der bettelnde Kaiser noch durch Europa streifte. Die Episode mit Boucicaut kann kaum ein Kreuzzug genannt werden, trotz der Tatsache, daß Papst Bonifaz IX. (1389–1404) im April 1398 und im März 1399 zweimal den Heiligen Krieg ausgerufen hatte. Die Monarchen und Feudalherren, die imstande gewesen wären, ein Heer anzuführen, waren viel zu sehr von ihren eigenen Angelegenheiten und Sorgen in ihrer Heimat in Anspruch genommen, um dem Heiligen Vater Gehör schenken zu können; niemand war in der Stimmung, seine Predigt ernst zu nehmen, außer vielleicht den Venezianern und Genuesen, deren Handelsinteressen in Konstantinopel durch die Türken unmittelbar bedroht waren. Die meisten der Leute Boucicauts waren Gedungene, nicht glaubensstarke Männer, die sich freiwillig für die Verteidigung einer heiligen Sache zur Verfügung stellten. Ihr Hauptinteresse war auf die Bezahlung durch ihren Auftraggeber und auf Beute bei ihren

Opfern gerichtet. Sobald sie entdeckten, daß es bei den Ottomanen nicht viel zu plündern gab und daß vor allem der byzantinische Kaiser zu arm war, um sie zu entlohnen, segelten sie, nach einigen unbedeutenden Auseinandersetzungen mit dem Feind in der Umgebung der Stadt, wieder nach Westen. Boucicaut, Marschall von Frankreich und Gouverneur von Genua, beschloß daraufhin, ebenfalls abzufahren und Johann von Châteaumorand mit einer Handvoll Leute zurückzulassen, die die Verteidigungsoperationen bis zu seiner Rückkehr beaufsichtigen sollten. Es heißt, daß er den Vorschlag machte, der Kaiser solle dem König von Frankreich zur Entschädigung für die französische Hilfe als Lehnsmann huldigen, und daß Venedig, Genua und die Johanniter diesen Vorschlag unterstützten. Aber Boucicaut kehrte selber nie mehr zu der unglücklichen Stadt zurück, und der französische König Karl VI. ging auf den Vorschlag, die Lehnshoheit über das Reich auszuüben, das dem Untergang geweiht war, nicht ein.

Es wäre jedoch eine Übertreibung zu sagen, daß die Ottomanen in diesem Stadium Konstantinopel mit Leichtigkeit hätten einnehmen können. Zahlreiche widrige Faktoren waren noch gegen sie am Werk. Sie besaßen noch nicht die schwere Artillerie, mit der sie die starken Stadtmauern erstürmen konnten, noch hatten sie eine Flotte gebaut, die mächtig genug gewesen wäre, eine vollständige Blockade der Stadt vom Wasser her durchzuführen. Wenn wir uns vergegenwärtigen, daß dies die beiden vor allem anderen entscheidenden Faktoren bei dem letzten Angriff durch Sultan Muhammad II., den Eroberer, im Jahr 1453 waren, können wir uns vorstellen, wie schwierig die Lage Bajesīds in den Jahren 1399/1400 gewesen sein muß. Außerdem wurde die Besatzung der Stadt durch die kleine und vorübergehende lateinische Verstärkung Boucicauts auch wieder ein wenig ermutigt.

Obwohl die Belagerung unter diesen Umständen eine langwierige Angelegenheit zu werden versprach, schien Bajesīd entschlossen, sie um jeden Preis zu einem erfolgreichen Ende zu führen. So schlug er sein Lager außerhalb der Stadt auf und verhinderte die Versorgung der Einwohner mit Lebensmitteln, während seine Leute anfingen, große Belagerungsmaschinen für den nächsten Angriff zu bauen. Jedoch wurde sein Vorgehen gegen Byzanz durch das Eindringen der Tataren unter dem unbesiegbaren Timur Lenk nach Kleinasien durchkreuzt. Bajesīd mußte den Bosporus überqueren, um seine asiatischen Besitzungen gegen die mongolischen Horden zu verteidigen. In der Schlacht bei Angora (1402) erlitt er eine furchtbare Niederlage, fiel selber als Kriegsgefangener den Feinden in die Hände und wurde nach Asien gebracht, wo er ein ungewisses und jedenfalls unglückliches Ende fand.

So verzögerte sich der Fall Konstantinopels um ein halbes Jahrhundert, in dem die Ottomanen sich langsam, aber sicher von den Schlägen, die ihnen die Tataren zugefügt hatten, erholten und die Christen mit wechselndem Erfolg bekämpften. Nach der Thronbesteigung Murāds II. (1421–1451) begann dieser aufs neue mit einer Belagerung der Stadt, die er aber ebenfalls wieder abbrechen mußte: mangels einer wirksamen Artillerie und einer genügend starken Seemacht – die beiden Faktoren, die schon Bajesīd I. im Jahr 1399 im Wege gestanden hatten. Auf der anderen Seite führten Murāds Kriege gegen die Ungarn unter Johann Hunyadi, dem transsilvanischen Helden, dessen Name in viele Legenden eingegangen ist, zu einer vernichtenden Niederlage der Christen bei Warna im Jahr 1444. Dieser Feldzug der Christen lief unter dem Namen des Kreuzzuges, und der Papst war dabei vertreten durch den Kardinal Julian de Cesarini, aber in Wirklichkeit war er kaum mehr als eine Episode in den türkisch-ungarischen Kriegen des fünfzehnten Jahrhunderts.

Der Angelpunkt der türkischen Gegenkreuzzüge war die endgültige Vernichtung des byzantinischen Reiches und die Eroberung der Stadt Konstantinopel am 29. Mai 1453. Dieses Ereignis war von allen Seiten schon seit langem erwartet worden, und die langwierigen Vorbereitungen der Türken kamen schließlich ans Ziel unter der Herrschaft Muhammads II. (1451–1481). Er schloß Frieden mit Johann Hunyadi, dem Regenten Ungarns, erneuerte seinen Waffenstillstandsvertrag mit Venedig, Genua und den Johannitern auf Rhodos sowie mit dem albanischen Anführer Skanderbeg und den Despoten von Morea, Thomas und Demetrios Palaiologos, beides Brüder und Rivalen von Konstantin XI. Dragases (1448–1453), dem letzten oströmischen Kaiser.

Im August 1442 beendete der Sultan den Bau der Festung Roumili-Hissar auf der europäischen Seite des Bosporus, nördlich der Stadt und gegenüber der Festung Anatoli-Hissar gelegen, die Bajesīd auf asiatischer Seite angelegt hatte; damit war ein weiterer Schritt für die bevorstehende Seeblockade der Stadt getan. Als der byzantinische Kaiser Zeuge dieser wenig Gutes verkündenden Ereignisse wurde, beeilte er sich, im Dezember 1452 in der Hagia Sophia die alte Formel des Henotikon, der Einheit der Ostkirche mit der römisch-katholischen Kirche, zu verkünden, wobei er den Primat Roms öffentlich anerkannte, trotz des Widerstandes gegen diese Maßnahme von seiten des Volkes unter der Führung des Georgios Scholarios, des späteren Patriarchen Gennadios. Sogar hohe Würdenträger wie Lukas Notaras protestierten gegen das Bündnis mit den Lateinern und versicherten, »es wäre besser, in Konstantinopel die Herrschaft des türkischen Turbans als die der lateinischen Mitra zu haben«[11].

Nach der Situation in all ihren Einzelheiten betrachtet, erschien Byzanz als eine Stadt, die dem sicheren Untergang geweiht war. Auf die kaiserlichen

Hilferufe kam keine allumfassende Antwort. Der Papst und die europäischen Monarchen machten keine Anstalten, tatkräftig etwas zu unternehmen, um die Stadt zu retten. Sogar ein Christ und Patriot wie Hunyadi stellte sich nicht zur Verfügung. Die konkrete Hilfe von seiten Venedigs und Genuas, der beiden Parteien, die von den dunklen Aussichten am ehesten betroffen waren, war dürftig und dem Ernst der Lage nicht angemessen. Fünf im Goldenen Horn liegende venezianische Galeeren unter dem Kommando Gabriele Trevisanos wurden benötigt, um die aufs Wasser gerichteten Stadtmauern zu schützen. Der berühmte genuesische Pirat Giovanni Giustiniani kam mit vierhundert weiteren Seeräubern aus Chios und ließ sich mit diesen vom Kaiser anwerben. Ein anderer Genuese, ein Seekapitän namens Maurizio Cattaneo, schlug sich durch die türkische Seeblockade mit drei genuesischen und einem griechischen Schiff bis zum Goldenen Horn durch. Alle kämpften sie tapfer und verzweifelt, aber sie waren dem überlegenen Feind und den überlegenen Waffen einfach nicht gewachsen. Schätzungen der Stärke des türkischen Heeres schwankten zwischen hundertfünfzigtausend und zweihundertfünfzigtausend; manchmal wurden sogar noch höhere Zahlen genannt.

Die Verteidigungskräfte in der Stadt bestanden anfänglich aus viertausendneunhundertdreiundsiebzig Soldaten, zu denen noch die vierhundert Begleiter Giustinianis und eintausendsechshundert Fremde, vor allem Venezianer, unter der Führung des unerschrockenen venezianischen Amtmannes Girolamo Minotto kamen. Die Stadt wurde entvölkert; es heißt, daß die Einwohnerzahl auf einhundertfünfzigtausend Seelen zurückgegangen war. Die türkische Flotte umfaßte hundertvierzig Schiffe, von denen zwölf große Galeeren waren. Aber der italienisch-byzantinischen Flottille gelang es, den Eingang des Goldenen Horns vor dem starken Druck der türkischen Seeblockade zu schützen, und außerdem wurde das Vordringen des Feindes durch eine riesenhafte Eisenkette verhindert, die im Wasser ausgespannt war.

Am 22. April jedoch brach die Verteidigung des Hafens zusammen, nachdem auf geheimnisvolle Weise plötzlich türkische Schiffe im Goldenen Horn hinter der christlichen Flotte erschienen waren. Die Türken hatten in aller Ruhe entlang des Tales, das von der Meerenge zum inneren Hafen führte, eine hölzerne Plattform gebaut und die Schiffe mit bloßer Körperkraft auf Rädern hineingezogen. Gleichzeitig wurden die Stadtmauern mit den schwersten bis dahin jemals verwendeten Geschützen fünfzig Tage lang ohne Unterbrechung immer stärker beschossen. Sämtliche noch übriggebliebenen Einwohner arbeiteten Tag und Nacht unter dem heftigen Feuer, um die Breschen zuzustopfen. Unglücklicherweise wurde Giustiniani tödlich verwundet und mußte sich auf sein Schiff zurückziehen, wo er zwei Tage später starb; sein Ausscheiden entmutigte die ausländischen Legionäre.

Am 28. und 29. Mai wurden von drei Seiten her gleichzeitig drei Versuche gemacht, die Stadtmauern zu erstürmen. Zwei schlugen fehl, aber beim dritten Angriff, der beim alten Tor des heiligen Romanos stattfand, wo der Kaiser in eigener Person am Kampf teilnahm, erzwangen sich die Janitscharen den Eintritt und drangen sofort mit unwiderstehlicher Gewalt in das Stadtinnere vor. Konstantin sprang mit dem Schwert in der Hand in den Kampf und fiel wie ein Held. Sultan Muhammad II. ritt triumphierend über die Toten und Sterbenden hinweg zur Hagia Sophia und ließ in der historischen Basilika Justinians zum erstenmal mohammedanische Gebete sprechen, während die Stadt drei Tage und drei Nächte lang der Plünderung überlassen wurde. Fünfzigtausend Einwohner wurden in die Sklaverei geführt. Kunstschätze wurden den Flammen preisgegeben, und eine byzantinische Goldmünze (Besante) brachte zehn Bände Platon oder Aristoteles ein. Trotzdem ist die Streitfrage schwer zu beantworten, ob die Greuel bei der türkischen Eroberung in der Kaiserstadt wirklich größer waren als diejenigen des vierten Kreuzzugs.[12]

Obwohl die Nachricht vom Fall Konstantinopels schon seit Jahren erwartet worden war, löste sie in Europa doch große Bestürzung aus. Ein Geschwader von Schiffen, das der Papst, Venedig und Neapel zusammengestellt hatten, traf nach der Eroberung der Stadt bei Chios ein. Wieder wurde von einem neuen Kreuzzug geredet, und die Hoffnungen richteten sich auf Herzog Philipp von Burgund und auf den enthusiastischen Aeneas Sylvius Piccolomini, den späteren Papst Pius II. (1458–1464), dessen diplomatisches Geschick und Beredsamkeit den Plan jedoch auch nicht zu einem befriedigenden Ergebnis führen konnten.

Während der Regierung Bajesīds II. (1481–1512) verliefen die türkischen Eroberungen wegen innerer Unruhen in den türkischen Besitztümern wieder langsamer. Der Bruder des Sultans, Dschem, strebte nach der Herrschaft und floh zu den Johannitern auf Rhodos, die ihn dem Papst auslieferten. Papst Alexander VI. willigte darin ein, den unglücklichen Thronprätendenten im Jahr 1495 zu vergiften, wofür er dreihunderttausend Golddukaten erhielt. Inzwischen gelobte Karl VIII. von Frankreich im Jahr 1493, einen Kreuzzug zu unternehmen, nachdem er Neapel erobert hatte, aber nachdem er 1495 wieder aus dieser Stadt vertrieben worden war, vergaß er seinen Plan. Bajesīd setzte seine fortschreitende Eroberung Moreas und der ägäischen Inseln in den Jahren 1499 bis 1502 wieder fort.

Selim I. (1512–1520) ging noch weiter, indem er die Länder des Islam unter türkische Herrschaft brachte. Nachdem er 1514 Großarmenien den

Persern entrissen hatte, drang er 1516 in Kleinarmenien, Syrien und Algerien ein und krönte seine Laufbahn durch die Eroberung Ägyptens im Jahre 1517. Sein Nachfolger, Suleiman I., der Große (1520–1566), eignete sich 1522 Rhodos und 1534 Bagdad an und fachte auch den türkischen Gegenkreuzzug in Europa zu neuem Leben an. 1521 ergab sich die ungarische Besatzung Belgrads, König Ludwig II. von Ungarn wurde getötet und sein Heer in der entscheidenden Schlacht von Mohacs im August 1526 von den ottomanischen schweren Geschützen vollständig vernichtet. Die Folge war, daß im darauffolgenden Monat die Stadt Buda dem Sieger ihre Tore öffnete. Kaiser Ferdinand I. und der Woiwode von Transsilvanien, Johann Zapolya, machten sich Ludwigs Krone streitig. Suleiman trat als Schiedsrichter zwischen den beiden Rivalen auf und entschied sich für die weniger bedeutende Persönlichkeit, die eine leichtere Beute für ihn war, nämlich für Zapolya. Schließlich nahm Suleiman Buda selbst in Besitz. 1529 stand er vor den Toren Wiens, das er nur kurz belagerte, wonach er sich in die ungarische Hauptstadt zurückzog. Dies sollte tatsächlich die äußerste Grenze der türkischen Ausdehnung in Zentraleuropa bleiben.

Inzwischen wuchsen die Ottomanen schnell zu einer gefürchteten Seemacht heran, und Sultan Suleiman fing an, sich in Schiffahrts- und in sonstige politische Angelegenheiten des Westens einzumischen. Er entsandte türkische Galeeren zur Unterstützung der französischen Flotte unter Franz I. gegen Kaiser Karl V. in die Gewässer vor Nizza. Er stellte den hartgesottenen Berberkorsaren Chair ad-Dīn Barbarossa als Admiral (kapoudān-pascha) der ottomanischen Flotte an und brachte Andrea Doria, dem genuesischen Befehlshaber eines kaiserlichen Schiffsgeschwaders, eine schwere Niederlage bei, als die Christen 1541 versuchten, in Algier zu landen. Jetzt wagten es die Türken, den Venezianern, den Johannitern auf Malta und sogar den Habsburgern offen die Beherrschung des gesamten Mittelmeeres streitig zu machen. Aber sie wurden zur See nicht nur vom Glück begünstigt. Die Kriege, durch die 1565 Malta erobert werden sollte, wurden für die Türken zu einem Mißerfolg, der dem außerordentlichen Heldenmut des Hochmeisters Jean de la Valette und der Johanniter überhaupt zugeschrieben wurde. Zypern dagegen erlag der türkischen Armada im Jahre 1570, und dieses Jahr erwies sich zugleich als der Höhepunkt der türkischen Macht im Mittelmeer.

Im folgenden Jahr fand die Schlacht bei Lepanto statt, die am 7. Oktober 1571 mit der endgültigen Niederlage der Ottomanen im Golf von Korinth zwischen Lepanto und Patras endete. Die türkische Armada bestand aus zweihundertvierundsiebzig Galeeren mit fünfundzwanzigtausend Mann und zweitausendfünfhundert Janitscharen an Bord, die unter der gemeinsamen Führung der Admiräle (kapoudān-pascha) ʿAlī und Muhammad Bai sowie der Paschas von Negropontis, Alexandria und weiteren Hafenstädten standen. Die Flotte der christlichen Verbündeten umfaßte einhundertneun venezianische Galeeren, fünfzig Schiffe, die Philipp II. von Spanien geschickt hatte, neunundzwanzig aus Genua, dreizehn von Papst Pius X. und drei von den Malteserrittern; insgesamt waren das zweihundertundvier Schiffe. Die Vorhut der Christen stand unter dem Kommando des Spaniers Juan de Cardona, die Hauptflotte unter Don Juan d'Austria, der linke Flügel unter dem Venezianer Barbarigo, der rechte Flügel unter dem Genuesen Gian-Andrea Doria; der spanische Marquis von Santa Cruz, Don Alvaro de Bazan, hielt sich für Notfälle mit Reserveschiffen im Hintergrund in Bereitschaft. Die Niederlage der Türken war schrecklich. Hundertsiebenundsiebzig ihrer Galeeren wurden von den Feinden erbeutet und fünfzehn brannten nieder oder wurden versenkt. Die Zahl der getöteten und ertrunkenen Türken belief sich auf zwanzig- bis dreißigtausend; unter ihnen befand sich auch der Kapoudān-pascha ʿAlī. Die Christen büßten nur zwölf Galeeren und siebentausendfünfhundert Leute ein. So blieb das Mittelmeer von einer vollständigen Beherrschung durch die Türken verschont, die Venedig völlig ruiniert hätte. Tatsächlich bedeuteten die Belagerung Wiens im Jahre 1529 zu Land und die Schlacht bei Lepanto im Jahre 1571 zu Wasser das Ende der türkischen Gegenkreuzzüge und den Höhepunkt der ottomanischen Expansion in Europa.

Rückblick

Aus dem Vorhergehenden ist klar geworden, daß die Kreuzzugsidee zahlreiche Verwandlungen durchgemacht hat. Wer sich mit diesen Dingen beschäftigt, muß sich bei der Interpretation des Sinnes der Kreuzzugsbewegung in den einzelnen Zeiträumen vor Gleichförmigkeit in acht nehmen. Im Anfang waren die Kreuzzüge ihrem Wesen nach ein gemeinschaftlicher Glaubensakt, durch den der abendländische Mensch das irdische Jerusalem mit dem Schwert zu befreien suchte und sich zugleich mystisch danach sehnte, das himmlische Jerusalem zu erlangen. Die Menschen nahmen den Ausspruch des Herrn im Matthäus-Evangelium[13] wörtlich ernst, sie nahmen das Kreuz und wandelten in den Fußstapfen des Meisters. Man erwartete vom wahren Christen, daß er die Sache des Heiligen Krieges zu der seinen machte; das ›passagium‹ ins Heilige Land jenseits des Meeres wurde als der kürzeste Weg zur Erlösung angesehen. Dieser Weg wurde das natürliche Bindeglied zwischen dem irdischen Dasein des Menschen und seinem metaphysischen Dasein im Jenseits. Dieser Grundgedanke der Kreuzzugseschatologie beherrschte die Geister zu der Zeit, als der erste Kreuzzug ins Leben gerufen wurde, und der innere Schwung dieser Bewegung war wie ein neuer, neugeborener Glaube (nova religio). Soldaten, die sich dem Kreuzesheer anschlossen und im Kampf fielen, errangen sich damit die Märtyrerkrone, den Zugang in eine höhere, geweihte Sphäre und die ewige Seligkeit.

Obwohl es ein großer Fehler wäre, den religiösen Faktor zu übersehen, der den Kreuzzugsunternehmungen auch in späterer Zeit zugrunde lag, müssen wir uns doch darüber im klaren sein, daß der Gang der Ereignisse nach der Begeisterung, die die gewaltsame Eroberung Jerusalems und des Heiligen Grabes im Jahre 1099 hervorrief, allmählich eine andere Richtung nahm. Als die Erregung des ersten Kreuzzuges sich nach der Gründung des Lateinischen Königreiches Jerusalem gelegt hatte, war ein neues Stadium erreicht; der Heilige Krieg geriet jetzt unter den Einfluß zahlreicher politischer, militärischer und wirtschaftlicher, also weltlicher Faktoren. Die Kreuzzüge gehörten nicht mehr so sehr in den Bereich reiner Frömmigkeit als in den Bereich irdischer Realitäten. Sie wurden zu Kriegen, deren weltliche Motive in wachsendem Maße deutlich wurden, was auf die geschichtliche Entwicklung wiederum einen unermeßlichen Einfluß hatte. Es sei festgestellt, daß die Kreuzzüge, die begonnen wurden als ein Mittel, die Geburtsstätte Christi von einem heidnischen Joch zu erlösen und den im Osten ansässigen Christen zu helfen, tragisch endeten, weil sie die Mohammedaner zu ihren rücksichtslosen Gegenkreuzzügen gegen die gesamte Christenheit bewogen. In der Tat weitete sich der islamische Angriff auf das Heilige Land dazu aus, daß die Moslems jeden christlichen Staat, der in ihrem Bereich lag, zerstörten.

So folgte der fränkischen Lösung der orientalischen Frage im Mittelalter unmittelbar die islamische Lösung in Gestalt der Gegenkreuzzüge. Zwischen den beiden Lösungen besteht ein wesentlicher Unterschied, nämlich der, daß die letztere sich welthistorisch als viel dauerhafter erwies, als es die erste Lösung gewesen war. Das Scheitern der Christenheit bei ihrem Versuch, durch die Kreuzzüge eine dauerhafte Lösung herbeizuführen, und der überwältigende Erfolg der mohammedanischen Waffen lassen sich auf viele verschiedene Gründe zurückführen. Innere Zwietracht trug wesentlich zu dem Unheil bei, das sich auf die christlichen Heerführer und ihre Truppen herabsenkte. Dies war kennzeichnend für das Wesen des politischen und religiösen Lebens überhaupt in dem sich wandelnden Europa. Sonstige hervorstechende Merkmale der Zeit waren der Zerfall der alten Vorstellung von der Weltherrschaft des Kaisertums und des Papsttums und das Aufkommen der neuen, sich um einen königlichen Monarchen gruppierenden Staaten, die sich in ständig zunehmendem Maße ihrer Nationalität bewußt wurden.

Die Aufmerksamkeit der Menschen wurde durch mannigfaltige Probleme in der eigenen Heimat und in der Kirche von den Kreuzzügen abgelenkt. Während England und Frankreich in den zerstörerischen Hundertjährigen Krieg verwickelt waren, ließ in Deutschland, Mitteleuropa und der Lombardei das Ansehen des Kaisers rasch nach. Italien bot das bunte Bild einer großen Zahl von Republiken und Kommunen, die fortwährend in mörderische Kämpfe gegeneinander verwickelt waren und deren einziges gemeinsames Ziel die Verteidigung ihrer eigenen Handelsinteressen in Europa und Übersee war, wobei sie für die Sache der Religion kaum großes Interesse hatten. Die Venezianer drückten dies sehr gut aus in der Redewendung, ein Einwohner der Republik von San Marco habe in erster Linie ein Venezianer und erst in zweiter ein Christ zu sein (»Siamo veneziani, poi Christiani«).

Auf der iberischen Halbinsel war die Situation dadurch andersgeartet, daß die christliche Bevölkerung hier fortwährend mit der Wiedereroberung der von den Mauren besetzten Gebiete beschäftigt war. Die spanischen ›Kreuzzüge‹ waren nationale Freiheitskriege – eine Sache für sich, die eine gesonderte Erörterung an anderem Ort verlangt.

Vielleicht noch schwerwiegender für den mittelalterlichen Menschen als diese bedeutungsvolle Entwicklung waren Ereignisse innerhalb der Kirche. Die Babylonische Gefangenschaft, durch die die Päpste mehr als siebzig Jahre lang (1305–1378) in Wahrheit von den französischen Königen in Avignon eingekerkert wurden, endete mit dem demoralisierenden großen Schisma der römisch-katholischen Kirche (1378–1409). Man kann sich die zersetzende Wirkung kaum vorstellen, die der klägliche Anblick zweier oder dreier Päpste ausübte, die sich bei ihren Bemühungen, die Tiara zu erhaschen, öffentlich wechselseitig exkommunizierten; das Ansehen, das diese altehrwürdige Institution im mittelalterlichen Bewußtsein vorher gehabt hatte, sank sehr tief. Als einziger Versuch, das Übel zu beseitigen, entstand dabei die Konzilsbewegung, und es war ganz natürlich, daß diese die ganze Aufmerksamkeit der westeuropäischen Staaten und Völker auf sich zog. Mit John Wycliffe (etwa 1324–1384) in England und Johannes Hus (etwa 1369–1415) in Böhmen kam die Zeit der Ketzereien. Die Öffentlichkeit war angesichts all dieser alarmierenden, die ganze Aufmerksamkeit beanspruchenden Zeichen nicht in der richtigen Stimmung, um an Kreuzzüge zu denken.

Die Unaufrichtigkeit und die Anmaßung, die das Verhalten vieler Kreuzfahrer kennzeichneten, trugen weder etwas zur Rechtmäßigkeit ihrer Sache bei, noch brachten sie ihnen auf die Dauer Erfolg. Das frevelhafte Verhalten der Lateiner in Alexandria und ihre unwürdige Flucht beim Herannahen der eigentlichen Streitmacht des Sultans legten in beunruhigendem Maße Zeugnis von der geistigen Haltung der späteren Kreuzfahrer ab. Die seriösen

Teilnehmer an diesem Kriegszug, wie König Peter I., sein Kanzler Philippe de Mézières und der päpstliche Bevollmächtigte Peter de Thomas, gaben sich keinen Täuschungen über diese schlimmen Zeichen hin und gestanden die Schuld und die Gottlosigkeit der Kreuzeskämpfer ein.

Ferner waren die italienischen Republiken, besonders im späteren Mittelalter, ständig mit Intrigen gegen alle Kreuzzugsunternehmungen beschäftigt, um dadurch das Wohlwollen des Feindes aller Christen zu gewinnen. Ein Krieg gegen die Moslems, die sämtliche Handelswege nach Osten unter Kontrolle hielten, hätte ihrem Wohlstand schaden und ihre Quellen versiegen lassen können, und sie waren nicht geneigt, ihre materiellen Interessen für eine nebelhafte göttliche Sache zu opfern. Der vierte Kreuzzug ist ein gutes Beispiel für die Eigennützigkeit der Parteien, die an diesem gemeinen internationalen Verbrechen beteiligt waren. Die Gier der Venezianer nach Handelsprivilegien um jeden Preis wurde nur noch übertroffen durch das Fehlen jeglicher Skrupel, wie es die Genuesen beim Sklavenhandel mit den Mamluken allen päpstlichen Bannflüchen und Bullen zum Trotz zur Schau trugen.

Der hochmütige und leicht erregbare Charakter der französischen Ritter erschwerte ebenfalls jedes geordnete, ernsthafte Vorgehen gegen den furchtbaren Feind. Er war die Ursache für die Katastrophe bei Nikopolis, als die Franzosen die klugen und weit vorausschauenden Vorschläge Sigismunds in der vagen Hoffnung ablehnten, den Ruhm des Sieges selber davonzutragen.

Ferner müssen wir uns vergegenwärtigen, daß die Kreuzfahrer auf fremdem Boden kämpften und daß weder die Ausrüstung noch ihre Kampfmethoden auf die neue Umgebung abgestimmt waren. Ihre schweren Ritterrüstungen behinderten freie Bewegung, und es stellte sich heraus, daß ihre schwerfälligen Pferde und ihre Überraschungstaktik gegen die schnellen und lästigen Angriffe der feindlichen leichten Kavallerie wenig ausrichten konnten. Die Christen erlagen der Illusion, daß sie gegen eine ungeordnete Horde von Bösewichtern in den Kampf zogen. Diese falsche Vorstellung war die Ursache für viele große Fehler und Niederlagen. Sowohl in Ägypten wie in der Türkei schufen die Sultane stehende Heere von höchster Disziplin – vielleicht die ersten ihrer Art in der Geschichte des Mittelalters. Männer, deren einzige Berufung der Krieg war, die in der besten militärischen Tradition der Mamluken und Ottomanen ausgebildet waren, deren Aktionen ausschließlich von blindem Gehorsam und strenger Disziplin geleitet wurden, solche Männer waren es, aus denen die mosleminischen Bataillone zusammengesetzt waren, die aus diesem Grunde dem zusammengestückelten Mischmasch der europäischen Ritterheere mit ihrer veralteten Taktik schweren Schaden zufügten. Genau wie die Kreuzfahrer waren auch die mohammedanischen Krieger fest davon überzeugt, daß sie einen heiligen Krieg für eine heilige Sache gegen aggressive Ungläubige führten, und die Treue, die sie dieser Sache hielten, war im großen und ganzen beständiger als die der Christen. Mittelalterliche Chronisten versuchten oft, den Mißerfolg ihrer Landsleute mit der zahlenmäßigen Überlegenheit der Moslems zu entschuldigen. Diese Ansicht ist im vorhergehenden, wie ich hoffe, widerlegt worden. Die Siege wurden nicht durch die größere Zahl, sondern durch die bessere Taktik, strengere Disziplin, bessere Führung und durch die größere Treue und Hingabe an die Sache errungen.

Der endgültige Zusammenbruch der Kreuzzugsantriebe im Westen hatte weittragende Folgen für den Lauf der Dinge im Osten. Ägypten beherrschte nun eindeutig die Lage in der Levante, und die Türkei war neben einer asiatischen auch eine europäische Macht geworden. Ägypten hatte eine Reihe von Gegenkreuzzügen unternommen, durch die der Untergang der im Grenzbereich dieses Landes liegenden christlichen Königreiche beschleunigt wurde. Armenien verschwand als unabhängiger Staat bald von der Landkarte und wurde eine mamlukische Provinz, während die geschwächten Lusignans auf Zypern nach der unglücklichen Regierung König Janus' II. gezwungen wurden, den Sultanen in Kairo einen jährlichen Tribut zu zahlen. Zur gleichen Zeit hatte sich der eroberungssüchtige Arm der Ottomanen weit nach Südosteuropa hineingestreckt. Nach Adrianopel wurde Byzanz ihre Hauptstadt, und der Thron Konstantins wurde nach 1453 von Muhammad II., dem Eroberer, und seinen Nachfolgern eingenommen. Die Einverleibung der herrenlosen lateinischen Vorposten in Morea und auf den ägäischen Inseln wurde von den Türken mit unermüdlicher Energie fortgesetzt, und nachdem die Sultane ihre Macht in den eroberten Gebieten des neuen Reiches einmal gefestigt hatten, drangen sie auch nach Norden, ins östliche Zentraleuropa, bis vor die Tore Wiens, vor. Die Kreuzfahrer von Nikopolis versäumten es, diesen stürmischen Vorstoß in seinem Anfangsstadium aufzuhalten, und so ist die orientalische Frage bis in die neueste Geschichte hinein einer der dynamischen Faktoren der europäischen Politik geblieben. Als schließlich Ägypten und das Heilige Land zu Beginn des sechzehnten Jahrhunderts von den Ottomanen unterworfen wurden, blieb das Schicksal dieser Länder von nun an mit demjenigen eines emporstrebenden pan-islamischen Reiches eng verknüpft, dessen Herrscher zugleich Sultan und Kalif waren.

Die Rückeroberung Jerusalems durch Soldaten aus aller Welt, aus Europa und Amerika, geschah gegen Ende des ersten Weltkrieges. Mohammedaner und Christen kämpften auf beiden Seiten in einem Krieg, der nicht wegen der heiligen Stätten als solcher geführt wurde, sondern der in erster Linie gegen die Türken und ihre deutschen Verbündeten gerichtet war. Der in den Herzen der lange unterdrückten Völker der arabischen Staatengemeinschaft des Nahen Ostens aufkeimende nationalistische Geist, zusammen mit dem Interesse der gegen die deutsche Gefahr um ihr Leben kämpfenden Westmächte, führte zu einer gemeinsamen Aktion, die die Befreiung des Heiligen Landes zur Folge hatte. Schon Jahrhunderte vor dem triumphalen Einzug der alliierten Truppen in Jerusalem am 10. Dezember 1917 jedoch war der Gedanke eines Heiligen Krieges völlig in Vergessenheit geraten.

DIE GESCHICHTE DES LEVANTEHANDELS
IM MITTELALTER

Die Entstehung des Handels im Mittelalter

Das wirtschaftliche Schicksal der mittelalterlichen Welt muß in der Hauptsache auf die Entwicklung des Handels und des internationalen Warenaustausches zwischen dem Osten und dem Westen zurückgeführt werden. Dies war der Prozeß, durch den der mittelalterliche Kaufmann zu Wohlstand kam und durch den der nationale Reichtum in bestimmten Gebieten nie dagewesene Höhen erreichte. Tatsächlich ist die wirtschaftliche Revolution des Mittelalters nicht aus den statischen Verhältnissen in den feudalistischen Agrarstaaten Westeuropas, sondern eher aus der Dynamik des Handels und des Gewerbes hervorgegangen, wie sie für die meisten Länder des östlichen Mittelmeerraumes charakteristisch war. Wenn man die Landkarte der mittelalterlichen Welt im Hinblick auf die wirtschaftliche Struktur im weiteren Sinne betrachtet, so lassen sich drei Räume unterscheiden, die im Werdegang des Handels in der Zeit vom Untergang des weströmischen Reiches bis zum Beginn der Neuzeit nacheinander eine führende Rolle gespielt haben. Der erste dieser Räume ist das oströmische Reich, das den Weltmarkt vom fünften bis zum Ende des siebenten Jahrhunderts beherrschte. Der zweite wird während des hohen Mittelalters, vom Anfang des achten bis zum Ende des elften Jahrhunderts, von den Arabern eingenommen. Der dritte Raum war im großen und ganzen während des Spätmittelalters führend; er ist gekennzeichnet durch den Aufstieg der südeuropäischen Handelsmetropolen sowie die Entwicklung einer maritimen Macht und den Aufschwung des Gewerbes sowohl in Nord- wie in Südeuropa. Jeder dieser Räume beziehungsweise – zeitlich gesehen – Phasen weist eine Reihe von besonderen Merkmalen auf, die den Gang der Dinge zu der betreffenden Zeit jeweils bestimmten und mit denen wir uns beschäftigen müssen, wenn wir das Aufblühen des mittelalterlichen Handels – mit besonderer Berücksichtigung der Levante – verstehen wollen.

Was die erste Phase betrifft, so hatte der Untergang Roms und das darauf folgende Eindringen der barbarischen Horden in Europa schwerwiegende Folgen für den Handel im Mittelmeerraum und im Orient. Obwohl es eine Verdrehung der Tatsachen wäre, zu behaupten, daß der internationale Handel, der unter der Pax Romana geblüht hatte, nach den Einfällen der Barbaren völlig erlosch, so besteht doch kein Zweifel, daß der reibungslose Ablauf des Handels mit den jenseits des Mittelmeeres gelegenen Ländern am Anfang des Mittelalters zeitweilig unterbrochen wurde. Als Frieden und Sicherheit und mit ihnen ein gewisses allgemeines Gleichgewicht wiederhergestellt waren, wurde auch der Handel wieder aufgenommen, aber doch in viel beschränkterem Maße als früher. Mit anderen Worten: Der internationale Handel in Westeuropa brach zwar nicht völlig zusammen, erlitt aber einen schweren Schlag.

Zur gleichen Zeit bot sich durch das Weiterleben des oströmischen Reiches die Möglichkeit eines Ersatzes für den im Westen abflauenden Handel; der Schwerpunkt verlagerte sich von Rom nach Konstantinopel. Die glückliche Lage der byzantinischen Hauptstadt, in Reichweite der drei Kontinente der alten Welt bzw. am Schnittpunkt der Land- und Seewege in den Fernen, Mittleren und Nahen Osten sowie in die Länder Nord- und Westeuropas, machte sie zu einem natürlichen Markt, wo sich die Kaufleute fast aller Nationen trafen. Der eindeutige Beweis für den bestimmenden Einfluß des byzantinischen Handels im hohen Mittelalter ist die Tatsache, daß das oströmische Gold-›Nomisma‹ den alten weströmischen Gold-›Solidus‹ als Standardwährung und Zahlungsmittel in Europa und dem Orient vollständig verdrängte.

Aus allen Richtungen strömten die Waren auf die Marktplätze in Konstantinopel: Seide und Porzellan aus China, Edelsteine und Gewürze aus Indien, Elfenbein und Ebenholz aus Afrika, Stickereien und Teppiche aus Persien, Perlen vom Persischen Golf, Textilien und Getreide aus Ägypten, Glas und Stahl aus Syrien, Pelze und Holz aus Rußland, Lederwaren aus Marokko; sogar Sklaven aus allen Teilen der Welt befanden sich unter den unzähligen Artikeln, die in der großen Stadt zum Kauf angeboten wurden. Darüber hinaus entfalteten sich in der Umgegend zahlreiche Gewerbe; hervorragende Handwerker und Künstler aus den angrenzenden Ländern siedelten sich in der reichen Hauptstadt an. Duftstoffe, Brokat- und golddurchwirkte Gewänder, Ikonen, Mosaiken, Elfenbeinschnitzereien, Skulpturen und Steinschnitzereien, Schmuck, emaillierte Gold- und Silberarbeiten, mit Edelsteinen besetzte Kruzifixe und Bucheinbände sowie alle möglichen Luxusgegenstände wurden in Konstantinopel von hervorragenden Fachleuten angefertigt und von reichen Magnaten aus aller Welt gekauft. Außerdem wurden Handel und Gewerbe vom byzantinischen Staat so geregelt, daß sowohl Käufer und Verkäufer wie die Rechte des Kaisers geschützt waren. Das ›Buch des Präfekten‹ aus dem neunten Jahrhundert enthielt einen umfangreichen Gesetzeskodex für die Handelsmärkte und die Rechte und Pflichten von Hersteller, Kaufmann, Geldgeber oder Bankier. Die Vorschriften dieses

Buches erinnern an den Inhalt des ›Buches des Vorstehers‹, des arabischen ›Kitāb al-Hisba‹, das später im islamischen Reich berühmt wurde und das sich mit der Kontrolle der Märkte und der Beaufsichtigung des Pöbels befaßte. Die byzantinischen Regelungen zeichneten sich nicht immer durch einen Sinn für Gleichgewicht und Gerechtigkeit aus; aber dennoch bildete die durch übertriebenen Wucher gekennzeichnete kaiserliche Handelspolitik für den Handel keinen nennenswerten Hemmschuh, und Konstantinopel blieb während dieser Periode die wichtigste Stadt des christlichen Abendlandes und brauchte den Vergleich mit Bagdad und Kairo im islamischen Reich nicht zu scheuen.

In Westeuropa führten die staatlichen Neubildungen zur Errichtung einer neuen Gesellschaftsordnung, die im Kern eine agrarische war; der Handel wurde zwar nicht verboten, aber von den kirchlichen Autoritäten im Zeitalter des Glaubens doch fast als eine besondere Form von Wucher angesehen und mißbilligt. Örtliche Geschäfte blieben auf primitiven Tauschhandel mit Gebrauchsgegenständen beschränkt, bei dem das Geld infolge seiner großen Seltenheit kaum eine Rolle spielte. In der Zeit der Merowinger und Karolinger wurde der internationale Handel sogar noch dürftiger als der inländische. Er beschränkte sich im wesentlichen auf das Hausieren mit leichten Waren, die einzelne Syrer und Juden in den Westen brachten. Die Syrer stammten von den alten Phöniziern ab, die eine bedeutende Seefahrernation gewesen waren; der Handel war ihr eigentliches Element seit ältester Zeit. Die Juden, denen die Ansiedlung als Bauern im allgemeinen verwehrt wurde und die über alle Nationen des Westens wie des Ostens verstreut lebten, waren für Handel und Geldgeschäfte wie geschaffen. In der mittellateinischen Sprache dieser Zeit war das Wort ›mercator‹ gleichbedeutend mit ›Judaeus‹.

Es wäre jedoch falsch, die Rolle des Kaufmanns in der frühmittelalterlichen Gesellschaft zu überschätzen. Märkte gab es nur wenige, sie lagen weit auseinander, und die Leute mit wirklicher Kaufkraft waren in Westeuropa nicht sehr zahlreich. Die römischen Städte (municipia) waren so gut wie verschwunden; kleinere Dörfer, die von der Landwirtschaft lebten, und Rittergüter waren an ihre Stelle getreten. Das alte Straßensystem, das den römischen Streitwagen und Legionen die schnelle Bewegung von einem Ende des Reiches zum anderen ermöglicht hatte, war verfallen; es gab nur noch Fußpfade, auf denen Packpferde und Maulesel mit ihren kleinen Lasten sich fortbewegen konnten. Brücken waren zerstört worden. Reisen waren mit großen Gefahren verbunden, die Wälder wurden durch Räuber unsicher gemacht. Außer durch all diese Umstände wurde die Ausübung von Geschäften auch durch die finanziellen Beschränkungen der Zeit beeinträchtigt, nachdem die Goldwährung der Römer verschwunden war und Silbergeld von den Karolingern nur in sehr beschränktem Umfang ausgegeben wurde. Das Wiederaufblühen städtischen Lebens, Gewerbes und Handels in Europa gehört einer viel späteren Zeit an.

Die zweite Phase in der Geschichte des mittelalterlichen Handels ist gekennzeichnet durch die Eroberung der Küstengebiete in der Levante und in Nordafrika durch die Araber im Verlauf des siebten Jahrhunderts. Im achten Jahrhundert erfolgte die Ausdehnung der arabischen Herrschaft über die Gebiete westlich des Tyrrhenischen Meeres, was für den Mittelmeerhandel katastrophale Folgen hatte. 711 eroberte Tārik ibn Zijād, dessen Name durch den Felsen von Gibraltar (Dschabal Tārik) weiterlebt, Spanien durch seinen Sieg über den Westgotenkönig Roderich. Im achten Jahrhundert häuften sich die Raubzüge arabischer Piraten gegen die östlichen und die westlichen Mittelmeerinseln. Schon 648 und 652 hören wir von wiederholten Plünderungen auf Zypern und Rhodos. 717/18 wurde Rhodos von den syrischen Moslems besetzt, und um die Mitte des Jahrhunderts erlag ihnen Zypern. 798 wurden die Balearen Spanien von den Omajjaden entrissen. Die Inseln Korsika und Sardinien, die von mosleminischen Korsaren schon lange heimgesucht worden waren, wurden schließlich im Jahre 809 von den Aglabiden erobert. Die Eroberung der strategisch wichtigen Insel Sizilien war ein langwieriger, aber stetiger Prozeß, der ungefähr von 827 bis 902 dauerte; in diesem Jahr wurde die ganze Insel, mit Ausnahme der einsam gelegenen Festung Taormina, von den Aglabiden unterworfen. Von ihren sizilianischen Stützpunkten aus führten die mosleminischen Streitkräfte von Zeit zu Zeit Verheerungs- und Plünderungszüge in Italien durch. 868 griffen sie Gaeta, 872 Salerno an. Sie verwüsteten die Gebiete Mittelitaliens bis in die Umgebung Roms, und Papst Johannes VIII. (872–882) konnte sich den Frieden für sein geplagtes Land nur durch die Zahlung von fünfundzwanzigtausend Silber-›mancusi‹[1] an den Feind erkaufen. Trotzdem wurde im Jahr 935 auch das noch weiter nördlich gelegene Pisa geplündert. Die befestigten mohammedanischen Stützpunkte in Bari und Tarent behinderten auch weiterhin den Seeverkehr zwischen dem Adriatischen Meer und den übrigen Gewässern des Mittelmeeres.

In der Praxis wurde das Mittelmeer ganz und gar zu einem arabischen Meer, das den Schiffen der Christen unzugänglich war, allen unter arabischem Einfluß stehenden Ländern jedoch für den Handel offenstand; dies führte zu überwältigenden Erfolgen für Wirtschaft und Gewerbe des arabischen Reiches. Die riesige Ausdehnung dieses Reiches von Samarkand in Transoxanien auf der einen bis zum Atlantik und nach Spanien (Andalusien) auf der anderen Seite erweiterte die Handelsmöglichkeiten in einem früher nicht gekannten Maß. Im Gegensatz zu den Christen in Westeuropa maßen die Moslems dem Handel große Bedeutung bei. Tatsächlich überlieferte die mohammedanische Tradition einen Ausspruch des Propheten, in dem dieser die drei Hilfsquellen des Gläubigen segnete, nämlich den Ackerbau, die Viehzucht und den Handel, die er alle auf eine Stufe stellte. Es war ganz natürlich, daß die Araber sich mit ihrem blühenden Handel hervortun wollten; auf die Dauer nahmen ihre emporstrebenden Städte Bagdad, Kairo und Cordova die Stellung ein, die früher Konstantinopel innegehabt hatte. Die Haupthandelswege aus dem Osten, sowohl zu Lande wie zu Wasser, endeten in oder führten durch Länder, die unter arabischer Herrschaft standen. Mit indischen Waren vollbeladene Schiffe gingen an den arabischen Ufern des Persischen Golfs und des Roten Meeres vor Anker, während Karawanen mit Tausenden von Kamelen den asiatischen Kontinent von China bis zu den Handelsplätzen des riesigen arabischen Reiches durchquerten. Die arabischen Grenzen berührten das Kaspische und das Schwarze Meer, die den Weg nach Norden und nach Westen, nach Rußland und nach Ost- und Mitteleuropa öffneten. Vor dem Ende des siebten Jahrhunderts prägten die Araber eigene Münzen, und der Gold-›Dinar‹[2] und Silber-›Dirhem‹[3] begannen dem byzantinischen ›Nomisma‹ bei internationalen Geschäften Konkurrenz zu machen. Die Kalifen ehrten den Kaufmann und wachten streng darüber, daß die Straßen sicher waren und der Handel sich auf friedliche und gerechte Weise entfalten konnte.

Vom neunten Jahrhundert an konzentrierten sich Handel und Geschäftsleben immer stärker auf die Handelszentren der arabischen Welt, was zu einem unglaublichen Wachsen des Wohlstandes sowohl der Kaufleute wie des Staates führte. Arabische Chroniken vom Anfang des zehnten Jahrhunderts bieten fabelhafte Zahlen über Reichtum und Wohlstand in den Ländern des östlichen und des westlichen Kalifats. Die durch den Handel entstandenen Einkünfte der Städte Aleppo, Damaskus und Jerusalem in Syrien während des Jahres 908 wurden auf etwa zwei Millionen Gold-Dinare geschätzt, was etwa neuneinhalb Millionen Gold-Dollar entspricht, die Inflationstendenzen neuerer Zeit nicht mit in Rechnung gestellt; dabei müssen wir uns außerdem die hohe Kaufkraft[4] des Geldes zu jener Zeit vergegenwärtigen. Ungefähr zur gleichen Zeit nahm in Ägypten der tulunidische Regent in dieser Provinz aus der Besteuerung des Handels eine ähnlich hohe Summe ein. Was den Westen betrifft, so kann man nur staunen über den Grad des Wohlstandes in Andalusien; der Reisende ibn Haukal (um 975) versichert, daß das omajjadische Kalifat in Cordova unter 'Abd ar-Rahmān III. allein aus dem Goldhandel mit dem Sudan zwischen 912 und 951 insgesamt zwanzig Millionen Gold-Dinare (ungefähr fünfundneunzig Millionen Gold-Dollar) einnahm. Derselbe Autor behauptet, daß er während eines Aufenthaltes in der Oasenstadt Andagoscht, eine Reise von vierzehn Tagen nördlich von Ghana im dunklen Afrika gelegen, einen Scheck (das arabische Wort ist Sakk) über zweiundvierzigtausend Dinare gesehen habe, der einem Kaufmann aus Sijilmasa übergeben worden sei.

Um einen ungefähren Eindruck von der Ausdehnung des moslemininischen Handels zu geben, mag es genügen, den wirtschaftlichen Eroberungen des arabischen ›Dinars‹ als Zahlungsmittel auf seinem langen Weg durch die mittelalterliche Welt zu folgen. Neuere Ausgrabungen in vielen verschiedenen Gegenden haben große Mengen arabischer Münzen in Rußland, Finnland, den skandinavischen Ländern und auf dem Balkan ans Tageslicht gefördert. Vereinzelt wurden sogar Exemplare in so entlegenen Gebieten wie England und Island gefunden. Die meisten dieser Münzen trugen Jahreszahlen aus der Zeit vom Ende des siebten bis zum Anfang des elften Jahrhunderts. Die berühmte Goldmünze, die Offa, der König von Mercia (757 bis 796), prägen ließ und die auf der einen Seite seinen Namen ›Offa Rex‹, nach arabischer Art von rechts nach links geschrieben, und auf der Rückseite eine arabische Inschrift zeigt, ist eine eindeutige Nachahmung des arabischen Dinars und ein Beweis für den Einfluß des arabischen Handels und der arabischen Währung zu dieser Zeit.

Die arabische Vorherrschaft stand außer Frage bis zum Auftreten der Normannen in Italien und im Mittelmeerraum in der zweiten Hälfte des elften Jahrhunderts und bis zum Beginn des ersten Kreuzzuges im Jahre 1096; diese Ereignisse leiteten die dritte Phase in der Geschichte des Handels ein. Anfänglich waren diese Normannen Pilger, die auch unter einem byzantinischen General, Georgios Maniakes, als Söldner dienten; schließlich landeten sie als Freibeuter in Süditalien, wo sie sich entschlossen, die verwirrte politische Lage auszunutzen und ein eigenes Königreich zu gründen. 1053 nahmen sie Papst Leo IX. gefangen, 1059 dienten sie in den Reihen eines anderen Papstes, Nikolaus' II., und 1084 retteten sie Gregor VII. aus Rom, als die Stadt von einer verirrten Schar ihrer eigenen Leute geplündert wurde.

Die Namen zweier normannischer Brüder ragen in diesem durch Anarchie und Streit gekennzeichneten Schauspiel besonders hervor: Robert Guiscard (1057–1085), Herzog von Apulien, und Roger I. von Sizilien (1061–1101). Während der erste sich auf die Beseitigung sowohl der byzantinischen wie der moslemininischen Herrschaft in Süditalien konzentrierte, widmete sich der zweite der Aufgabe, den arabischen Emir aus Sizilien zu verdrängen. So begann die Geschichte eines neuen Königreiches. Die Einnahme der Stadt Bari durch Robert im Jahr 1071 festigte seine Herrschaft über das ganze Fürstentum Apulien. Im darauffolgenden Jahr eroberte Roger mit Hilfe seines Bruders Palermo auf Sizilien. 1091 war die Eroberung der ganzen Insel abgeschlossen. Dies leitete die allmähliche Neuchristianisierung des Mittelmeerraumes ein, und Sizilien blieb der Ort, wo sich der christliche und der mohammedanische Handel kreuzten. Inzwischen eröffneten die ersten Kreuzfahrer den Weg nach Osten, und die Normannen waren in vollem Maße an dem Vorantreiben des Heiligen Krieges mitbeteiligt. Zu den ersten, die für die neue Sache kämpften, gehörten Bohemund, der Sohn Robert Guiscards, sein Bruder Roger, Tankred und andere.

Die Auswirkung dieser wichtigen Ereignisse auf die Entwicklung des mittelalterlichen Handels ist nicht abzuschätzen. Sie bedeuteten die Wiedergeburt des europäischen Handels mit dem Osten, und nach immer stärkerem Anwachsen erreichte dieser schließlich einen Aufschwung, für den es in der Geschichte Europas kein zweites Beispiel gibt. Die Flotten von Venedig, Genua und anderen Handelsstädten in Italien und den südlichen Mittelmeerländern wurden vergrößert, um mit den Schwierigkeiten fertig zu werden, die die Beförderung der ständig zunehmenden Zahl von Kreuzfahrern aus Europa aufwarf. Außerdem war die Wiederbelebung des Orienthandels eine natürliche Folge der Kreuzzüge, da Kaufleute aus Europa an den verschiedenen Zügen teilnahmen oder unmittelbar hinterherkamen und in jeder eroberten Hafenstadt der Levante neue Märkte eröffneten. Die unmittelbare Berührung zwischen Ost und West begann zwar mit Hilfe des Schwertes, sollte aber bald auf den friedlicheren Wegen des Handels und der Kultur erfolgen. Durch die Wiedereroberung der Inseln Sardinien im Jahre 1022, Korsika 1091 und Sizilien in der Zeit von 1058 bis 1090 wurde die arabische Seeräuberei unterdrückt oder jedenfalls stark eingeschränkt; die Inseln hatten den Schiffen der mohammedanischen Piraten aus Nordafrika und Spanien als bequeme Stützpunkte und Schlupfwinkel gedient.

Dies alles führte zu dem grenzenlosen Wohlstand der Kaufmannsstädte, zum Aufblühen der südeuropäischen Kommunen und zur Gründung der Handelsgemeinschaften des Nordens, durch die die Waren in ganz Europa verteilt wurden. In Norditalien gingen Venedig, Genua und Pisa voran. Der Mailänder Städtebund, zu dem auch andere lombardische Städte wie Bergamo, Brescia und Cremona gehörten, hatte ursprünglich den Widerstand gegen Kaiser Friedrich Barbarossa zum Ziel, spielte aber auch eine wirtschaftliche, dem Handel förderliche Rolle. Neapel, Salerno, Amalfi und Bari waren die Handelszentren in Süditalien, während Palermo auf Sizilien eine ganz ungewöhnliche Bedeutung erhielt. Der Ruhm der Städte Marseille, Montpellier und Narbonne in Frankreich sowie Barcelona in Katalonien datiert aus späterer Zeit.

Im Binnenland wurden zur Förderung des Handels hanseatische Bündnisse gebildet. Die Deutsche oder Baltische Hanse, die im dreizehnten Jahrhundert von Lübeck und Hamburg gegründet wurde, umfaßte bald auch Bremen, Köln, Dortmund und das weit abgelegene Danzig; den Höhepunkt ihrer politischen und wirtschaftlichen Macht erreichte sie gegen Ende des vierzehnten und zu Beginn des fünfzehnten Jahrhunderts. Sie besaß zahlreiche Handelsniederlassungen und Faktoreien in den wichtigsten Städten Europas, vor allem in Brügge, London, Bergen und Nowgorod. Die Flämische oder Londoner Hanse unter der Führung Brügges war auf die Verbreitung englischer Waren spezialisiert; ihre verbündeten Städte waren in der Hauptsache Brügge, Antwerpen, Calais und Dordrecht. Weitere Beispiele sind der Schwäbische und der Rheinische Städtebund; beider Bedeutung war mehr wirtschaftlich und weniger politisch als die der norddeutschen Hanse.

Alle diese Bündnisse waren aber, was den Handel mit orientalischen Gütern betraf, vor allem von Venedig und Genua abhängig. Während Venedig seine Handelsflotte hauptsächlich für den Handel mit den syrischen und ägyptischen Zentren in der Levante einsetzte, besaß Genua praktisch das Monopol für den Handel mit Nordafrika und den Gebieten um das Schwarze Meer, wo es die Herrschaft über die wichtigen Kolonien Kaffa auf der Krim und Tana am Asowschen Meer ausübte.

Auch Zypern spielte unter den lateinischen Königen der Lusignan-Dynastie eine sehr wichtige Rolle. Famagusta konnte es mit den wohlhabendsten Hafenstädten des Mittelmeerraumes aufnehmen. Leontios Machairas, der im vierzehnten Jahrhundert auf Zypern lebende Chronist, erzählt Beispiele für die immensen Gewinne, die die Kaufleute dieser Insel aus dem internationalen Handel zogen. Eindrucksvoll ist die anschauliche Beschreibung des Reichtums zweier nestorianischer Brüder, der Herren Franz und Nikolaus Lakha, die unter der Regierung Peters I. von Lusignan (1359–1369) lebten; »und es geht über meine Kräfte, die Reichtümer, welche sie besaßen, zu beschreiben, denn die Handelsschiffe der Christen, die aus dem Westen kamen, wagten nicht, ihre Geschäfte woanders abzuschließen als auf Zypern, und die gesamten Handelsgeschäfte mit Syrien spielten sich auf Zypern ab.«[5] Die Schiffe aus Venedig, Genua, Florenz, Pisa, Katalonien, überhaupt aus allen westlichen Ländern, füllten die Häfen Zyperns, wo sie Gewürze und alle möglichen sonstigen Waren für die europäischen Märkte an Bord nahmen. Der genannte Franz Lakha errichtete die nestorianische Kirche in Famagusta von Grund auf nur aus eigenen Mitteln. Eines Tages nahm er bei einem einzigen Geschäft dreißigtausend Golddukaten ein, von denen er zehntausend König Peter I. als Geschenk übersandte. Ein anderer Kaufmann dieser Insel, Stefan von Lusignan, nahm auf einer einzigen Reise mit drei Schiffen von Syrien nach Zypern so viel Geld ein, daß er mit einem

Drittel des Gewinnes die Kirche St. Peter und Paul, ein prachtvolles Bauwerk in Famagusta, errichten konnte. Der Reichtum Zyperns ließ die Insel nicht nur schließlich den Mohammedanern zum Opfer fallen, die in der Schlacht bei Cherokitia im Jahre 1426 König Janus II. gefangennahmen, sondern machte sie auch für die Christen zu einer begehrenswerten Beute. Zuerst eroberten 1383 die Genuesen Famagusta, und später, im Jahr 1489, nahmen die Venezianer die ganze Insel in Besitz.

Auch die griechischen Reiche in Konstantinopel und Trapezunt sowie die armenischen Städte in Kleinasien blieben weiterhin, bis sie als unabhängige Hoheitsgebiete unterdrückt wurden, wertvolle Stützpunkte für die Handelsflotten der Westeuropäer. Das paradoxe Ergebnis des vierten Kreuzzuges, der im Jahr 1204 zur Vernichtung des byzantinischen Reiches führte, förderte das Aufblühen des europäischen Handels mit den lateinischen Fürstentümern in der Ägäis. Propagandisten wie Marino Sanudo der Ältere schlugen eine Seeblockade der ägyptischen und der syrischen Küste vor, um den Handel der Mamluken mit dem Westen zu ersticken und statt dessen den Handel mit den genannten christlichen Handelsplätzen des Orients zu beleben. Aber das Projekt mußte kläglich scheitern, da sogar der Papst, der es zuerst bei Strafe der Exkommunikation befürwortet hatte, Erlasse herausgab, die Venedig von dem Handelsverbot mit Ägypten ausschlossen.

Der Niedergang des Mittelmeerhandels wurde jedoch nicht durch Entwürfe von Propagandisten oder durch päpstliche Bullen heraufbeschworen, sondern durch umfassende, welthistorische Gründe und Umstände, mit denen wir uns kurz beschäftigen wollen. Das Eigenartige ist, daß trotz des Unterganges des Lateinischen Königreichs Jerusalem im Heiligen Land in den Jahren 1291/1292 und trotz der wiederholten Angriffe der Christen auf mohammedanische Länder, wie zum Beispiel die Plünderung Alexandrias im Jahr 1365 und der Überfall auf al-Mahdīja 1390, der europäische Handel mit dem Osten während des vierzehnten Jahrhunderts und weit ins fünfzehnte Jahrhundert hinein weiterbestand und sogar zu hoher Blüte gelangte. Erst später begann der Mittelmeerhandel sich von Syrien und Ägypten fortzuwenden.

Handelswege und Warenbeförderung

Die Höhe der römischen Zivilisation hat man oft an der Vorzüglichkeit der römischen Straßen gemessen, die aus Steinen hergestellt waren und die strategisch und sonstwie wichtigen Punkte des Reiches miteinander verbanden. Es wurde besondere Sorgfalt darauf verwendet, sie in gutem Zustand zu erhalten. Brücken spannten sich über Flüsse, um einen stetigen und schnellen Verkehr zu garantieren, sowohl für Militär- wie für Zivilpersonen. An diesen antiken Vorbildern gemessen, erlitt die Welt des Mittelalters, insbesondere Europa, einen furchtbaren Rückschlag. Nach der Gründung der neuen Königreiche durch die Barbaren gerieten die römischen Straßen in einen Zustand, der beinah einem vollständigen Verfall gleichkam. Im Mittelalter wurde die Straße zu einer vollkommen vernachlässigten Pferdespur; sie war staubig oder schlammig, mit Löchern durchsetzt und ständig von Gefahren, wie wilden Tieren und Straßenräubern, bedroht. Der mittelalterliche Kaufmann wurde ›Staubfuß‹[6] genannt, da er, um der Strenge des Winters zu entgehen, seine Reisen meistens im staubigen Sommer unternahm. Sogar die von den Karawanen benutzten Wege durch Asien und Afrika schnitten im Vergleich mit den europäischen Straßen günstig ab. Im Orient war das Kamel das ›Wüstenschiff‹, obwohl für den Reiseverkehr und zur Postbeförderung (arabisch barīd) auch oft Pferde benutzt wurden. Im Westen wurden zur Beförderung von Waren das Packmaultier, das Pferd und der leichte zweirädrige Wagen verwendet. Der Gebrauch schwerer vierrädriger Fahrzeuge beschränkte sich auf das Stadtgebiet und auf große landwirtschaftliche Güter; auch wurde er nur für kurze Entfernungen und auf gepflasterten Straßen benutzt. Außerdem entsprachen die Kosten für einen Wagen dem Ertrag, den drei Morgen Ackerland abwarfen. Das Packtier konnte zweihundertfünfzig bis dreihundertfünfzig Pfund tragen und täglich eine Strecke von fünfundzwanzig bis vierzig Kilometern zurücklegen. Die Kosten solch eines Transportes wurden mehr als verdoppelt durch örtliche Steuern, zum Beispiel das ›Theloneum‹, das die Feudalherren an vielen Stellen des Weges von Grafschaft zu Grafschaft erhoben. Die wichtigsten Straßen des mittelalterlichen Europa verliefen zwischen den großen Handelsstädten und dem Bezirk der berühmten Messen, wie Saint-Denis bei Paris, Brügge, Ypern und Lille in Flandern, Lagny und Bar-sur-Aube in der Champagne und vielen anderen.

Der internationale Handelsverkehr, für den bis zum Ende des zehnten Jahrhunderts praktisch noch alle Voraussetzungen fehlten, zeigte seine ersten bescheidenen Anfänge im elften, eine breitere Entfaltung dann im zwölften und dreizehnten Jahrhundert, und zwar mitbedingt durch das Entstehen von Wirtshäusern und Ställen entlang den wichtigsten Handelswegen und, was noch wichtiger war, durch den Bau von Brücken. Im Spätmittelalter entstand ein neuer Mönchsorden mit dem Namen ›Orden der Brückenbrüder‹ (Fratres Pontis), deren Mitglieder unter anderem das Gelübde ablegten, diese lebenswichtigen Verbindungsglieder für jedermann in gutem Zustand zu erhalten. Berühmte Brücken des Mittelalters waren die Themsebrücke in London, die Seinebrücken in Paris und Rouen, die Rhônebrücke in Avignon und die Maasbrücken in Maastricht, Lüttich, Huy, Namur und Dinant. Über die Alpen führten die Pässe des Mont-Cénis, der Brenner, der Septimer und der St.-Bernhard-Paß, bis im dreizehnten Jahrhundert auch der St.-Gotthard-Paß mit seiner neuen Hängebrücke eröffnet wurde, der die Ebenen der Lombardei mit den Gebirgswegen des Nordens verband, die sich wiederum um die Quellgebiete der Donau und des Rheins herumwanden. Der reiche Kaufmann reiste mit seiner eigenen, von ihm bezahlten Leibwache, während die kleineren Händler in Gruppen reisten, um sich gemeinsam verteidigen zu können.

Im allgemeinen wurde für den Transport schwerer und unhandlicher Ware der Flußverkehr vorgezogen, obwohl auch die Schiffe der ärgerlichen Belastung der immer von neuem erhobenen Zölle nicht entgingen. Am Rhein befanden sich vierundsechzig Zollstationen, an der Loire vierundsiebzig, an der Elbe fünfunddreißig, an der Donau siebenundsiebzig. Das waren weniger als die vielen hundert Grenzzölle, die auf den Landstraßen erhoben wurden, aber es waren immer noch so viele, daß Verteuerungen daraus entstanden. Der Transport von Wein mit Schiffen von Pisa nach Florenz, das heißt über eine Strecke von achtzig Kilometern, kostete fünfzig Prozent des Originalpreises; bei Salz waren es sogar sechzig Prozent.

Die Güter aus dem Osten wurden mit Karawanen über die seit alters benutzten Straßen durch Zentralasien bis zu den Städten gebracht, die im Vorderen Orient, unmittelbar vor den europäischen Grenzen, lagen. Samarkand, Tabris und Bagdad waren häufig besuchte Stationen. In Nowgorod, Kiew und Kaffa befanden sich berühmte Märkte. Aleppo, Damaskus und Akkon waren bedeutende Zentren für den syrischen Handel, während Damiette, Rosette und besonders Alexandria häufig von Kaufleuten aus dem Westen aufgesucht wurden.

Der Handel mit Indien erfolgte in der Regel auf dem Seeweg bis in den Persischen Golf hinein, dann über den Tigris bis Bagdad oder Mosul, von wo aus Karawanen die Fracht zu den Märkten in Aleppo, Damaskus oder anderen syrischen Küstenstädten brachten. Noch häufiger nahm man den Weg durch das Rote Meer bis Aidhab und Kussair oder noch weiter bis nördlich von al-Kulzum – das alte Klysma –, das an der Spitze des Golfs von Suez gelegen war, ungefähr dort, wo heute die Stadt Suez liegt, wo also der Kanal endet. Von Aidhab und Kussair aus brachten Karawanen mit Kamelen und Eseln die Waren durch die Arabische Wüste bis zur Stadt Kus, in Oberägypten am Nil gelegen, und von dort wurden sie dann mit Schiffen stromabwärts nach Kairo und Alexandria verladen. Von al-Kulzum wurden die Güter auf dem Landweg nach Kairo gebracht, und von dort wieder zu Wasser nach Alexandria, Rosette und Damiette. Der ganze Transport im Landesinnern wurde nur von den dort Ansässigen ausgeübt; den fremden Kaufleuten wurde niemals erlaubt, über die am Ende eines Weges – und damit oft an der Küste – gelegenen Handelsstädte hinaus in das Land vorzudringen.

Die Schiffe segelten meistens zu mehreren und wurden aus Sicherheitsgründen von Kriegsschiffen begleitet; zu jener Zeit wurde die Seeräuberei mit stillschweigender Zustimmung der rivalisierenden Staaten ausgeübt. Aus Erfahrung wußte der Seemann im Mittelalter, daß die besten Zeiten für eine Fahrt in östlicher Richtung die Monate April und Juni, für eine Fahrt nach Westen die Monate August, September oder Oktober waren; kaum jemals machte man sich im Winter auf die Reise. Die Fortschritte, die man im Mittelalter im Schiffsbau machte, waren groß. Der Laderaum einer Galeere wurde auf fünf- bis achthundert Tonnen erweitert. Außerdem hatten solche Schiffe im allgemeinen achthundert bis tausend Seeleute und Passagiere an Bord. Wenn die Segel nicht die erforderlichen Geschwindigkeiten erzielten, wurden die Schiffe auch durch Ruder fortbewegt, die auf dem Unterdeck mit aneinandergeketteten Sklaven besetzt waren. Der Schiffskompaß war in Europa zwar schon im dreizehnten Jahrhundert bekannt, wurde aber allgemein erst seit dem fünfzehnten Jahrhundert benutzt, nachdem die arabischen Seeleute hierfür das erste Beispiel gegeben hatten. Trotz der Fortschritte, die das späte Mittelalter in der Seemannskunst und der Seetüchtigkeit der Schiffe erzielte, waren die Gefahren, im Sturm zu sinken oder von Piraten überfallen zu werden, doch nie ganz ausgeschaltet. Die Kosten einer Schiffahrt waren zwar niedriger als die eines Transportes zu Land, aber doch immer noch ziemlich hoch. Es heißt, daß die Beförderung von Getreide von Armenien nach Italien auf dem Seeweg mehr als hundertsechzig Prozent des Nettowertes kostete. Man hielt es im allgemeinen für ratsam, nur wirklich wertvolle Waren und nur größere Mengen auf dem Seeweg zu transportieren.

Messen und wichtige Handelsplätze

Die Verrechnungsstellen für den internationalen Handel befanden sich im Mittelalter in den großen Kaufmannsstädten und ganz besonders auf den Messen (den ›foires‹, wie sie auf französisch genannt wurden). Am bemerkenswertesten waren die Messen in der Champagne, einer Grafschaft, die für den Handelsaustausch zwischen vielen europäischen Nationen prädestiniert war. Ihre Lage zwischen Frankreich und Flandern auf der einen Seite und die Tatsache, daß sie von der Lombardei aus auf dem Wege über den

St.-Bernhard- und den Mont-Cénis-Paß so leicht zu erreichen war, auf der anderen Seite machten sie zu einem natürlichen Treffpunkt für Händler aus diesen Ländern. Außerdem war die Champagne infolge ihrer zentralen Lage innerhalb Frankreichs auch sowohl von den nord- wie von den südfranzösischen Provinzen aus leicht zugänglich, während unmittelbar hinter ihrer Westgrenze schon Paris lag. Ihre tüchtigen Grafen waren sich über die Möglichkeiten, die das Land bot, völlig im klaren und unterstützten alle kaufmännischen Bestrebungen in ihrem Herrschaftsbereich dadurch, daß sie ihre Messen in turnusmäßiger Abwechslung fast das ganze Jahr hindurch geöffnet hielten. Die Messen in Lagny, Bar, Provins und Troyes wurden für je sechs oder sieben Wochen in der Weihnachtszeit, im Mai und Juni nacheinander abgehalten.

Die Messen waren im allgemeinen für den Engros-Handel bestimmt. Große Lagerhäuser und Hallen wurden den Kaufleuten zur Verfügung gestellt, und Agenten des Grafen führten genauestens Buch über sämtliche eingehenden Artikel, um eine gerechte Erhebung der Zölle zu garantieren und Schikanen und Wucher zu vermeiden. Die Messe wurde durch Glockenzeichen zu festgesetzten Zeiten geöffnet und geschlossen. Für Sicherheit sorgten mit starker Hand die Vertreter oder Kustoden (custodes nundinarum) des Grafen. Ein besonderer Gerichtshof (jus mercatorum) war dazu da, Meinungsverschiedenheiten zu schlichten und Übertretungen zu bestrafen. Während einer bestimmten Anzahl von Tagen wurden die Waren ausgestellt und zum Verkauf angeboten. Alle vorbereitenden Verhandlungen wurden mit Schecks besiegelt, die nach Ablauf der Messe in den Verrechnungsstellen – regelrechten Börsen – eingelöst wurden. Wollstoffe aus italienischen und flämischen Webereien, Leinen und Wein aus Frankreich, Lederwaren aus Deutschland, Eisen aus Sizilien und Spanien, Gewürze, Seidenstoffe und Teppiche aus dem Orient, Gold und Silber aus Afrika, Alaun aus Kleinasien – diese und unzählige andere wertvolle Güter wurden einer aus aller Welt stammenden Kundschaft feilgeboten.

Außerhalb der Champagne, in der Nähe von Paris, wurde die Messe von Lendit in Saint Denis feierlich eröffnet durch eine Prozession von Studenten aus dem Quartier Latin, die an der Pariser Universität studierten und ihren jährlichen Bedarf an Schreibwaren decken wollten. In einer anderen Gegend Frankreichs, in Beaucaire in der Nähe von Marseille und Aix-en-Provence, fanden wieder andersgeartete Messen statt. Aber bis zum vierzehnten Jahrhundert blieb doch die Champagne führend. Messen wurden in dieser Grafschaft schon im zwölften Jahrhundert abgehalten, den Höhepunkt ihrer Wirkung erreichten sie im dreizehnten Jahrhundert, wonach sie dann im Verlauf des vierzehnten in Verfall gerieten, als nämlich die Venezianer und

Genuesen auf dem Weg durch die Straße von Gibraltar direkt nach Flandern und England segelten. Damals begann der rasche Aufstieg der flämischen Messen in Brügge, Ypern, Lille, Thourout und Messines, die nun die Messen der Champagne als Handelszentren von internationaler Bedeutung ersetzten. Auch England hatte seine, allerdings bescheideneren Messen in Winchester, Stanford, St. Giles, St. Ives, Stourbridge und in Bartholomew. Die Hansestädte entfalteten eine viel größere Aktivität als die englischen Handelsstädte; ferner wurden in Rußland Nowgorod und in der Ukraine Kiew zu wichtigen Brennpunkten für den Pelzhandel des Nordens sowie für andere Waren, die mit Karawanen auf dem Landweg aus dem Fernen Osten herbeigebracht wurden.

Überhaupt war die Messe einer der größten Anziehungspunkte im mittelalterlichen Leben; Leute aus allen Bevölkerungsschichten trafen sich hier, um Geschäfte zu machen und sich zu amüsieren. Fahrende Sänger und Spielleute traten in Theatern wie unter freiem Himmel auf. Mirakel- und Mysterienspiele wurden veranstaltet. Bären und andere Tiere wurden als Attraktionen vorgeführt. Die Fröhlichkeit und die Buntheit des ganzen Schauspiels müssen sehr eindrucksvoll gewesen sein.

Die Messen in Westeuropa hatten ihr Gegenstück im Osten, wo praktisch jedes Dorf oder jede Gruppe von Dörfern überall seit undenklichen Zeiten an bestimmten Wochentagen eigene Messen (sūks) abhielt. Diese Praxis wird noch heute geübt, und meistens findet die Messe anläßlich eines Gedächtnistages, sei es für einen christlichen, sei es für einen mohammedanischen Heiligen, statt. Es ist ferner interessant, daß in vor-islamischer Zeit die alljährlich stattfindende Pilgerfahrt und eine Messe, auf der sich die verschiedenen Stämme trafen, miteinander verbunden und zur gleichen Zeit abgehalten wurden. Vor dem Auftreten des Propheten Mohammed war die Messe oder ›sūk‹ von ʿUkāz, die in Mekka um den heiligen schwarzen Stein (al-Kaʾaba) stattfand, der berühmteste Versammlungsort für sämtliche arabischen Stämme. Hier fand der Warenaustausch statt, hier gaben die Dichter und die öffentlich auftretenden Redner ihre alljährlichen literarischen Früchte von sich. Nach dem Aufkommen des Islams und bis zum heutigen Tage lag die vielleicht einzige Änderung im Wesen der Wallfahrten nach Mekka in der Ausbildung ihres internationalen Charakters. Pilger aus Indien und aus noch weiter entfernten Gebieten trafen sich mit solchen aus Marokko und den übrigen islamischen Ländern zur Teilnahme am gemeinsamen Gebet und zum Austausch ihrer Landeserzeugnisse.

Der Aufstieg der mittelalterlichen Stadt zu einem wirtschaftlichen Zentrum zeichnete sich zwar schon sehr früh ab, wurde aber erst im Verlauf des Spätmittelalters zu einer echten Realität. Die Tatsache muß mit der langsamen und stetigen Höherentwicklung von Handel und Gewerbe in Verbindung gebracht werden. Die Entwicklung des Gewerbes in Flandern zum Beispiel mag danach beurteilt werden, daß im Laufe des vierzehnten Jahrhunderts wenigstens die Hälfte der Bevölkerung dieses Landes in der Textilmanufaktur beschäftigt war. Das in den Städten ausgeübte Gewerbe belebte wiederum den lokalen und den internationalen Handel, und so entstand eine neue Klasse, die der Bürger. Der wachsende Wohlstand der südeuropäischen Kommunen und Städte ist zum Teil dieser ›industriellen Revolution‹, zum Teil auch dem ungeheuren Aufschwung des Orienthandels zuzuschreiben. Es liegt außerhalb des Rahmens dieser Untersuchung, auf die Einzelheiten der wirtschaftlichen Struktur der bedeutenden europäischen Städte einzugehen, die durch den Handel riesige Gewinne erzielten. Es ist aber nützlich, wenigstens einige Seiten solcher typischen, wegen ihres Reichtums bekannten Städte im Osten und im Westen, wie zum Beispiel Venedig und Alexandria, zu beleuchten.

Der Annalist Marino Sanudo ›Torsello‹ der Jüngere hat in seinen ›Lebensläufen der Dogen von Venedig‹ unter dem Jahr 1420 eine sehr aufschlußreiche Ansprache wiedergegeben, die der Doge Thomas Mocenigo da Campofregoso (1413–1420) vor dem venezianischen Senat gehalten hat und in der er seinen jährlichen Bericht über den Handel der Republik von San Marco während des abgelaufenen Jahres gab. Der Wert der aus den Warenhäusern Venedigs versandten Güter wurde mit zehn Millionen Dukaten angegeben. Der sich aus dem Warenaustausch ergebende Nettogewinn betrug vier Millionen Golddukaten.[7] Die Zahl der venezianischen Kriegs- und Handelsschiffe verschiedener Größe betrug dreitausend. Sie waren mit siebzehntausend in regulärem Dienst stehenden Seeleuten bemannt. Dreihundert Schiffe hatten achttausend Matrosen an Bord, fünfundvierzig schwere Galeeren waren mit elftausend Mann ausgerüstet. Das ergibt im Durchschnitt etwa zweihundertvierundvierzig Seeleute pro Schiff: sogar für ein modernes Fahrzeug eine ansehnliche Besatzung. In den Werften der Lagunen waren regelmäßig sechzehntausend Arbeiter beschäftigt. Die Münze Venedigs prägte, offenbar zusätzlich zu dem schon im Umlauf befindlichen Geld, eine Million neue Golddukaten, zweihunderttausend Silbermünzen und achthunderttausend Solidi. Eine halbe Million Geldstücke wurden nach Ägypten geschickt.

Auch die Genuesen häuften große Reichtümer an und wetteiferten mit den Venezianern. Ein genuesischer Chronist des vierzehnten Jahrhunderts namens Stella gibt Beispiele für den Reichtum, der Genua aus dem Ausland zufloß. Die Beschlagnahme zweier genuesischer Galeeren im Schwarzen Meer in den Jahren 1330 und 1344 enthüllte überraschende Dinge über das

Ausmaß des genuesischen Handels in den Ländern jenseits des Mittelmeeres. Die eine Galeere enthielt Waren im Wert von vierhundertsechzigtausend, die andere im Wert von vierhundertsiebzigtausend Pfund Sterling. Unter normalen Umständen konnten einige Kaufleute ihr Vermögen in einem einzigen Jahr auf mehr als das Doppelte vergrößern. In Venedig und zahlreichen anderen Handelszentren wohnten Vertreter Ägyptens, die gegen ein bestimmtes Entgelt Empfehlungsschreiben ausstellten – eine Einrichtung, die an die modernen Pässe und Konsulate denken läßt.

Die Basare von Konstantinopel, Trapezunt, Alexandria und Damaskus wurden häufig von Kaufleuten aus dem Westen aufgesucht, die sich für orientalische Waren interessierten. Die St.-Demetrios-Messe in Thessaloniki spiegelte den gesamten Handel des Nahen Ostens. Unter den Waren, die hier verkauft wurden, befanden sich Seidenstoffe aus Böotien und Korinth, Tierhäute und Salz aus den Karpaten, syrischer Damast und ägyptisches Leinen. Die Stadt jedoch, in der die gesamte Kaufmannswelt vertreten war, war Alexandria. Der Reisende ibn Battūta aus Magrib (Nordwestafrika), der die Stadt im Jahre 1326 besuchte, schrieb, daß er im gesamten Mittelmeerraum noch nie etwas Vergleichbares gesehen habe, und Guillaume de Machaut nannte Alexandria 1367 die ›Königin des Mittelmeeres‹. Ihre beiden Häfen waren andauernd überfüllt mit ladenden und löschenden Handelsschiffen. Der östliche Hafen, der alte Portus Magnus, der im Mittelalter wegen der riesigen Kette, die nachts den Eingang verschloß, auch als der ›Kettenhafen‹ bekannt war, war für die Schiffe der Christen bestimmt; der westliche Hafen, der alte Eunostos der Ptolemäer, war den Schiffen der Moslems vorbehalten, die aus dem mohammedanischen Spanien und aus Magrib kamen. Die doppelte Umwallung und die schweren Befestigungsanlagen der Stadt sowie ihre auf See und zum Land hin gerichteten Tore umschlossen einige der großartigsten Bauten, die überhaupt in irgendeiner mittelalterlichen Stadt zu finden waren. Die Gasthäuser, ›fundacchi‹ oder ›fontecchi‹ (vom arabischen ›funduk‹) genannt, waren von Venezianern, Genuesen, Pisanern, Florentinern, Neapolitanern, Marseillern, Katalanen, Templern, Johannitern, Nord- und Südfranzosen, Männern aus Montpellier sowie von Afrikanern und Kaufleuten aus dem Nahen und aus dem Fernen Osten erbaut worden, und jedes dieser Gebäude stand unter der Obhut eines verantwortlichen Vertreters oder ›fundicarius‹. Praktisch alle Nationen des Ostens wie des Westens waren in Alexandria vertreten und kamen herbei, um in diesem großen Handelszentrum ihre Güter zu verkaufen. Die Beute, welche die Kreuzfahrer unter Peter I. von Lusignan im Jahre 1365 aus Alexandria fortschleppten, offenbarte, welch ungeheure Reichtümer in dieser Stadt aufgestapelt lagen.

Welcher Art waren die Güter, die auf den Märkten Alexandrias und anderer Handelsstädte den Besitzer wechselten? Man kann sie in drei Kategorien einteilen: Sklaven, Naturprodukte und Fertigprodukte. Von diesen dreien war wohl der Sklavenhandel für den Westen am einträglichsten und wurde im Orient von allen Arten des Handels am eifrigsten betrieben. Ein kurzer Blick auf die Ursprünge, die Struktur und die Organisation des Mamlukenstaates (1250–1517) kann uns die ungewöhnliche Bedeutung dieses Handels in der Geschichte der Menschheit erklären. Die Mamluken bildeten ursprünglich die Sklavenleibwache der Ajjubiden (1171–1250); dann übernahmen sie das Sultanat und beherrschten Ägypten und Syrien als Fremde. Sie vermehrten sich ständig durch neue Ankäufe auf den Sklavenmärkten. Jeder mamlukische Emir hatte sein eigenes Gefolge, dessen Umfang sich jeweils nach seinen Mitteln richtete. Die Leibwache von Sultan Kalāwūn bestand aus sechstausendsiebenhundert Mamluken, aber sein ältester Sohn, Chalīl (1290–1293), vergrößerte sie auf zehntausend, und sein zweiter Sohn, an-Nāsir Muhammad (1293–1294, 1298–1308 und 1309–1340), auf vierundzwanzigtausend. In einigen Fällen verringerte sich die Zahl der Mamluken des Sultans auf viertausend, wie zur Regierungszeit von Barkūk (1390–1398). Sie waren meistens in verschiedene Bataillone eingeteilt, die zahlreiche Stämme repräsentierten, wie zum Beispiel Türken und Turkmenen, Mongolen, Tscherkessen, Kurden, Armenier, Griechen, Bulgaren und Slowenen, Albanier und Serben.

Die Mamluken litten unter einer hohen Sterblichkeitsziffer. Daran war nicht nur der Tod auf dem Schlachtfeld schuld, sondern daß alle Männer von zweifelhafter Loyalität insgesamt umgebracht wurden. Obwohl die Mamluken sich zum Islam als offizieller Staatsreligion bekannten, machten sie sich im ganzen recht wenig Gewissensbisse, und die meisten von ihnen leisteten im religiösen Bereich nur Lippendienste. Um in einem Heereslager als abgeschlossener Stamm leben zu können, mußten sie riesige Summen für den Ankauf von Rekruten ausgeben – es waren jährlich etwa zwei- bis dreitausend Sklaven. Manche von ihnen stiegen zu hohen Stellungen empor. Sultan Kitbuga (1294–1296) war ein mongolischer Kriegsgefangener gewesen. Lādschīn (1296–1298) soll ein Ritter des Deutschen Ordens gewesen sein, der im Baltikum, in Livland, gegen die Heiden gekämpft hatte, später Kreuzfahrer in Syrien wurde und schließlich zum Islam übertrat und sich den Mamluken anschloß.

Die meisten europäischen Kaufmannsstädte nahmen aktiv am Sklavenhandel teil, aber Genua stand dabei an der Spitze. Die genuesischen Kolonien in Kaffa und Tana in Südrußland waren vielleicht die größten Umschlagplätze für mongolische Kinder, Knaben wie Mädchen, die manchmal von ihren eigenen Eltern auf den Markt gebracht wurden, da diese ihnen eine glänzende Karriere in Ägypten sichern wollten. Darüber hinaus deckten sie ihren Bedarf oft mit Gefangenen aus den Reihen der heidnischen und christlichen Einwohner Osteuropas und auf den Märkten Kleinasiens. Ein mongolischer Sklave brachte hundertdreißig bis hundertvierzig Golddukaten[8] ein, ein tscherkessischer hundertzehn bis hundertzwanzig, ein Grieche ungefähr neunzig, ein Albanier, Serbe oder Slowene siebzig bis achtzig. Berühmte genuesische Kaufleute des vierzehnten Jahrhunderts, wie Niccolo di S. Giorgio, Gentile Imperiali, Segurano Salvago und andere, widmeten sich diesem einträglichen Geschäft und mißachteten die päpstlichen Dekrete, die es verboten. Während Papst Martin V. (1417–1431) im Jahr 1425 eine Bulle herausgab, in der alle, die diese gottlose Tätigkeit ausübten, exkommuniziert wurden, anerkannten und ermutigten die weltlichen Mächte offen das unerlaubte Geschäft, und im Jahr 1466 gab Kaiser Friedrich III. (1440–1493) Genua uneingeschränkte Vollmacht, den Sklavenhandel mit Männern und Frauen auszuüben. Der Wert eines Sklaven hing von seinem Alter und seiner Gesundheit ab. Es ist bemerkenswert, daß dieselben Zwischenhändler, die Sklaven aus Europa und Asien nach Ägypten brachten, auch mohammedanische Sklaven aus Nordafrika und Asien nach Europa einführten. Felix Faber, der bekannte Reisende aus dem fünfzehnten Jahrhundert, erwähnt, daß es in Venedig etwa dreitausend mohammedanische Sklaven gab; sie wurden als Ruderer auf venezianischen Segelschiffen benutzt.

Die auf den europäischen Märkten am meisten gefragten Naturprodukte waren Gewürze und Pfeffer; sie wurden aus Indien importiert und in den ägyptischen Handelszentren von venezianischen und anderen Kaufleuten zu hohen Preisen aufgekauft. Gewürze kannte man schon seit dem sechsten Jahrhundert, wie aus der Weltbeschreibung des Kosmas Indikopleustes hervorgeht, der damals Indien besuchte. Alle Reisenden des Mittelalters, die durch jene Gebiete kamen, erwähnen die Gewürze. Im mittelalterlichen Alexandria war eine ganze Straße oder sogar ein ganzes Viertel dem Pfefferhandel vorbehalten, und Guillaume de Machaut spricht 1365 von der ›Avenue de Poivre‹, die in dem arabischen Schrifttum als Schäri' al-Filfil (Pfefferstraße) wiederkehrt. Der Historiker, der den Levantehandel im Mittelalter beschrieben hat, Wilhelm Heyd,[9] hat eine alphabetische Liste der Güter und Artikel aufgestellt, mit denen im Orient gehandelt wurde. Ohne im einzelnen auf das Material einzugehen, das er aus zeitgenössischen Quellen und aus der Sekundärliteratur zusammengetragen hat, wollen wir nur, um dem Leser einen Eindruck von dem Umfang dieses Handels zu vermitteln, einen Ausschnitt aus seiner Liste ohne Kommentar hier wiedergeben. Sie enthält: Aloen, Alaun, Bernstein, Balsamine, Benzoeharz, Aloenholz, Sandelholz, Rotholz, Kampfer, Zimt, Kardamone, Kassien (cassia fistula), Gewürznelken, Coccusilicis, Korallen, Kostwurz,[10] Baumwolle, Weihrauch, Galanga (arabisch chlundschān), Rubia tinctorum, Ingwer, Gummi, Indigo, Elfenbein, Laudanum, Muskatnüsse, Manna, Mastix, Teermineralien, Moschus, Mirabellen (Pflaumen), Cynips gallae tinctoriae, Perlen, Edelsteine, schwarzen Pfeffer, Rhabarber, Safran, Wurzeln des Skammonium (convolvulus scammonia), Seidengarn, Tutia, Gelbwurz (curcuma zedoaria roscoe). Einige dieser Produkte waren für bestimmte Gewerbe unentbehrlich; so wurde zum Beispiel Alaun in großem Umfang in der Textilindustrie benutzt, um Farbstoffe zu binden; es wurde von den Balearen, aus Nordafrika und von einigen Inseln in der Ägäis und vor der Küste Kleinasiens eingeführt. Andere Erzeugnisse wurden für medizinische Präparate benutzt. Perlen und Edelsteine aus dem Persischen Golf und aus Indien waren beim reichen Feudaladel sehr begehrt. Goldstaub und Silber kommen zwar in Heyds Liste nicht vor, spielten aber eine große Rolle, ebenso wie die unedlen Metallerze Eisen, Kupfer und Blei. Blei wurde für die Dächer von Kirchen und Kathedralen sowie zur Einfassung von farbigen Glasfenstern verwendet. Die Goldminen in Nubien und im Sudan versorgten die Märkte mit dem größten Teil des Goldes, das in Ägypten und in den europäischen Kommunen in Umlauf war.

Zu den Fertigwaren gehörten Gold- und Silberfäden aus Zypern, Porzellan aus China, Zucker aus Indien und dem Fernen Osten, bunte Stoffe von den tirāz-Webstühlen in Ägypten, aus Damaskus, Bagdad, Persien und dem Fernen Osten, Teppiche aus Persien und Glaswaren aus den Glasbrennereien Syriens, Ägyptens und Nordafrikas. Durch die Aufmerksamkeit, welche Gelehrte und Museen, vor allem in den Vereinigten Staaten, antiken und mittelalterlichen Textilien gewidmet haben, hat sich der besondere Charakter und die Wichtigkeit der Beschäftigung mit diesen Dingen gezeigt. Außer dem Textilmuseum in Washington, das fast ausschließlich diesem Spezialgebiet gewidmet ist, haben auch größere Sammlungen, wie das Metropolitan Museum, die Museen in Brooklyn, Boston und Cleveland und das Michigan Museum, sehr große Mengen von Textilien erworben, darunter zahlreiche mehrfarbige und mit eingestickten Ornamenten oder Schriften versehene Exemplare. Diese Sammlungen haben in einem Feld, das noch voll von unermeßlichen Möglichkeiten ist, ganz neue Perspektiven eröffnet. Mittelalterliche Glaswaren sind am besten im Toledo Museum, im Metropolitan und im Brooklyn Museum sowie in der Steuben-Glasfabrik in Corning vertreten, außerdem an zahlreichen weiteren Orten in Nordamerika und in anderen Ländern. Einige Ausgrabungen haben Glas- und Tonperlen ans Licht gebracht, die noch der Untersuchung durch die Archäologen und Kulturhistoriker harren. Venedig spielte bekanntlich eine wichtige Rolle in der Geschichte der Glasmanufaktur. Genua produzierte Samt, Frankreich Leinen, Flandern und die Lombardei Wolle. Vollbeladen mit europäischen Fertigprodukten, mit Waffen und mit Sklaven fuhren die Schiffe ostwärts; mit kostbaren Gegenständen und Luxusartikeln aus dem Osten kehrten sie wieder in ihre Ausgangshäfen zurück.

Geld-, Kredit- und Bankwesen

Der zunehmende Gebrauch des Geldes in Europa kann mit Recht als ein Symptom für die zunehmende Höherentwicklung der westeuropäischen Kultur angesehen werden. Im frühen Mittelalter war Europa klar in zwei Teile geteilt, in einen östlichen und einen westlichen Teil, einen byzantinischen und einen barbarischen. Während im Oströmischen Reich die meisten Merkmale römischer Größe weiterlebten und Wirtschaft und Handel in diesem Reich blühten, fiel Westeuropa in den Zustand eines unterentwickelten Gebietes zurück, das von einer provinziellen Agrarwirtschaft lebte und wo der Handel fast ganz darniederlag. Die allgemeine Anerkennung des vom Kaiser in Konstantinopel geprägten Gold-›Nomisma‹ stellte das primitive Tauschhandelssystem der westeuropäischen Länder in den Schatten. Das ›Nomisma‹ wurde der ›Dollar des Mittelalters‹; das merowingische Europa dagegen, wo kaum Geld in Umlauf war, kannte nur wenige Goldmünzen, und zur karolingischen Zeit gab es vor allem Silbergeld, das Karl der Große durch Gesetze und mit Gewalt bei seinen widerstrebenden Untertanen einzuführen versuchte. Deshalb war das ›Nomisma‹ der wahre und rechtmäßige Nachfolger des römischen ›Solidus‹; die Erinnerung an die Münze hat diese selbst überlebt, nämlich in dem Namen der modernen Wissenschaft ›Numismatik‹. Dieses byzantinische Geldstück, das später auch ›Hyperperon‹ und ›Besant‹ genannt wurde, zeichnete sich durch eine Beständigkeit der Qualität des Goldes und des Gewichtes aus, die allgemein Vertrauen erweckte. Sein Gewicht betrug ein Zweiundsiebzigstel des römischen Pfundes (327,45 Gramm), das heißt, es enthielt 4,5 Gramm Gold. Die Numismatik hat festgestellt, daß das wirkliche Gewicht zwischen 3,88 und 4,44 Gramm schwankte. Andererseits waren im Westen Münzen so selten, daß in verschiedenen Ländern Schulden teilweise mit Geld, teilweise mit Waren beglichen wurden. Im Jahr 933 wurde in Spanien eine Schuld von sechshundert

Solidi mit Vasen, Pferdedecken, feinen Stoffen und Münzen beglichen. Sogar noch im Jahr 1107 wurde in Frankreich der Betrag von zwanzig Solidi mit einem Pferd zurückbezahlt.

Während der Westen sich in diesem Zustand der Zurückgebliebenheit befand, erwuchs der hochentwickelten byzantinischen Kultur mit dem neuen arabischen Reich ein ebenbürtiger Konkurrent. Schon im ersten islamischen Jahrhundert lehnten sich die Kalifen, die sich anfänglich der Vorherrschaft des ›Nomisma‹ gefügt hatten, dagegen auf und erklärten durch die Prägung ihres eigenen goldenen ›Dinar‹ und ihres silbernen ›Dirhem‹ ihre wirtschaftliche Unabhängigkeit. Der omajjadische Kalif ʿAbd al-Malik ibn Marwān (685–705) führte das neue arabische Geld im letzten Jahrzehnt des siebten Jahrhunderts ein. Zwar wurden für diese Abwendung von der byzantinischen Währung religiöse Gründe vorgebracht – die Verwerfung von Menschenbildern auf Münzen durch die Mohammedaner –, aber der tiefere Grund für diese Reform war das Streben nach wirtschaftlicher Unabhängigkeit. Obwohl der ›Dinar‹ das ›Nomisma‹ als internationale Währung nicht verdrängte, gewann er doch sehr großes Ansehen, nicht nur im mohammedanischen Reich und im Mittelmeerraum, sondern auch in weit abgelegenen Gegenden und Ländern, wie aus den Funden arabischer Münzen im Baltikum und in noch weiter entfernten Gebieten hervorgeht.

Ein echtes Bewußtsein von der Bedeutung des Geldes für die Abwicklung internationaler Geschäfte entstand bei den Völkern des Westens eigentlich erst im Zeitalter der Kreuzzüge. Roger II. (1130–1154), König von Sizilien und Herzog von Apulien und Kalabrien, war der erste europäische Monarch, der seit den bescheideneren Versuchen der Karolinger wieder eine Goldmünze schlagen ließ. Es war der 1140 geprägte Gold-›Dukaten‹ mit der berühmten Inschrift: »Sit tibi, Christe, datus, quem tu regis, iste Ducatus« (»dieses Herzogtum, Christus, das Du regierst, sei Dir geweiht«). 1252 übernahm Florenz die neue Münze unter dem Namen ›ducati gigliati‹; sie wurde wegen des Zeichens der florentinischen Lilie, das der neuen Währung eingeprägt war, später als Gold-›Florin‹ (fiorino d'oro) bezeichnet. Später trat auch Venedig auf den Plan, nämlich als im Jahre 1283 der zweite der vier Dogen mit dem Namen Dandolo anordnete, daß die Stadt mit der Prägung eigener Golddukaten beginnen sollte. Die Republik von San Marco behielt die alte lateinische Inschrift aus Apulien auf der neuen Münze bei; später, im Verlauf des sechzehnten Jahrhunderts, war sie besser bekannt unter dem Namen ›zecchini‹ (Zechinen), nach ›Zecca‹, dem Namen der venezianischen Münzstätte. Der Wert des ›Dukaten‹[11] veränderte sich von Jahrhundert zu Jahrhundert; ursprünglich aber bestand er aus reinem Gold und wog 3,5 Gramm, womit er dem Wert von etwa einem Pfund Silber gleichkam.

Abb. 3 Schlacht zwischen Kreuzrittern und Sarazenen bei Askalon (1099).

Abb. 4. Sultan Saladin

In der Neuzeit bis zum Beginn des zwanzigsten Jahrhunderts wurde der ›Dukaten‹ von vielen Ländern auf dem europäischen Festland in großem Ausmaß als Zahlungsmittel verwendet. Im Mittelalter wurden der Florin und der Dukaten als Zahlungsmittel im internationalen Handel überall ohne Einschränkung anerkannt, und bis zum Untergang Venedigs und anderer italienischer Kommunen wurde ihre Stabilität aufs sorgfältigste gewahrt.

Als den mächtigen Herrschern in Europa die Bedeutung des Geldes für die Erleichterung von Geschäftsabschlüssen und für die Bereicherung der Staatskasse klar wurde, fingen sie an, die Wirtschaftspolitik derjenigen Staaten, die das ›Nomisma‹, den ›Dinar‹ und den ›Dukaten‹ geprägt hatten, nachzuahmen. Der erste vorausschauende Monarch, der dies einsah und der 1228, sogar noch vor Venedig und Florenz, eine der stabilsten Goldwährungen des Mittelalters, den ›Augustalis‹, prägen ließ, war Kaiser Friedrich II. Abgesehen von ihrer Vollkommenheit als numismatisches Kunstwerk – Pirenne nennt sie ein ›Meisterwerk‹ – war sie auch weit und breit begehrt wegen der Reinheit ihres Goldes. Leider war die Leistungsfähigkeit der kaiserlichen Münzstätte begrenzt, und die Seltenheit des ›Augustalis‹ verhinderte, daß er im internationalen Handel zur Standardwährung wurde. Andere Monarchen folgten dem Beispiel Friedrichs. 1266 ließ Ludwig der Heilige seine französische ›Livre‹ schlagen, die für den Gebrauch in den Ländern nördlich der Alpen und westlich des Deutschen Reiches bestimmt war; sie wurde auch ›gros tournois‹ (aus Tours) oder ›gros parisis‹ (aus Paris) genannt. In der Tat gelang es dem König, sie für eine gewisse Zeit zur Standardwährung im größten Teil Nordeuropas zu machen, aber seine Nachfolger versäumten es, diese Tradition aufrechtzuerhalten, und die Münze verschwand wieder aus dem Verkehr.

Auch in anderen Ländern entstanden zu verschiedenen Zeitpunkten reguläre Währungen. Für die Einführung einer Goldwährung in Spanien war Alfons XI. von Kastilien (1312–1350) verantwortlich. Im Bereich des Deutschen Kaiserreiches, nördlich der Alpen, ging Böhmen voran (1325). In den Niederlanden, die im Mittelalter durch Handel und Gewerbe berühmt waren, wurde vor 1337 von Ludwig von Nevers eine nationale Währung geschaffen, ebenso wie in Brabant von Johann II. (1312–1355), in Lüttich von Englebert de la Marche (1345–1365), in Holland von Wilhelm V. (1346–1389) und in Geldern von Reinoud III. (1343–1371). In England ließ 1343 Eduard III. einen Goldflorin prägen.

Ein Unglück für alle Münzprägung war im mittelalterlichen Europa das Recht des gesamten Feudaladels, eigenes Geld herzustellen, Geld, das in vielen Fällen so gut wie nichts wert war. Tatsächlich wurden zahlreiche Monarchen und Feudalherren des Gebrauchs schlechten Geldes und des

Mißbrauchs bezichtigt, den sie mit dem genannten Vorrecht trieben. Eines der schändlichsten Beispiele war der Versuch König Johanns II., des Guten (1350–1364), aus dem Hause Valois, die französische Währung zu entwerten, um dadurch eine schwere Staatsschuld von sich abzuwälzen.

Der ständig zunehmende Gebrauch von Geld regte zu analytischen Untersuchungen an über die Rolle, die es im Handel spielte, Untersuchungen, die die Währungsstabilität und eine gerechte Anwendung des Geldes fördern wollten. Der erste ›Finanzwissenschaftler‹ des mittelalterlichen Europa war Nikolaus Oresme (gestorben 1382), Rektor des Collège de Navarre an der Pariser Universität, und später Bischof von Lisieux. Er war Theologe, Naturforscher und Staatswissenschaftler und hatte die ›Politik‹ des Aristoteles übersetzt; seine wirkliche Bedeutung lag aber in einem Traktat mit dem Titel ›De mutatione monetarum‹, der sich durch großen Tatsachensinn auszeichnet und in dem die Rolle des Handels, die in ihm auftretenden Schwierigkeiten und die im Geldsystem liegenden Ursachen dieser Schwierigkeiten untersucht werden. Die hinter Oresmes Gedankengängen stehende Grundidee war die, daß das Geld nicht dem Monarchen oder Fürsten gehöre, der es herausbrachte, sondern der Gemeinschaft derer, die es benutzten und für die es einen Stellvertreter ihrer Arbeit und einen materiellen Ertrag bedeutete. Der Fürst hatte kein Recht, aus den Münzprägungen Gewinne zu ziehen; Bestechungen mit Hilfe von Geld wurden als unmoralisch angesehen, als ungerecht und als zerstörerisch für die wirtschaftliche Stabilität und für das Ansehen des ganzen Landes. Nebenbei bemerkt ist es interessant, daß im fünfzehnten Jahrhundert auch in Ägypten Traktate über das Geld erschienen, und zwar von so hervorragenden Autoren wie Makrīzī, Sujūtī und dem wenig bekannten Asadī. Dieses Schrifttum ist jedoch noch nicht genügend untersucht worden, sein eigentlicher Sinn liegt für uns noch im dunkeln, wenngleich man annehmen darf, daß es zu einer Zeit erschien, als die Raubgier der mamlukischen Sultane ebenfalls eine Geldentwertung ankündigte.

Von den Goldmünzen Nomisma, Dinar, Florin und Dukaten wurde vorausgesetzt, daß sie nicht weniger als 3,5 Gramm Gold enthielten. Bei der Abschätzung mittelalterlicher Preise muß man diese Münzen in Beziehung setzen zu sogenanntem ›unwirklichen‹ Geld; dabei war das Pfund zwanzig shillings oder zweihundertvierzig pennies wert. Ursprünglich war das Pfund, die Libra, ein Stück Silber, das ein Pfund wog und aus dem zweihundertvierzig silberne pennies geschlagen wurden.[12] Das Verhältnis der Goldmünzen zu Pfund, shilling und penny schwankte; es hing von dem Wert des Goldes in einem bestimmten Gebiet ab. Um die Mitte des vierzehnten Jahrhunderts wurde, wie berichtet wird, der Goldflorin in Mailand auf 1,6 Pfund oder zweiunddreißig shillings, was wiederum dreihundertvierundachtzig pennies entsprach, geschätzt. Dabei waren aber nur der Florin und der penny reale Einheiten, nämlich konkrete Münzen, während die übrigen ›unwirkliche‹ Münzen waren.

Die Entfaltung des internationalen Handels und der Geldwirtschaft hatte die Ausbildung des Kredit- und Bankwesens zur Folge. Die christlichen Kaufleute der italienischen Städte führten bei den Geschäften, die sie miteinander machten, Wechsel ein, von denen allerdings schon früher die Griechen, die Juden und die Araber Gebrauch gemacht hatten. Um diese bargeldlosen Geschäfte durchführen zu können, zahlte man bei den verschiedenen vorhandenen Banken Geld ein. Auch Anleihen, meist gegen hohe Zinsen, wurden gemacht, ohne Rücksicht auf kirchliche Verordnungen, die jede Art von Wucher untersagten. Obwohl die Kirche in ihrem Widerstand gegen alle Arten von Zinsen anfänglich unbeugsam war, achtete sie später weniger streng auf die unterschiedslose Anwendung der von ihr selbst aufgestellten Regel. Sogar bedeutende Theologen, wie der heilige Thomas von Aquin, sprachen sich für eine Gewinnbeteiligung aus, wenn das mit einem Darlehen oder einer Einzahlung verbundene Risiko (periculum sortis) zu groß war. Die Päpste anerkannten dieses Prinzip, obwohl sie unnachgiebig bei ihrer Weigerung blieben, Wucherzinsen irgendwelcher Art zu sanktionieren.

Die lombardischen Bankiers aus Venedig, Genua, Florenz und anderen norditalienischen Städten übernahmen in diesem einträglichen Geschäft allmählich die Rolle der Juden. Der Geldwechsler auf der Messe wurde ein kleiner örtlicher Bankier. Die Banken von San Marco in Venedig, von St. Georg in Genua, die Bardisan und Peruzzi in Florenz sowie zahlreiche weitere Handels- und Bankunternehmen waren das große neue Phänomen des Zeitalters. Gegen Ende des vierzehnten Jahrhunderts wurde das in Umlauf befindliche florentinische Geld auf zwei Millionen Goldflorine geschätzt. Die Peruzzi zum Beispiel besaßen sechzehn Niederlassungen in den europäischen Hauptstädten und Handelszentren, auf Mallorca, in Morea, auf Zypern und Rhodos sowie in Tunis in Nordafrika. Infolge ihres internationalen Charakters und der Verbreitung ihrer Komtureien über ganz Europa und den Orient entwickelten sich im dreizehnten Jahrhundert auch die Templer zu einer der wichtigsten Bankorganisationen. Könige wie Feudalherren benutzten ihre sicheren Schlupfwinkel und starken Festungen, um dort ihre Schätze zu verbergen. Jeder Pilger konnte eine beliebige Summe in Paris oder London einzahlen und sie in Rom oder Jerusalem wieder ausbezahlt bekommen. Das riesige Vermögen, das die Templer mit ihrer Bankierstätigkeit anhäuften, erweckte die Habgier Philipps IV. von Frankreich, der 1312 den Orden auflöste und sein Vermögen einzog. Später fingen die

Renaissancepäpste, deren Vorgänger im Mittelalter das Erheben von Zinsen verboten hatten, damit an, mit den Methoden des Bankwesens Mißbrauch zu treiben. Während Papst Sixtus IV. (1471–1484) sich damit brüstete, daß das einzige, was er brauche, um eine beliebige Summe Geldes einzutreiben, Schreibmaterial sei, gründete Innozenz VIII. (1484–1492) in Rom eine Bank zum Verkauf von Ablässen. Gegen Ende des Mittelalters waren derartige Geldgeschäfte an der Tagesordnung.

Handelssysteme

Die Ausdehnung des Handels zwischen allen damals bekannten Ländern, die Entwicklung der bei Geschäftsabschlüssen angewendeten Methoden, die Mannigfaltigkeit der verhandelten Güter, die komplizierten und heiklen Gesetze und Bräuche der Länder, in denen die Güter gekauft und verkauft wurden, sowie eine ganze Anzahl weiterer Gründe machten es für alle beteiligten Länder notwendig, ihre eigenen Handelssysteme auszubilden, sei es, daß diese sich nach geschriebenen Gesetzen, sei es, daß sie sich nach einer ungeschriebenen Tradition richteten. Der Handel wurde zu einer komplizierten Angelegenheit. Bei der Abhaltung der Messen in der Champagne wurde eine Anzahl von Vorschriften befolgt, die der Graf gab und nach denen sich die Kundschaft zu richten hatte. Die Städte besaßen ihre Kaufmannsgilden, deren Aufgabe es war, Handelsbeziehungen im Inneren und nach außen anzuknüpfen. Kaufmannsgesellschaften, die an Verträge gebunden waren, wurden gegründet, sei es für eine Reise oder ein Geschäft, sei es für längere Dauer. Allmählich sich herausbildende Regeln und Bräuche wurden kodifiziert und konnten dann allgemein angewendet werden.

Im Mittelmeerraum entstand zu Beginn des Kreuzzugszeitalters eine Reihe von Gesetzbüchern, die die bei der Schiffahrt angewendeten Verfahren regelten und eine Art von internationalem Recht zur Kontrolle des Handels aufstellten. Der ›Kodex von Rhodos‹, das ›Seekonsulat‹, die ›Gesetze von Oleron‹, die ›Tafeln von Amalfi‹, das waren die wichtigsten in Südeuropa und in den Gewässern der Adria und des Mittelmeeres gültigen Gesetzbücher. In anderen Gebieten entstanden daraufhin weitere Bücher mit dem gleichen Ziel. Im Nordseegebiet gab es den ›Schwarzen Kodex der Admiralität‹ von England, das ›Purpurne Buch von Brügge‹, die ›Seegesetze Flanderns‹ und das ›Schiffahrtsgesetz der Osterlinge‹. Die Hanse brachte die ›Seegesetze Gotlands‹, den ›Wisbykodex‹ und die ›Schiffahrtsgesetze Lübecks‹ hervor. Für die Ostsee gab es zwei weitere bemerkenswerte Gesetzbücher, die ›Danziger Seegesetze‹ und die ›Seegesetze der Ritter des Deutschen Ordens‹.

Die Gefahren, von denen der Handel ständig umgeben war, erforderten ein gemeinsames Handeln. Es entstanden Bündnisse zur Selbstverteidigung und zur Finanzierung kostspieliger Unternehmungen wie: der Bau von Leuchttürmen, Werften und Kaien, die Markierung gefährlicher Zonen mit Riffen und Untiefen sowie ähnliche, für die Sicherheit des Schiffsverkehrs unentbehrliche Einrichtungen. Die Hanse hatte eigene, bevollmächtigte Lotsen, und im fünfzehnten Jahrhundert stellte sie ein ›Seebuch‹ zusammen, in dem aufs genaueste die Küsten, Fahrrinnen, Gezeiten, Leuchttürme und die Häfen beschrieben waren, die von ihren Schiffen aufgesucht wurden. Im vierzehnten Jahrhundert gab Marino Sanudo der Ältere eine genaue Beschreibung der ägyptischen Küste und der Häfen von Alexandria, die die arabischen Berichte über die Stadt aus dem Jahr 1365 bestätigt und zeigt, wie gründlich seine Kenntnisse der Seeverhältnisse im Osten waren.

Wo es aber um die praktische Anwendung dieser Gesetze geht, sollte man ihren internationalen Charakter auch nicht überschätzen. Ihre Durchführung war im wesentlichen eine lokale Angelegenheit und hing von dem guten Willen der Obrigkeit eines bestimmten Gebietes ab. Im allgemeinen aber wurde anerkannt, daß es ihnen um folgende Dinge ging: Schutz des Handels, Sicherheit für die auf hoher See transportierten Güter, Schiffsinspektionen zur Kontrolle der Seetüchtigkeit, Einhalten von Disziplin, Zählung der Besatzung (damit die Schiffe nicht mit weniger Seeleuten ausgerüstet wurden, als für sie erforderlich war), die Stellung des ausländischen Kaufmanns, die Zuverlässigkeit von Kapitän und Lotsen sowie manche weitere Einzelheiten.

In Ägypten wurde die Handelskontrolle sehr sorgfältig durchgeführt, da der Handel für den Sultan die Haupteinnahmequelle war. Schiffe, die in den Hafen von Alexandria kamen, taten dies mit eingezogenen Seitenrudern und abgetakelten Segeln, und nachts wurde eine Kette vor die Hafeneinfahrt gespannt, um zu verhindern, daß Schiffe sich im Schutz der Dunkelheit fortstahlen, bevor sie ihre Zölle und sonstigen Gebühren bezahlt hatten. Listen mit den Namen der Ankömmlinge und Verzeichnisse der Waren, die die einlaufenden Schiffe an Bord hatten, wurden der Zentralverwaltung in Kairo durch Brieftauben sofort übersandt, und ebenso wurden dann auf gleiche Weise den lokalen Behörden Instruktionen erteilt. Im allgemeinen hatten die Reisenden ein Empfehlungsschreiben vorzuweisen, das von einem der in zahlreichen europäischen Städten stationierten ägyptischen Agenten ausgestellt worden war; diese Agenten nahmen die ägyptischen Interessen im Ausland wahr und stellten eine Art von mittelalterlichem Konsularkorps dar. Jeder Fremde mußte bei seiner Landung ein Goldstück entrichten; er durfte nicht weit ins Landesinnere vordringen, vor allem nicht zum Roten

Meer, das die Sultane sorgfältig vor fremder Infiltration schützten. Bürger ein und desselben Landes wohnten in ein und demselben Gasthaus (Fondaco, Fontecco), das der betreffenden Nation gehörte und unter der Leitung eines Fundicarius stand, der (hauptsächlich aus Sicherheitsgründen) von Sonnenuntergang bis Sonnenaufgang sowie während der Freitagsgebete die Tore geschlossen zu halten hatte. Das Laden und Löschen der Schiffe konnte nur an den Eingängen geschehen, die in das große Zollhaus führten. Auf diese Weise wurden alle ein- und ausgeführten Waren untersucht und richtig besteuert, bevor sie freigegeben wurden.

Die Stadt stand unter der Kontrolle eines Mannes von hohem Rang, eines Vizekönigs (wālī). Sie hatte ein eigenes ›Finanzamt‹ (bait al-māl) und ein eigenes Waffenlager (bait al-silāh), sie verfügte über Polizei und Verteidigungsstreitkräfte. Ihre Märkte standen unter Aufsicht eines Verwalters, zu dessen vielfältigen Aufgaben die Kontrolle der Gewichte und Maße sowie Verbot und Bestrafung von betrügerischen Geschäften gehörten; ferner wachte er darüber, daß Verträge eingehalten und Schulden bezahlt wurden. Er konnte im Schnellverfahren über kaufmännische Auseinandersetzungen und Übertretungen des Gesetzes entscheiden und vereinigte somit in seiner Person rechtliche, wirtschaftliche, polizeiliche und religiöse Vollmachten. Unter den islamischen Schriften aus dieser Zeit gibt es ›Bücher des Verwalters‹ (Kutub al-Hisba); sie befassen sich mit den zahlreichen einzelnen Rechten und Pflichten des Verwalters. Er war auch der Hüter der öffentlichen Ordnung in der Stadt und konnte Trinker und andere sich schlecht benehmende Bürger verhaften. Er hatte dafür zu sorgen, daß alle Moslems den Freitagsgottesdienst besuchten. Auch Fälle von Grausamkeit gegen Tiere oder gegen Diener und Sklaven, sei es körperliche Mißhandlung oder unzureichende Ernährung oder Überbürdung mit Arbeit, kamen vor seinen Richterstuhl. Seine Aufgabe war es, die Straßen in einem ordentlichen und sauberen Zustand zu halten und dafür zu sorgen, daß die Kaufleute mit ihren Waren sich auf allen Verkehrsstraßen ungehindert bewegen konnten. Aus diesen Einzelheiten geht hervor, wie sorgfältig durchgeformt die Handelssysteme der europäischen und der arabischen Staaten im Mittelalter waren und wie peinlich genau man es damit nahm.

Kaufmannsgenossenschaften und Kapitalisten

Da das Handeltreiben im frühen Mittelalter von der Kirche offen mißbilligt wurde und im Rahmen der feudalistischen, agrarisch bestimmten Gesellschaft keinen Platz hatte, wurde es ausschließlich zu einer Sache der Juden und einer sehr kleinen Zahl unbemittelter christlicher Abenteurer aus den niedrigen Schichten der Gesellschaft. Der Jude hatte keinen Anspruch auf eigenen Grund und Boden, und so steckte er sein Kapital in den Handel, zog mit seinen Gütern von Land zu Land, verrichtete an allen Orten mit seinen Glaubensbrüdern den Gottesdienst und machte auch beim Handeln von ihrer Hilfe Gebrauch. Dagegen stoßen wir in der Frühgeschichte des Handels nur auf wenige christliche Händler. Gegen Ende des elften Jahrhunderts zog der heilige Godrich aus Finchale in Lincolnshire, der aus bitterster Not seine Eltern, arme Bauern, verlassen hatte, an der Küste entlang und fand dort ein Schiffswrack, das ihm den Grundstock für ein Dasein als Hausierer lieferte. Sein Vermögen wuchs, und schließlich gründete er eine Gesellschaft, die Schiffe besaß, welche an den Nordseeküsten entlangsegelten und mit denen er riesige Gewinne aus dem internationalen Handel erzielte. Ein gewisser Werimbold, der in den ›Gesta‹ der Bischöfe von Cambrai aus dem frühen zwölften Jahrhundert erwähnt wird, wurde reich im Dienste eines wohlhabenden Kaufmannes, dessen Tochter er schließlich heiratete; er schenkte große Teile seines Besitzes der Kirche. Im Jahre 1174 war in Südfrankreich der Begründer der ›Armen Männer von Lyon‹, aus denen später die Ketzerbewegung der Waldenser hervorging, ein angesehener, wohlhabender Kaufmann. Der Begriff ›mercator‹, der vorher gleichbedeutend mit ›Judaeus‹ gewesen war, erfuhr allmählich einen vollständigen Bedeutungswandel und erhielt jetzt den Sinn, den das Wort ›burgensis‹ hatte. Die eigentliche mittelalterliche Wiedergeburt des Handels jedoch wurde in den Städten Südeuropas sichtbar, wo die Begeisterung der christlichen Kaufleute durch die unmittelbare Berührung mit den arabischen Händlern aus dem Orient, besonders seit dem Beginn der Kreuzzüge, angefacht wurde. Die Möglichkeiten, die der Handel bot, gaben Anlaß zur Gründung von ›Häusern‹ (case) oder ›Kompanien‹ (societates)[13] von Kaufleuten, zunächst innerhalb einer und derselben Familie, später, um kapitalkräftiger zu werden, in größerem Rahmen, wobei dann diejenigen, die nur ihr Geld hier anlegten, zwei Drittel, die aktiv Handeltreibenden ein Drittel aufbrachten; der Gewinn wurde dann unter allen Beteiligten gleichmäßig verteilt.

Schon viel früher hatten die Juden mit den Körperschaften der Radaniten (die arabischen Rādānija), die den Handel auf internationaler Basis betrieben, ein Beispiel gegeben. Ihre Tätigkeit war schon im neunten Jahrhundert von dem arabischen Geographen und Reisenden ibn Chordādhbeh dargestellt worden, der sie im Jahre 870 als Leute schilderte, die Arabisch, Persisch und Griechisch sowie die Sprachen der Franken, Andalusier und Slawen beherrschten. Die Radaniten scheinen bis in die Levante, in bestimmte Gegenden Asiens, des byzantinischen Reiches, Nordafrikas, Spaniens und in die meisten europäischen Länder vorgedrungen zu sein. Die Kairo-Geniza-Dokumente haben das Bestehen eines blühenden jüdischen Handels mit Indien und Ceylon im elften Jahrhundert enthüllt. Schon im zehnten Jahrhundert jedoch hatten auch die arabischen Händler einen führenden, den Juden ebenbürtigen Platz im Geschäftsleben eingenommen. Es scheint aber, daß die Juden und die Araber sich in verschiedenen kaufmännischen Bereichen hervorgetan haben. Während die Angehörigen der radanitischen Kompanien vor allem zum Handel mit Luxusartikeln, wie kostbaren Steinen, Perlen, Gold- und Silbererzeugnissen, Seiden- und anderen kostbaren Stoffen und Teppichen neigten, kamen die arabischen Kaufleute umfassenderen menschlichen Bedürfnissen entgegen und handelten mit unansehnlicheren Waren wie Pfeffer, Gewürzen, Salz, Zucker und allen möglichen sonstigen orientalischen Naturprodukten und Fertigwaren. Beide jedoch gaben sich eifrig der Beschäftigung mit dem sehr einträglichen Sklavenhandel hin.

Die bedeutendste arabische oder besser mohammedanische Handelsvereinigung war die der Karimiten (der arabischen Kārimīja-Kaufleute); schon im zehnten Jahrhundert, unter den frühen Fatimiden, hatte sie einen ansehnlichen Umfang. Man weiß, daß sie zu dieser Zeit fünf bewaffnete Galeeren im Hafen von Aidhab am Roten Meer liegen hatten, die ihre Handelsschiffe gegen Piratenüberfälle verteidigen sollten. 1154 gab ihnen der fatimidische Kalif az-Zāfer die Erlaubnis, in Kairo ein eigenes Funduk zu bauen. Die Ajjubiden und die Mamluken führten die Politik der Fatimiden, die Karimiten zu ermutigen und zu beschützen, mindestens bis zum Anfang des fünfzehnten Jahrhunderts fort. Sie stellten eine ausschließlich mosleminische Vereinigung dar, von der Juden ausdrücklich ausgeschlossen waren. Ihre Handelsflotten fuhren zum Persischen Golf, nach Indien, nach Ceylon und an die Ufer Ostafrikas und Somalilands; ihre Karawanen durchzogen den Sudan, Zentralafrika, die Sahara und Nordafrika. In den großen Handelsstädten innerhalb und außerhalb Ägyptens, wo nur mohammedanische Händler tätig sein konnten, nahm die Zahl ihrer Gast- und Lagerhäuser schnell zu. Sie besaßen Funduks nicht nur in Kairo, Alexandria und Damiette, sondern auch in Kus in Oberägypten, in Aidhab und Aden an den beiden einander gegenübergelegenen Ufern des Roten Meeres sowie in Mekka und Dschadda in Hidschas. Bei ihren Bestrebungen, ihre Handelsinteressen in den Schlüsselstellungen wie Aden zu wahren, gerieten sie in Konflikt mit der örtlichen Politik des Jemen, wo es im ersten Jahrzehnt des vierzehnten Jahrhunderts einem Karimiten namens Jahja ibn Musnad gelang, Wesir des Landes zu werden.

Nasirī Chosrū, der Ägypten in den Jahren 1046–1049 besuchte, behauptete, daß ein karimitischer Kaufmann mit den Erträgen, die er an einem einzigen Tage einnahm, eine Schule erbaut hatte. Drei Karimiten, Burhān ad-Dīn al-Mahallī, Schihāb ad-Dīn ibn Muslim und Nūr ad-Dīn ibn al-Charrūbī, gewährten dem Sultan Barkūk 1396 ein Darlehen von einer Million Silber-Dirhems. Der Chronist ibn Hadschar al-ʿAskalānī sagte zum Tode ibn Muslims, des ägyptischen karimitischen Kaufmanns, im Jahre 1374, daß dieser wegen seines immensen, jedes Maß übersteigenden Reichtums ein Wunder seines Zeitalters gewesen sei. An einer Stelle wird behauptet, daß sein Vermögen zehn Millionen Gold-Dinare, das heißt 42,5 Millionen Dollar, betragen habe. Die reichen Karimiten waren große Förderer der Wissenschaften. Ibn Muslim stiftete sechzehntausend Gold-Dinare, ungefähr sechsundsiebzigtausend Dollar, für eine einzige Schule, und Charrūbī ließ in Kairo eine weitere Schule und ein zu religiösen Zwecken bestimmtes Haus (Chānikāh) bauen, das seinen Namen trug und das Gelehrte und Geistliche beherbergte. Mahallī spendete fünfzigtausend Gold-Mithkāls[14] für die Errichtung eines großen Palastes am Nil sowie einer weiteren Schule; ferner ließ er die alte Omar-Moschee im alten Kairo wieder instand setzen. Die Karimiten wurden das eigentliche Bürgertum des alten Ägypten, und ihr Wohlstand blieb erhalten, bis im fünfzehnten Jahrhundert die Raubgier der letzten mamlukischen Sultane die Organisation zu Fall brachte. 1432 konfiszierte Bursbai ihren gesamten Pfeffervorrat, den er zu achtzig Gold-Dinaren pro ›Ladung‹ verkaufte, von denen er ihnen nur fünfzig auszahlte.

Die zerstörerische Politik der Mamluken, das Handelsmonopol an sich zu reißen und fortwährend Zwang auf die vergeblich protestierenden Karimiten auszuüben, ließ aus diesen schließlich bloße Verwaltungsbeamte werden. Ihre Zahl schwand dahin, und sie verloren das Interesse an ihrer früheren Tätigkeit in einem Maße, daß, nach dem Bericht des im fünfzehnten Jahrhundert wirkenden Annalisten ibn Tagrī Bardī, im Jahre 1455 kein einziger Karimit das Bedürfnis hatte, auf den ägyptischen Märkten zu erscheinen. Der Untergang der Karimiten war ein Hauptfaktor beim Verfall des mittelalterlichen Ägyptens sowie des mittelalterlichen Handels.

Europa hatte mit dem Aufblühen der unabhängigen Handelskommunen Venedig, Genua, Florenz, Pisa und anderer italienischer Städte sowie der Hanse im Norden mehr Glück. Die wichtigste Aufgabe der genannten Staaten war, die Interessen jedes einzelnen Kaufmannes und jeder Kaufmannsgenossenschaft innerhalb ihres Herrschaftsbereiches zu schützen. Die Geschichte jedes dieser Staaten besteht in erster Linie aus einer Aufzählung ihrer Handelserfolge. Ihr Senat war gewissermaßen ihr Handelsministerium. Sogar die Herrschergeschlechter der Visconti und der Sforza in Mailand und der Medici in Florenz waren in überwiegendem Maße Kaufmannsaristokratien. Die enormen Gewinne, die diese Städte aus dem Levantehandel zogen, gaben ihnen ihre Macht. Eine venezianische Galeere, die Eisen und Holz nach Alexandria brachte und mit einer Ladung Seide, Gewürzen und Pfeffer zurückkehrte, erzielte Gewinne von tausend Prozent.

Es gehört nicht in den Rahmen dieses einführenden Versuches, sämtliche Handels- und Bankhäuser der genannten Städte aufzuzählen, zumal alle ihre Organisationen in irgendeiner Weise mit dem Handel zu tun hatten. Die Archive in Venedig, Genua, Florenz und anderen Städten sind voll von schriftlichen Zeugnissen, die die Stellung des Handels und der Händler, die zu dem höchsten im Mittelalter denkbaren Wohlstand kamen, dokumentieren. Auch eine kleine und verhältnismäßig unbedeutende Stadt wie Prato war immerhin die Heimat des Francesco di Marco Datini (1335–1410), eines mittelalterlichen Multimillionärs, der Handelshäuser außer in seiner Geburtsstadt in Florenz, Pisa, Genua, Avignon, in Spanien und auf Mallorca besaß. Die Entdeckung seiner fast vollständig erhaltenen Archive hat den Wirtschafts- und Gesellschaftshistorikern ein einzigartiges, musterhaftes Beispiel für die Akten eines mittelalterlichen Kaufmannes an die Hand gegeben. Das Material enthält ungefähr hundertfünfzigtausend Briefe, mehr als fünfhundert Hauptbücher, dreihundert Dokumente, die sich auf Handelsgesellschaften beziehen, vierhundert Versicherungspolicen sowie ein paar tausend Frachtbriefe, Avisbriefe, Wechsel und Schecks. Eine Zeitlang wetteiferte Frankreich im Orienthandel mit den italienischen Städten. Die Gebrüder Bonis aus Montauban, die Gebrüder Boyssel aus St. Antonin de Rouergue, Ponce de Chaparay aus Lyon, Raymond Seraller aus Narbonne, Jacques Olivier aus Bearn, Hugo Teralh aus Forcalquiei in Arles sowie andere bemerkenswerte Namen verblassen neben der meteorhaften Laufbahn des Jacques Coeur aus Bourges, der einer der größten Kapitalisten des Mittelalters wurde.

Gegen Ende des vierzehnten Jahrhunderts wurde er als Sohn eines Kürschners in Bourges geboren, das damals, zur Zeit des Hundertjährigen Krieges, der Sitz der französischen Könige war. Er begann seine Laufbahn damit, daß er mit zwei anderen eine Gesellschaft gründete, die, unter anderem auch dem König, Möbel verkaufte. Mit dem Orient wurde er dann zuerst bekannt, als er auf einem Schiff aus Narbonne in einer Flotte von venezianischen, genuesischen, florentinischen und katalanischen Schiffen nach Alexandria fuhr, um Gewürze zu kaufen. Auf der Rückreise erlitt er vor der Küste Korsikas Schiffbruch, und sein Schiff wurde ausgeplündert. Er verlor alles, was er besaß, gewann aber Erfahrungen und Kenntnisse. Auf Grund seines Einflusses am königlichen Hof, seiner unermüdlichen Arbeit und seiner Fähigkeiten gelang es ihm schließlich, eine eigene Flotte aufzustellen, die aus vier Schiffen mit den Namen St. Michael, St. Ouen, St. Jacques und

Madelaine bestand; mit ihnen befuhr er die Levante. Er handelte mit Sklaven, Gewürzen, Seide, Teppichen, arabischen Duftstoffen und chinesischem Porzellan. Während sein Reichtum in fabelhafte Höhen wuchs, konnte er mit den mamlukischen Sultanen, den Hochmeistern des Johanniterordens auf Rhodos und den Sultanen der Türkei separate Handelsverträge abschließen. Er hatte Hunderte von Agenten, die über den ganzen Orient verteilt waren; in Frankreich hatte er Hauptniederlassungen in Bourges, Lyon, Montpellier und Marseille. Am Ende zahlte er städtische Steuern in Höhe von elftausend Goldflorinen im Jahr. Statt bloß die Güter zu kaufen, mit denen er in die Länder des Ostens fuhr, kaufte er ganze Unternehmungen auf, die diese Güter herstellten, und umging dadurch die Zwischenhändler. Außerdem brachte er den König dazu, ihm gegen einen Jahresbetrag von zweihundert Livres und ein Zehntel des Nettogewinns eine finanzielle Beteiligung an den Silber-, Kupfer- und Bleibergwerken in den Gebieten von Beaujolais, Lyon und Chessy zu gewähren.

Ein Zeitgenosse des Jacques Coeur sagte einmal, daß dieser mehr Geld verdiene als alle übrigen Kaufleute des Königreichs Frankreich zusammen. Sein Palast in Bourges legt noch heute von diesem außerordentlichen Wohlstand Zeugnis ab. Er hatte ein eigenes Taubenpostsystem, mit dessen Hilfe er mit seinen über das ganze Land verstreuten Agenten einen direkten und schnellen Kontakt herstellen konnte. Die Löcher für die Tauben sind noch heute im Dachgeschoß seines Palastes zu sehen; es ist durchaus möglich, daß er hierin das Vorbild der ägyptischen Verwaltung in Alexandria und im Vorderen Orient nachahmte. Was von seinem Vermögen bekannt war, wurde auf eine Million Goldtaler (écus) geschätzt. Oft half er dem König und dem Adel, wenn diese dringend um Geld verlegen waren. Er finanzierte die Eroberung der Normandie durch Karl VII. in den Jahren 1449/1450 und zahlte dem König sechzigtausend Goldstücke für die Belagerung von Cherbourg im Jahre 1450.

Es scheint, daß im gleichen Jahr sein riesiges Vermögen die Ursache seines Falles wurde. Begründete und unbegründete Anklagen wurden gegen ihn hervorgebracht; man warf ihm vor, er habe Falschgeld hergestellt, den Türken Waffen verkauft, als diese das letzte byzantinische Bollwerk, Konstantinopel, bedrohten, entlaufene christliche Sklaven dem mamlukischen Sultan zurückgegeben und vor allem, was in den Augen des Königs vielleicht noch schwerer wog, er habe die Geliebte des Königs, Agnes Sorel, vergiftet – was nicht stimmte, da diese in Wirklichkeit im Kindbett starb und in ihrem letzten Willen Jacques Coeur zu ihrem Testamentsvollstrecker machte.

Die Kirche und Papst Nikolaus V. (1447–1455) legten beim König vergeblich Fürsprache für ihn ein. Er wurde für drei Jahre eingekerkert, und ein

Gerichtsverfahren wurde gegen ihn eingeleitet. Am 29. Mai 1453, dem Tage, an dem Konstantinopel fiel, sprach Karl VII. ihn schuldig und verurteilte ihn zum Tode. Aus Rücksicht auf den Papst wurde jedoch eine Gefängnisstrafe daraus; sie sollte so lange dauern, bis er sein ganzes Vermögen abgetreten hätte, und danach sollte er zu lebenslänglicher Verbannung verurteilt werden. 1454, während seine Besitztümer noch zum Verkauf angeboten wurden, konnte er entfliehen; er suchte Schutz beim Vatikan in Rom, wo Nikolaus V. ihn freundlich empfing und sein Nachfolger, Papst Kalixtus III. (1455–1458), ihm die Führung einer päpstlichen Flotte übergab, die im Osten gegen die Türken kämpfen sollte. Anscheinend ist er jedoch noch im gleichen Jahr auf der Insel Chios gestorben.

Die Parallele zwischen der ägyptischen Politik gegenüber den karimitischen Kapitalisten und der Politik der französischen Krone gegenüber Jacques Coeur liegt nahe. Gegen solche Katastrophen waren die Kaufleute der freien Kommunen und der Handelsverbände gefeit. Ihr Untergang war nicht die Folge kleiner Auseinandersetzungen von lokaler Bedeutung oder der Launen und der Habgier eines Fürsten, sondern das Resultat übermächtiger Ereignisse von weltgeschichtlicher Bedeutung.

Der Niedergang

Der Niedergang des Mittelmeerhandels erfolgte schon vor dem Ende des fünfzehnten Jahrhundert und es ist nicht schwer, die Gründe dafür zu finden. Die in Ägypten von den späteren mamlukischen Sultanen betriebene Monopolisierung des Handels, durch die die segensreiche Tätigkeit der Karimiten lahmgelegt wurde, brachte die europäischen Kaufleute zur Verzweiflung. Die Venezianer waren praktisch nicht imstande, bei den unerschwinglichen Preisen des Sultans ihre Gewürze und ihren Pfeffer in Europa zu verkaufen. Gleichzeitig wurden in jenem Zeitalter der Entdeckungen auch von anderen Staaten immer mehr Versuche unternommen, andere Wege zu finden, die zu den Primärquellen des Osthandels in Indien führten. 1498 umschifften die Portugiesen unter Vasco da Gama endlich das Kap der Guten Hoffnung, ihre Flotten erschienen im Indischen Ozean und richteten unter den arabischen Schiffen schlimme Verwüstungen an. Der letzte mamlukische Sultan, Kansūh al-Gaurī (1500–1516), führte mehrere Seekriege gegen sie. 1504 erlitt seine Flotte eine schwere Niederlage. Er revanchierte sich 1508 damit, daß er bei einem Seegefecht Lorenzo de Almeida tötete, aber im darauffolgenden Jahr wurden die ägyptischen Seestreitkräfte durch den Vater Lorenzos, Don Francisco de Almeida (1450–1510), der damals portugiesischer Gouverneur von Goa war, vollständig vernichtet. Der Nachfolger Don Franciscos war Alfonso Albuquerque (1453–1515), der erste europäische Abenteurer, der von Süden her in das Rote Meer eindrang und den beherrschenden Hafen Aden angriff. Obwohl es ihm auf die Dauer nicht gelang, die Stadt zu halten, konnte er später (1515) Ormuz erobern und dafür sorgen, daß den Portugiesen die Herrschaft über den Indischen Ozean zufiel. Sultan Kansūh träumte noch davon, einen weiteren Angriff gegen die neuen, furchtbaren Feinde zu unternehmen, und verhandelte sogar mit den Venezianern über eine gemeinsame Aktion gegen die Portugiesen auf hoher See. 1516 fiel er jedoch unerwartet im Kampf gegen die Türken, und sein ganzes Reich ging 1517 in die Hände der Ottomanen über.

Es ist bemerkenswert, daß die Venezianer damals vorgeschlagen hatten, einen Suezkanal zu bauen, der das Rote Meer mit dem Mittelmeer verbinden sollte. Die Ausführung eines solchen Planes hätte es den venezianischen Galeeren ermöglicht, mit viel größerer Wirkung gegen die portugiesischen Störenfriede in den östlichen Gewässern vorzugehen. Aber es blieb bei bloßen Erwägungen des Projektes, bis der unentschlossene Kansūh von seinem ottomanischen Gegenspieler Selim I. (1512–1520) endgültig von der Bildfläche entfernt wurde.

Als die Türken gekommen waren, spielte Ägypten weltgeschichtlich nur noch eine untergeordnete Rolle; Konstantinopel wurde das neue pan-islamische Zentrum. Die Ottomanen waren ein neues Hindernis für den Osthandel. Ihre Angriffe gegen die Christen in Europa, besonders gegen Venedig, sowie das Hervortreten der berberischen Korsaren unter Chair ad-Dīn Barbarossa im Mittelmeer brachten den europäischen Levantehandel im Grunde zum Stillstand.

Inzwischen eröffnete die Entdeckung Amerikas im Jahr 1492 den atlantischen Seemächten die vielversprechendsten Aussichten; Spanien und Portugal traten allmählich an die Stelle der verfallenden Republiken Venedig und Genua und aller anderen mediterranen Handelsstaaten. Ein neues Blatt der Geschichte wurde aufgeschlagen; die Dunkelheit, die sich über den mittleren Osten niedergesenkt hatte, wich der Morgenröte einer neuen Zeit, die über Westeuropa heraufkam.

DIE ARABISCHE KULTUR UND DER WESTEN
IM MITTELALTER

Die Ursprünge der arabischen Kultur

Das goldene Zeitalter der arabischen Geschichte läßt sich in drei Hauptabschnitte einteilen. Der erste Abschnitt ist das Zeitalter der Eroberungen, in dem die Araber, die unter dem Banner des Islams zum erstenmal in ihrer langen, aber ziemlich dunklen Geschichte vereinigt worden waren, mit dynamischer Gewalt gleichsam explodierten und sämtliche umliegenden Länder unter die Herrschaft ihres neuen Reiches zwangen. Die Söhne der Wüste waren schon früher mit ihren unmittelbaren Nachbarn in Berührung gekommen und hatten etwas von der glänzenden und reichen Kultur in den Ländern, die ihre sandigen Einöden umgaben, kennengelernt. Die arabischen Stämme des Hira-Gebietes an der Ostgrenze der arabischen Halbinsel kannten die sassanidische Kultur, die sich von Persien aus über die grünen Täler des Tigris und des Euphrat ausdehnte. Im Norden war die byzantinische Kultur sogar noch besser bekannt als die persische, und zwar nicht nur den christlichen Araberstämmen, wie den Banu Gassān, sondern auch zahlreichen Nomadenstämmen aus dem Inneren Arabiens.

Der Prophet Mohammed hatte als junger Kameltreiber diese Gegenden mit den Handelskarawanen der Chadīdscha, jener reichen alten Witwe aus Mekka, die er später heiratete, besucht. Es heißt, daß 'Amr ibn al-'Ās nach Ägypten und bis nach Alexandria gereist war und die Stadt der Ptolemäer und Alexanders mit Verwunderung und Bestürzung angeschaut hatte, bevor er dann mit den arabischen Truppen in das Land zog, um es zu erobern. Ohne Zweifel gelüstete es die Araber nach diesen reichen Gebieten, und als sie einen Heiligen Krieg (al-Dschihād) gegen Perser und Byzantiner unternahmen, waren sie sich über die Unermeßlichkeit und den Glanz des Reichtums, der sie dort erwartete, durchaus im klaren. Die beiden großen Reiche des Altertums hatten sich ein volles Jahrtausend lang bis zur Erschöpfung bekämpft, und im siebten Jahrhundert christlicher Zeitrechnung waren beide so ermattet, daß sie dem starken arabischen Eroberer innerhalb kurzer Zeit erlagen.

Die überwältigende Schnelligkeit, mit der die arabische Invasion sich vollzog, läßt sich nur verstehen, wenn man die innere Struktur jener nur noch von vergangenem Ruhm lebenden Nationen ins Auge faßt. Für Byzanz war einer der entscheidenden Faktoren die Tatsache der Loslösungsbestrebungen auf seiten der Christen im Westen und im Osten, die auf das fünfte ökumenische Konzil in Chalkedon im Jahre 451 zurückgehen. Seit diesem Jahr begann der Westen eine Politik ständiger Belästigung gegenüber den Ostchristen, die ihrerseits ebenfalls alle Sympathie für ihre Brüder im Westen verloren. Das Christentum war eine kaiserliche Religion geworden; die hinter den theologischen Streitigkeiten von Chalkedon (Monophysitismus[1] gegen Dyophysitismus) stehenden historischen Antriebsmomente lassen sich in gewisser Weise auffassen als der Kampf zwischen dem Nationalismus, verbunden mit einem Rückfall in den demokratischen Geist des frühen Christentums im Osten und dem Emporkommen einer kaiserlichen Theokratie im Westen.

Konstantinopel war fest entschlossen, die ökumenische Führung zu übernehmen und die apostolische Autorität an sich zu reißen, die bis dahin vor allem in Alexandria und Antiochien beheimatet gewesen war. Der in der universalen Kirche entstandene Riß führte zur Gründung eines melkitischen[2] Patriarchats, das ganz und gar vom Kaiserreich abhängig war, ungeachtet der eingewurzelten Unabhängigkeitsneigung der koptischen, syrischen und armenischen Patriarchate im Osten. Die Ernennung einer einzigen Person, durch Justinian, die die weltliche und kirchliche Autorität der ägyptischen Präfektur und des Patriarchats von Alexandria in sich vereinigte, führte nur zu einer vollständigen Entfremdung der ägyptischen koptischen Christen von ihren byzantinischen Unterdrückern, und zwar gerade in dem kritischen Augenblick, als die mohammedanischen Araber (im Sommer des Jahres 640) die Festung Babylon angriffen.[3]

Die Folge dieser wenig erfreulichen Situation war die Neutralität Ägyptens gegenüber den beiden Rivalen; Kyros, der melkitische Patriarch und byzantinische Präfekt von Ägypten, der im arabischen Schrifttum unter dem Namen al-Mukaukas bekannt ist, wurde nach der Eroberung Syriens und dem Einfall in Persien gezwungen, Ägypten den Arabern zu überlassen. In den ersten fünfzig Jahren des aufsteigenden Islams hatte das arabische Reich sich das riesige Gebiet vom Indischen bis zum Atlantischen Ozean einverleibt.

Das zweite wichtige Stadium war das Zeitalter der Festigung. Sicher in ihrem Glauben und mit Gerechtigkeitssinn, großem Respekt für bereits existierende Regierungssysteme und Verständnis für die Überlegenheit landeseigener Kulturen begabt, begannen die Araber nun, sich in den ausgedehnten neuerworbenen Gebieten friedlich und in gutem Einvernehmen mit ihren Untertanen anzusiedeln. Ihr Verhalten gegenüber den Völkern, mit denen sie jahrhundertelang zusammenleben sollten, zeichnete sich durch eine

Mischung von Demut und Großmut aus. Was sie in dieser Zeit selber zu bieten hatten, beschränkte sich auf die Bereiche der Sprache und der Religion. Die Araber, die aus einem unfruchtbaren Wüstengebiet ohne kulturelle Überlegenheit stammten, waren außerordentlich stolz auf ihre eigene arabische Sprache und ihre islamische Religion. Der Charakter der Heiligkeit, den Sprache und Religion im Bewußtsein der Araber annahmen, fand den reinsten Ausdruck im heiligen Koran, einem Buch göttlicher Offenbarung, in dem die neuen Glaubenslehren in eine unsterbliche sprachliche Form gekleidet waren. Von allen gläubigen Moslems wurde erwartet, daß sie das Buch Allahs im Originaltext lesen oder wenigstens zitieren konnten. Das arabische Vermächtnis an die nachfolgenden Generationen lag gleichermaßen in der arabischen Sprache und im islamischen Glaubensbekenntnis.

Das dritte Stadium könnte man das Zeitalter der Angleichung nennen. Nach der Errichtung der Pax Arabica im Reich folgte eine Zeit, in der die Araber begannen, die Früchte, die ihnen die kulturell überlegenen Völker boten, zu ernten. Anders als die Barbaren, die in Europa in das römische Weltreich eindrangen, oder als die Mongolen im Mittleren Osten, barbarisierte der Araber die Gebiete, die er erobert hatte, nicht, sondern versuchte sich sowohl im kulturellen Bereich wie in den Dingen des äußeren Lebensstandards dem hohen Niveau seiner Untertanen anzupassen. So machte er sich die natürlichen Hilfsquellen ebenso wie die geistige Überlegenheit jener Völker zunutze. Wenn wir also von dem Wunder der arabischen Kultur sprechen, ist es wichtig, daß wir uns deren vorwiegend synthetischen Charakter vor Augen halten. Dies gilt nicht nur im weiteren Sinne für die griechischen und persischen Einflüsse, sondern ebensosehr für die lokal enger begrenzten Elemente, wie zum Beispiel für die koptische, syrische, nestorianische und indische Gedankenwelt und Kunst. Die Offenheit, mit der die Araber an all diese großen, alten Kulturen herantraten, ist in der Geschichte ohne Parallele – außer vielleicht, wie der verstorbene Gelehrte George Sarton richtig bemerkt hat, im Falle der Assimilierung westlicher naturwissenschaftlicher und technischer Methoden durch die Japaner während der Meiji-Ära (1867–1912). Der Vergleich hinkt jedoch in mancher Hinsicht, da die Aufnahmebereitschaft der Japaner eben nur auf Japan beschränkt blieb, während die großartige Leistung der Araber sich als ein entscheidender Markstein im Fortgang der allgemeinen Geistesgeschichte und im Prozeß der Vermittlung antiker Philosophie und Wissenschaft erweisen sollte.

Das bloße Wort »arabisch« bedeutete bald viel mehr als das, was seinem ursprünglichen, reinen Sinne nach (»zum arabischen Volk gehörig«), wie noch zur Zeit der Omajjadenherrschaft in Damaskus, darin enthalten war.

Die arabische Kultur erreichte ihren Höhepunkt während der Regierungszeit der Abbasiden in Bagdad, wo das gesamte Leben und Denken vielleicht eher persisch als arabisch im engeren Sinne zu nennen war, während außerdem am selben Ort die wunderbaren Zeugnisse griechischen Denkens und griechischer Kultur den nachfolgenden Generationen vermittelt wurden. In der Tat wurde die arabische Kultur zu einem Ort, an dem die beiden großen geistigen Strömungen, die sich in der Antike ganz unabhängig voneinander entwickelt hatten, die griechische (oder, wenn wir noch weiter in die Vergangenheit zurückgehen, die ägyptische und die griechische) auf der einen und die sumerische, persische und indische auf der anderen Seite, zusammentrafen. Die Integration dieser beiden ursprünglich weit auseinanderliegenden Bereiche wurde die wichtigste Aufgabe der Araber. Die Entstehung der arabischen Kultur vollzog sich als die staunenerregende Synthese der geistigen Errungenschaften der älteren Völker.

Andererseits wäre es ein Irrtum, den Beitrag der Araber auf die bloße Überlieferung des geistigen Besitzes der Antike zu beschränken. Wie wir auf den folgenden Seiten sehen werden, erwiesen die arabischen Gelehrten und Kommentatoren sich als schöpferisch und außerordentlich originell, während die Griechen der Spätzeit in mittelalterliche Lethargie verfielen. Im Westen waren im politischen Bereich die Römer die unmittelbaren Erben der Griechen; aber das utilitaristische Verhältnis, das sie allen Dingen des Wissens gegenüber hatten, brachte das verschwommene griechische Ideal in Mißkredit, während später das im römischen Reich sich ausbildende Christentum sich von der alten heidnischen Gedankenwelt und von irdischen Problemen ab- und zu einer neuen Glaubensgewißheit und den Erscheinungen des ewigen Lebens hinwandte. In gewissem Sinne, im menschlich-kulturellen Bereich, wurden so die Araber, wenn auch indirekt, die rechtmäßigen Erben der Griechen.

Die Zeit der Übersetzungen

Die arabische Kultur entstand in Form eines systematischen Übersetzens der philosophischen und wissenschaftlichen Schriften der großen Meister des Altertums aus dem Griechischen ins Arabische. Die abbasidischen Kalifen mit ihrer phänomenalen Freude an der Gelehrsamkeit ordneten an, daß bei guten Arbeiten keine Kosten gescheut werden sollten, und die syrischen Jakobiten und die nestorianischen Christen, die im Griechischen, Syrischen und Arabischen gleichermaßen bewandert waren, führten die Befehle der Kalifen aus. Später, im Jahr 830, gründete al-Ma'mun in Bagdad das ›Haus der Weisheit« (Bait al-Hikma), ein Heim für Gelehrte und für die Gelehrsamkeit und ein bedeutendes Zentrum der wachsenden wissenschaftlichen und kommentatorischen Tätigkeit. Dies war die erste echte wissenschaftliche Akademie in der mohammedanischen Hauptstadt. Dann entsandten die Kalifen Spezialkommissionen nach Konstantinopel, die wichtige griechische Handschriften zum Zweck der Übersetzung ins Arabische abschreiben mußten. Es sind Fälle überliefert, in denen die Abgesandten des Kalifats in Friedensverträge mit den Byzantinern Klauseln einfügten, denen zufolge bestimmte griechische Manuskripte an die Araber abgetreten wurden.

Solche diplomatischen Maßnahmen auf höchster Ebene zum Zweck der Förderung der arabischen Forschungsarbeit stehen in der Geschichte so gut wie einzig da. Vielleicht der einzige erwähnenswerte ähnliche Fall ist der des Ptolemaios Philadelphos im dritten vorchristlichen Jahrhundert. Nicht zufrieden mit der Einfuhr griechischer Manuskripte aus den griechischen Städten, ordnete Ptolemaios die Durchsuchung sämtlicher im Hafen Alexandrias vor Anker gehenden Schiffe und die Beschlagnahme sämtlicher Schriftrollen an; letztere waren dazu bestimmt, die Bestände der Bibliothek des Museions zu ergänzen.[4] Man kann deshalb mit Fug und Recht behaupten, daß al-Ma'mūns Akademie in Bagdad die Atmosphäre der Gelehrsamkeit des längst untergegangenen alexandrinischen Museions zum erstenmal wirklich wieder aufleben ließ.

Die Übersetzungstätigkeit ging jedoch vom Persischen und nicht vom Griechischen aus; sie setzte nämlich ein, als der große Abu Muhammad ibn al-Mukaffaʿ, ein persischer, mohammedanischer Gelehrter, der das Arabische mit außerordentlicher Meisterschaft beherrschte, das klassische Pahlevi-Werk »Kalila und Dimna« ins Arabische übersetzte. Ibn al-Mukaffaʿ stand im Dienste des ʿIsa ibn ʿAlī, eines Onkels von as-Saffāh (750–754), dem ersten abbasidischen Kalifen; der obengenannte Text stammte aus dem buddhistischen Indien. Er übersetzte auch die Lebensbeschreibungen der persischen Könige (»Sijar Mulūk al-ʿAdscham«); die Vorlage war das »Chudai-Nāma«, das der unsterbliche persische Dichter Firdawsī bei der Zusammenstellung seines berühmten »Shāh-Nāma« benutzte. Der seit langem verschollene arabische Text ist nur durch eine Reihe von Auszügen bekannt, die Kutaiba in seinen Annalen »ʿUyūn al-Achbār« überliefert. Später wurde Ibn al-Mukaffaʿ in das zu jener Zeit gefährliche Spiel der Politik verwickelt und im Jahre 757 oder 758, während der Regierungszeit al-Mansūrs (754–775), hingerichtet. Obwohl er gebürtiger Perser war, gehört sein Arabisch stilistisch zum Stärksten, was überhaupt überliefert ist.

Hārūn ar-Raschīd (786–809) legte mehr pro-persische Neigungen an den Tag als irgendeiner seiner Vorgänger; er interessierte sich vor allem für die persische Astronomie und soll das neugegründete Observatorium in Gondē-schāpur gefördert haben, das uns besser aus dem im neunten Jahrhundert entstandenen Werk des Ahmad al-Nahāwandī bekannt ist, der als der erste gilt, der auf Grund eigener Beobachtungen astronomische »umfassende Tabellen« (»az-Zīdsch al-Mudschtami'«) zusammengestellt hat. Seine vorbereitenden Versuche, die persische und indische Astronomie und Mathematik zu studieren, waren es, die den Kalifen auf den Geschmack brachten, weitere Arbeiten auch im Bereich des Griechischen zu unternehmen.

Es hatte schon früher angefangen mit dem als »Siddhanta« bekannten hinduistischen Traktat über Astronomie, dem arabischen »Sindhind«, den Muhammad ibn Ibrāhīm al-Fazarī (um 771) übersetzt hatte, der auch die sassanidischen astronomischen Tabellen (az-Zīdsch, aus dem persischen Zik) zusammenstellte und der der erste Araber war, der ein Astrolabium nach griechischem Muster konstruierte. Mit Rücksicht auf das unter den Arabern herrschende mangelhafte Verständnis mathematischer Grundbegriffe befahl Hārūn ar-Raschīd die Übersetzung der »Syntaxis« des Claudius Ptolemäus, die im Arabischen unter dem Namen »Almagest« bekannt ist und die sich kritisch mit den grundlegenden Voraussetzungen der Astronomie auseinandersetzt. Auf Hārūns Geheiß fanden auch die »Elemente« des Euklid ihren Weg ins Arabische.

Schließlich gerieten die Araber auch an Aristoteles, und zwar wahrscheinlich auf dem Wege über syrische Quellen, in denen das Korpus der aristotelischen Logik aufbewahrt war. Der Name des Jahja oder Jūhannā (Johannes) ibn al-Batrīk, der im Jahre 815 erwähnt wird, ist mit dieser Arbeit verknüpft. Im Jahre 835 übersetzte ein weiterer Christ, 'Abd al-Masīh aus Höms, dem alten Emesa, die sogenannte »Theologie des Aristoteles« aus einer gekürzten Fassung bei Plotin. Als unter Hārūns Regierung das erste Hospital entstand, wurde ferner veranlaßt, auch die medizinischen Werke des Hippokrates und des Galen zu übersetzen.

Der einflußreiche Wesir Ja'afar al-Barmakī gehörte ebenfalls zu denjenigen, die durch großzügige finanzielle Unterstützung von Gelehrten die Übersetzungsarbeit förderten. Die Kalifen al-'Amīn (809–813) und al-Ma'mun (813–833) führten mit ihrem begeisterten und hingebungsvollen Eintreten für die griechische Wissenschaft das Werk ihres Vaters fort. Al-Ma'mūn unterhielt ein großes Gefolge von Wissenschaftlern, die er in dem »Bait al-Hikma« unterbrachte, das sich immer mehr zu einem wichtigen Aufbewahrungsort für Handschriften entwickelte.

Seit dem Jahre 794 wurde in Bagdad Papier hergestellt, das an Stelle des seltenen und kostbaren Pergaments und des empfindlichen und leicht zerstörbaren ägyptischen Papyrus immer mehr in Gebrauch kam. Das bedeutete eine Revolution in der Geschichte des Schreibmaterials und erleichterte außerdem die Arbeit der Kopisten.

Nestorianische Ärzte, die die griechische Medizin studiert hatten, standen am Hofe der Kalifen in hohem Ansehen. Jūhannā ibn Māsawaihī (777–857), der Verfasser des ältesten Werkes über Augenheilkunde, mit dem Titel »Die zehn Abhandlungen über das Auge« (»Al-ʿAschr Makālāt fī 'l-ʿAīn«) sowie Dschibrīl ibn Bachtīschū (gestorben um 830), standen beide in den höchsten Kreisen ihrer Zeit in höchstem Ansehen. Al-Maʾmūn ging noch weiter, indem er etwas ins Leben rief, das man als die Anfänge der Vermessungsarbeit bezeichnen könnte; er ließ die syrische Wüste geographisch vermessen von einer Gruppe von siebzig Wissenschaftlern, unter denen sich auch der berühmte al-Chwārizmī, der Verfasser des verlorengegangenen, aber nicht unbekannten »Bildnisses der Erde«, befand.

Die Leuchte des Zeitalters der Übersetzer war der Nestorianer Hunain ibn Ishāk (809–873). Sohn eines christlichen Apothekers aus Hira, lernte er arabisch, besuchte die Vorlesungen des ibn Māsawaihī und wurde aus der Gemeinschaft seiner Berufsgenossen ausgestoßen, weil er zu wißbegierig war. Dann ging er nach Griechenland und lernte griechisch, bis er es vollkommen beherrschte. Daraufhin ließ er sich in Basra nieder, wo er sich unter der Anleitung des Chālid ibn Ahmad erneut mit dem Arabischen beschäftigte, bis er dann im Jahr 826 anch Bagdad zog und der Schützling des Stadtarztes Dschibrīl wurde, für den er Galens medizinisches Werk sowohl ins Syrische wie ins Arabische übersetzte. Schließlich zog Hunain, der der hervorragendste aller Übersetzer war, in das »Haus der Weisheit« und wurde zum Mittelpunkt einer neuen Schule von weiteren Gelehrten, zu denen sein eigener Sohn Ishāk (gestorben um 911), sein Neffe Hubaisch ibn al-Hasan sowie ʿIsa ibn Jahjā ibn Ibrāhīm gehörten, die sich eifrig mit der Übersetzung zahlreicher griechischer Quellen beschäftigten. Allein Hunain werden hundert Werke zugeschrieben, von denen allerdings nur wenige erhalten sind. Außer dem medizinischen Werk des Hippokrates übersetzte Hunain das »Buch der reinen Medizin« oder die »Materia medica« des Dioskorides, das mit prachtvollen Miniaturen und Illustrationen in zahlreichen arabischen Handschriften überliefert ist. Dieses wichtige Buch wurde zuerst von Stephanos ibn Basilos, einem weiteren Schüler Hunains, ins Syrische und dann entweder von Hunain oder von seinem Sohn oder von seinem Neffen Hubaisch ins Arabische übersetzt.

Ein weiterer Übersetzer war Jūsuf al-Chūrī al-Kiss, ein Priester, der die »Dreiecke« des Archimedes um das Jahr 908 aus einer syrischen Fassung ins Arabische übertrug; das Werk wurde später von Thābit ibn Kurra überarbeitet. Ein Zeitgenosse Jūsufs, Kusta ibn Lūkā aus Baalbek, übersetzte

»Hypsicles«, das der arabische Philosoph al-Kindī überarbeitete, ferner die »Sphaerica« des Theodosius (von ibn Kurra überarbeitet), die »Mechanik« des Heron, die »Meteora« des Theophrast, das Werk des Johannes Philoponos über die aristotelische »Physik«, eine überarbeitete Fassung des Euklid, sowie zahlreiche weitere Texte. Die »Poetik« des Aristoteles wurde von Abū Bischr Matta ibn Jūnus al-Gamāʿī (gestorben 940), die »Prolegomena« des Ammonios und die »Isagoge« des Porphyrios von dem Monophysiten Abū Zakarija ibn ʿAdī al-Mantikī, dem Logiker (gestorben 974), übersetzt.

In Harran in Mesopotamien entstand eine Schule, die derjenigen Hunains ähnlich war; sie wurde geleitet von Thābit ibn Kurra (825–901), einem sabäischen Sternenanbeter, der wegen seiner großen Fähigkeiten sowohl als Übersetzer wie als Astronom berühmt war. Der im dreizehnten Jahrhundert schreibende Bar Hebraeus (ibn al-ʿIbrī) berichtet, daß Thābit ein Meister in der Beherrschung des Griechischen, Syrischen und Arabischen war und daß er in arabischer Sprache ungefähr hundertfünfzig Bücher über Logik, Mathematik, Astronomie und Medizin und in syrischer Sprache fünfzehn weitere Werke verfaßt habe. Unter seinen Übersetzungen und Überarbeitungen befinden sich Werke von Apollonios, Archimedes, Euklid, Ptolemäus, Theodosius und anderen Schriftstellern des Altertums.

Solchermaßen mit der soliden Grundlage des philosophischen und wissenschaftlichen Erbes der Griechen sowie der astronomischen und mathematischen Kenntnisse der Inder und Perser ausgerüstet, bewegte sich die arabische Kultur voller Zuversicht auf ihr endgültiges Ziel, die Hervorbringung eigener schöpferischer Geisteswerke, zu. Sie war nun nicht länger ein bloßes Vehikel für die Überlieferung des Wissens der Alten, sondern sie hatte die nötige Reife erlangt, selber eigenständige Denkmäler auf den verschiedensten Gebieten des Geistes hervorzubringen. Im Verlaufe eines Zeitraums von annähernd fünfhundert Jahren erklomm der arabische Geist außerordentliche Höhen. Die erste Phase, die durch Übersetzungs- und Kommentierungsarbeit gekennzeichnet ist, könnte man als das Silberne Zeitalter bezeichnen; sie umfaßt, grob gesagt, die letzten Jahrzehnte des achten, das ganze neunte, und die ersten Jahrzehnte des zehnten Jahrhunderts. Sie wurden vom Goldenen Zeitalter noch übertroffen, das gegen Ende des zehnten Jahrhunderts beginnt und das elfte und den größten Teil des zwölften Jahrhunderts einschließt. In diesem Zeitraum lassen sich zwei Höhepunkte islamischer Kultur feststellen, und zwar im Osten in Bagdad und im Westen in Cordova. Es lohnt sich, die wichtigsten Züge dieses glänzenden Schauspiels und die weltgeschichtlichen Auswirkungen in den verschiedenen Bereichen des Denkens, der Sprache, der Naturwissenschaft, der Astronomie, der Medizin, der Kunst und der Architektur zu skizzieren.

Die islamische philosophische Schule nahm, auf der Grundlage der aristotelischen Philosophie, ihren Ausgangspunkt bei einem reinrassigen Araber, Abu
Yūsuf Ya'kūb ibn Ishāk al-Kindī (gestorben nach 873), den der Kalif al-
Ma'mūn als Lehrer seines Sohnes und Nachfolgers al-Mu'tasim (833–842)
in den Dienst nahm. Al-Kindī kann man ansehen als den Begründer des
arabischen Aristotelismus mit seiner liberalen Schule von Theologen (Mu'ta-
ziliten),[5] die die philosophischen Doktrinen des Aristoteles sich auch dort
zu eigen machten, wo diese in Widerspruch zum Korantext standen, den
sie in diesem Falle als bloß bildlich oder allegorisch auffaßten. Die Begünsti-
gung dieser rationalistischen Einstellung zur Philosophie durch al-Ma'mūn
und seine unmittelbaren Nachfolger verursachte einen großen Tumult bei
den konservativen Arabern, die sich damit der Verfolgung durch die Regierung aussetzten. Einer der vier sunnitischen Imams des Islams,[6] ibn Hanbal,
fiel im Jahre 855 der Inquisition zum Opfer, die die Kalifen zur Aburteilung
orthodoxer Denker und Anführer veranstalteten.

Trotz des Widerstandes von seiten der Konservativen lebte die aristotelische Philosophie in voller Stärke weiter und fand zahlreiche Anhänger bei
den arabischen Schriftstellern, unter denen al-Fārābī, lateinisch Alfarabius,
die zweite große Gestalt war. Abū Nasr Muhammad al-Fārābī (gestorben
950), der ein Angehöriger des Hofes eines literarisch hochgebildeten Fürsten,
Saif ad-Daula, in Aleppo war, erhielt auf Grund seiner großartigen Leistungen auf philosophischem Gebiet den Titel »Zweiter Lehrer« (nach Aristoteles). Seine umfangreichen Kommentare zu Aristoteles und Platon waren für
Jahrhunderte maßgebend. Am Ende seiner Laufbahn wurde er Agnostiker,
später Mystiker, und schließlich söhnte er sich mit der Orthodoxie und
mit der Gottheit aus. Sein philosophisches System jedoch war gekennzeichnet durch eine Verschmelzung von Platon und Aristoteles und der islamischen mystischen Denker. Von den neununddreißig Werken, die er geschrieben hat, ist die »Enzyklopädie der Wissenschaften« (»Ihsā' al-'Ulūm«)
dasjenige, welches das gesamte Wissen seiner Zeit zusammenfaßt. In der
Abhandlung »Die tugendhafte Stadt« (»Al-Madīna al-Fādila«), einer Art
Utopie in Anlehnung an die »Republik« Platons und die »Politik« des Aristoteles, behandelte er das Naturrecht unter dem Gesichtspunkt des ewigen
Kampfes eines jeden Lebewesens gegen alle anderen. Am Ende seiner Erörterungen der politischen Probleme kam er zu dem Schluß, daß eine aufgeklärte
monarchische Regierung auf der Grundlage starker moralischer und religiöser Überzeugungen für die Menschen die beste Chance darstelle, die Welt
von der Herrschaft des Chaos zu befreien. Al-Fārābī war auch bekannt als

ausgezeichneter Arzt, als Mathematiker und als der wohl größte arabische Musikgelehrte im Zeitalter des Kalifats.[7]

Abu 'Ali al-Husain ibn 'Abdallah ibn Sīnā (980–1037), al-Fārābīs größter Schüler, der im Westen besser unter dem Namen Avicenna bekannt ist, war ein weiterer begabter Schriftsteller auf den Gebieten der Medizin und der Philosophie. Er stammte aus Buchara in Zentralasien, war aber am Ende auch im fernen Spanien so berühmt, daß der Erzbischof Raimund von Toledo seinen Diakonus Dominicus Gundisalvus und einen konvertierten jüdischen Gelehrten namens Juan Avendeath aus Sevilla beauftragte, in der Zeit von 1130 bis 1150 gemeinsam Avicennas Werk ins Lateinische zu übersetzen. Avicenna versuchte, die Religion und das Dasein Gottes unangetastet zu lassen, ohne dabei mit den philosophischen Doktrinen in Konflikt zu kommen; damit legte er die Grundlagen, auf denen später, im zwölften Jahrhundert, Averroes (ibn Ruschd) im mohammedanischen Spanien sein System errichtete. Im übrigen war sein Einfluß auch in vielen anderen europäischen Bildungszentren wirksam. Sein logisches Verfahren des Fortschreitens vom Bekannten zum Unbekannten übernahm der große Scholastiker Albertus Magnus; seine Metaphysik und seine Untersuchungen über das Wesen Gottes und der Schöpfung waren für die europäischen Gelehrten der Anlaß zu mannigfachen Spekulationen.

Einer der größten arabischen Denker, der durch sein philosophisches Gewicht und seinen Einfluß auf das europäische Denken Avicenna kaum nachsteht, war Abū Hāmid al Gazzālī (1058–1109), im lateinischen mittelalterlichen Schrifttum unter dem Namen Algazel bekannt. Er lehrte in Nischapur und an der Akademie in Bagdad, wo seine kühnen aristotelischen Spekulationen ihn ein Opfer des Skeptizismus werden ließen, der ihn zeitweise seines Seelenfriedens beraubte. Daraufhin gab er seine Stellung an der Akademie auf, zog sich aus dem öffentlichen Leben zurück und lebte nun in der Abgeschiedenheit ganz der Kontemplation. Schließlich wurde er zu einem Mystiker und unterzog die verschiedenen philosophischen Systeme einer vergleichenden Betrachtung. Seine analytischen Untersuchungen zur Logik, Physik und Metaphysik wurden im zwölften Jahrhundert in Toledo lateinischen Übersetzungen zugrunde gelegt. Raimund Martins »Pugio Fidei« enthielt zahlreiche Argumente aus Algazels Abhandlung »Tahāfut al-Falāsifa« (»Widersprüchlichkeit bei den Philosophen«). Sein System paßte offenbar zur philosophischen und theologischen Gedankenwelt der mittelalterlichen Christen.

Es ist bemerkenswert, daß al-Gazzālī anfänglich, in der Zeit seiner inneren geistigen Kämpfe, selber unter den Einfluß einer Gruppe von Philosophen aus Basra geriet, die als die »Bruder der Reinheit« (Ichwān as-Safā) bekannt sind. Ihre Philosophie hatte in der zweiten Hälfte des zehnten Jahrhunderts geblüht, obwohl sie in Bagdad als häretische schiitische Sekte verurteilt wurden. Ihre zweiundfünfzig Briefe (»Rasā'il Ichwān as-Safā«) sollten das gesamte Wissen der Zeit, in ein einheitliches System gebracht, umfassen: Mathematik, Astronomie, Geographie, Musik, Ethik, Naturwissenschaft und Philosophie.

Ihren Höhepunkt erreichte die arabische Philosophie in Spanien im Verlauf des zwölften Jahrhunderts, und zwar in dem unsterblichen Werk des Abū 'l-Walīd ibn Ruschd (1126–1198), des berühmten Averroes der europäischen Scholastik. In Cordova geboren, verbrachte er einen Teil seines Lebens in Spanien und einen Teil in Marokko, wo er auch starb. Die Wirkung seiner Philosophie im Osten und im Westen war eigentümlich paradox. Während der Averroismus im europäischen Denken des Mittelalters Wurzel schlug und bis zum Aufkommen der experimentellen Naturwissenschaft wirksam blieb, konnte sein Urheber unter den Moslems nie allgemeine Anerkennung und Zustimmung erlangen. Im Gegenteil, hier sehen wir Averroes heftiger Kritik ausgesetzt – von arabischen Theologen wurde ihm oft Abtrünnigkeit vorgeworfen. Trotzdem wurde er von den europäischen Gelehrten als der größte Aristoteles-Kommentator überhaupt angesehen, und seine Werke zur Psychologie, Theologie, Logik und Jurisprudenz müssen als hervorragende Beiträge zur mittelalterlichen Kultur im allgemeinen betrachtet werden.

Die Wirkung, die Averroes auf die Hauptthese der unvergänglichen »Summa Theologica« des heiligen Thomas von Aquin (1225–1274) ausübte, wird ersichtlich aus Thomas' Erörterung über die Stellung, die die Offenbarung zwischen dem Glauben und der Vernunft einnimmt. Obwohl der heilige Thomas den mohammedanischen Denker mit Bedacht kritisierte und sein System herabsetzte, erlag er, ohne es zu wissen, dem Zauber eben des Averroismus, dessen er sich zu entledigen versuchte. Die Grundansicht des Averroes, daß Glauben und Vernunft nicht unvereinbar seien und daß philosophische Lehren mit der Absicht erarbeitet werden könnten, den Glauben zu stützen, war genau die grundlegende Anschauung, die auch der große christliche Heilige und Theologe des Mittelalters vertrat. Die Übereinstimmungen in den Details zwischen den beiden Beweisführenden sind zu zahlreich, als daß sie bloß auf Zufall beruhen könnten. Der Aquinate muß mit dem Averroismus auf direktem Wege durch die lateinischen Übersetzungen des Michael Scotus in Berührung gekommen sein, die dieser einige Jahre, bevor der Heilige geboren wurde, in Toledo angefertigt hatte, auf indirektem Wege ferner durch die lateinischen Fassungen der Werke des großen jüdischen Philosophen Moses Maimonides (1135–1204) – Mūsā ibn Maimūn –, die dieser ursprünglich auch auf arabisch geschrieben hatte. Es ist bemerkenswert, daß die averroistischen philosophischen Anschauungen, obwohl die kirchlichen Autoritäten sie verdammten, von den Lehrern der Pariser Universität den Studenten offen zur Anwendung empfohlen wurden.

Diejenigen, welche sich mit der arabischen Philosophie beschäftigten, nahmen in Europa immer mehr zu, vor allem in der Zeit vom elften bis zum dreizehnten Jahrhundert. Einige der erlauchtesten Namen befinden sich darunter, wie zum Beispiel Gerbert von Spanien (der spätere Papst Silvester II., 999–1003), Adhemar von Bath, Hermann von Dalmatien, Michael Scotus, Daniel Morley, Robertus Anglicus und Petrus Venerabilis. Die beiden letztgenannten sind die ersten bekannten Autoren des Mittelalters, die versucht haben, den Koran ins Lateinische zu übersetzen. Die Schule von Toledo im zwölften Jahrhundert, die von dem in dieser Stadt residierenden Erzbischof Raimund gefördert wurde, erinnerte an die Akademie (Haus der Weisheit) des Kalifen al-Ma'mūn im neunten Jahrhundert in Bagdad. In dieser Zeit war es auch, daß Alfons X., der Weise, König von Kastilien und Leon (1252–1284), Gelehrten aller Konfessionen gegenüber als königlicher Schutzherr auftrat und die Arbeit der Übersetzung arabischer philosophischer und wissenschaftlicher Schriften in westeuropäische Sprachen anspornte und förderte. Gerhard von Cremona übersetzte einundsechzig Schriften, die den Lesern eine umfassende Enzyklopädie des zeitgenössischen Denkens an die Hand gaben.

Werke der arabischen Literatur wurden in Spanien zunächst in einen romanischen Lokaldialekt übersetzt, und zwar mit Hilfe der Mudedscharen,[8] das heißt Araber, die in den Gebieten, die die Christen bei der Reconquista zurückeroberten, zurückgeblieben waren, ferner der mozarabischen[9] oder arabisierten Christen und der hebräischen Gelehrten, die sich frei zwischen den Arabern und ihren europäischen Nachbarn hin- und herbewegten. Diese volkssprachlichen Übersetzungen waren es, aus denen dann die lateinischen Fassungen hergestellt wurden. Die Begriffe »Philosophie« und »arabisch« wurden gleichbedeutend. Roger Bacon (1215–1291), der stark von der arabischen Philosophie beeinflußt war, schrieb: »philosophia ab Arabico deducta est.« Europa verdankte die Wiederentdeckung des Aristoteles und der anderen griechischen Philosophen den Arabern, lange bevor während der Renaissance und nach der Eroberung Konstantinopels durch die Ottomanen im Jahr 1453 die griechischen Originaltexte bekannt wurden. Es wirkt wunderlich, zu sehen, daß einige der ins Lateinische übertragenen Texte auf päpstliche Anordnung ins Griechische übersetzt wurden, wodurch der Kreis wieder geschlossen wurde: aus dem Griechischen über das Arabische und Lateinische zurück ins Griechische.

Die arabische Philosophie, die ihren Höhepunkt im zwölften Jahrhundert erreichte, scheint nach dem Wirken des Algazel (al-Gazzālī) im Osten und des Averroes (ibn Ruschd) im Westen erloschen zu sein. Das ist eine der merkwürdigsten Erscheinungen der Kulturgeschichte, und es ist schwer, für diese plötzliche Versteinerung des arabischen Geistes irgendwie überzeugende Gründe zu finden. Ob die Zustände der Unsicherheit und Verarmung, die durch die Mongoleneinfälle im Mittleren Osten und durch die christliche Reconquista in Spanien hervorgerufen wurden, dafür verantwortlich waren? Es ist keine Frage, daß die mongolischen Horden die Länder des östlichen Kalifats gründlich barbarisierten, aber wie stand es mit Spanien, das von so aufgeklärten Männern wie Alfons dem Weisen regiert wurde? Soll man annehmen, daß der Sieg der Orthodoxie über die philosophischen Irrlehren eine allgemeine Angleichung an das durchschnittliche geistige Niveau des gefügigen Theologen zur Folge hatte? Oder lag es daran, daß die Förderung der großen Gelehrtenzentren – al-Ma'mūns »Haus der Weisheit« in Bagdad, al-Hākims »Haus der Wissenschaft« in Kairo, der Hof Alfons' im christlichen Spanien, die Schule von Toledo, die vom Erzbischof Raimund gefördert wurde – durch Staat und Kirche aufhörte? Stimmt es, daß der arabische Geist in einem bestimmten Augenblick so saturiert geworden war, daß seine schöpferische Kraft nachließ und Niedergang die natürliche Folge war? Oder sind es alle diese und andere Gründe zusammen, die den Tod der arabischen Philosophie und Kultur herbeigeführt haben? Das alles sind Fragen, die der Beantwortung noch harren.

Obwohl dieses Problem noch ungelöst ist, bleibt die Tatsache als solche bestehen, daß im späteren Mittelalter das arabische Denken plötzlich völlig erlahmte. Die einzige Ausnahme bildet vielleicht die vereinzelte blendende Gestalt des ibn Chaldūn (gestorben 1406), des großen Geschichtsphilosophen und Vaters der Sozialwissenschaft. Seine am verödeten Horizont der arabischen Kultur stehende überragende Erscheinung blieb jedoch sowohl bei seinen mohammedanischen wie seinen christlichen Zeitgenossen völlig unbeachtet. Seine »Universalgeschichte« (»Kitāb al-'Ibar«) in sieben dicken Bänden wird von den »Prolegomena« zu diesem Werk noch in den Schatten gestellt. In dieser Einleitung entwickelt ibn Chaldūn seine Philosophie der Geschichte und seine pragmatische Gesellschaftslehre. Er untersucht die geographischen und klimatischen, die natürlichen und die geistigen Faktoren, die den Aufstieg und den Fall von Weltreichen bestimmen. Er formuliert die Gesetze, die beim Gang der Ereignisse am Werk sind, mit einer Gründlichkeit und tiefen Einsicht wie kein zweiter Philosoph oder Historiker im ganzen Mittelalter. Manchmal wird er auch der erste Soziologe genannt, der Begründer der modernen Wissenschaft der Soziologie. Aber er hat zu spät gelebt, um auf das europäische Denken durch Übersetzung ins Lateinische irgendeinen Einfluß ausüben zu können, und die Mohammedaner waren außerstande, seine Theorien zu verstehen oder gar sich anzueignen. Erst seit der ersten modernen Übersetzung seiner »Prolegomena« ins Französische, im 19. Jahrhundert, ist ibn Chaldūn der Fachwelt bekannt geworden. Durch ihn wurde der menschliche Geist zum letztenmal von einem Lichtstrahl der islamischen Kultur getroffen.

Naturwissenschaften und Mathematik

Die arabischen Leistungen auf dem Gebiet der exakten Wissenschaften wurden angeregt durch die Übersetzung der großen griechischen Meister der Antike – Euklid, Ptolemäus, Hippokrates, Heron und andere. Außerdem wurde das Wissen der Araber bald von Osten her in völlig neuer und andersartiger Weise erweitert. Wir dürfen annehmen, daß die Araber schon gegen Ende des zehnten Jahrhunderts die hinduistische Arithmetik und Algebra Brahmaguptas sowie die Verwendung der Zahl Null und des Dezimalsystems kennengelernt hatten, welche eine Revolution der gesamten Mathematik zur Folge hatte. Die Wörter Algebra, Alchemie, Algorismus und Ziffer sind rein arabischen Ursprungs. Die Araber legten die Grundlage für die analytische Geometrie und für die einfache und sphärische Trigonometrie, von der die griechischen Mathematiker noch so gut wie keine Ahnung hatten.

Schon 825 veröffentlichte der große al-Chwārizmī[10] sein monumentales Werk über Algebra, das er »Buch der Berechnung von Restauration und Reduktion«[11] nannte und für dessen Abfassung er sowohl griechische Werke aus dem Westen wie babylonische und hinduistische Quellen aus dem Osten benutzte. Er widmete es seinem aufgeklärten Schutzherrn, dem Kalifen al-Ma'mūn, und erklärte in der Einleitung, daß es bei der Berechnung von Erbanteilsteuern, bei Teilungen, Prozessen, Handelsverträgen, Landvermessungen, Kanalbauplänen sowie geometrischen und anderen Operationen von Nutzen sei. Seine berühmte Abhandlung über Arithmetik, die auf dem Dezimalsystem und einem neuen Ziffernsystem beruhte, wurde von Gerhard von Cremona schon im zwölften Jahrhundert ins Lateinische übersetzt; sie übte einen gewaltigen Einfluß auf die Mathematik in Europa aus. Sie ist verantwortlich für die Einführung der arabischen Ziffern, der Null und der Zahlenbrüche in die europäische Arithmetik. Seine von al-Madschrītī (gestorben 1007) überarbeiteten und verbesserten mathematischen Tabellen wurden von Adelard von Bath im Jahr 1126 ins Lateinische übersetzt.

Es wäre zwecklos, einen vollständigen Überblick über die Entwicklung der arabischen Mathematik nach dem Tode des al-Chwārizmī geben zu wollen. Ein Name jedoch scheint aus seiner Umgebung besonders hervorzuragen. Es handelt sich um ʿUmar al-Chajjām (1038–1123), einen Perser aus Nischapur, der im Westen eher bekannt ist als der Dichter der »Rubaʿijāt« (Vierzeiler), die Fitzgerald in der englischen Dichtung unsterblich gemacht hat; seine eigentliche Bedeutung aber liegt in seinem mathematischen Genie und in seinen Leistungen auf naturwissenschaftlichem Gebiet. Er verbesserte den alten persischen Kalender und vervollkommnete die Algebra des al-Chwārizmī und die Mathematik der Griechen ganz beträchtlich. Bei der Lösung kubischer Gleichungen mit Hilfe geometrischer Konstruktionen kam er zu der Vermutung, daß es unmöglich sei, zwei Kuben zu finden, deren Inhalt zusammen wiederum den Inhalt eines Kubus ergibt – ein Problem, das Pierre de Fermat (1601–1665) viele Jahrhunderte später auf eine allgemeine Formel brachte. Seine Algebra wurde 1857 ins Französische übersetzt.

In der Physik beschränkten sich die Araber nicht darauf, die griechischen Lehrsätze wörtlich zu wiederholen, sondern sie vermehrten sie um eigene neue Entdeckungen. Ibn al-Haitham (etwa 965–1039), im Lateinischen als Alhazen bekannt, stammte aus Basra und zog später, während der Regierungszeit al-Hākims, unter der Gönnerschaft der Fatimiden nach Kairo; er war der größte aller arabischen Physiker. In seinem wichtigen Werk »Über die Optik« wandte er sich gegen die falsche Anschauung des Euklid und des Ptolemäus, daß die Lichtstrahlen vom Innern des Auges aus auf die Gegenstände der Außenwelt ausgesandt würden. Damit vollzog er eine Umkehrung der griechischen Theorie über die Wirkungsweise der »camera obscura«. Er untersuchte die Strahlenbrechung des Lichtes, und in der Mechanik war ihm das Prinzip der Trägheit bekannt, das viel später von Isaac Newton in seinem Ersten Bewegungsgesetz formuliert wurde. Alhazens »Opticae Thesaurus« wurde die Grundlage der meisten mittelalterlichen Abhandlungen über die Optik, insbesondere des Werkes Roger Bacons im dreizehnten Jahrhundert. Noch in der Renaissance übte das Werk einen Einfluß aus auf Leonardo da Vinci (1452–1519) und auf Johannes Kepler (1571–1630).

Ein weiterer Araber von persischer Abstammung, ein Zeitgenosse des Alhazen (ibn al-Haitham), war al-Bīrūnī[12] (973–1048). Er war Geograph, Historiker, Astronom und Physiker und machte weite Reisen durch Indien. Dabei lernte er Sanskrit, was ihm ermöglichte, indische wissenschaftliche Schriften ins Arabische zu übersetzen. Er leistete Entscheidendes auf dem Gebiet der Hydrostatik, deren Gesetze er an den artesischen Brunnen in Indien studierte. Wohlbekannt sind seine Werke über die »Chronologie der

Völker« und über die »Geschichte Indiens«. In der Mathematik brachte er die arabische Kenntnis und die Anwendung der hinduistischen Zahlen zum Abschluß und löste manches Problem im Zusammenhang mit Winkeln, Kegelschnitten und kubischen Gleichungen. In der Physik wendete er bei der Berechnung des spezifischen Gewichtes von achtzehn verschiedenen Edelsteinen und Halbedelsteinen die Wasserverdrängungsmethode an. Auch experimentierte er mit verschiedenen Mineralien, wobei er zu Ergebnissen von hoher Genauigkeit kam.[13]

Der eigentliche Nachfolger des al-Bīrūnī als Physiker war al-Chāzinī (Abū 'l-Fath 'Abd ar-Rahmān al-Mansūr), der etwa im Jahr 1118 über dieses Gebiet schrieb. Er berechnete die schwieriger zu bestimmenden spezifischen Gewichte von Flüssigkeiten, wie Wasser, Öl, Milch und menschlichem Blut. Im Falle des Wassers unterschied er zwischen Süßwasser und Seewasser und zwischen kaltem und heißem Wasser, wobei seine Fehlerquote, verglichen mit modernen Ergebnissen, verschwindend gering war. Al-Chāzinī kannte auch die Anziehungskraft des Erdmittelpunktes, und es heißt, daß er die Formel der Beschleunigung fallender Körper entdeckt hat.

Es wäre allerdings falsch, die Beiträge der Araber für die Experimentalwissenschaften im ganzen überzubewerten. In der Chemie ließen sie sich von persischen, chinesischen und alexandrinischen Quellen anregen, die ziemlich primitiv waren. Sie gingen von dem alten griechischen Grundsatz aus, daß alle Metalle aus ein und demselben Urstoff abzuleiten seien und sich nur dem Range und dem Aussehen nach voneinander unterscheiden, und verschwendeten dadurch viel Zeit und Energie mit Versuchen, das Problem der Umwandlung »unreiner« in »edle« Metalle zu lösen, um auf diese Weise Blei in Gold zu verwandeln. Außer dem Geheimnis der Umwandlung suchten sie auch nach dem Stein der Weisen und nach dem Lebenselixier, das alle Krankheiten heilen und das menschliche Leben verlängern sollte. Bei diesen Versuchen lernten sie aber eine Reihe wichtiger chemischer Vorgänge kennen, wie Schmelzen und Destillieren, Verdampfen und Filtrieren, Sublimieren und Kristallisieren – lauter Dinge, die dem bedeutenden, im achten und neunten Jahrhundert wirkenden Alchimisten Dschābir ibn Hajjān aus Kufa bekannt waren. Diesem soll auch schon die Kalzinierung und die chemische Reduktion sowie die Herstellung zahlreicher Oxyde gelungen sein.

Ferner kannten die Araber den Alkohol und Alkalien – beides Wörter arabischen Ursprungs. Auch benutzten sie den Destillierkolben (englisch ›alembic‹ – wiederum ein arabisches Wort). Sie lernten das Königswasser kennen, Quecksilbersulfid, Salpeter, reine Vitriole sowie zahlreiche weitere chemische Verbindungen. Sie gewannen Antimon und Arsen aus ihren Sulfiden, beschrieben, wie man Stahl herstellt und Stoffe und Leder färbt, den

Gebrauch von Mangandioxyd in der Glasmanufaktur und die Destillierung von Essigsäure aus Essig. Trotzdem glaubten sie wunderlicherweise weiter an die alte griechische Theorie von den vier Elementen in der Natur, Erde, Luft, Wasser und Feuer. Diese Theorie hatte zuerst Empedokles im fünften vorchristlichen Jahrhundert vertreten, und hundert Jahre später fand sie den Beifall des Aristoteles.

Ar-Rāzī (865–925), lateinisch Rhazes,[14] ein arabisierter, mohammedanischer Arzt aus Persien, bestimmte die Zusammensetzung zahlreicher Stoffe und beschrieb neue chemische und physikalische Vorgänge, von denen später Roger Bacon sprach. Ibn Sīnā (980–1037), den man in erster Linie als Philosophen und Theologen kennt, verfaßte auch eine bemerkenswerte naturwissenschaftliche Abhandlung, in der er die Bildung von Bergen, Gesteinen und Mineralien beschrieb und sich mit den Erscheinungen der Erdbeben, des Windes, des Wassers, der Temperatur, der Sedimentbildung und den Gründen für die Erstarrung von Flüssigkeiten auseinandersetzte.

Astronomie

Die astronomische Tradition im Nahen und Mittleren Osten ist sehr alt, und die Araber waren stark an ihr beteiligt. Auf ihren Wanderungen durch die unwegsame Wüste mußten sie sich von den Sternen leiten und zu ihrem Ziel führen lassen. Ihre Neigung, den Himmel sorgfältig zu beobachten, wurde unterstützt und gefördert von den Kalifen, unter deren Herrschaft zum erstenmal zahlreiche Observatorien errichtet wurden. Schon früh ließen die Omajjaden ein Observatorium in Damaskus bauen, und bald darauf bauten die Abbasiden in Bagdad ein weiteres. Kalif al-Ma'mūn versah die neue, am Schammasīja-Tor der abbasidischen Hauptstadt gelegene Sternwarte mit sämtlichen zu jener Zeit bekannten astronomischen Instrumenten, gliederte sie seiner Akademie, dem »Haus der Weisheit«, an und machte zwei Männer zu ihrem Vorstand, die damals, in den ersten Jahrzehnten des neunten Jahrhunderts, als Astronomen einen hohen Ruf genossen: Sind ibn 'Alī, ein bekehrter Jude, und Jahjā ibn Abī Mansūr. Ferner gründeten die Abbasiden ein drittes Observatorium in Gondēschāpur in Iran, einer Stadt, die bis dahin als wichtiges Zentrum der Wissenschaften, und zwar vor allem der Medizin, bekannt war. Seit dem fünften Jahrhundert, nachdem die Byzantiner in ihrem Kampf für den Sieg der Orthodoxie die historische Schule von Edessa geschlossen hatten, erschienen dort nestorianische Gelehrte, und als Justinian im Jahr 529 die Philosophenschule in Athen aufhob, fanden auch die Griechen ihren Weg dorthin. Wegen seiner günstigen Lage wurde Gondēschāpur zu einem Brennpunkt, in dem sich europäische, hinduistische und persische Einflüsse trafen.

An der Wende des zehnten Jahrhunderts richtete Kalif al-Hākim in Ägypten im Gebiet der Mukattam-Hügel bei Kairo eine vierte Sternwarte ein. Sogar nach dem Untergang des Kalifats und der Eroberung Bagdads durch die Mongolen wurde Hulagu Chān im dreizehnten Jahrhundert von seiner abergläubischen Begeisterung für die Astrologie dazu getrieben, sich mit erheblicher Anteilnahme der Gründung des großen Maraga-Observatoriums in der Nähe des Urmia-Sees in Azerbeidschān zu widmen. Das Observatorium wurde bekannt wegen seiner gewaltig großen Instrumente; der Il-Chān ernannte seinen Privat-Astrologen, Nāsir ad-Dīn at-Tūsī (gestorben 1274), zu seinem Direktor und gliederte ihm eine gute Bibliothek an. At-Tūsī war ein Astronom von überdurchschnittlichem Format. Er stellte die seinem Gebieter gewidmeten »Il-Chān-Tabellen« (»Az-Zīdsch al-Ilchānī«) zusammen, welche arabische, persische, griechische und chinesische Zeittabellen enthielten. Auch verzeichnete er die Planetenbewegungen, die er mit Hilfe seiner hervorragenden Instrumente gewonnen hatte, unter denen sich unter anderem eine »Alidade«[15] befand. Er sammelte ältere Beobachtungen, die von Griechen, wie Hipparch und Ptolemäus, gemacht worden waren, sowie von Arabern, die sich seit ältester Zeit in großer Zahl auf diesem Gebiet betätigt hatten. Die Mongolen gründeten auch noch ein weiteres Observatorium in ihrer Hauptstadt Samarkand. Sowohl die Maraga-Sternwarte wie diejenige in Samarkand gingen bald ein, da sie von den privaten Launen kurzlebiger Potentaten abhängig waren.

Es ist offenkundig, daß das Studium der Astronomie auf wissenschaftlicher Basis den ersten wirklichen Anstoß erst zur Zeit der Araberherrschaft seit al-Ma'mūn erhielt. Die meisten Gelehrten und Philosophen dieses Zeitalters versuchten sich in ihrem Drang nach umfassendem Wissen auf allen möglichen Wissensgebieten, zu denen eben auch die Astronomie gehörte; der Grad von Vollkommenheit, den sie dabei erreichten, war durchaus wechselnd. Die großen mohammedanischen Astronomen sind zu zahlreich, um vollständig aufgeführt werden zu können. Aber Namen wie al-Fargānī (um 860), Abū Ma'schar (gestorben 886) aus Balk in Chorasan, al-Battānī (877–918), ibn Jūnus (gestorben 1009), al-Bīrūnī (973–1048), az-Zarkalī (1029–1087) und al-Bitrūdschī sind bei weitem zu bedeutend, als daß sie auch in einer kurzen Übersicht unerwähnt bleiben könnten.

Das »Astronomische Kompendium« des al-Fargānī (Alfaraganus) wurde von Gerhard von Cremona und »Johannes Hispalensis« vor 1187 ins Lateinische übersetzt und 1537 in Nürnberg von dem berühmten Melanchthon veröffentlicht. Die astronomische Abhandlung des Abu Ma'schar wurde von

Adelard von Bath zusammen mit dem genannten Johannes unter dem Titel »De conjunctionibus et annorum revolutionibus« ins Lateinische übertragen. Die astronomischen Tabellen des al-Battānī (Albategnius) traten an die Stelle der griechischen Unterlagen und waren über das ganze mittelalterliche Europa verbreitet. Sein Werk wurde etwa sechzig Jahre später fortgesetzt von Abū 'l-Wafā (940–998), dessen Ruf allerdings mehr auf seinen Leistungen in der Trigonometrie begründet war, von denen später Kopernikus in seinem »Opus palatinum de triangulis« ausgiebig Gebrauch machte. Zu den Leistungen des al-Bīrūnī gehört es, die Relativität astronomischer Hypothesen festgestellt zu haben. ʿAlī ibn Jūnus, der Hofastronom al-Hākims, stellte seine Tabellen (az-Zīdsch) im Mukattam-Observatorium zusammen.

Im Westen, im spanischen Toledo, schuf Abū Ishāk Ibrāhīm ibn Jahjā az-Zarkalī (Arzachel) als Ergebnis eigener Beobachtungen seine »Tafeln von Toledo«, in denen die Stellungen der Planeten bestimmt wurden. Außerdem beschrieb er ein neues Astrolabium, das König Alfons der Weise im dreizehnten Jahrhundert bei seiner Skizzierung der geographischen Längengrade verwendete. Kopernikus machte sich diese Abhandlung über das Astrolabium zunutze, ebenso wie ein Werk des Abū Ishāk al-Bitrūdschī[16] (Alpetragius), das unter dem lateinischen Titel »De revolutionibus orbium coelestium« bekannt ist. Al-Bitrūdschī war ein spanischer Araber, der das Interesse an einigen Werken des Aristoteles über Astronomie, Physik und Meteorologie wiederbelebte; dies waren die letzten Werke des Philosophen, die aus dem Arabischen ins Lateinische übersetzt wurden.

Die Araber hielten an der Anschauung, daß die Erde eine kugelförmige Gestalt habe, während des gesamten dunklen europäischen Mittelalters fest, bis im Jahr 1410 auch Pierre d'Ailly diese Anschauung in der Karte zu seiner »Imago mundi« vertrat, die Christoph Columbus benutzte, was bekanntlich ungeheure Folgen hatte. Ahmad ibn Mādschid, einem arabischen Matrosen des fünfzehnten Jahrhunderts, der Vasco da Gama den Weg nach Indien zeigte, wird die Vermittlung des Schiffskompasses an die europäischen Seefahrer zugeschrieben – eine der revolutionären Errungenschaften der beginnenden Neuzeit.

Geographie

Im Gegensatz zu den meisten übrigen Wissensgebieten gehen die geographischen Kenntnisse der Araber nicht auf griechische Einflüsse zurück. Obwohl die Leistungen eines Ptolemäus, Eratosthenes oder Strabo ihnen nicht unbekannt waren, stützten sich die Araber bei der Hervorbringung ihrer Arbeiten zur allgemeinen und zur örtlichen Geographie direkt auf ihre eigenen Untersuchungen und Beobachtungen. Seit dem ersten Jahrhundert ihrer Zeitrechnung und bis zum Ende des Mittelalters bereisten sie die gesamte damals bekannte Welt. Von al-Chwārizmī (830) und Sulaiman, dem Kaufmann aus Siraf (850), weiß man, daß sie im neunten Jahrhundert in Indien beziehungsweise China gewesen sind; ibn Battūta bereiste um die Mitte des vierzehnten Jahrhunderts (etwa 1353) Nordafrika, Ägypten, Syrien, das byzantinische Reich, Arabien, Persien, einige Gebiete Zentralasiens, Indien, Ceylon und die Malediven. Aus der Zeit zwischen al-Chwārizmī und ibn Battūta gibt es eine ganze Schar von arabischen Reisenden, Geographen, Kartographen und Kompilatoren geographischer Lexika und umfangreicher geographischer Wörterbücher. Im wesentlichen sind sie alle enthalten in der *Bibliotheca Geographorum Arabicorum*.[17]

Alle Gläubigen, die imstande waren, sie zu unternehmen, waren zur Pilgerfahrt nach Mekka (»hadsch«) verpflichtet; sie führte die Mohammedaner aus dem Osten und aus dem Westen zu einer heiligen Handlung ebenso wie zum Austausch von Handelsgütern, von Ideen und von Informationen zusammen. Die meisten Reisenden, die Beschreibungen von Königreichen (mamālik) oder von Straßen (masālik) gaben, taten dies auf ihren Reisen nach Mekka. Die ältesten Reisebeschreibungen stammen aus dem neunten Jahrhundert; es sind die des ibn Chordādhbeh (um 870), al-Ja'kubī (um 890), ibn al-Fakīh (um 903) und ibn Rosteh (um 910).

Die erste wirkliche Geographie der islamischen Welt jedoch erschien im zehnten Jahrhundert mit dem Werk des Abū Zaid al-Balchī (gestorben 934), eines Angehörigen des Samanidenhofes[18] in Chorasan (Transoxanien). Obwohl sein Werk nicht erhalten ist, spiegelt es sich deutlich in einigen anderen Geographien des zehnten Jahrhunderts, die aus seiner Schule hervorgegangen sind: in den Arbeiten von al-Istachrī (um 950), ibn Haukal (um 975), al-Makdisī (um 985) und al-Mas'ūdī (um 956), wobei allerdings der Einfluß al-Balchīs auf die beiden letztgenannten kein direkter war. Arabische Geographen und Reisende aus dem Westen betraten die Szene im elften Jahrhundert. Der in Spanien lebende Araber al-Bakrī (um 1067) hat ein monumentales Werk hinterlassen, von dem bis jetzt nur ein kleiner Abschnitt über Nordafrika veröffentlicht ist.

Derjenige, welcher der Entwicklung des geographischen Schrifttums im Osten wie im Westen seinen Stempel aufdruckte, war al-Idrisī. Im Jahre 1100 in Ceuta geboren, schloß er sein Studium in Cordova ab und wurde daraufhin von König Roger II. von Sizilien (1101–1154) an den Hof von Palermo eingeladen. Der normannische Herrscher beauftragte den arabischen Gelehrten, ein umfassendes weltgeographisches Werk zusammenzustellen. Das Ergebnis war eine der größten geographischen und kartographischen Leistungen des Mittelalters überhaupt. In diesem Werk, das dem König gewidmet und nach ihm »Buch Rogers« (»Al-Kitāb ar-Rudschārī«) genannt wurde, teilte al-Idrīsī die Erde in sieben klimatische Zonen und jede dieser Zonen wieder in zehn Teilgebiete ein. Diese siebzig Teilgebiete wurden durch siebzig Teilkarten illustriert, die zu einer zusammenhängenden Karte zusammengefügt werden konnten, auf der dann die ganze Welt zu sehen war. Die Ausführung war einmalig und unerreicht in ihrer Größe, ihrer Reichhaltigkeit und ihrer Genauigkeit. Anders als die kreisförmige Karte Haukals (um 975) hat diejenige des al-Idrīsī die Form eines Rechteckes und zeigt damit eine gewisse Ähnlichkeit mit der alten alexandrinischen Zeichnung des Ptolemäus. Am vollständigsten ist die Zeichnung des Mittelmeergebietes, da al-Idrīsī dieses am besten kannte.

Andere Spanier, wie zum Beispiel ibn Dschubair (um 1192), berichteten über ihre geographischen Eindrücke. Jākūt (um 1228) und al-Kazwīnī (um 1275) stellten mit Hilfe des ausgedehnten arabischen geographischen Schrifttums, das ihnen zur Verfügung stand, alphabetische Lexika zusammen. Es scheint jedoch, daß die Leistungen der Araber auf diesem Gebiet keinen großen Einfluß auf den Fortschritt der geographischen Wissenschaft in Europa gehabt haben, denn dort blieb man bis zum Beginn der Renaissance hierin ausgesprochen rückständig.

Die arabischen Impulse, die zur Eröffnung der Handelsstraßen zwischen Europa und Asien führten, fachten jedoch den internationalen Handel an, was wiederum unabsehbare weltgeschichtliche Folgen hatte. Wie schon weiter oben erwähnt, kannten die Araber Kathai schon im neunten Jahrhundert, und die christlich-nestorianischen Missionare sowie mohammedanische Kaufleute erreichten den Fernen Osten schon vierhundert Jahre, bevor im Spätmittelalter die ersten Europäer den Weg nach China fanden.

Medizin

Auch auf medizinischem Gebiet waren die Araber große Wegbereiter; was sie für den Fortschritt dieser Wissenschaft geleistet haben, ist staunenerregend. Der Anteil, den die ersten Kalifen, vor allem Hārūn ar-Raschīd und sein Sohn al-Ma'mūn, an diesen Dingen nahmen, zeigte sich darin, daß sie die klassischen medizinischen Werke der griechischen Ärzte übersetzen ließen. Gleichzeitig hören wir von Hospitälern, in denen Ärzte bei der Behandlung ihrer Patienten klinische Beobachtungen machten. Es wird berichtet, daß es um das Jahr 850 in der arabischen Welt vierunddreißig Krankenhäuser gab, von denen einige von den Kalifen großzügig subventioniert wurden.

Im Jahr 978 beherbergte das Krankenhaus (bīmāristān) von Damaskus vierundzwanzig fest angestellte praktizierende Ärzte. Auch ist die Rede von besonderen Frauenhospitälern und von regelrechten Apotheken.

Bald entstanden medizinische Schulen, die den Hospitälern angegliedert waren und in denen Unterricht in der klinischen Behandlung aller möglichen Krankheiten und in Chirurgie erteilt wurde. Die Studenten besuchten dort die Vorlesungen und zogen sich dann in die reichhaltigen medizinischen Bibliotheken zurück, um das Gehörte zu rekapitulieren. Es wurden Prüfungen abgelegt und Diplome ausgestellt, die zur Ausübung des Arztberufes berechtigten. Ärzte standen bei Hofe und in der Gesellschaft in hohem Ansehen, und manche von ihnen gelangten zu außerordentlichem Reichtum. Der nestorianische Arzt Dschibrīl ibn Bachtīschū (gestorben um 830) soll sich unter der Regierung des Abbasiden al-Ma'mūn ein Vermögen von 88 800 000 Dirhems[19] erworben haben. Es ist durchaus denkbar, daß später, während der Kreuzzüge, die Europäer sich durch das Beispiel der orientalischen »bīmāristāns« anregen ließen und daß die Ordensgemeinschaften der Johanniter und Templer, die sich der Pflege der auf dem Schlachtfeld Verwundeten widmeten, sich an ältere arabische Vorbilder anlehnten.

Das goldene Zeitalter der arabischen Medizin wurde geprägt durch die Laufbahn des Abū Bakr Muhammad ibn Zakarijā' ar-Rāzī (865–925), auf lateinisch Rhazes genannt. Er war ein arabisierter Mohammedaner und gebürtiger Perser aus ar-Rajj in der Nähe Teherans, er machte sich mit der griechischen, persischen und der indischen Medizin vertraut, studierte die Alchemie und die Naturwissenschaften und wurde schließlich einer der produktivsten Schriftsteller des Zeitalters, der nicht weniger als zweihundert Bücher hinterließ, von denen die Hälfte medizinischen Inhalts war. Eine seiner berühmtesten schöpferischen Leistungen ist die Abhandlung über Pocken und Masern, in der er eine exakte Diagnose dieser beiden Krankheiten bietet und vor Ansteckung warnt. Zur Behandlung scheint er eine Art von Impfung empfohlen zu haben. Dieser Traktat wurde schon früh ins Lateinische und nach der Erfindung der Buchdruckerkunst auch in andere Sprachen übersetzt und in zahlreichen Editionen aufgelegt. Sein größeres, zwanzig Bände umfassendes Werk zur allgemeinen klinischen Medizin mit dem arabischen Titel »Al-Hāwī« (»Umfassendes Buch«) übersetzte Gerhard von Cremona ins Lateinische; es blieb bis ins siebzehnte Jahrhundert das Standardwerk der europäischen medizinischen Hochschulen. Rhazes gibt einen systematischen Überblick über den Inhalt der griechischen, syrischen, persischen, indischen und arabischen medizinischen Schriften und bringt dann seine eigenen Beobachtungen und Anschauungen. Er verfügte über eine außerordentliche Belesenheit und über eine tiefe sachliche Einsicht.

Ar-Rāzīs bedeutendster Nachfolger auf medizinischem Gebiet war der Philosoph und Arzt ibn Sīnā (Avicenna, 980–1037), der aus Buchara stammte und später dem Hof des samanidischen Sultans Nūh ibn Mansūr angehörte. Er war ein unersättlicher Leser und ein sehr fruchtbarer Schriftsteller. Man kennt von ihm neunundneunzig Werke über Medizin, Astronomie, Geometrie, Philosophie, Theologie und Philologie. In zwei Nachschlagewerken, »Kitāb asch-Schifā« (Buch der Heilung) und »al-Kānūn fī 't-Tibb« (Kanon der Medizin), verarbeitete er die Ergebnisse sowohl des griechischen wie des arabischen allgemeinen und medizinischen Wissensgutes. Beides sind, sowohl umfangsmäßig wie inhaltlich, monumentale Schöpfungen. Das erstgenannte Buch umfaßt achtzehn Bände und ist eine regelrechte Enzyklopädie, die alles enthält, was man wissen muß, um den »Geist heilen« zu können; dazu gehören naturwissenschaftliche, sprachliche und allgemeinwissenschaftliche, ja sogar wirtschaftliche und musikalische Kenntnisse. Der »Kanon der Medizin«, den Gerhard von Cremona im zwölften Jahrhundert ins Lateinische übersetzte, enthielt nicht weniger als eine Million Wörter und stellte alle früheren medizinischen Werke, dasjenige des ar-Rāzī eingeschlossen, in den Schatten. Diese umfassende Enzyklopädie der medizinischen Wissenschaften enthielt die vollständigste Darstellung der Anatomie, Physiologie, Pathologie, Hygiene, Therapeutik und Pharmakologie der damaligen Zeit. Es wurden hier mindestens siebenhundertsechzig Arzneien aufgeführt; das Arzneibuch blieb bis zum Aufkommen der modernen Experimentalwissenschaften das einschlägige Standardwerk. Ibn Sīnā beschrieb die Pleuritis und die Tuberkulose und wies nach, daß die letztere ansteckend ist. Ferner legte er dar, wie bestimmte Krankheiten durch Verunreinigung der Erde oder des Wassers übertragen werden können.

Arabische Ärzte warnten vor der Verbreitung der Pest durch Berührung von unsauberen Kleidungsstücken oder Lebensmitteln. Sie diagnostizierten den Magenkrebs, verordneten Gegengifte bei Vergiftungen, kannten das Ätzen und behandelten Augenkrankheiten. Sie verwendeten Betäubungsmittel, die durch Einatmung wirkten, und verordneten Narkotika, die durch den Mund eingenommen wurden und zu tiefem Schlaf oder, zur Vorbereitung chirurgischer Eingriffe, ebenfalls zur Betäubung führten. Ihnen gelang zum erstenmal im Mittelalter der Kaiserschnitt, und sie benutzten tierischen Darm für das Zunähen von Wunden. Der Leibarzt des Kalifen Abd ar-Rahmān III., Abū 'l-Kāsim az-Zahrāwī aus Cordova, ist im lateinischen medizinischen Schrifttum unter dem Namen Abulcasis bekannt. Als Chirurg galt er für ein Wunder seines Zeitalters; sein Buch »at-Tasrīf« war jahrhundertelang das maßgebende chirurgische Nachschlagewerk, das beste, das es auf dem Gebiet überhaupt gab.

Der angesehenste arabische Augenarzt war wohl 'Alī ibn 'Isa, der Jesu Haly des lateinischen Schrifttums; wahrscheinlich war er Christ, stammte aus Bagdad und lebte in den ersten Jahrzehnten des zwölften Jahrhunderts. Sein Werk »Tadhkirāt al-Kahhālin« (Memorandum für Augenärzte) war im mittelalterlichen Europa schon früh im Gebrauch. Man kann wohl kaum daran zweifeln, daß die Araber sowohl in der westlichen wie in der östlichen Welt die scharfsinnigsten Ärzte des Mittelalters überhaupt hervorgebracht haben.

Kunst und Architektur

In Übereinstimmung mit der Politik, die die Moslems seit Anbeginn verfolgt hatten, machten die Araber keine Versuche, schon bestehende ältere Kulturen zu vernichten. Sie versuchten im Gegenteil, sich diesen anzugleichen. Diese synthetische, bewahrende Einstellung auf der einen und das Bestreben, gewisse Dinge den Grundsätzen ihrer neuen Religion entsprechend zu modifizieren, auf der anderen Seite brachten in der Kunst und der Architektur schließlich einen gemischten Stil hervor, den man als islamisch bezeichnet. Sie benutzten die Formen, das Material und die technischen Hilfsmittel, die ihnen in den verschiedenen unter ihrer Herrschaft stehenden Ländern geboten wurden, und sie beschäftigten syrische, armenische, ägyptische, byzantinische, persische und indische Architekten und Künstler, ohne Rücksicht auf Glaubensunterschiede, um Werke zu schaffen, die sie dem Rechte nach als Eroberer auch alleine hätten ausführen können. Das überwältigende Ergebnis eines solchen Vorgehens war die Errichtung prachtvoller Städte, Paläste, Zitadellen, Moscheen, Grabmäler, Brücken, Aquädukte und der mannigfaltigsten Erzeugnisse der Kunst und Technik; all diese Dinge waren über das riesige Gebiet von Spanien bis nach Indien verstreut und trugen paradoxerweise zugleich Merkmale der Einheitlichkeit und der Verschiedenheit. Die Städte Bagdad, Samarra (arabisch »Surra man Ra'ā«, das heißt »demjenigen gefallend, der darauf herabblickt«) und Fustat (das heißt »Pavillon«); die unzähligen Paläste und sonstigen Bauten von der Alhambra in Andalusien bis zum Tadsch Mahal in Indien; die vielen hundert über das Reich verstreuten Moscheen, von der Blauen Moschee in Cordova bis zur Sīdī 'Ukba-Moschee in Kairawan, die große Moschee in Tunis, die ibn Tulun- und die al-Azhar-Moschee in Kairo, die Felsenkirche in Jerusalem, die omajjadische Moschee in Damaskus, die Moscheen in Mekka und Medina, in Bagdad, Samarra, Meschhed, Schiras, Nischapur und anderen Städten – alle sind Werke von großer Schönheit, die typisch islamische Merkmale aufweisen und doch jedes für sich ein individuelles Kunstwerk darstellen.

Die islamischen Künstler und Baumeister gaben von Anfang an auf ganz bestimmte Dinge acht. Da war in erster Linie die tief eingewurzelte Abneigung des Islams vor der Darstellung von Menschen und Tieren in Skulptur und Malerei, da diese mit den Glaubensregeln und den Aussprüchen des Propheten in Widerspruch stand. Auf der einen Seite wurden solche Darstellungen als Überbleibsel der antiken, heidnischen Abgötterei angesehen, und auf der anderen Seite empfanden gute Moslems solche Werke als blasphemisch, da sie Versuche des Menschen waren, sich dem Allmächtigen, dem Schöpfer aller Lebewesen, gleichzusetzen. Dieses Verbot wurde jedoch von den Kalifen nicht immer beachtet, besonders wenn sie ihre Palastgemächer ausschmücken ließen, in denen noch heute die Überreste außerordentlich interessanter Malereien und Mosaiken zu finden sind, auf denen Jagdszenen, badende Mädchen und ähnliche Dinge dargestellt werden. Vor allem die Dynastie der Fatimiden (909–1171) in Ägypten mißachtete die Vorschrift, außer bei religiösen Bauten, fast vollständig. Die islamische dekorative Kunst aber äußerte sich in abstrakten Formen geometrischen Charakters, in Blumen- und Pflanzenmotiven. Dieser als »maurisch« bekannte Stil brachte wunderbare Erzeugnisse hervor. Er taucht in den verschiedensten Bereichen auf, so zum Beispiel in der Architektur, aber auch in den Handschriften in der Miniaturmalerei, die oft eine glückliche Verbindung mit der dafür besonders geeigneten arabischen (kufischen oder nicht-kufischen) Schrift eingeht.

Es gehört nicht in den Rahmen dieser knappen Darstellung, auf die Einzelheiten der islamischen Architektur einzugehen; dafür ist das Gebiet zu kompliziert und zu umfangreich. Es kommt uns hier nur darauf an, auf die wichtigsten, auf diejenigen Merkmale hinzuweisen, welche in irgendeiner Weise Kunst und Architektur Westeuropas beeinflußt haben. Als wir uns mit den Auswirkungen der Kreuzzüge beschäftigten, haben wir gesehen, daß im europäischen Militärwesen bestimmte Dinge aus dem Osten übernommen wurden, vor allem die konzentrische Burganlage, die Schießscharte, die gekrümmte Burgeinfahrt und der Hauptturm. Wir können hinzufügen, daß auch der Spitzbogen, der ein besonderes Kennzeichen der gotischen Architektur im mittelalterlichen Europa wurde, den ägyptischen Baumeistern schon seit Jahrhunderten bekannt war. Er wurde für die Bogengänge der alten, 876 begonnenen ibn Tūlūn-Moschee in Kairo verwendet. Dann tauchte er 970 in der al-Azhar-Moschee und in der Universität wieder auf, die beide auf Betreiben der fatimidischen Kalifen gebaut wurden.

Das Maßwerk an Fenstern und Türmen, Blattverzierungen in Gewölben, das Kreuzrippengewölbe, ornamentgeschmückte Friese und Glockentürme, Erscheinungen, denen wir in allen mittelalterlichen europäischen Städten begegnen, sie alle haben ihre Vorläufer in den Moscheen, Zitadellen, Kollegien (madrasas), Hospitälern (bīmāristāns), Mausoleen und Minaretten aus viel früherer Zeit in den islamischen Ländern des östlichen und des westlichen Mittelmeerraumes. Am großartigsten äußerte sich die mohammedanische Kunst in der Steinbearbeitung und im Relief, in Werken, die allerdings in der Hauptsache von christlichen Bildhauern aus Syrien ausgeführt wurden, würdigen Nachfolgern der Künstler, die in den ersten Jahrhunderten unserer Zeitrechnung das Wunder Baalbeks, die Mönchsniederlassung des heiligen Simeon, und die »Toten Städte« Nordsyriens schufen. Es ist unmöglich, die zahllosen prachtvollen Friese und Reliefarbeiten aufzuzählen, die an mohammedanischen Bauwerken des Mittelalters zu finden sind. Eines der ältesten Zeugnisse befindet sich in dem Mauerrest eines Palastes, den der omajjadische Kalif al-Walīd 743 in der syrischen Wüste erbauen ließ; dieser Palast, der als Winterquartier des Kalifen (mschatta oder maschta) gedacht war und nicht vollendet wurde, enthält einige der schönsten Verzierungen, die überhaupt erhalten sind. Der Bau ist von deutschen Archäologen entdeckt worden, die ihn für so wertvoll hielten, daß sie ihn im Jahre 1904 nach und nach abtrugen und im Berliner Museum wieder aufbauten. Die Darstellungen der sich rankenden Weinreben, Früchte, Blumen, von Vögeln, Fabelwesen, Rosetten, Dreiecken und sonstigen geometrischen Figuren bildeten ein Ganzes, das sich mit feinster Spitzenarbeit vergleichen läßt.

Auf dem Gebiet des Kunstgewerbes erfüllte die arabische Kultur die Funktion einer Brücke zwischen der hervorragenden Kunstfertigkeit der Antike und den Leistungen des mittelalterlichen Kunsthandwerkers. Spanien, Sizilien und Palästina bildeten die drei Stellen, an denen die europäischen Handwerker und Künstler mit dem arabischen Reich in Berührung kamen. Zur Zeit der arabischen Expansion hatten die Länder des Nahen und Mittleren Ostens auf kunstgewerblichem Gebiet selber schon einen sehr hohen Vollkommenheitsgrad erreicht. Die Araber im Osten hegten und behüteten dieses Erbe, während Europa damit verglichen in einen Zustand der Rückständigkeit geriet. Die Märkte in Kairo, Damaskus und Bagdad flossen im Mittelalter von Kunstgegenständen aller Art nur so über. Schmucksachen, Gold- und Silbergegenstände mit eingelegter oder gehämmerter Arbeit, Keramik mit oder ohne Metallglanz, farbige Glaswaren, schöne Töpferwaren, alle möglichen Vasen, Bergkristall, mit erhabener Arbeit geschmückte Lederwaren, einfarbige und mehrfarbige Stickereien und Gewebe – diese und viele andere Dinge wurden in den orientalischen Basaren ständig zur Schau gestellt. Sie fungierten im weiteren Verlauf des Mittelalters gleichsam als Vehikel für die Vermittlung der Kunst an Europa.

Noch wichtiger war die Vermittlung der Kunst der Papierherstellung.

Die Erfindung des Papiers, das Pergament und Papyrus verdrängte, bedeutete einen Markstein in der Geschichte der fortschreitenden Zivilisierung. Die Einführung des Papiers in die Gebiete des Mittleren Ostens geht auf das Jahr 712 zurück, als die Araber in Samarkand einfielen; dort wurde Leinen zu einer Paste verarbeitet, die zu grobem Schreibpapier ausgestrichen wurde. Die erste Papierfabrik wurde dann im Jahr 794 in Bagdad eingerichtet. Ägypten folgte dem Beispiel vor 900, und im Jahr 1100 erschien das Papier in Marokko, von wo aus es dann nach Spanien und Sizilien gelangte. In Europa jedoch kam das Papier erst allgemein in Gebrauch, als im Verlauf des späteren Mittelalters die Kreuzfahrer im Osten die genaue Herstellungstechnik kennenlernten und mit nach Hause brachten.

Die Glaserzeugung der Stadt Venedig begann mit einem Kontrakt vom 1. Juni 1277 zwischen dem Fürsten von Antiochien, Bohemund IV., und dem Dogen Contarini, durch den das aus Syrien stammende, bis dahin geheimgehaltene Herstellungsverfahren an Venedig verkauft wurde. Die Arbeit begann unter der Aufsicht sarazenischer Handwerker mit Rohstoffen, die aus dem Heiligen Land eingeführt wurden. Venedig behielt das Monopol der Glasherstellung bis ins siebzehnte Jahrhundert, als das Fabrikationsgeheimnis durch die Vermittlung Colberts an Frankreich preisgegeben wurde. Palermo auf Sizilien hatte dank seiner direkten Beziehungen zu den Arabern schon im zwölften Jahrhundert Glas und sogar Spiegel hergestellt. Die Kristallglasindustrie jedoch scheint das Monopol der Stadt Cordova gewesen zu sein, wo es einem Mauren namens ibn Finās schon gegen Ende des neunten Jahrhunderts gelang, hierin einen hohen Grad von Vollkommenheit zu erreichen. Im Mittleren Osten wurde nur Bergkristall verwendet; die fatimidischen Kalifen besaßen ungefähr tausend Vasen aus diesem kostbaren Material, darunter einen heute in der Schatzkammer von San Marco in Venedig aufbewahrten prachtvollen Wasserkrug aus dem zehnten Jahrhundert. Reliquiare aus Bergkristall sind heute noch in zahlreichen europäischen Kathedralen zu sehen; sie müssen im Mittelalter von Kreuzfahrern und Pilgern aus dem Osten mitgebracht worden sein. Die in Persien, Syrien und Ägypten auf so hoher Stufe stehende keramische Industrie wurde von mohammedanischen Töpfern aus dem Osten wahrscheinlich im Verlaufe des zwölften Jahrhunderts in Italien und Frankreich eingeführt.

Die Herstellung von Stoffen auf Webstühlen war eine jener Leistungen des Ostens, über die die Europäer in höchstes Staunen gerieten. Den Kopten in Ägypten gelang die Anfertigung des feinsten Leinens, welches vor dem Auftreten der Araber überhaupt bekannt war. Noch heute findet man in Museen und in den Kleiderkammern mittelalterlicher Kathedralen fürstliche und bischöfliche Gewänder mit eingestickten arabischen Wörtern. Wieder war es Roger II. von Sizilien, der die orientalischen »tirāz«-Werkstätten kopierte, indem er in Palermo in seinem Palast ebenfalls eine solche Werkstätte einrichtete, in der bestickte Prunkgewänder hergestellt wurden, die er dann den europäischen Fürsten anbot.

Die Kunst der Lederverarbeitung und der Verfertigung geprägter Bucheinbände aus Leder, die im Osten schon seit langem bekannt war, tauchte im Westen zunächst ganz vereinzelt im vierzehnten Jahrhundert auf und breitete sich dann im fünfzehnten mehr und mehr aus. Mit Gold- und Silbereinlagen versehene oder emaillierte Kupfergegenstände, Holzschnitzereien und unzählige andere künstlerische Errungenschaften wurden in Europa den orientalischen Vorbildern nachgeahmt. Sogar arabische Motive drangen in die Ikonographie des Mittelalters und der Renaissance; auf vielen religiösen Darstellungen, zum Beispiel in der zentralen Szene in Fra Filippo Lippis »Krönung der Heiligen Jungfrau«, sind die Ränder von Gewändern mit arabischen, kufischen Buchstaben verziert.

Philologie

Neue Wortbildungen und der Austausch von Wörtern zwischen zwei verschiedenen Sprachen können ein Licht auf den Gang der Geschichte werfen, da hinter dem gesprochenen Wort sich die geschichtlichen und kulturellen Vorgänge verbergen. In vielen Bereichen, in denen die Araber auf den Westen eingewirkt haben, haben sie auch sprachlich ihre Spuren hinterlassen. Obwohl das Eindringen arabischer Termini in die europäischen Sprachen schon gründlich untersucht worden ist, bestehen immer noch Möglichkeiten, auf diesem interessanten Gebiet weiterzuarbeiten. Wohl die einzige wirklich umfangreiche Untersuchung für den Bereich der romanischen Sprachen ist die eindrucksvolle Liste, die Professor Arnald Steiger von der Universität Zürich zusammengestellt hat. Ähnliche Arbeiten wären auch für andere europäische Sprachen nötig, obwohl wir annehmen können, daß die Ergebnisse um so dürftiger werden, je weiter wir uns geographisch von der arabischen Welt entfernen. Verschiedene kurze Wörterlisten sind in dem Werk *Legacy of Islam*[20] enthalten; sie sind unzulänglich, geben aber doch ein gutes Bild.

Um zu veranschaulichen, in welchem Ausmaß, in welcher Mannigfaltigkeit und auf welchen Gebieten arabische Wörter auf die deutsche Sprache[20a] eingewirkt haben, seien im folgenden einige solcher Wörter zusammengestellt. Auf den Gebieten von Astronomie, Naturwissenschaften, Musik, Schiffahrt, Textilien, Farben, Obst und Gemüse, Blumen, Handel und Ortsnamen könnte jeweils eine besondere umfangreiche Liste mit Belegstellen aufgeführt werden; hier müssen wir uns jedoch mit einigen wenigen Beispielen begnügen. Auf dem Gebiet der Astronomie war die Einwirkung des Arabischen besonders stark.

Algebra (al-dschabr)

Alchemie und Chemie (al-kimiā')

Almanach (al-manāch)

Ziffer und englisch ›zero‹ (sifr)

engl. ›jar‹ = Krug (jarrah)

Monsun (mausim)

Amber (anbār)

Guitarre (Kīthāra)

Tamburin (tambur, tabla)

Admiral (amīr al-bahr)

Arsenal (dār as-Sinā'a)

Damast, aus Damaskus (Dimaschk)

Kattun (Kutn)

Limonade und engl. ›lemon‹ (līmūn)

Zucker (sukkar)

Sirup (scharbāt)

Kaffee (Kahwa)

Jasmin (jasmīne)

engl. ›traffic‹ (tafrīk)

Tarif (tar'īf)

Scheck (sakk)

Trafalgar (taraf al-gār, d. h. Kap der Höhle oder der Lorbeeren)

Algeciras (al-dschazīra, d. h. die Insel)

Hunderte von spanischen und portugiesischen Ortsnamen gehen auf arabische Wörter zurück; sie sind zu zahlreich, um hier aufgeführt zu werden. Auch in der spanischen Umgangssprache finden sich solche Wörter, wie zum Beispiel »adobi« (Ziegelstein) aus dem arabischen »tūb«; das Wort »adobi« wird auch im Amerikanischen zur Bezeichnung der ungebrannten Ziegelsteine aus der Zeit der alten spanischen Siedler verwendet. Einige weitere Beispiele sind folgende:

safara (sahra, Wüste, Einöde, »Sahara«)

almacen (al-machzan, Lagerhaus, »Magazin«)

almahada (al-machadda, Kopfkissen)

alcalde (al-kādī, Richter oder Bürgermeister)

alcoba (al-kubba, Gewölbe, i. d. Bedeutg. v. Bettnische, »Alkoven«)

alfandega (al-funduk, Gasthof oder Zollhaus)

alfiate (al-chajjāt, Schneider)

alfaca (al-chass, Lattich)

alacena (al-chizāna, Depot oder Geldschrank)

fulano (fulān, jemand)

hasta (hatta, bis)

Kamel (dschamal)

Gazelle (gazāl)

Minarett (Manāra)

mosque (masdschid, Moschee) Matratze (matrah, d. h. Platz
mangonel (mangaṇīk, oder Örtlichkeit)
  Steinwerfer) Diwan (diwān, persisch devan,
Schach (schatarang, über das italienisch dogana,
  Arabische aus dem Persisch.) französisch douane)
el Cid (as-sajjid, Herr) usted (ustādh, Meister)

Literatur

Wie wir sahen, waren die Einwirkungen des arabischen Denkens und der arabischen Kultur, insbesondere in der Philosophie, der Theologie, den Naturwissenschaften und der Medizin, auf die europäische Kulturgeschichte alles andere als gering. Es gibt aber noch einen anderen Bereich, mit dem wir uns bisher nicht beschäftigt haben und der erst seit dem Beginn der Kreuzzüge in den Vordergrund tritt. Die gesamte »Chanson«-Literatur, angefangen vom Rolandslied, das die zweifelhaften Erlebnisse Karls des Großen in Spanien schildert (achtes Jahrhundert), bis zur »Chanson des Chétifs« (1130) und der »Chanson d'Antioche« (1180), gehört inhaltlich eher der Sage als der Geschichte an; dieser Bereich war es auch, aus dem im sechzehnten Jahrhundert Tasso bei der Dichtung seines heroischen Epos »Gerusalemme Liberata« schöpfte. Wir sehen hier, in der »Morte d'Arthur«, Karl den Großen und König Arthur zu Kreuzfahrern werden. Die Lieder der Troubadours in Spanien, der provenzalischen Dichter Südfrankreichs und der Minnesänger in Deutschland, alle zeigen sie Merkmale arabischen Einflusses. Die alte französische Romanze »Floire et Blanchefleur« mit ihrem orientalischen Hintergrund ebenso wie die entsprechende Geschichte von »Aucassin et Nicolette« bezogen einiges aus der spanisch-arabischen Geschichte von Abū 'l-Kāsim.

Wie weit die arabische gereimte lyrische Dichtung die europäische beeinflußt hat und umgekehrt, bedarf noch der speziellen Untersuchung. Es ist jedoch kein Zweifel, daß unabhängig von den Kreuzzügen in Spanien und Sizilien eine Wechselwirkung stattgefunden haben muß. Zwei literarische Strömungen, die arabischen Quellen entsprangen, sind es, die sowohl im Mittelalter wie in neuerer Zeit ihre Spuren in der Romanzen- und Abenteuerdichtung des Westens hinterlassen haben. Man sagt, daß die Geschichten von »Tausendundeiner Nacht« (»Alf Laila wa Laila«) einigen von Chaucers Canterbury Tales und Teilen aus Boccaccios Decamerone Pate gestanden haben; allerdings ist nicht klar, durch welche Kanäle sie schon zu einem so frühen Zeitpunkt nach Europa gelangt sind. In neuerer Zeit sind Robinson

Crusoe und *Gullivers Reisen* ebenfalls von diesem Werk inspiriert worden. Darüber hinaus sind auch die Kreuzzüge vom Mittelalter bis in die neueste Zeit hinein in der Literatur wirksam geblieben; sie haben nicht wenige Werke Miltons und Sir Walter Scotts sowie eine Unmenge noch jüngerer historischer Romane von unterschiedlichem Wert ins Leben gerufen.

Eine neue Theorie, die einen großen Streit über das Ausmaß der Einflüsse, die das arabische Denken und die arabische Märchendichtung auf die europäische Literatur ausübten, zur Folge gehabt hat, wurde von dem großen spanischen Arabisten und christlichen Theologen Miguel Asin Palacios aufgestellt, und zwar in seinem 1919 erschienenen (und 1926 in einer gekürzten englischen Fassung herausgekommenen) Werk *La Escatología Musulmana en la Divina Commedia*. Die Lebensarbeit von Asin Palacios galt vor allem der Erforschung der arabischen Philologie und Kultur, wobei ihm seine außerordentlichen Kenntnisse auf dem Gebiet der mittelalterlichen Scholastik und Theologie erlaubten, mit großer Autorität sich über den Einfluß des Averroes (ibn Ruschd) auf den heiligen Thomas von Aquin zu äußern. Er hat außerdem klargelegt, wieviel der große katalanische Philosoph Raimundus Lullus den Schriften des spanischen mosleminischen Mystikers ibn 'Arabī (1165–1240) verdankt, und er hat überzeugend die Einwirkungen der berühmten abbasidischen »Brüder der Reinheit« (Ichwān as-Safā) auf das Denken des Anselmo de Turmeda aufgezeigt.

Asin Palacios' kühne These über die islamischen Ursprünge von Dantes *La Divina Commedia* jedoch übte einen stärkeren Schock aus als irgendeine seiner früheren Schriften. Asin Palacios war der Ansicht, daß der unsterbliche Dichter und Philosoph der Renaissance, den die Kommentatoren und Historiker bis dahin für einen Aristoteliker und Thomisten gehalten hatten, noch von ganz anderen Einflüssen bestimmt worden sei. Das Hinauffahren Dantes und Beatrices ins Paradies, so sagte er, habe ein Gegenstück in der alten arabischen Legende von der Himmelfahrt des Propheten Mohammed mit dem Erzengel Gabriel – eine Legende, die im dreizehnten Jahrhundert von dem obengenannten spanisch-arabischen Mystiker ibn 'Arabī aus Murcia erzählt wurde, der nur fünfundzwanzig Jahre vor der Geburt des großen florentinischen Dichters gestorben ist. Die Wurzeln dieser Erzählung reichen in die Zeit des frühen Islams zurück; ihre Elemente sind in die mohammedanischen theologischen Werke eingegangen, und zwar in zweierlei Zusammenhang: erstens im »Isrā«, der wunderbaren nächtlichen Reise des Propheten nach Jerusalem, und zweitens im »Mi'rādsch«, der Himmelfahrt Mohammeds von der heiligen Stadt Jerusalem zum Throne Allahs.

Die Originalität von Dantes schöpferischem Geist stand so lange außer Frage, als die Gelehrten im abendländisch-christlichen Schrifttum nichts fanden, was einen Einfluß auf seine Ideen ausgeübt haben könnte. Als dann Asin Palacios in der arabischen Literatur ein Vorbild fand, wirkte dies wie eine Offenbarung, die eine neue Durchsicht der Quellen verlangte, die den Fürsten unter den Renaissancedichtern beeinflußt haben müssen. Die neu einsetzende Untersuchung der Parallelen zwischen der »Göttlichen Komödie« und der mosleminischen Legende führte zu erstaunlichen Ergebnissen. Es stellte sich heraus, daß Dantes unsterbliche Dichtung in ihrer innersten Struktur teilweise von der islamischen Mystik, Legende und Dichtung abhängig ist.[21]

Bildung

Daß die Araber im Mittelalter auf wissenschaftlichem Gebiet derartig viel geleistet haben, war nicht ein bloßes Spiel des Zufalls. Die Voraussetzungen dafür lagen in einem nicht erlahmenden Forschungsdrang, einer echten, inneren Anteilnahme an kulturellen Dingen sowohl auf seiten der Herrschenden wie der Beherrschten und in dem Vorhandensein eines hoch entwickelten Bildungssystems, das sich der Hilfe reichhaltiger Bibliotheken bedienen konnte. Von dem »Haus der Weisheit« in Bagdad und seinem Gegenstück, dem »Sitz der Wissenschaften« in Kairo, war bereits die Rede. Dies waren aber eher wissenschaftliche Akademien, nicht eigentlich reguläre Schulen; man kann sagen, daß sie die Funktion von Forschungszentren einnahmen. Sie waren das mittelalterliche Gegenstück zu modernen Einrichtungen wie dem »Institute for Advanced Study« in Princeton oder »Dumbarton Oaks« in Washington. In allererster Linie waren sie dazu da, die Forschung voranzutreiben und das Wissen zu vermehren.

Das erste wirkliche öffentliche Bildungszentrum im eigentlichen Sinne war ohne Frage die Moschee-Universität von al-Azhar. Im Jahr 970 war sie von den Fatimiden gegründet worden, und zwar ursprünglich zur Verbreitung und Verteidigung der schiitischen Lehren, obwohl sie dann später zu einem Bollwerk der Orthodoxie wurde. Nach der Beseitigung der Fatimidenherrschaft in Ägypten im Jahre 1171 machten Saladin und seine ajjubidischen Nachfolger sie sofort zu einer sunnitischen Hochschule, die ihre volle Unterstützung genoß. Spätere Herrschergeschlechter und Sultane hielten sie in hohem Ansehen und ließen ihr ansehnliche Stiftungen (wakfs) zugute kommen. Einer ihrer größten Wohltäter war der burdschi-mamlukische Sultan Kaitbai (1468–1495), der umfangreiche bauliche Erweiterungen durchführen ließ. Die Schule wurde zum Symbol islamischer geistiger Führung und religiöser Erziehung; die Institution als ganze stand bei allen Moslems – viele von ihnen suchten hier Zuflucht – im Ruf der Heiligkeit und

Unantastbarkeit. Eine umfassende Geschichte dieser bedeutenden islamischen Einrichtung steht noch aus[22]; Belegmaterial, veröffentlichtes sowohl wie noch nicht veröffentlichtes, ist reichlich vorhanden. Die Rolle, die sie als leuchtendes Symbol mohammedanischer Forschung im Mittelalter gespielt hat, wird auch nicht verkleinert durch die heute bestehende Neigung, ihr veraltetes Unterrichtssystem mit kritischen Augen anzusehen. In dem langen und bewegten Leben der ältesten noch bestehenden mittelalterlichen Universität hat es eine unheilvolle Periode gegeben, und zwar unter der Herrschaft der Türken. Die Zeit von der Eroberung Ägyptens durch Selim I. im Jahre 1517 bis zum französischen Feldzug von 1798 war die dunkelste Epoche der ägyptischen Geschichte, und der Schock des plötzlichen Erwachens, das den ersten Kontakten mit Europa im neunzehnten Jahrhundert folgte, geht zu einem Teil auf das Konto der al-Azhar-Universität und ihrer Fakultät von 'ulamās (Professoren).

Während des ganzen Mittelalters jedoch wurde al-Azhar von Tausenden von Studenten aus allen Teilen der islamischen Welt besucht. Die einzelnen Gruppen der in der Moschee wohnenden Studenten lebten und lernten zusammen nach dem sogenannten »riwāk«-System[23], das sehr viel Ähnlichkeit hat mit der Einteilung der Studentenschaft in »Nationen«, wie sie an den europäischen Universitäten des Mittelalters praktiziert wurde. Es waren auch Gaststudenten zugelassen; diese wohnten dann in der Nähe der Moschee. Von al-Azhar weiß man, daß sie im Gegensatz zur Pariser Universität mit ihren »vier Nationen« sechsundzwanzig riwāks oder »Lauben« enthielt, deren jede mit einer bestimmten geographischen Einheit identisch war und in einem Gang der großen Moschee mit 375 Pfeilern einen bestimmten begrenzten Raum einnahm.

Sowohl die Professoren wie die Studenten wurden durch freiwillige Spenden unterstützt. Jeder Professor hatte seinen eigenen Pfeiler, an dem er sich niedersetzte, während die Studenten sich in einem Kreis um ihn scharten. So studierten sie entweder das »vermittelte Wissen« ('ulūm naklīja), das heißt Theologie, Jurisprudenz, islamische Tradition und Mystik, oder die »rationalen Wissenschaften« ('ulūm 'aklīja), das heißt Philologie, Metrik, Rhetorik, Logik und Astronomie. Weitere Studienfächer waren unter anderem: Literatur, Geschichte, Geographie, Physik, Mathematik. Im ganzen gesehen diente der Unterricht in al-Azhar mehr der Überlieferung des von früheren Generationen überkommenen Wissens als dem Versuch, neue Forschungsergebnisse zu erzielen. Der Unterricht war schwierig, und die Vorlesungen konnten je nach der Laune des Professors, der ganz unsystematisch von einem Gebiet auf ein anderes überging, mehrere Stunden dauern. Die Übung des Gedächtnisses spielte eine entscheidende Rolle: zunächst mußte der gesamte Koran-

Text auswendig gelernt werden. Dieses Unterrichtssystem, aus dem viele berühmte Persönlichkeiten hervorgegangen sind, erlag am Ende, ebenso wie die islamische Kultur im Kern überhaupt, einer vollständigen Verknöcherung.[24]

Im Laufe der Zeit entstanden in der islamischen Welt zahlreiche weitere Schulen. Es wäre schwierig, genaue oder auch nur halbwegs genaue Angaben über die Zahl dieser Bildungsanstalten zu machen. In den zeitgenössischen Quellen werden unzählige solcher Anstalten erwähnt, und zwar nicht nur in den großen Städten, sondern auch in ganz abgelegenen Dörfern; nach Größe und Bedeutung waren sie sehr verschieden. Aus den Berichten mittelalterlicher arabischer Reisender und Schriftsteller, wie etwa ibn Dschubair im zwölften, ibn Battūta im vierzehnten und al-Makrīzī im fünfzehnten Jahrhundert, läßt sich entnehmen, daß es in Kairo mindestens vierundsiebzig, in Damaskus dreiundsiebzig, in Jerusalem einundvierzig, in Bagdad vierzig, in Aleppo vierzehn, in Tripolis in Syrien dreizehn, in Mosul neun und in Alexandria ebenfalls eine große Anzahl von Kollegien gab.[25] Und diese Schulen hatten keineswegs exklusiven Charakter. Im arabischen Spanien wimmelte es geradezu von Schulen und Lehrern, und Analphabetentum gab es im westlichen Kalifat praktisch nicht – anders als im Osten, wo die Umstände aber auch anders waren.

Im Laufe der Zeit kam in den meisten Ländern der arabischen Staatengemeinschaft unter den maßgeblichen, wohlhabenden Persönlichkeiten die Gewohnheit auf, Schulen (madrasas) und Moscheen (dschāmiʿs oder masdschids, das heißt Stätten des Kniens oder der Anbetung) zu gründen und ihnen den Namen der Gründer zu geben. Im allgemeinen, aber nicht immer, wurden Schulen innerhalb von Moscheen gegründet. Im Islam war der Funktionsbereich der Moschee viel umfassender als derjenige der Kirche in der christlichen Welt. Die Moschee war Kultstätte, politisches und gesellschaftliches Zentrum, in der Frühzeit des islamischen Reiches auch Sitz der staatlichen und städtischen Verwaltung, Gerichtshof und außerdem eine Bildungsstätte. Die Wurzel des arabischen Wortes für »Universität« (dschāmiʿa) ist »Moschee« (dschāmiʿ). Manchmal war die Schule (madrasa) auch einem Mausoleum oder einem mohammedanischen Kloster (ribāt oder chāniqā) angegliedert. Ein persischer Reisender, Nāsirī Chosrū, gibt ein fesselndes Bild von der alten ʿAmru-Moschee im alten Kairo (Fustat). Er sagt, daß sie täglich von fünftausend Personen besucht worden sei, zu denen eine große Zahl von Studenten und Professoren gehörten, die in ihrem Innern öffentlichen Unterricht gaben.

Wirkliche Hochschulbildung aber wurde vor allem in Kairo und Bagdad vermittelt. Zwei große Konkurrenzunternehmen der al-Azhar-Universität waren die Nizāmīja- und die Mustansirīja-Schule in Bagdad. Die erste wurde 1050 von Nizām al-Mulk, dem berühmten Wesir des seldschukischen Sultans Alp Arslan und dem intimen Freund des persischen Mathematikers und Dichters 'Umar al-Chajjām gegründet. Al-Gazzālī (Algazel), der große arabische Philosoph, lehrte dort von 1091 bis 1095. Der aufgeklärte Wesir war ein Mann, der fest an den Wert der Bildung glaubte; er hat auch noch weitere, kleinere Hochschulen gegründet, die ebenfalls den Namen Nizāmīja trugen. Man schätzt, daß die jährlichen Kosten für all diese Einrichtungen einem Betrag von eineinhalb Millionen Dollar entsprachen. Neben dem ansehnlichen Gehalt für die Professoren gewährte der Wesir auch den Studenten noch besondere Beihilfen (ma'ālim). Die Nizāmīja in Bagdad blieb bis zum Ende des vierzehnten Jahrhunderts bestehen; nach der zweiten Eroberung der Stadt durch die Mongolen unter Timur Lenk im Jahr 1393 wurde sie, ebenso wie die Mustansirīja, aufgehoben.

Die Mustansirīja wurde 1234 von dem abbasidischen Kalifen al-Mustansir gegründet. Ursprünglich war sie als theologisches Seminar und als Unterrichtsstätte für islamisches Recht (scharī'a) für die vier sunnitischen (orthodoxen) Sekten gedacht; zu jeder Abteilung gehörten fünfundsiebzig Studenten, denen ein Professor vorstand. Ebenso wie in der Nizāmīja erhielten Lehrer und Schüler ein angemessenes Gehalt, täglichen Lebensunterhalt und kostenloses Schreibmaterial. Das Ganze war eine Art Internat, mit Schlafräumen, einer Küche, einer Zisterne zur Kühlung des Trinkwassers, einem Bad (hammām) und einem Hospital (bīmāristān) mit einem diensttuenden Arzt zur Pflege der Kranken. In der großen Halle stand eine Uhr, wahrscheinlich eine Klepsydra, welche die Gebetsstunden angab. Den Studenten, die die Bibliotheksräume aufsuchten, um dort die Nacht hindurch zu studieren, standen Lampen und Öl zur Verfügung. Die Schule überlebte die Verwüstungen, die die Mongolen Hulagu 1258 und Timur Lenk 1393 bei der Eroberung der Stadt Bagdad anrichteten, wurde dann aber zusammen mit der Nizāmīja aufgehoben. Beide Schulen waren in Gebäuden von ungewöhnlicher Schönheit untergebracht, und der Kalif al-Mustansir ließ für sich selbst einen Privatgarten mit einem Belvedere anlegen, von dem aus er die Anstalt übersehen konnte; auch hatte er die Angewohnheit, sich dort ans Fenster hinter eine Gardine zu setzen, um das Tun der Studenten beobachten und unbemerkt an den Vorlesungen teilnehmen zu können.

Jeder Schule war eine Handbibliothek angegliedert, die durch Schenkung oder eigenen Erwerb von Handschriften ständig vergrößert wurde. Außerdem verbrachten die Studenten einen großen Teil ihrer Zeit mit dem Abschreiben von Büchern, und die Abschriften wanderten schließlich in die Schul- und Moscheebibliotheken. Die schnelle Vergrößerung und Verbreitung der Bibliotheken in fast allen Städten der islamischen Welt wurde durch die im achten Jahrhundert erfolgte Einführung des Papiers aus China in die Länder des Mittleren Ostens ermöglicht. Zur Deckung des wachsenden Papierbedarfs der Kopisten wurden in Samarkand, Bagdad, dem syrischen Tripolis sowie in vielen weiteren Orten in Ägypten und Andalusien Papierfabriken errichtet. Riesige Berge von Manuskripten füllten die Palastbibliotheken der Kalifen ebenso wie alle die vielen berühmten Lehranstalten. Die meisten großen Bibliotheken hatten ihre eigenen Bindereien, wo die Kodizes restauriert und ausgebessert wurden.

Es ist schwer, den Bücherbestand dieser Bibliotheken genau abzuschätzen; man kann nur sagen, daß er meist größer war, als die Inventare angeben. Nur gelegentlich stoßen wir auf konkrete Zahlenangaben. Das Maraga-Observatorium besaß vierhunderttausend Handschriften. Als die Mustansirija gegründet wurde, stiftete der Kalif als Grundstock für die Bibliothek zunächst hundertsechzig Kamelladungen Bücher. Von Saladin wird behauptet, er habe zwei Millionen Bücher aus dem Bestand der fatimidischen Kalifenpaläste, die schiitischen Ursprungs waren oder unter schiitischem Einfluß entstanden waren, vernichten lassen. Das dürfte eine Übertreibung sein, wie übrigens auch die bescheidenste Zahl, die angegeben wird, hundertzwanzigtausend. Oft hören wir von erstaunlich großen Bibliotheken sogar in einigen der kleinsten Städte. Ar-Rajj, eine ziemlich abgelegene Provinzstadt im oberen Iran, nicht weit vom Kaspischen Meer (Bahr al-Chazar) entfernt, hatte eine Bibliothek, die vierhundert Kamelladungen Manuskripte und einen Katalog in zehn Bänden besaß. Bei der Erstürmung Bagdads durch Hulagu Chān im Jahre 1258 warfen seine mongolischen Horden solche Mengen von Handschriften in den Tigris, daß eine Art Brücke entstand, über die man sowohl zu Fuß wie zu Pferde – Zeitgenossen behaupten es – sicher das andere Ufer erreichen konnte. Die Tinte löste sich in der Strömung auf, und das Wasser verfärbte sich. Trotz eines solchen Vandalismus und trotz so großer Zerstörungen – wobei wir allerdings auch erhebliche Übertreibungen in Rechnung stellen müssen – sind doch noch viele Zeugnisse dieser glänzenden Kultur auf uns gekommen, dieser Kultur, von der wir auf den vorhergehenden Seiten nur ein unvollständiges Bild entwerfen konnten.

Die Beziehungen zwischen dem Mittleren Osten und dem Westen sind einem langen und vielgestaltigen Entwicklungsprozeß unterworfen gewesen. Oft berichtet die Geschichte von Krieg und Gewaltanwendung, manchmal von friedlichen und produktiven Beiträgen für den kulturellen Fortschritt der Menschheit. Wir sehen tief im Altertum ein ungeheures Drama anheben und sich das gesamte Mittelalter und die Neuzeit hindurch mit immer größerer Gewalt entfalten. Obwohl die wichtigen Schauplätze sich im Laufe der Jahrhunderte verlagert und die Gründe für die Auseinandersetzungen sich, äußerlich gesehen, verändert haben, zeigen sich bei tieferem Eindringen doch unverkennbare Merkmale der Kontinuität. Der tiefe rassische und kulturelle Gegensatz zwischen dem alten Griechenland und Persien, die Hegemonie des Römischen Kaiserreichs sowohl im Osten wie im Westen, der Aufstieg des islamischen Kalifats und die Ausdehnung seiner Macht über die Mittelmeerländer, die Kreuzzugsvorstöße von Europa aus in die Gebiete des mohammedanischen Ostens, die Gegenkreuzzüge, das türkische Sultanat mit seinen pan-islamischen Bestrebungen: das sind die wichtigsten Stationen auf dem Wege von der Antike bis in die Neuzeit. Im neunzehnten Jahrhundert wird ein neues Blatt der Geschichte aufgeschlagen; es beginnt für die maßgebenden Länder des Nahen und Mittleren Ostens eine Periode neuer Verwicklungen.

Die ottomanische Vorherrschaft im östlichen Europa, im westlichen Asien und im mamlukischen Ägypten am Ende des Mittelalters und am Anfang der Neuzeit bedeutete für die Mehrzahl der unterjochten Provinzen den Beginn einer Zeit der Dunkelheit. Die türkischen Gegenkreuzzüge, die anfänglich gegen europäische Christen gerichtet waren, verwandelten sich bald, im sechzehnten Jahrhundert, in eine ununterbrochene Folge von Eroberungskriegen gegen mohammedanische Territorien, und die arabische Welt geriet unter die Knechtschaft des ottomanischen Joches. Bagdad und Kairo, zwei Städte, die Mittelpunkt einer außerordentlich hoch entwickelten Kultur gewesen waren, begannen ihren alten Glanz einzubüßen und gerieten schließlich vollständig in Verfall. Die Fortverlagerung des Osthandels von den Märkten Ägyptens und Syriens hatte die Verarmung jener bis dahin wohlhabenden Länder zur Folge. Ignoranz, Krankheit und Armut zogen ein, und der Weg des Fortschritts wurde durch schlechte Regierung und Mißachtung der Menschenrechte versperrt. Für einen Zeitraum von mehreren Jahrhunderten vergaßen die Bewohner des Mittleren Ostens in zunehmendem Maße die Größe und den Ruhm ihrer Vorfahren und verfielen in einen Zustand politischer Lethargie.

Ein plötzliches Erwachen erfolgte beim Beginn des kurzlebigen französischen Feldzuges in Ägypten im Jahre 1798.[1] Mit einem Mal sah sich ein isoliertes Volk den neuen Einflüssen der zivilisierten westlichen Welt gegenüber, während Europa der Möglichkeiten gewahr wurde, die die Länder des Mittleren Ostens boten. In der Errichtung einer französischen Oberherrschaft in Ägypten sah Napoleon Bonaparte eine Möglichkeit, den Handel sowohl mit Indien wie mit dem Orient den Händen der Engländer zu entreißen. In jenen Tagen wurde die Türkei als ein sterbender alter Mann dargestellt, und die europäischen Mächte waren in ständige Auseinandersetzungen wegen der Aufteilung des türkischen Reiches verwickelt. In dem Tumult ihrer Streitigkeiten gewahren wir die Geburt des modernen Kolonialismus und Imperialismus, das heißt jenes Phänomens, das für die Beziehungen zwischen Ost und West von so unermeßlicher Tragweite werden sollte.

Hier beginnt ein neues, noch unabgeschlossenes Kapitel der Geschichte, ein Kapitel, das seinem Wesen nach nicht mehr in den Rahmen dieses Buches gehört. Trotzdem scheint der Versuch am Platze zu sein, für den modernen Leser kurz die wichtigsten Phasen aufzuzählen, in denen sich der Übergang von früheren Bewegungen in solche aus unseren Tagen vollzogen hat.

Der imperialistische Kolonialismus war eine logische, wenn auch späte Folgeerscheinung der Kreuzzüge, genau wie der Nationalismus eine natürliche Gegenreaktion auf die Einfälle der Europäer war. Obwohl historische Parallelen sich nie bis in die allerkleinsten Details durchführen lassen, gibt es doch genügend Beispiele, die beweisen, daß Gewalt im allgemeinen wieder Gewalt erzeugt. So wie die von Westeuropa aus unternommenen Kreuzzüge die vom islamischen Osten aus durchgeführten Gegenkreuzzüge heraufbeschworen haben, so hat der moderne Kolonialismus in den gleichen Gebieten den Nationalismus entstehen lassen. In bezug auf Ägypten zeigen dies aufs deutlichste die revolutionären Erhebungen von 1864, 1919 und 1952.

Außerhalb Ägyptens entsprang der arabische Aufstand vom Jahre 1916 ursprünglich der Absicht, den Alliierten während des Ersten Weltkrieges beizustehen, sowie der Hoffnung, Unabhängigkeit von den Türken zu erlangen; das paradoxe Ergebnis jedoch war eine Mandatarherrschaft, in der England und Frankreich den Versuch machten, den zum Sterben verurteilten Kolonialismus in neuer Form noch einmal aufleben zu lassen. Unter dem Schutz des Völkerbundes wurden große Gebiete des arabischen Mittleren Ostens von zwei großen Kolonialmächten noch einmal in Einflußsphären aufgeteilt. Dieses unnatürliche System war von vornherein zum Scheitern verurteilt; es führte zur Entstehung einer Reihe von neuen Staaten. Zwei Ereignisse in den nachfolgenden wirren Jahren, die Entstehung des Staates Israel 1948 und der Suezkrieg 1956, müssen gesehen werden vor dem Hintergrund der Beziehungen zwischen dem Mittleren Osten, der Selbständigkeit und Selbstverwirklichung suchte, und dem Westen, wo England und Frankreich nach Mitteln und Wegen suchten, das unaufhaltsame Erwachen eines gefährlichen Riesen doch aufzuhalten.

Die mit den Ost-West-Beziehungen zusammenhängenden verwickelten Probleme sind in jüngster Zeit durch die rivalisierenden Ideologien des Kommunismus und der Demokratie um eine neue Komponente bereichert worden. Diese beiden Ideologien werden von Beobachtern in den unterdrückten Gebieten zuweilen als die neuen Imperialismen angesehen. Bündniskonstellationen erstaunlichster Art zeichnen sich hier ab. Während das kommunistische Lager hinter dem Eisernen Vorhang ganz Osteuropa und das ganze östliche Mitteleuropa sowie das kontinentale China verschlungen hat, haben die demokratischen Mächte unter der Führung der jungen Vereinigten Staaten die russischen Manöver durch militärische Bündnisse wie die NATO, den Bagdadpakt und die SEATO zu durchkreuzen versucht. Eingekeilt zwischen diese beiden riesenhaften Gebilde haben die von ihnen unabhängigen Staaten eine Tendenz zu einer neuen, wenn auch nicht ganz neuartigen Doktrin positiver Neutralität entwickelt. Die Vorkämpfer in dieser Bewegung waren Indien, Ägypten und Jugoslawien. Inzwischen hat sich das Schwarze Afrika als ein langsam erwachender Riese entpuppt; eines Tages könnten die Völker dieses Erdteils, deren Sympathien sich im Augenblick auf die vorhandenen drei Machtblöcke verteilen, eine neue, entscheidende Rolle bei der Formierung der internationalen Beziehungen spielen.

Gleichzeitig läßt sich an mehreren Stellen das Entstehen einer Tendenz verschiedener Staaten beobachten, sich zusammenzuschließen. Man sieht benachbarte Nationen, wenn auch bisher erst in Ansätzen, sich im wirtschaftlichen und sogar im politischen Bereich einander nähern. Die pan-amerikanische Organisation ist bereits fest fundiert. Die kurzlebige Verbindung Ägyptens und Syriens zur Vereinigten Arabischen Republik sowie die ebenso wenig dauerhafte arabische Föderation zwischen dem Irak und Jordanien sollten vor dem Hintergrund eines größeren arabischen Blocks innerhalb der arabischen Liga gesehen werden, die, wenn auch bisher ohne Erfolg, nachdrücklich auf eine umfassende arabische Einheit hinzielt. In Westeuropa haben sich eine Reihe von Staaten auf Grund der überwältigenden Überlegenheit ihres amerikanischen Verbündeten und angesichts ihres gefürchteten sowjetischen Gegners veranlaßt gesehen, gewisse Schritte zur Bildung eines eigenen Staatenblocks zu unternehmen. Der Gedanke einer europäischen

Gemeinschaft, zu der möglicherweise auch Großbritannien gehören könnte, mit dem Ziel, das wirtschaftliche Wohl der Mitgliedstaaten zu fördern, ohne daß dadurch die Souveränität jedes dieser Staaten beeinträchtigt wird, dieser Gedanke nimmt allmählich feste Form an. Von einigen Seiten sind kühne Ansichten über eine Ausweitung des ökonomischen zu einem militärischen oder gar politischen Bündnis geäußert worden. Optimisten haben den utopischen Traum gehabt, daß die Mächte des Westens sich zu einer Konföderation, zu den »Vereinigten Staaten von Europa« zusammenschließen, mit gemeinsamem Parlament und gemeinsamer Exekutive, aber dieser revolutionäre Schritt ist vorläufig noch nicht in Sicht.

Der frühere britische Botschafter in den Vereinigten Staaten, Sir Oliver Franks,[2] hat in einer eindringlichen Untersuchung die neue, kühne These aufgestellt, daß an die Stelle des »Ost-West«-Problems allmählich das, wie er es nennt, »Nord-Süd«-Problem trete. Die weltpolitisch entscheidende Gegenüberstellung, so meint er, sei in immer stärkerem Maße die der reichen, industrialisierten Völker des Nordens auf der einen und der unterentwickelten Völker des Südens auf der anderen Seite. Nach seiner Ansicht wird in Zukunft das Nord-Süd-Problem den entscheidenden Faktor in der Entwicklung der Ost-West-Beziehungen bilden. Die Hoffnung auf eine Lösung der internationalen Schwierigkeiten steht und fällt mit der Fähigkeit der europäischen Länder und Nordamerikas, gemeinsam den wirtschaftlichen und politischen Lebensstandard der emporstrebenden Völker Asiens, Afrikas und Lateinamerikas zu heben.

Daneben ist in den Vereinten Nationen eine Organisation hervorgetreten, die zu außerordentlichen Hoffnungen berechtigt und deren geschichtliche Aufgabe darin liegt, die Menschenrechte und die menschliche Würde zu garantieren, auf Gerechtigkeit, auf das Einhalten von vertraglichen Verpflichtungen, die Anwendung internationalen Rechtes und die gemeinsame Wahrung von Frieden und Sicherheit zu achten; außerdem ist sie ein Ausdruck der Hoffnung des heutigen Menschen auf einen zukünftigen Frieden und der Sehnsucht nach weltumfassender Einigkeit, ja Einheit.

In der Welt von morgen muß die Gegenwart eine innige Verbindung mit der Vergangenheit eingehen, und die Wahrscheinlichkeit spricht auch nicht dafür, daß der Faden, der uns mit der Vergangenheit verbindet, abreißen wird. Die Lebenskraft des klassischen griechischen Dramas hat durch die Tatsache, daß die moderne Bühnenpraxis von der der Antike so sehr verschieden ist, nichts eingebüßt. Und so sind auch die Kräfte der Kreuzzüge und der Gegenkreuzzüge in verwandelter Gestalt noch heute am Werk, wenn auch die weltgeschichtliche Bühne sich immer mehr ausgedehnt hat und immer neue Dramatis personae auf ihr erscheinen.

Persische, griechische und römische Soldaten, islamische Krieger, fränkische Ritter, ottomanische Eroberer, die Soldaten Napoleons und der beiden Weltkriege: sie alle zogen durch die Mittelmeerländer, zuweilen als Sieger, zuweilen vor den Abwehrschlägen ihrer Gegner zurückweichend. Heute hat sich der Kampfschauplatz geweitet, und die miteinander rivalisierenden Mächte werden von der Sowjetunion und von den Vereinigten Staaten angeführt; beide Länder stützen sich auf mächtige Waffen und starke Ideologien. Aber wo es um Machtproben oder um die Verteilung der Beute geht, behauptet sich der Orient, der Schauplatz der Kreuzzüge und der Gegenkreuzzüge, auch heute noch als ein entscheidender Faktor.

MOHAMMEDANISCHE LEGENDEN
ALS QUELLE FÜR DANTES GÖTTLICHE KOMÖDIE

Dante, der unsterbliche Dichter und Philosoph der Renaissance, wurde lange Zeit von der Forschung als Aristoteliker und Thomist angesehen. Im Jahr 1919 veröffentlichte dann der spanische Arabist und katholische Theologe Miguel Asin Palacios in Madrid sein Werk *La Escatología Musulmana en la Divina Commedia.*[1] Asin Palacios stellte die Originalität des Danteschen Ansatzes in Frage und wies auf eine erstaunliche Ähnlichkeit zwischen der ›Göttlichen Komödie‹ und mosleminischen Legenden hin, eine Ähnlichkeit sowohl in der Anlage der Dichtung wie in zahlreichen Einzelheiten. Es stellte sich heraus, daß Teile der Handlung, der allegorische Sinn, die Vorstellung vom Stufenaufbau des Himmels und der Sphären sowie manches andere bei Dante und in den mohammedanischen Legenden fast identisch ist.

Die Geschichte, um die es hier geht, wird im Arabischen zweimal überliefert, und zwar zuerst von dem hervorragenden, im neunten und zehnten Jahrhundert lebenden blinden Skeptiker Abū' l-'Alā al-Ma'arrī (973–1057), der häufig als der »Philosoph unter den Dichtern und der Dichter unter den Philosophen« bezeichnet wurde. In seinem »Traktat über die Vergebung« (»Risalāt al-Gufrān«) beschäftigt er sich kritisch, in geschickter und redegewandter Manier und mit einem Hauch von Ironie mit Mohammeds Himmelsreise, wobei er Gottes große Barmherzigkeit mit Nachdruck gegenüber der üblichen moralistischen Strenge hervorhebt. Fast zweihundert Jahre später wurde die Geschichte in einem ganz anderen Geiste und viel ausführlicher noch einmal erzählt, und zwar von ibn 'Arabī, dem illuministischen (ischrākī) Mystiker (sūfī), dem pseudo-empedokleischen und neuplatonischen Angehörigen der Schule von ibn Masarra (883–931) in Cordova. Er tat es in zwei Büchern, von denen augenblicklich erst eines veröffentlicht ist. Das »Buch von der nächtlichen Reise zur Majestät des Allergroßmütigsten« (»Kitāb al-Isrā ila Makām al-Asra«), das noch nicht ediert ist, muß in Zusammenhang mit dem bereits erschienenen »Buch von den Eroberungen Mekkas« (»Kitāb al-Futuhāt al-Makkija«) gelesen werden.

Die Ähnlichkeit der Handlung bei ibn 'Arabī und Dante sei an Hand einiger konkreter Beispiele erläutert. Sowohl Mohammed wie Dante erzählen in den beiden Texten von ihren eschatologischen Erfahrungen in der Welt des Jenseits. Beide treten ihre Reise nachts an. In der mosleminischen Fassung versperren ein Löwe und ein Wolf den Weg zur Hölle; in der Göttlichen

Komödie wird der Dichter von einem Leoparden, einem Löwen und einer Wölfin aufgehalten. Chaitūr, der Patriarch der sich an den Propheten wendenden Geister, wird durch Virgil, den Patriarchen der Klassiker, der Dante auf seiner Fahrt begleitete, ersetzt. Die warnende Ankündigung der Hölle, als man ihr näherkommt, ist in den beiden Texten identisch: wirres Getöse und Flammenausbrüche. Der Aufbau der Hölle ist in den beiden Darstellungen ebenfalls ein und derselbe: sie stellt einen umgekehrten Kegel oder Trichter dar, in dem sich eine Reihe von Stufen für die verschiedenen Kategorien von Sündern befindet.

Nach dem Durchgang durch das Fegefeuer tut sich der Himmel auf; es ist in der mohammedanischen und der christlichen Quelle ein und derselbe Himmel. Bevor Dante sich Gott nähert, verläßt ihn Beatrice; ebenso verläßt Gabriel Mohammed. Der moslemische riesige Engel in der Gestalt eines Hahns erinnert an den himmlischen Adler bei Dante. Dante erblickt Saturn mit einer goldenen Leiter, die zur letzten Sphäre führt; Mohammed besteigt eine Leiter, die ihn von Jerusalem in den höchsten Himmel bringt. Die Apotheose nach der Himmelfahrt ist in beiden Fällen die gleiche. Die göttliche Erscheinung wird beschrieben als ein intensiv leuchtender Punkt, der in neun konzentrischen Kreisen von Myriaden engelhafter Geister umgeben ist, wobei die Cherubim sich in der Mitte befinden. Die Reaktion der beiden Pilger auf die großartige Vision ist ähnlich. Beide sind von dem unbeschreiblichen Glanz geblendet und glauben, blind geworden zu sein. Allmählich gewinnen sie ihre Kräfte wieder und sind jetzt imstande, das wunderbare Schauspiel mit festem Blick zu betrachten. Dann verfallen sie in Ekstase.

Nun erhebt sich die Frage, wie man sich die Verbindung zwischen diesen beiden voneinander doch recht unabhängigen Überlieferungsströmen im Osten und im Westen, zwischen der arabischen und der florentinisch-volkssprachlichen Quelle vorzustellen hat. Dank der von Asin Palacios durchgeführten Forschungsarbeit an Hand mittelalterlicher spanisch-arabischer Quellen sowie im Bereich der katholischen Theologie ist dieses Problem nicht so schwer zu lösen, wie es scheint. Ein Dokument aus dem mozarabischen Schrifttum des neunten Jahrhunderts verdient es, eingehend geprüft zu werden: die lateinische »Historia Arabum« aus der Feder des Erzbischofs von Toledo Rodrigo Jiménez de Rada enthält eine Lebensbeschreibung Mohammeds, in die der Verfasser eine wörtliche Übersetzung der »Mi'rādsch«-Legende einschaltet, die aus einer authentischen islamischen Quelle (Hadīth) stammt. Diese Erzählung ist fast identisch mit dem Text, den das berühmte alte Werk des al-Buchārī, des ersten großen mohammedanischen Juristen (fakīh), enthält. Die in der »Historia Arabum« wiedergegebene Geschichte gelangte dann in die »Crónica General« oder »Estoria d'España«, die König Alfons X. (der Weise) zwischen 1260 und 1268 zusammenstellte, wobei aus weiteren Originalquellen noch einige kleinere Ergänzungen hinzugefügt wurden.

Im weiteren Verlauf des dreizehnten Jahrhunderts schrieb der heilige Peter Paschal, Bischof von Jaen und Angehöriger des neuentstandenen Ordens der Barmherzigen Brüder, ein Werk mit dem Titel »Impunación de la seta de Mohomah«, und zwar in den Jahren seiner Gefangenschaft in Granada zwischen 1297 und 1300; im Jahr 1300 starb er bei den Mauren den Märtyrertod. Seine Laufbahn zeigt, daß er ein Mann von hohem Ansehen und großer Gelehrsamkeit war. Er war der Erzieher des Thronerben von Aragon. Bei einem Besuch in Rom erweckte er als Theologe die Bewunderung Papst Nikolaus' IV., und auf der Rückreise hielt er Vorlesungen an der Pariser Universität. In seinem obengenannten Werk nennt er den Koran auch »alhadiz«, das heißt »al-Hadīth« oder »Tradition« im Bereich der mosleminischen Eschatologie. Der Wert seiner Zitate wird noch erhöht durch die ausdrückliche Bezugnahme auf ein Buch, das »Miragi«, »Elmiregi« oder »Elmerigi« genannt wird, was ohne Zweifel »Mi'rādsch«, die Himmelfahrt Mohammeds, bedeutet. Er verwendet eine der ausführlicheren Textfassungen, die eine auffallende Ähnlichkeit mit der Konzeption Dantes aufweist. Er erwähnt nicht nur Himmel und Hölle, sondern auch »sirāt«, das heißt eine dünne Linie oder ein gerader Pfad, der die Brücke zwischen der Hölle und dem Himmel bildet, über die die Seele auf ihrem Weg hinüberbalancieren muß. Es handelt sich um das mohammedanische Gegenstück zu Dantes Fegefeuer. Gegen Ende des dreizehnten Jahrhunderts gehörte die Geschichte zum festen Bestand der literarischen Kreise Spaniens und war wahrscheinlich auch in anderen westlichen Ländern, Italien eingeschlossen, bekannt.

Ungeachtet dieser genealogischen Erklärung werden sehr gewissenhafte Forscher die ganze Behauptung vielleicht als eine interessante Hypothese abtun, solange sie nicht durch weitere konkrete Fakten gestützt wird. Dieser Forderung kommt Asin Palacios jedoch ebenfalls nach, und zwar auf überzeugende Weise. Er macht darauf aufmerksam, daß Dante seine literarische Ausbildung bei einem florentinischen Enzyklopädisten namens Brunetto Latini erhielt, der zu den höchsten Ämtern in der Stadtverwaltung aufstieg. Als junger Dichter stand Dante unter Brunettos Schutz und befolgte seine Ratschläge. Die geistigen Bande zwischen Lehrer und Schüler zeigen sich in den Gesprächen, die sie bei ihrer Begegnung in der Hölle führen. Die Kommentatoren der Göttlichen Komödie sind sich hierüber einig und sehen sogar Brunettos allegorisches Gedicht »Tesoretto« als eine der Quellen an, aus denen Dante Anregungen schöpfte. Was jedoch außerdem beachtet werden muß, ist die Tatsache, daß Brunetto selber einen Eindruck von der arabischen Kultur empfangen hatte, als er im Jahre 1260 florentinischer Gesandter am Hof Alfons' des Weisen war. Er war auch in Toledo und Sevilla, wo eifrig arabische Texte übersetzt wurden. Seine beiden Hauptwerke, der »Tesoretto« und der »Tesoro«, die unmittelbar nach seiner Rückkehr aus Spanien entstanden sind, zeigen starke arabische Einflüsse. Daß sich die hohe Bewunderung der glänzenden arabischen Kultur von Brunetto auf seinen Schüler übertrug, darf man wohl als sicher voraussetzen. Zahlreiche Äußerungen Dantes in der Göttlichen Komödie bestätigen diese Vermutung, und angesichts der textlichen Übereinstimmungen mit der »Mi'rādsch«-Legende bei ibn 'Arabī ist es schwer, noch Gegenargumente vorzubringen.

Asin Palacios hat gezeigt, daß das unsterbliche Werk des größten Dichters der Renaissance im Innersten teilweise beeinflußt ist von islamischer Mystik, islamischen Legenden und islamischer Literatur.

TRANSKRIPTIONSTABELLE FÜR DIE ANMERKUNGEN

(Seite 220–228)

١ = ā		ض = ḍ	
ب = b		ط = ṭ	
ت = t		ظ = ẓ	
ث = engl. th		ع = '	
ج = ǧ (gespr. dsch)		غ = gh	
ح = ḥ		ف = f	
خ = ch		ق = q	
د = d		ك = k	
ذ = dh		ل = l	
ر = r		م = m	
ز = z		ن = n	
س = s		ه = h	
ش = š		و = w oder ū	
ص = ṣ		ى = j oder ī	

ANMERKUNGEN

Erstes Kapitel

[1] Den folgenden Auszügen liegen die Quellen zugrunde. Vgl. A. C. Krey, *The First Crusade, The Accounts of Eyewitnesses and Participants,* Neuauflage Gloucester, Mass., 1958, S. 24–43.

[2] Islamische Sekte, beziehungsweise Sekten, die die Meinung verfochten, daß ʿAlī, der dritte orthodoxe Kalif in Mekka, und seine Nachkommenschaft kraft göttlicher Eingebung nach Mohammeds Tod das Nachfolgerecht im Kalifat besaßen. ʿAlī war der Vetter Mohammeds und heiratete seine Tochter Fāṭima. Heute sind die Schiiten vor allem in Persien und im Irak beheimatet, aber auch in Pakistan und in Ostafrika haben sie größere Niederlassungen.

[3] Die orthodoxe mosleminische Sekte, die der Tradition des Propheten folgt, wie sie in seinen Aussprüchen Hadīth und Taten überliefert ist; ihr gehört der größte Teil der islamischen Welt an.

[4] Das Konzil von Chalkedon war das fünfte der großen ökumenischen Konzilien, auf denen die göttliche und die menschliche Natur Jesu Christi erörtert wurden. Rom und Konstantinopel nahmen die Erklärung Leos, des römischen Bischofs, an, die sich für *zwei* Naturen aussprach; die alten orientalischen Kirchen unter der Führung des koptischen Patriarchen von Alexandria dagegen setzten sich für die unteilbare *Ein*heit der beiden Naturen ein, eine Lehre, die jedoch auf dem Konzil verurteilt wurde. Nach 451 entstanden in Ägypten und Syrien zwei patriarchalische Nachfolgelinien: die melkitische oder kaiserliche, und die nationale, die das Bekenntnis von Chalkedon verwarf.

[5] Diese stellten für die Alten die äußerste Grenze für ihre maritimen Unternehmungen dar; nach der arabischen Invasion erhielten sie den Namen »Straße von Gibraltar«, auf arabisch Ġabal Ṭāriq, das heißt Berg des Ṭāriq ibn Zijād, des Heerführers, der 711 die Mauren nach Spanien führte.

[6] Bevor die Araber jenseits der Pyrenäen am weiteren Vordringen gehindert wurden, eroberten sie Bordeaux und überschwemmten ganz Aquitanien.

[7] Das omajjadische Kalifat herrschte von 661 bis 750 in Damaskus. Nachdem sie von den Abbasiden verdrängt worden waren, flohen die Omajjaden nach Spanien, wo sie sich von 756 bis 1031 behaupteten. Später wurde Spanien die Beute verschiedener Abenteurer, die als »Reyes de Taifas«, d. h. »Gruppenkönige«, bekannt sind, bis dann mit den aus Nordafrika herüberkommenden Almoraviden eine neue Dynastie entstand.

[8] Es waren die Äbte von Saint-Cybar, Flavigny, Aurillac, Saint-Aubin d'Angers und Montier-en-Der.

[9] Merkwürdigerweise hören wir immer nur von Pilgern aus Europa und niemals

von solchen aus Byzanz, obwohl doch kaum anzunehmen ist, daß die Byzantiner zu keiner Zeit ins Heilige Land gezogen sind. Diese interessante Frage müßte von den Byzantinisten einmal näher untersucht werden.

[10] Es ist bemerkenswert, daß das Wort »Kreuzzug« zum erstenmal, schon zu einem früheren Zeitpunkt, in Spanien auftaucht; es ist das spanische Wort »Cruzada«.

[11] Eine spanische Verballhornung des arabischen Wortes »al-Murābiṭūn«, was »Asketen« oder »religiöse Einsiedler« bedeutet und manchmal auch als »Vorkämpfer des Glaubens« übersetzt wird. Im Französischen ist die arabische Singularform »Murābiṭ« zu »marabout« geworden, was »Frömmler« bedeutet. – Die Almoravidenherrschaft dauerte keine hundert Jahre; sie wurde abgelöst durch die fanatischere Dynastie der »Almohaden«, wiederum eine verderbte spanische Fassung des arabischen »al-Muwaḥḥidūn«, d. h. »Unitarier«; diese faßten in der Zeit von 1130 bis 1269 ganz Nordafrika und Südspanien zu einer einzigen Einheit zusammen.

[12] Die Dynastie der Fatimiden entstand in Tunis, wo ʿUbeid-Allah al-Mahdī im Jahr 909 zum erstenmal den Titel »Kalif« annahm und bis 934 regierte. Er gründete eine neue Hauptstadt, al-Mahdīja, von der aus die Fatimiden ihre Herrschaft über ganz Nordafrika ausbreiteten. 969 eroberten sie Ägypten und verlegten ihren Regierungssitz in die neugegründete Stadt Kairo, die zum Mittelpunkt eines ausgedehnten Reiches wurde, das sich von Marokko bis nach Syrien erstreckte. Die Fatimiden waren Nachkommen von Fāṭima, der Tochter des Propheten Mohammed, die dessen Vetter und dritten Nachfolger, den Kalifen ʿAlī, heiratete. Von diesem sagten sie, daß er der eigentliche, göttliche Nachfolger des Propheten gewesen sei, und dementsprechend brachten sie auch ihren Kalifen, im Gegensatz zur ursprünglichen islamischen Orthodoxie, ein übertriebenes Maß an Verehrung entgegen. Ihre Herrschaft ging im Jahr 1171 zu Ende, als Saladin sie vollständig beseitigte und an Stelle des heterodoxen Schiismus wieder die sunnitische Lehre in Ägypten einführte.

[13] Das abbasidische Kalifat löste das omajjadische im Jahr 750 ab und machte Bagdad an Stelle von Damaskus zur arabischen Hauptstadt. Die Abbasidenherrschaft erlosch 1258, als Hulagu und die mongolischen Horden Bagdad eroberten. Da begaben sich die Kalifen nach Kairo unter den Schutz der mamlukischen Sultane. Ursprünglich stammten die Abbasiden von ʿAbbās, einem Onkel des Propheten Mohammed, ab. In Kairo behaupteten sie eine schattenhafte religiöse Autorität, bis der ottomanische Sultan Selim I. sie nach der türkischen Eroberung Ägyptens im Jahre 1517 nach Konstantinopel mitnahm. Schließlich wurden sie dem türkischen Sultanat einverleibt, das sich ihren Titel aneignete, bis das Kalifat im Jahr 1924 von Atatürk beseitigt wurde.

[14] Das Bild der inneren Zwistigkeiten in Syrien selbst zur Zeit des ersten Kreuzzuges ist noch komplizierter. Sir Hamilton Gibb zählt in der Einleitung zur englischen Ausgabe von ibn al-Qalānisīs *Damascus Chronicle of the Crusades* (London 1932) auf S. 14 ff. sechs verschiedene Kräfte auf, die im syrischen Konflikt am Werk waren: 1. das Reich der Fatimiden; 2. die lokalen arabischen Stämme und Fürsten; 3. die seldschukisch-turkmenischen Fürsten; 4. die türkischen Heerführer oder Emire; 5. die unabhängigen, nicht-seldschukischen turkmenischen Stämme und 6. die Bevölkerung im ganzen. Jede dieser Parteien handelte auf besondere Weise und auf Grund besonderer Interessen. Für die Kreuzfahrer waren sie alle bloß ungläubige Sarazenen

– ein Wort, das vom griechischen Σαρακηνοί abgeleitet ist, dem wiederum das arabische »Sarkiūn« zugrunde liegt, was »Morgenländer« bedeutet.

Zweites Kapitel

¹ Vgl. Atiya, *The Crusade: Historiography and Bibliography* (im folgenden als *Hist. and Bibl.* zitiert), den Abschnitt über die Kreuzzugshistoriographie.

² Der türkische Kommandant der Stadt war Jaghi Sijān; der Zusammenbruch der Stadt wurde durch Verrat im Innern beschleunigt, wobei der Emir Firūz eine führende Rolle spielte.

³ Vgl. A. C. Krey, *The First Crusade, The Accounts of Eyewitnesses and Participants,* Gloucester, Mass., 1958, S. 256.

⁴ *A History of Deeds Done Beyond the Sea,* übersetzt und mit Anmerkungen versehen von Emily H. Babcock und A. C. Krey *(Records of Civilization),* I, New York 1943, S. 372. Vgl. Atiya, *Hist. and Bibl.,* Monumental Collections, section VI.

⁵ Das unversehrt in das neue Königreich übertragene Feudalsystem wurde später in den berühmten Assisen von Jerusalem kodifiziert.

⁶ Im Arabischen »aš-Saubak« genannt; achtzig Meilen südlich von Jerusalem und achtzig Meilen nördlich vom Roten Meer gelegen.

⁷ Die erste Eroberung Edessas erfolgte 1144 unter 'Imād ad-Dīn; endgültig wurde die Stadt dann zwei Jahre später, im November 1146, eingenommen, und zwar während der Regierungszeit Nūr ad-Dīns, nach der Ermordung seines Vaters.

⁸ *A History of Deeds Done Beyond the Sea (Records of Civilization),* II, New York 1943, S. 319–321. Vgl. Atiya, *Hist and Bibl.,* Monumental Collections, section VI.

⁹ Der Begründer der Ajjubidendynastie (1169–1250) war Saladin, dessen voller Name im Arabischen lautet: an-Nāṣir Ṣalāḥ ad-Din Jūsuf ibn Ajjūb (1169–1193). Er war kurdischer Abstammung und hatte seine Laufbahn im Dienste des Zangi Nūr ad-Dīn begonnen. Das von ihm geschaffene Reich umfaßte Ägypten, Syrien und die mohammedanischen heiligen Stätten in Hedschas, sowie Jemen und verschiedene Gebiete im oberen Mesopotamien.

¹⁰ Die von Sklaven abstammenden mamlukischen Sultane setzten die Politik der Ajjubiden fort. Man muß zwei verschiedene Dynastien unterscheiden: 1. die Baḥrī- (das heißt »Fluß-«, da sie auf der Insel Rodah im Nil wohnten) oder tscherkessischen Mamluken (1250–1382) und 2. die Burǧi- (das heißt »Turm-«, da sie in der Zitadelle in Kairo lebten) Mamluken (1382–1517). Das Wort »Mamluke« bedeutet »im Besitz befindlich«, »unfrei«; die Mamluken waren nämlich Sklaven in der Leibwache des Sultans.

¹¹ *La conquête de Constantinople,* ed. N. Wailly, Paris 1872, S. 147. Vgl. Vasiliev, *History of the Byzantine Empire,* einbändige Ausgabe, Madison, Wisc., 1952, S. 461.

¹² Die fünf griechischen Städte der Cyrenaika in Nordafrika, die als Pentapolis bekannt waren und im siebten Jahrhundert bei der arabischen Invasion, durch die das Christentum in dieser Gegend ausgerottet wurde, zerstört wurden. Das Zitat

ist entnommen aus: Nicetas Choniates, *Historia*, ed. I. Bekker *(Corpus Scriptorum Historiae Byzantinae)*, Bonn 1835, S. 763. Vgl. Vasiliev, *History of the Byzantine Empire*, einbändige Ausg., Madison, Wisc., 1952, S. 462.

[13] Eine mohammedanische Sekte religiöser Mörder, die im elften Jahrhundert in Chorasan unter dem Einfluß des Fatimiden-Kalifats und der Lehre der Ismaeliten entstanden war und sich in Persien vor allem gegen die Seldschukenherrschaft richtete. Das Wort leitet sich vom arabischen »Ḥaššāsū« her, das heißt Opium- oder Haschisch-Süchtige, die die Befehle ihrer religiösen Führer, Feinde der Sekte zu ermorden, als heilige Verpflichtung ansahen und ausführten. Während der Kreuzzüge waren sie in Syrien unter der Führung des »Alten Mannes in den Bergen« tätig. Der Imam der heute noch übrigen Ismaeliten ist Agha Chan.

Drittes Kapitel

[1] Chanbalik oder Cambaliech, später Peking genannt.

[2] Der französische König gab die Dauphiné seinem Thronerben, der daher seitdem »Dauphin« genannt wurde.

[3] Jean Froissart, *Chroniques*, ed. Kervyn de Lettenhove, XV, Brüssel 1870-77, S. 242. Vgl. Atiya, *The Crusade in the Later Middle Ages*, London 1938, S. 441; sowie *The Crusade of Nicopolis*, London 1934, S. 55-56 und S. 180, Fußnote.

[4] Arabisch und türkisch »Al-Bāb al-'Ālī«: die »Hohe Pforte« des Sultanats auf der Höhe seiner Macht.

Viertes Kapitel

[1] Auch als Minoriten bekannt; im Englischen, nach der Farbe ihres Mantels, auch »Grey Friars«; im Englischen und Französischen ferner auch »Cordeliers«.

[2] Im Englischen auch »Black Friars«.

[3] *A History of Deeds Done Beyond the Sea*, übersetzt und erläutert von Emily H. Babcock und A. C. Krey *(Records of Civilization)*, I, New York 1943, S. 62. Vgl. Atiya, *Hist. and Bibl.*, Monumental Collections, scetion VI.

[4] B. de Las Casas, *Historias de las Indias (Colleccion de Documentos Ined. para la Historia de España*, LXII), Madrid 1875-76. Vgl. Atiya, *The Crusade in the Later Middle Ages*, London 1938, S. 258-259.

[5] Die anderen fünf »Säulen« oder grundlegenden Doktrinen sind die folgenden. Erstens handelt es sich um das Bekenntnis des Glaubens, arabisch »Šahāda«, das heißt um das Bekenntnis zur einfachen Erklärung: »Es gibt keinen Gott außer Allah, und Mohammed ist der Prophet Allahs.« Wenn jemand dies erklärt, wird er automatisch zu einem Moslem; er unterwirft sich Gott – das Wort »Islam« bedeutet wörtlich »friedliche Unterwerfung unter den göttlichen Willen«. Die zweite Säule ist das Gebet oder die Andacht; sie besteht aus einer Reihe von vorgeschriebenen tiefen Verbeugungen, Kniefällen, Formeln und Gebeten und muß täglich fünfmal wiederholt werden:

morgens, mittags, nachmittags, bei Sonnenuntergang und beim Anbruch der Nacht. Die dritte Säule ist die Opfergabe (Zakāt), eine Abgabe an den Staat, deren Größe sich nach der Art der Güter richtet und durch richterlichen Entscheid festgesetzt wird: ein Zehntel, ein Zwanzigstel usw. Die vierte Säule ist das Fasten im Ramaḍān-Monat: von Sonnenaufgang bis Sonnenuntergang vollständiger Verzicht auf Einnahme von Nahrung und Getränken und sonstigen Stoffen durch Nase oder Mund, wie das Einatmen von Duftstoffen und das Rauchen, sowie auf den Geschlechtsverkehr. Fünftens ist allen, die irgend dazu imstande sind, die Pilgerfahrt nach Mekka und Medina vorgeschrieben.

[6] Vgl. Atiya, *Hist. and Bibl.*, General Bibliography, section IV. 6.

[7] Es handelt sich um das von mir untersuchte MS. Or 588. Vgl. dazu W. Ahlwardt, *Verzeichnis der arabischen Handschriften der königlichen Bibliothek zu Berlin*, 10 Bände, Berlin 1877 ff.

[8] In den arabischen Quellen als Ḥiṣn al-Lamsūn bekannt.

[9] Al-Maghūṣ oder Maghūṣa bei den arabischen Schriftstellern.

[10] Das heißt »Krähen«: Schiffe, die wegen ihrer Wendigkeit bei der Jagd auf feindliche Objekte bekannt waren.

[11] Michael Ducas, *Historia Byzantina*, ed. I. Bekker *(Corpus Scriptorum Historiae Byzantinae)*, Bonn 1834, S. 264. Vgl. Vasiliev, *History of the Byzantine Empire*, einbändige Ausg., Madison, Wisc., 1952, S. 647.

[12] Vasiliev erwähnt zum Beispiel in seiner *History of the Byzantine Empire*, S. 653, die Meinung von Th. Uspensky, daß die Türken 1453 sanftmütiger vorgegangen seien als die Kreuzfahrer 1204.

[13] Matthäus 16, Vers 24-25.

Fünftes Kapitel

[1] Eine Silber- oder Goldmünze von unbestimmtem Wert, zunächst in Italien, dann in England in Gebrauch, wo sie einen Wert von bis zu sechs shillings hatte.

[2] Der römische »Denarius«, von dem sich das Wort »Dinar« herleitet, hatte bis zur Regierungszeit Neros den Wert von einem Zweiundsiebzigstel Pfund Silber; danach war sein Wert schwankend. Der arabische »Dinar« ist eine Goldmünze von gleichem Gewicht wie der »Dirhem«, der aus Silber hergestellt ist, und zwar achtundvierzig »Gran« oder 3,11 Gramm; sein Wert entspricht etwa demjenigen von 4 Dollar und 75 Cents.

[3] »Dirhem« ist eine verderbte Form des griechischen Wortes »Drachme«. Der »Dirhem« bestand aus 48 »Gran« = 3,11 Gramm Silber und hatte einen Wert von etwa acht Dollarcents.

[4] Es ist schwer, über die Kaufkraft im Mittelalter genaue Angaben zu machen. Will Durant erwähnt in seinem Buch *Age of Faith (Age of Civilization,* IV), New York 1950, Fußnote auf S. 626, daß Coulton den Wert der englischen Währung zu jener Zeit auf das Vierzigfache des Wertes von 1930 schätzt, und fügt hinzu, verglichen mit dem Jahr 1948 betrage er sogar das Fünfzigfache. Solche Angaben sind ziemlich

willkürlich, aber immerhin bezeichnend. Eine zuverlässige Bestimmung solcher Verhältnisse müßte den Grad der Reinheit des verwendeten Metalles sowie die im Mittelalter vorkommenden Schwankungen mit in Rechnung stellen, was wegen des Fehlens entsprechender Quellen aus dieser Zeit schwierig ist.

[5] Leontios Makhairas, *Recital Concerning the Sweet Land of Cyprus entitled »Chronicle«*, griechischer Text mit englischer Übersetzung von R. M. Dawkins, 2 Bände, Oxford 1932, Paragraph 92-95. Vgl. Atiya, *The Crusade in the Later Middle Ages*, London 1938, S. 322, Fußnote 2.

[6] Englisch »piepowder«, französisch »pieds poudres« und lateinisch »pedes pulverosi«.

[7] Das sind ungefähr 25 Millionen Dollar. Vgl. den weiter unten folgenden Abschnitt über Geld und Kredit- und Bankwesen.

[8] Um eine ungefähre Vorstellung zu erhalten, dividiere man durch zwei, und man erhält den Betrag in englischen Pfund (oder man multipliziere mit zwei oder zweieinhalb, und man erhält den Wert in Dollars). Solche Schätzungen sind nur sehr annähernd richtig und wegen der dauernd sich verändernden Kaufkraft des Geldes recht willkürlich.

[9] *Geschichte des Levantehandels im Mittelalter*, 2 Bände, Stuttgart 1879; ins Französische übersetzt von Furcy Reinaud unter dem Titel *Histoire du Commerce du Levant au Moyen Âge*, 2 Bände, Leipzig 1885-86, Neuauflage 1959. Die grundlegende, durchgesehene und erweiterte Ausgabe des Werkes ist die französische, nicht die originale deutsche. Es ist zu bemerken, daß Heyd die zu zu seiner Zeit bekannten europäischen Quellen in erschöpfender Weise ausgewertet hat, wogegen seine Kenntnis der orientalischen und arabischen Quellen sich auf die fragmentarischen und nur einen Bruchteil des vorhandenen Materials umfassenden Übersetzungen in eine europäische Sprache beschränkte. Der Forschung verbleibt die Aufgabe, Heyds Werk durch die Untersuchung des arabischen Schrifttums zu ergänzen. Daß die französische Ausgabe 1959 neu erschienen ist, zeigt, wie unentbehrlich das Buch auch heute noch für den Wirtschaftshistoriker ist.

[10] Aus Kaschmir stammend, wegen seines Wohlgeruchs bekannt und für die Herstellung von Duftstoffen und Weihrauch sowie in der Medizin verwendet.

[11] Sir Robert Henry Inglis Palgrave *(Dictionary of Political Economy*, 3 Bände, London und New York 1894-1900) schätzt den Wert des Dukaten auf 9 shillings 4 1/2 pence, wobei er den Wert des englischen Geldes kurz vor dem Erscheinen seines Werkes zugrunde legt.

[12] Das französische Währungssystem Livre-sou-denier kam 1066 mit der Eroberung durch die Normannen nach England. Während Frankreich sein Währungssystem 1789, in der Französischen Revolution, änderte, behielt England seine »pound sterling«, shilling und pence bei. Diese Bezeichnungen sind von den deutschen Wörtern Pfund, Schilling und Pfennig abgeleitet; die Zeichen l. s. d. jedoch gehen auf das französische livre, sou und denier (oder das lateinische libra, solidus und denarius) zurück. Der von Heinrich II. (1154-1189) geprägte silberne Penny war in England bis zur Einführung des Goldflorins durch Eduard II. (1343) die einzige Standardwährung.

[13] Die »societas« war eine Gesellschaft, die von Leuten finanziert wurde, die nicht

unbedingt miteinander verwandt zu sein brauchten. Das Wort »Kompanie« geht auf das lateinische »com-panis« (d.h. derjenige, der mit anderen sein Brot teilt) zurück.

14 Ein »mithqāl« entspricht ungefähr eineinhalb »Dirhems« und wog (in modernen Gewichten) ungefähr 4,66 Gramm. Wenn die im Text gemachten Angaben richtig sind, muß das Gesamtgewicht der bei jener Gelegenheit ausgegebenen Gold-mithqāls 233 Kilogramm betragen haben – selbstverständlich eine Übertreibung.

Sechstes Kapitel

1 Griechisch *monos* = ein, *physis* = Natur. Als Monophysitismus bezeichnet man die Lehre von der Einheit der unteilbaren, göttlichen Natur Jesu Christi seit der Inkarnation, im Gegensatz zur Lehre, zu der sich der orthodoxe Westen in Chalkedon (451) bekannte, von der zweifachen, göttlichen und zugleich menschlichen Natur. Genau genommen, waren der Osten und der Westen nur über den Grad der Einheit verschiedener Meinung; beide Parteien verteidigten ihre Lehre, indem sie sich auf die Erklärungen Kyrills I. von Alexandrien (gest. 454) beriefen.

2 Das heißt »königlich«, nach dem syrischen Wort »melek«, das »König« bedeutet. Später wurde das Wort mit dem arabischen »malik« in Verbindung gebracht; es existierte jedoch schon vor der arabischen Eroberung.

3 Die Belagerung der Festung dauerte sieben Monate; im April 641 gelang es den Arabern endlich, sie zu erobern. Das Schicksal Ägyptens wurde durch die Eroberung Alexandrias im darauffolgenden Jahr besiegelt. Weitere Marksteine beim Vordringen der Araber nach Westen sind: die Einnahme der Pentapolis (Cyrenaika) 642/43; die endgültige Eroberung Karthagos 698; der Einfall in Spanien 711; die Schlacht bei Tours und Poitiers 732, in der Karl Martell dem weiteren Vordringen der Araber ein Ende machte; der Einfall ins Oströmische Reich, den Leo der Isaurier 717 bei Konstantinopel zum Stillstand brachte.

4 Das ptolemäische »Museion« in Alexandria, in der Nähe des königlichen Palastes gelegen, stand unter königlichem Schutz und vereinigte in sich eine Bibliothek und eine Forschungsstätte. Es war eine regelrechte Akademie im Sinne des Altertums; oft wird sie »Universität« genannt, aber das ist etwas irreführend. Das moderne Wort »Museum« ist natürlich von »museion« abgeleitet, obgleich es etwas anderes bedeutet.

5 Das heißt »Sezessionisten« oder »Separatisten«: eine nichtorthodoxe Gruppe von Denkern, die die Heerstraße verließen und den einsamen Weg gingen und die sich weigerten, die Lehre von der Prädestination im Gegensatz zum freien Willen anzuerkennen, womit sie in Widerspruch zu der traditionellen Auffassung der konservativen Moslems gerieten.

6 Die anderen drei Imame sind ibn Mālik, Abū Ḥanīfa und aš-Sāfiʿī. Im allgemeinen hält sich jeder sunnitische oder orthodoxe Moslem an das Glaubensbekenntnis einer dieser vier Imame, die in den wesentlichen Dingen der mosleminischen Theologie miteinander übereinstimmen und nur über Einzelheiten und über den Wichtigkeitsgrad bestimmter mosleminischer Vorschriften verschiedene Anschauungen vertreten.

7 Al-Fārābī schrieb ein umfangreiches musiktheoretisches Werk (»Kitāb al-Musiqā

al-Kabīr«); eine französische Übersetzung ist in dem großen Werk von R. d'Erlanger, *La musique arabe*, 6 Bände, Paris 1930-1959, enthalten. Vgl. auch H. G. Farmer, *The Sources of Arabian Music*, Bearsden (Schottland) 1940, sowie »*Oriental Influences on Occidental Military Music*« in *Islamic Culture*, XV/1941, S. 235-242. Al-Fārābī war selber auch ein hervorragender Musiker.

[8] Aus dem arabischen »Muta'achchir«, was wörtlich »die Zurückbleibenden« bedeutet.

[9] Aus dem arabischen Musta'arib, das heißt: ein Nicht-Araber, der sich von der arabischen Kultur prägen läßt.

[10] Muhammed ibn Mūsa aus Chwarizm oder Chiwa östlich vom Kaspischen Meer. Er starb zwischen 835 und 844. Es wird gesagt, der Name al-Chwārizmī sei im Lateinischen zu »algorismus« bzw. »algorithmus« verderbt worden – eine Auffassung, die von anderer Seite allerdings bestritten wird.

[11] Arabisch »Kitāb Hisāb al-Ğabr (= algebra) wa 'l-Muqābala«.

[12] Abū Raihān Muhammad al-Birūnī, im Arabischen auch als »al-Ustādh«, das heißt »der Meister«, bekannt.

[13] Al-Birūnīs Schätzung des spezifischen Gewichtes des Goldes schwankte zwischen 19,05 und 19,26, des Quecksilbers zwischen 13,59 und 13,74, des Kupfers zwischen 8,83 und 8,92, der Bronze zwischen 8,58 und 8,67. Später korrigierte al-Chāzinī diese Zahlen zu 19,05, 13,56, 8,66 beziehungsweise 8,57. Man vergleiche damit die modernen Werte 19,26, 13,56, 8,85 und 8,40.

[14] Abū Bakr Muhammad ibn Zakariya ar-Rāzī, der besser bekannt ist wegen seiner außerordentlichen Leistungen auf dem Gebiet der Medizin, wird unten im entsprechenden Abschnitt ausführlicher behandelt werden.

[15] Arabisch »al-'idāda«. Eine genaue Beschreibung des Instrumentes findet man in der *Encyclopaedia of Islam*, Band II, S. 445.

[16] Nūr ad-Dīn abū Ishāq, Verfasser des »Kitāb al-Hai'a«, das Michael Scotus 1217 ins Lateinische und 1259 ins Hebräische übersetzte. Vgl. P. Hitti, *History of the Arabs*, London 1958, S. 572, Anmerkung 5.

[17] Eine analytische Untersuchung derselben bei Atiya, *Hist. and Bibl.*, Monumental Collections, section VII.

[18] Begründet von Nasr ibn Ahmad (874-892), Urenkel eines zoroastrischen Edlen namens Sāmān, von dem sich der Name der Dynastie herleitet.

[19] Das entspricht ungefähr 7 104 000 Dollars heutiger Währung.

[20] Herausgegeben von T. Arnold und A. Guilleaume, Oxford 1952.

[20a] Die englischen Wörter ließen sich in der folgenden Liste nicht in jedem Falle durch deutsche Wörter ersetzen (Anm. d. Ü.).

[21] Vgl. den Anhang dieses Buches: Mohammedanische Legenden als Quelle für Dantes Göttliche Komödie.

[22] Eine schöne, knappe Darstellung hat kürzlich Bayard Dodge vorgelegt: *Al-Azhar – A Millenium of Muslim Learning*, Princeton, N.J., 1961. Bis heute sind jedoch erst recht wenige Quellen zur Geschichte al-Azhars veröffentlicht; das genannte Buch bedeutet einen ersten Schritt auf dem Wege zu einer auf erschöpfender Quellenverarbeitung beruhenden Darstellung jener ehrwürdigen Anstalt.

[23] Riwāq oder ḥārat bedeutet eine Laube oder einen Ort, der für eine Gruppe von Studierenden bestimmt ist, die aus ein und demselben Ort stammen.

[24] Die Vereinigte Arabische Republik hat den Versuch unternommen, al-Azhar zu modernisieren und zu einer regelrechten Universität mit allen üblichen Fakultäten (Medizin, Technik, Naturwissenschaften, Kunst usw.) zu machen, statt bloß zu einer Anstalt für das Studium islamischer Theologie und der arabischen Sprache und Literatur. Dieser Umwandlungsversuch ist noch in vollem Gange, so daß es schwierig ist, sich über Ausmaß und Erfolg ein Urteil zu bilden.

[25] Der Reisende ibn Ǧubair macht bezüglich der Moscheen und »ribāṭs« im Alexandria des zwölften Jahrhunderts eine seltsame Angabe: er schätzt ihre Anzahl auf achtbis zwölftausend. Vgl. Khalil A. Totah, *The Contributions of the Arabs to Education*, New York 1926, S. 31.

Nachwort

[1] Die Franzosen zogen sich 1801 wieder aus Ägypten zurück, nachdem ihre Truppen infolge der entscheidenden Niederlage, die ihnen die englische Flotte bei Canopus (Abukir) beibrachte, isoliert worden waren.

[2] Franks, der heute Präsident der Lloyds Bank in London ist, übergab seine Denkschrift, bevor er sich aus dem diplomatischen Dienst zurückzog, dem früheren amerikanischen Außenminister Christian A. Herter (nach Meldung der *New York Times* vom 8. Dezember 1959).

Anhang

[1] Eine gekürzte englische Übersetzung gab H. Sunderland heraus: *Islam and the Divine Comedy*, London 1926.

480–477 v. Chr.	Großer Perserkrieg Griechenlands. In der Seeschlacht bei Salamis (480) und in der Landschlacht bei Plataiai (479) werden die Perser von den Griechen besiegt.
334–324	Alexander der Große erobert das Perserreich.
98–117 n. Chr.	Trajan römischer Kaiser. Unter ihm erreicht das Imperium seine größte Ausdehnung.
226	Gründung des neupersischen Reiches der Sassaniden.
260	Kaiser Valerian bei Edessa von dem Sassanidenkönig Schahpur I. gefangengenommen.
605	Vorstoß der Perser bis zum Bosporos.
627	Der oströmische Kaiser Herakleios I. besiegt bei Ninive die Perser. Zusammenbruch der Macht des Sassanidenreiches.
634–644	Der Kalif Omar I. dehnt die islamische Herrschaft auf die gesamte arabische Halbinsel, Palästina und Syrien, das Zweistromland, große Teile Persiens sowie auf Ägypten aus.
711	Die Araber stoßen nach Spanien vor; Vernichtung des Westgotenreiches.
732	Niederlagen der Araber bei Tours und Poitiers.
1093	Kaiser Alexios I. Komnenos von Byzanz, der den größten Teil Kleinasiens an die seldschukischen Türken verloren hat, bittet Papst Urban II. um Hilfe.
1095	Urban II. hält in Piacenza (März) und Clermont (November) Synoden ab und ruft zum Kreuzzug auf.
1096–1099	1. Kreuzzug.
1096/97	Ohne Beteiligung von Kaiser und Königen ziehen der Lehnsadel, vor allem die französische Ritterschaft, und die süditalienischen Normannen mit einem päpstlichen Legaten auf verschiedenen Wegen nach Konstantinopel; anführende Fürsten sind u. a.: Raimund IV., Graf von Toulouse; Gottfried von Bouillon, Herzog von Niederlothringen, mit seinen Brüdern Balduin und Eustach; Herzog Robert von der Normandie, der Sohn Wilhelms des Eroberers; Graf Robert II. von Flandern; Bohemund von Tarent, der Sohn Robert Guiscards; sein Neffe Tankred. Die Kreuzfahrer leisten mit Ausnahme Raimunds Kaiser Alexios den Lehnseid für die zu erobernden Länder und werden auf griechischen Schiffen übergesetzt.
1097	Nikaia, von den Kreuzfahrern belagert, ergibt sich am 19. Juni

Kaiser Alexios. Im Juli siegen die Kreuzfahrer bei Dorylaion über den Sultan Kilidsch Arslan von Ikonion. Balduin trennt sich vom Hauptheer, zieht über den Euphrat und erwirbt die Grafschaft Edessa. Im Oktober beginnt das Hauptheer Antiochien zu belagern.

1098   Am 3. Juni fällt Antiochien durch Verrat. Kerboga, der Emir von Mosul, belagert die Kreuzfahrer in der eben von ihnen eingenommenen Stadt, wird aber am 28. Juni in die Flucht geschlagen. In Antiochien gründet Bohemund ein Fürstentum. Raimund von Toulouse erhält die Grafschaft Tripoli.

1099   Zug der Kreuzfahrer entlang der Küste nach Jerusalem. Am 7. Juni erblicken sie die Heilige Stadt, die sie nach fünfwöchiger Belagerung, am 15. Juli, erstürmen; furchtbares Blutbad, Wallfahrt nach der Kirche des Heiligen Grabes.

Das christliche Königreich Jerusalem wird als Lehnsstaat nach französischem Vorbild eingerichtet. Gottfried von Bouillon »Beschützer des Heiligen Grabes«; er besiegt im August bei Askalon ein ägyptisches Heer.

1100   Gottfried von Bouillon am 18. Juli gestorben. Sein Bruder Balduin I. nimmt den Königstitel an. Auf Balduin I. (gest. 1118) folgen: Balduin II. (gest. 1131), Fulco von Anjou (gest. 1143), Balduin III. (gest. 1162), Amalrich (gest. 1174), Balduin IV. (gest. 1185), Balduin V. (gest. 1186), Guido von Lusignan (1186/87, gest. 1195).

1144   Einnahme Edessas durch den Emir Imad ad-Din Zengi von Mosul.

1147–1149   2. Kreuzzug.

1147   Kaiser Konrad III. und König Ludwig VII. von Frankreich ziehen nacheinander durch Ungarn über Konstantinopel nach Kleinasien. Im Oktober erleidet der Hauptteil des deutschen Heeres unter dem Kaiser bei Dorylaion durch die Türken des Sultans von Ikonion eine furchtbare Niederlage. Die Reste ziehen sich nach Nikaia zurück und schließen sich, soweit sie nicht gleich heimkehren, dem Zug des französischen Heeres entlang der Küste an. Konrad begibt sich nach Konstantinopel und von dort nach Deutschland. Das französische Heer geht, nachdem sich König Ludwig in Adalia mit dem Adel nach Antiochien eingeschifft hat, auf dem Landweg zugrunde.

1148   Ludwig trifft in Jerusalem ein. Er unternimmt von hier aus zwei – erfolglose – Züge nach Damaskus und Askalon.

1149	Ludwig verläßt das Heilige Land.
1187	Sultan Saladin schlägt am 4. Juli bei Hittin am See Genezareth die Christen; König Guido von Lusignan und viele Ritter geraten in Gefangenschaft. Am 2. Oktober erobert Saladin Jerusalem. Die christlichen Einwohner werden großmütig behandelt.
1189–1192	3. Kreuzzug.
1189	Kaiser Friedrich I. Barbarossa unternimmt den 3. Kreuzzug als Reichskrieg.
1190	Friedrich setzt nach Kleinasien über und erficht bei Ikonion einen glänzenden Sieg; am 10. Juni ertrinkt er im Saleph. Sein Sohn, Herzog Friedrich V. von Schwaben, führt einen Teil der Pilger – viele kehren um – vor Akkon, das der frei gewordene Guido von Lusignan belagert.
1191	Richard I. Löwenherz, König von England, und Philipp II. August, König von Frankreich, fahren zur See nach dem Heiligen Land und treffen im Juni vor Akkon zusammen, das sich am 12. Juli den Christen ergibt. Philipp kehrt erkrankt nach Frankreich zurück. Richard gelingt es nicht, Jerusalem zu erobern.
1192	5. September: Waffenstillstand mit Sultan Saladin. Die Christen behalten lediglich den Küstenstrich von Jaffa bis Tyrus; der Besuch Jerusalems ist nur friedlichen Pilgern gestattet. Im Oktober kehrt Richard nach Europa zurück.
1202–1204	4. Kreuzzug. Letzter allgemeiner Kreuzzug; Führer u. a.: Markgraf Bonifaz von Montferrat und Graf Balduin VIII. von Flandern.
1202	Die Kreuzfahrer übernehmen für die Venezianer, zum Teil als Preis für die Überfahrt, die Eroberung von Zara in Dalmatien.
1203	Auf Bitten des byzantinischen Prinzen Alexios für seinen entthronten Vater, Kaiser Isaak II. Angelos, fahren die Kreuzfahrer auf der venezianischen Flotte nach Konstantinopel, nehmen die Stadt im Sturm (17. Juli) und setzen Isaak wieder ein. Aber die Erfüllung der von dem Kaiser eingegangenen Verpflichtungen (Vereinigung der griechischen Kirche mit der römischen, Zahlung bedeutender Geldsummen) scheitert am Widerstand der Bevölkerung. Ein Umsturz bringt einen lateinerfeindlichen Kaiser auf den Thron.
1204	13. April: Zweite Einnahme Konstantinopels durch die Lateiner (Venezianer, Lombarden, Franzosen und Flamen). Errichtung des Lateinischen Kaisertums.

1212	Kinderkreuzzug. Tausende von Knaben und Mädchen aus Frankreich und Deutschland ziehen nach Marseille bzw. Genua und Brindisi, werden von betrügerischen Reedern nach Nordafrika und Alexandria gebracht und dort als Sklaven verkauft.
1228/29	5. Kreuzzug. Kaiser Friedrich II. fährt zur See nach Akkon und erhält von Sultan al-Kāmil durch Vertrag (11. Februar 1229) Jerusalem mit Bethlehem und Nazareth sowie ihre Verbindung mit dem lateinischen Küstenrest.
1244	Jerusalem erneut von den Moslems erobert; damit geht es den Christen endgültig verloren.
1248–1254	6. Kreuzzug.
1248	König Ludwig IX., der Heilige, von Frankreich fährt nach Ägypten, um die Sarazenenherrschaft in ihrem Hauptsitz zu treffen.
1249	Ludwig nimmt Damiette ein.
1250	Auf dem Zug nach Kairo wird Ludwig bei Mansurah geschlagen und mit dem ganzen französischen Heer gefangengenommen; Freilassung gegen hohes Lösegeld. Ludwig fährt nach Palästina und befestigt während eines fast vierjährigen Aufenthalts im Heiligen Land Akkon und andere Küstenstädte.
1254	Ludwig kehrt nach Frankreich zurück.
1268	Sultan Baibars I. erobert Jaffa und Antiochien.
1270	7. Kreuzzug. König Ludwig IX. von Frankreich fährt nach Tunis, wo eine Krankheit ihn und einen großen Teil seines Heeres hinwegrafft.
1291	Akkon wird von den Mamluken erstürmt. Die Christen räumen bis 1292 ihre letzten Besitzungen in Palästina (Tyrus, Beirut, Sidon).
1396	Ein von König Sigismund von Ungarn geführtes Kreuzheer wird bei Nikopolis von den Türken geschlagen.
1453	Sultan Mehmed II. erobert Konstantinopel.
1492	Ferdinand von Aragon und Isabella von Kastilien, die »Katholischen Könige«, nehmen Granada ein. Ende der Maurenherrschaft in Spanien.
1529	Belagerung Wiens durch die Türken.
1571	Sieg der venezianisch-spanischen Flotte unter Don Juan d'Austria über die Türken.
1683	Belagerung Wiens durch die Türken.
1699	Friede von Karlowitz: Die Türkei muß Ungarn und Siebenbürgen an Österreich abtreten.

1774	Friede von Kütschük Kainardschi: Die Türkei verzichtet auf die Krim und räumt Rußland ein Schutzrecht über die Donaufürstentümer ein.
1821–1829	Griechischer Unabhängigkeitskrieg.
1829	Friede von Adrianopel: Die Türkei überläßt Rußland die Ostküste des Schwarzen Meeres und gesteht die Unabhängigkeit Griechenlands zu.
1830–1847	Eroberung Algeriens durch Frankreich.
1877/78	Russisch-türkischer Krieg.
1878	Berliner Kongreß: Rumänien, Serbien und Montenegro werden von der Türkei unabhängig.
1881	Tunesien von Frankreich besetzt.
1882	Ägypten von England besetzt.
1908	Bulgarien erklärt seine Unabhängigkeit von der Türkei.
1911/12	Tripolitanien und die Cyrenaika von Italien besetzt.
1912	Marokko französisches Protektorat. Albanien von der Türkei unabhängig.
1912/13	Die Balkankriege beschränken die europäische Türkei auf Ostthrazien zwischen Adrianopel und Konstantinopel.
1914–1918	Erster Weltkrieg.
1916	Arabischer Aufstand gegen die Türken.
1920	Friedensvertrag von Sèvres: Die Türkei tritt u. a. Syrien an Frankreich, den Irak, Palästina und die Schutzherrschaft über Arabien an England ab.
1922	Ägypten unabhängig.
1932	Der Irak unabhängig. Das 1916 ausgerufene arabische Königreich erhält den Namen Saudi-Arabien.
1939–1945	Zweiter Weltkrieg.
1943	Der Libanon unabhängig.
1944	Syrien unabhängig.
1946	Transjordanien (seit 1950 Jordanien) unabhängig.
1948	Ausrufung des unabhängigen und souveränen Staates Israel.
1951	Libyen (Tripolitanien und die Cyrenaika) unabhängig.
1956	Tunesien unabhängig.
1957	Marokko unabhängig.
1962	Algerien unabhängig.

Dieses Literaturverzeichnis hält sich im wesentlichen an die vom Verfasser zusammen-
gestellten Angaben der amerikanischen Originalausgabe. Die Ergänzungen, die in diesem Rahmen allerdings auf Veröffentlichungen von nach 1945 beschränkt bleiben
müssen, verdanken wir Herrn Professor Bertold Spuler, Hamburg, sowie Herrn Burk-
hard May. Professor Atiya verweist selbst auf seine eigene umfangreiche Bibliographie,
die gleichzeitig mit der Originalausgabe dieses Buches 1962 in der Indiana University
Press erschienen ist: The Crusade. Historiography and Bibliography.

W. Kohlhammer Verlag

I. Bibliographische Werke

Dahlmann-Waitz: Quellenkunde der deutschen Geschichte, hg. v. Hermann Haering,
Leipzig 1931/32.

Franz, G.: Bücherkunde zur Weltgeschichte, München 1956.

Brockelmann, C.: Geschichte der arabischen Literatur, 2 Bde., Weimar 1898–1902;
2. Aufl. Leiden 1943–49; Ergänzungsband Leiden 1937-42.

Ettinghausen, R. (Hg.): A Selected and Annotated Bibliography of Books and Periodi-
cals in Western Languages dealing with the Near and Middle East, 2., erw. Aufl.,
Washington, D.C., 1954.

Sauvaget, J.: Introduction à l'histoire de l'Orient Musulman. Éléments de Bibliographie, neu hg. v. Claude Cahen, Paris 1961.

Spuler, B., und *Forrer, L.:* Der Vordere Orient in islamischer Zeit (Wissenschaftliche
Forschungsberichte, hg. v. Karl Hönn, Bd. 21), Bern 1954.

Golubovich, Girolamo: Biblioteca Bio-Bibliografica della Terra Santa e dell'Oriente
Francescano, 5 Bde., Florenz 1906-27.

Malclès, L.-N.: Les Sources du Travail – Bibliographies Spécialisées, 2 Bde., Genf
und Lille 1952.

Mayer, H. E.: Bibliographie zur Geschichte der Kreuzzüge, München 1960.

Molinier, A.: Les Sources de l'histoire de France des origines aux guerres d'Italie
(1494), 6 Bde., Paris 1901-06.

Pearson, J. D.: Index Islamicus 1906-1955 (School of Oriental and African Studies,
University of London), Cambridge 1958; Supplement 1956-1960, Cambridge 1962.

Potthast, A.: Bibliotheca Historica Medii Aevi (374-1500 A. D.), 2 Bde., Berlin 1896.

Walford, A. J.: Guide to Reference Material, London 1959.

II. Größere Nachschlagewerke

Cambridge Mediaeval History, hg. v. J. B. Bury, 8 Bde., Cambridge 1911-36.

Lexikon für Theologie und Kirche, hg. v. Michael Buchberger, Josef Höhner und Karl Rahner, 2. Aufl., Freiburg 1957ff.

Die Religion in Geschichte und Gegenwart, hg. v. Kurt Galling, 6 Bde., 3. Aufl., Tübingen 1957-1962.

The Encyclopaedia of Islam, hg. v. Th. Houtsma u.a., 4 Bde., Leiden 1913, mit Erg. 1933; 2. Aufl. hg. v. J. H. Kramers, H. A. R. Gibb, E. Lévi-Provençal, Leiden und London 1954ff.

Migne, Jaques Paul (Hg.): Dictionnaire historique, géographique et biographique des croisades (Nouvelle Encyclopédie Théologique, XVIII), Paris 1852.

Roolvink, R., Roelof u. a.: Historical Atlas of the Muslim Peoples, Amsterdam 1957.

Shepherd, W. R.: Historical Atlas, 8., verb. Aufl., New York 1956.

III. Quellensammlungen

Bibliotheca Geographorum Arabicorum, 8 Bde., Leiden 1870-1938.

Exuviae Sacrae Constantinopolitanae, 3 Bde., Genf 1877-78 und Paris 1904.

Michaud, J. F.: Bibliothèque des Croisades, 4 Bde., Paris 1829.

Palestine Pilgrims' Text Society Library, 13 Bde., London 1890-97.

Recueil des Historiens des Croisades, Paris 1841-1906: Historiens Occidentaux 5 Bde., Lois 2 Bde., Historiens Orientaux 5 Bde., Historiens Grecs 2 Bde., Documents Arméniens 2 Bde.

Société de l'Orient Latin: Archives de l'Orient, 5 Bde., Paris 1881–84.

Société de l'Orient Latin: Série Géographique, 5 Bde., Genf 1879–89.

Société de l'Orient Latin: Série Historique, 5 Bde., Genf 1877–87.

IV. Ausgewählte Arbeiten

1. Kreuzzüge

Atiya, A. S.: The Crusade in the Later Middle Ages, London 1938.

Babinger, F.: Mehmed der Eroberer und seine Zeit, München 1953.

Baldwin, M. W. (Hg.): The First Hundred Years (Pennsylvania History of the Crusades, I), Philadelphia 1955, Bd. II hg. v. K. M. Setton, R. L. Wolff, H. W. Hazard, Philadelphia 1962.

Beumann, H.: Kreuzzugsgedanke und Ostpolitik im hohen Mittelalter, in: Historisches Jahrbuch der Görresgesellschaft 72, 1953.

Brockelmann, C.: Geschichte der islamischen Völker und Staaten, München und Berlin 1939.

Cahen, C.: La Syrie du nord a l'époque des croisades, Paris 1940.

Champdor, Albert: Saladin, Schwert des Islam, Stuttgart 1958.
Dölger, F.: Byzanz und das Abendland vor den Kreuzzügen, Florenz 1955.
Erdmann, C.: Die Entstehung des Kreuzzugsgedankens, Neuaufl. Stuttgart 1955.
Grousset, R.: L'Empire du Levant – Histoire de la Question d'Orient au Moyen âge, Paris 1946.
–: Histoire des croisades et du royaume franc de Jérusalem, 3 Bde., Paris 1934–36.
Jäschke, G.: Die Eroberung Konstantinopels im Jahre 1453 und ihre Bedeutung für Geschichte und Gegenwart, in: Die Welt als Geschichte 13, 1953.
Hill, G.: A History of Cyprus, 4 Bde., Cambridge 1940–53.
Kraemer, J.: Der Sturz des Königreiches Jerusalem 1187 in der Darstellung des Imud ad-Din al-Katib al Isfahani, Wiesbaden 1952.
La Monte, J. L.: »Crusade and Jihad«, in: The Arab Heritage, hg. v. N. A. Paris, Princeton, N. J., 1944, 159–98.
–: Feudal Monarchy in the Latin Kingdom of Jerusalem (Medieval Academy of America), Cambridge, Mass., 1932.
Lane-Poole, S.: History of Egypt in the Middle Ages, Neuaufl. London 1952.
Lüders, A.: Die Kreuzzüge im Urteil syrischer und armenischer Quellen, Berlin 1964.
Mayer, H. E.: Der Brief Kaiser Friedrich Barbarossas an Saladin vom Jahre 1188, in: Deutsches Archiv für Erforschung des Mittelalters 14, 1958.
Munro, D. C.: The Kingdom of the Crusaders, New York 1935.
Ohnsorge, W.: Byzanz und das Abendland im 9. und 10. Jahrhundert, in: Saeculum 5, 1954.
–: Abendland und Byzanz, Weimar 1958.
–: Das Zweikaiserproblem im frühen Mittelalter, Hildesheim 1947.
Ostrogorsky, G.: Geschichte des byzantinischen Staates, 3. Aufl., München 1963.
Paetow, L. J. (Hg.): The Crusades and Other Historical Essays, New York 1928.
Plocher, M.: Studien zum Kreuzzugsgedanken, Freiburg 1950.
Richard, Jean: Le Royaume Latin de Jérusalem, Paris 1953.
Röhricht, R.: Geschichte des Königreichs Jerusalem (1100–1291), Innsbruck 1898.
Runciman, S.: Geschichte der Kreuzzüge, 3 Bde., München 1957/60.
Saunders, J. J.: Aspects of the Crusades, Canterbury/Christchurch/Neu-Seeland 1962.
Schreiber, G.: Levatinische Wanderung zum Westen, in: Byzantinische Zeitschrift 44, 1951.
–: Christlicher Orient und mittelalterliches Abendland. Verbindungslinien und Forschungsaufgaben, in: Oriens Christianus 39, 1952.
Spuler, B.: Chalifenzeit, Leiden 1952.
–: Mongolenzeit, Leiden 1953.
Stevenson, W. B.: The Crusaders in the East, Cambridge 1907.
Vasiliev, A.: History of the Byzantine Empire, Madison, Wisc., 1952.
Waas, A.: Geschichte der Kreuzzüge, 2 Bde., Freiburg 1956/57.
Wentzlaff-Eggebert, F. W.: Kreuzzugsidee und mittelalterliches Weltbild, in: Deutsche Vierteljahrshefte für Literaturwissenschaft und Geistesgeschichte 30, 1956.

Wolff, R. W., und *Hazard, H. R. (Hg.):* The Later Crusades (Pennsylvania History of the Crusades, II), Philadelphia 1961.

2. Handel

Cahen, C.: Zur Geschichte der städtischen Gesellschaft im islamischen Orient des Mittelalters, in: Saeculum 9, 1958.
Grunebaum, G. E. von: Die islamische Stadt, in: Saeculum 6, 1955.
Heyd, W.: Geschichte des Levantehandels im Mittelalter, 2 Bde., 11. Aufl. Leipzig 1936, Nachdruck 1959.
Labīb, S. J.: Wirtschaftsgeschichte Ägyptens im Mittelalter, o. O. 1964.
Leyerer, C.: Die Verrechnung und Verwaltung von Steuern im islamischen Ägypten, in: Zeitschrift der deutschen morgenländischen Gesellschaft 103, 1953.
Lopez, R. S., und *Raymond, I. A.:* Medieval Trade in the Mediterranean – Illustrative Documents, Übers. mit Einführung und Anm. (Records of Civilization), New York 1955.
Pirenne, H.: Economic and Social History of Medieval Europe, 5. Aufl., New York 1937.
Sapori, A.: Le Marchand italien au moyen âge, Paris 1952.

3. Kultur

Arnold, T., und *Guillaume, A.:* The Legacy of Islam, Oxford 1931.
Asín Palacios, M.: La Escatología Musulmana en la Divina Commedia, Madrid 1919; gekürzte engl. Übers. von H. Sunderland: Islam and the Divine Comedy, London 1926. Siehe auch: *Enrico Cerulli:* Il ›Libro della Scala‹ e la questione delle fonti arabo-espagnole della ›Divina Comedia‹, Rom 1949.
Dodge, B.: Al-Azhar. A Milennium of Muslim Learning, Princeton, N. J., 1961.
Erlanger, R. d': La Musique Arabe, 6 Bde., Paris 1930–59.
Fück, J.: Die arabischen Studien in Europa bis in den Anfang des 20. Jahrhunderts, Leipzig 1955.
Gabrieli, F.: La Poesia araba e la poesia occidentale, Rom 1943; Neuaufl. (Storia e Civita musulmana), Rom 1947.
Gibb, H. A. R.: Arabic Literature, an Introduction, 2. Aufl., Oxford 1963.
Grunebaum, G. E. von: Islam. Essays in the Nature and Growth of a Cultural Tradition, Menasha, Wisc. 1955.
–: Der Islam im Mittelalter, Zürich 1963.
–: Unity and Variety in Muslim Civilization, Chicago 1955.
–: Islam und Kulturforschung, in: Zeitschrift der deutschen morgenländischen Gesellschaft, 1953.
Haskins, C. H.: Studies in the History of Medieval Science, Cambridge, Mass., 1934.
Huyghe, R. (Hg.): L'Art et l'Homme, 2 Bde., Paris 1957/58; siehe Bd. II: *G. Wiet,* L' Islam et l'art musulman, 148 ff.
Kraemer, J.: Das Problem der islamischen Kulturgeschichte, Tübingen 1959.

Lévi-Provençal, É.: Islam d'Occident: études d'histoire médiévale, Paris 1948.

Marçais, G.: L'Art de l'Islam, Paris 1946.

Menasce, Père J. de: Arabische Philosophie. Bern 1948 (Bibliographie).

Muhammad, A., und Zbinden, H. (Hg.): Islam und Abendland. Begegnung zweier Welten, Freiburg/Br. 1960.

Neuberger, M.: Geschichte der Medizin, 2 Bde., Stuttgart 1906–11.

Nicholson, R. A.: Eastern Poetry and Prose, Cambridge 1922.

–: A Literary History of the Arabs, 2. Aufl., London 1930.

–: Studies in Islamic Mysticism, Cambridge 1921.

–: Studies in Islamic Poetry, 2. Aufl., London 1930.

Nyberg, H. S.: Die kulturellen Auswirkungen des Vorderen Orients auf Europa, in: Hesperia, Zeitschrift des schweizerischen Instituts für Auslandsforschung 4, 1953.

O'Leary, De Lacy: Arabic Thought and Its Place in History, London 1954.

Pernoud, R.: Les Croisades, Paris 1960.

Sarton, G.: Introduction to the History of Science, 3 Bde. in 5, Baltimore, Md. 1927–48.

Schirmer, O.: Studien zur Astronomie der Araber, Erlangen 1926.

Spuler, B.: Geistige Einflüsse des Islams auf das Abendland bis zum Beginn der Kreuzzüge 1096, in: Relazioni del X Congresso Internazionale de Scienze Storiche, Bd. III, 189–209, Rom 1955.

Thorndike, L.: History of Magic and Experimental Science, 6 Bde., Cambridge, Mass., 1927–41.

Tritton, A. S.: Materials on Muslim Education in the Middle Ages, London 1957.

Überweg-Geyer: Geschichte der Philosophie, II. Die patristische und scholastische Philosophie, 11. Aufl., Neudruck, Basel 1952.

Walzer, R.: Islamic Philosophy, in: The History of Philosophy, Eastern and Western, Bd. II, London 1953.

Nachtrag 1973

Aufgeführt wird nur die wichtigste Literatur, die seit dem Erscheinen der deutschen Erstausgabe des Buches hinzugekommen ist.

Francesco Cognasso: Storia delle crociate, o. O. (Varese) 1967 (ausführliche, farbige Darstellung, führt bis ins 17. Jahrhundert).

Gereon H. Hagspiel: Die Führerpersönlichkeit im Kreuzzug, Diss. Zürich 1963 (Versuch einer Synopsis der kriegerischen Lebensform der Kreuzzugsführer, besonderes Schwergewicht auf Gottfried von Bouillon).

Die Kreuzzüge aus arabischer Sicht. Aus den arabischen Quellen ausgewählt und übersetzt von Francesco Gabrieli. Zürich und München 1973 (aufschlußreiches islamisches Quellenmaterial).

Hans Eberhard Mayer: Geschichte der Kreuzzüge, Stuttgart 1965 (ausgezeichnet, keine bloße Faktengeschichte, höchst perspektivenreich).

238

–: Idee und Wirklichkeit der Kreuzzüge, Germering bei München 1965 (Quellensammlung historischer Texte für akademische Übungen).

Albrecht Noth: Heiliger Krieg und Heiliger Kampf in Islam und Christentum, Bonn 1966 (bestreitet die Abhängigkeit der Kreuzzugsidee vom »Heiligen Krieg« des Islam).

Zoé Oldenbourg: Les Croisades, Paris 1965 (dt.: Die Kreuzzüge. Traum und Wirklichkeit eines Jahrhunderts, Frankfurt am Main 1967; breite, epische Darstellung, beschränkt sich im wesentlichen auf das 12. Jahrhundert).

Desmond Seward: The Monks of War. The Military Religious Orders, London 1972 (vorzügliche Geschichte der geistlichen Ritterorden von 1099 bis 1571).

ABBILDUNGSVERZEICHNIS

Menschen und Mächte
Geschichte im Blickpunkt

Herausgegeben von Dr. Hellmut Diwald, Professor für mittlere und neuere Geschichte an der Universität Erlangen-Nürnberg.

Fernste Vergangenheit und unmittelbare Gegenwart der Völker verknüpfen sich in einem Geschehenszusammenhang, den wir Geschichte nennen. Wer ihn kennt, weiß von den großen Möglichkeiten des Menschen, aber auch von den Gefahren, die ihn und seine Ordnungen bedrohen. Die Taschenbuchreihe »Menschen und Mächte – Geschichte im Blickpunkt« weckt und stärkt das Bewußtsein dieses Zusammenhangs durch die Veröffentlichung ausgewählter Biographien und Darstellungen aus der politischen, der Kultur-, Sozial- und Wirtschaftsgeschichte; Voraussetzung für die Aufnahme eines Titels in das Programm sind wissenschaftliche Zuverlässigkeit und Lesbarkeit. Eine Einführung des Herausgebers zu jedem Band erläutert Standort, Bedeutung und Wirkung des jeweils vorliegenden Werkes und wird durch eine Zeittafel, eine kritische Bibliographie und ein Register ergänzt. Die meisten Bände enthalten Schwarzweiß-, zum Teil auch farbige Abbildungen.

Themenkreise

Programm April 1973 bis April 1974

KÖNIG

Romane und Erzählungen für verwöhnte Leser

Verwöhnte Leser finden in dieser Reihe, was ihren Erwartungen entspricht: Autoren von Rang, literarische Qualität, anspruchsvolle Unterhaltung. Ein besonders ausgewähltes Programm für die Freunde der Science-Fiction-Literatur und des Kriminalromans durfte dabei nicht fehlen.

KÖNIG

Für König ist der Leser König

KÖNIG Taschenbücher haben ein besonderes Konzept.
KÖNIG-Leser sind verwöhnte Leser. Leser, die das Besondere suchen, finden bei KÖNIG, was ihren Erwartungen entspricht. Wollen Sie mehr über KÖNIG Taschenbücher wissen? Postkarte ausfüllen, wie unten angegeben,
frankieren, noch heute einwerfen. Dann wissen Sie in
wenigen Tagen alles über KÖNIG Taschenbücher („G"
heißt Gesamtverzeichnis. Sie erhalten es kosten-
los und unverbindlich in Zukunft regelmäßig zugesandt.)

Absender:

Renate Müller
Frankfurt / M.
6000
Postleitzahl
Günthersburg Allee 88
(Straße und Hausnummer oder Postfach)

G

POSTKARTE

An den
König Verlag

8000
Postleitzahl
München 43
Postfach 140

(Straße und Hausnummer oder Postfach)